Eberhard Röhm, Jörg Thierfelder
Juden, Christen, Deutsche
Band 3, Teil 1

ctb calwer taschenbibliothek 50

Eberhard Röhm
Jörg Thierfelder

Juden, Christen, Deutsche 1933–1945

Band 3: 1938–1941
Teil 1

Calwer Verlag Stuttgart

*Gedruckt mit freundlicher Unterstützung
des Denkendorfer Kreises für christlich-jüdische Begegnung,
der Evang. Kirche in Berlin-Brandenburg,
der Evang. Landeskirche in Württemberg,
der Evang.-Luth. Kirchengemeinde St. Marien, Göttingen,
der Kreissparkasse Esslingen-Nürtingen,
der Landesgirokasse Stiftung Kunst und Kultur Stuttgart,
dem Pädagogisch-Kulturellen Centrum Ehemalige Synagoge
Freudental,
der Papierfabrik Scheufelen, Lenningen,
der Paul-Lechler-Stiftung e.V. Fellbach,
der Württembergischen Hypothekenbank Stiftung
für Kunst und Wissenschaft Stuttgart.*

Die Deutsche Bibliothek – CIP-Einheitsaufnahme

Röhm, Eberhard:
Juden, Christen, Deutsche 1933–1945 / Eberhard Röhm;
Jörg Thierfelder. – Stuttgart: Calwer Verl.
NE: Thierfelder, Jörg:
Bd. 3. 1938–1941.
  Teil 1. – (1995)
  (Calwer Taschenbibliothek; 50)
  ISBN 3-7668-3393-6
NE: GT

ISBN 3-7668-3393-6

© 1995 by Calwer Verlag Stuttgart
Alle Rechte vorbehalten. Abdruck, auch auszugsweise,
nur mit Genehmigung des Verlags
Umschlag: Ottmar Frick, Reutlingen
Foto Rücktitel: Karin Mueller, Leonberg
Druck und Verarbeitung: Gutmann + Co, Heilbronn

Für unsere Enkelkinder

Inhalt

Einleitung 15

1. Als die Synagogen brannten: Die Reichspogromnacht 1938   19
   - Der Schrecken bei den Opfern 22
   - Die Inszenierung des Pogroms 23
   - Eher Zurückhaltung in der Bevölkerung 28

2. Eine neue Phase der Judenverfolgung 32
   - Sühneleistung und Reichsfluchtsteuer 32
   - Ausschaltung aus dem Wirtschaftsleben 34
   - »Auswanderung« in einer Hand 38
   - Fortschreitende Ghettoisierung 40

3. »Tue deinen Mund auf für die Stummen«: Wie die evangelischen Christen auf die Pogromnacht reagierten . . 42
   - Die Antwort radikaler Deutscher Christen: »Juda, dessen Gott ein Mörder ist von Anfang an« 42
   - Aus Protest aus der SA ausgetreten 43
   - Erschrecken und Schweigen selbst bei der Bekennenden Kirche 44
   - Einzelne mutige Prediger 46
   - Ein Gebet für Juden 48
   - Eine gelähmte Bekennende Kirche 49
   - Das Wort an die Gemeinde vom Kirchentag in Steglitz (10.–12. Dezember 1938) 55
   - Neues Nachdenken über Israel bei der Kirchlich-theologischen Sozietät 56
   - Betroffenes Schweigen bei Dietrich Bonhoeffer 59
   - Dompropst Bernhard Lichtenberg betet für die Juden . . 59
   - Beistand vom Weltrat der Kirchen in Genf 60

4. Zufluchtsort Berlin-Dahlem 62
   – Helmut Gollwitzer predigt Buße mit
     Johannes dem Täufer 64
   – Eine Antwort auf Gollwitzers Predigt 67

5. Sechzehn Monate Gefängnis und Landesverweis für eine
   Bußtagspredigt: Pfarrer Julius von Jan in Oberlenningen .. 69
   – Brutale Gewalt gegen den »Judenknecht« 72
   – Die Oberlenninger Bußtagspredigt 73
   – Zum Inhalt der Predigt 75
   – Verbannt um des Evangeliums willen 78
   – Die Haltung der Kirchenleitung 79
   – Ängstlichkeit, wo Solidarität gefordert war 80
   – Von Jan: Unerschütterlich in seiner Überzeugung 82
   – Aus der NS-Frauenschaft ausgetreten:
     Solidarität mit Pfarrer von Jan 83
   – Haftverschonung und Vertreibung aus
     Württemberg-Hohenzollern 84
   – Prozeß und erneute Haft 85
   – Nochmals: Die Haltung der Kirchenleitung 86
   – Pfarrer von Jans Motive 91
   – Ein Anschlag auf den degradierten Soldaten
     Julius von Jan »nach der Weise des Uria« 92

6. Das »Büro Pfarrer Grüber« 93
   – Heinrich Grüber und Paul Braune 93
   – Die ersten Aufgaben 94
   – Die Berliner Zentrale 97
   – Der Geschäftsplan 102
   – Die Leitung 102
   – Die übrigen Mitarbeiterinnen und Mitarbeiter 105
   – Ein Beirat 107

7. Zwei Brüder sollen »verschickt« werden:
   Aus der Arbeit einer Vertrauensstelle des
   »Büros Pfarrer Grüber« 108

8. Das Netz der Vertrauensstellen 121
   – Hilfsstellen in der Verantwortung von bewährten
     »Judenhelfern« 121
   – Hilfsstellen in der Obhut von Landeskirchen und
     Innerer Mission – Beispiel: München und Nürnberg ... 122
   – Anfängliches Zögern in Stuttgart 125
   – Vertrauensstellen in der Verantwortung
     der Bekennenden Kirche 127
   – Das Netz ist gespannt 130
   – Verbindung zur Berliner Zentrale 131

9. Die Innere Mission im Konflikt 134
   – Rassentrennung zur Vorbeugung von »Rassenschande« . 135
   – Sonderheime und Isolierstationen für
     »nichtarische« Christen 136
   – Staatliche Stellen lenken ein 139
   – Sonderheime blieben nur ein Plan 140
   – Das Gesetz zur Ordnung der Krankenpflege erzwingt
     die endgültige Einführung des Arierparagraphen 141
   – Vergebliche Anfrage der Reichsvereinigung
     der Juden in Deutschland 142

10. Das Hilfswerk beim Bischöflichen Ordinariat Berlin ... 146
    – Aktive Unterstützung durch den Episkopat 146
    – Die Gründung des Hilfswerks beim
      Bischöflichen Ordinariat Berlin 148
    – Finanzierung der Hilfsarbeit 150
    – Unterstützung durch den Vatikan 150
    – Erfolge in der Auswanderungshilfe
      im Vertreibungsjahr 1939 151
    – Umzug nach Schönhauser Allee 182 154

11. Grübers Zusammenarbeit mit staatlichen Stellen 155
    – Zunächst offene Türen bei Staatsstellen 155
    – Kollaboration mit der Gestapo? 156
    – Die Pläne der SS: Zwangseingliederung der kirchlichen
      Hilfsarbeit in jüdische Organisationen 159

12. Von der Reichsvertretung zur Reichsvereinigung
    der Juden in Deutschland 161
    – Der »Reichsverband der Juden in Deutschland« 164
    – Zähes Ringen mit der »Reichsvereinigung«
      um die Stellung der »nichtarischen« Christen 165
    – Die 10. Verordnung zum Reichsbürgergesetz
      vom 4. Juli 1939 166
    – Die erzwungene Kooperation von Juden und Christen . 168
    – Kooperation mit der Reichsvereinigung
      auch auf der Ebene der Vertrauensstellen 170
    – Ein Vorwurf nach dem Krieg: Kollaboration
      mit dem NS-Staat 172

13. Aktion »Kinderverschickung« 174
    – Erfahrung mit der organisierten Auswanderung
      jüdischer Kinder 175
    – Rettung auch für katholische und evangelische Kinder 176
    – Protestanten, Katholiken, Quäker und Juden
      arbeiten zusammen 178
    – Der »Zentralausschuß für die Verschickung
      nichtarisch-christlicher Kinder« 180
    – Ein neues Problem nach Kriegsbeginn 182

14. Ein mühsamer Weg in die Emigration:
    Friedrich von Bodelschwingh setzt sich für
    Minna und Dr. med. Albert Blau ein 183
    – Erste Kontakte 183
    – 1938: Flucht aus Görlitz und der Entschluß
      zur Emigration 186
    – Hoffnungen erfüllen sich 191
    – Das Ende 194

15. Juden, Protestanten, Katholiken und Quäker arbeiten
    bei der »Auswanderungs«-Hilfe zusammen 197
    – Hürden, die zu nehmen waren 197
    – Papiere, Papiere, Papiere 200
    – Passagebewilligungsausschuß 202
    – Mögliche Fluchtländer 204

16. Die katholische Brasil-Visa-Aktion 206
    – Papst Pius XII. bemüht sich um 3000 Visa für Brasilien 206
    – Verschärfung der Einwanderungsgesetze in Brasilien . 207
    – Ungeahnte Schwierigkeiten in Deutschland 208
    – Ausreisebeihilfen durch den Vatikan 211

17. Ein »judenchristliches« Schicksal:
    Das Ehepaar Georg und Maria Lindenstädt 212

18. Abstieg: Das soziale Netz für Juden bricht zusammen . . 216
    – Elberfeld: Zur Notaufnahme von jüdischen Patienten
      gezwungen – eine Diskriminierung? 217
    – Winterhilfe 218
    – Berlin: Für »Judenchristen« waren das Büro Pfarrer
      Grüber und das Bischöfliche Hilfswerk zuständig 222
    – Wohlfahrtsunterstützung 224

19. Die Finanzen des »Büros Pfarrer Grüber« 226
    – Unterstützung aus Bayern und Württemberg 226
    – Die Verweigerung der Deutschen Evangelischen
      Kirche – ein Trauerspiel 227
    – Ein Nein vom Central-Ausschuß für die Innere Mission 231
    – Finanzierung aus der Auswandererabgabe 235

20. Das Büro Grüber und die evangelische Kirche 237
    – Bedenken von seiten der Inneren Mission 237
    – Hannover bleibt abseits 239
    – Distanz auch in der Kirchenkanzlei 241
    – Das Kirchliche Außenamt im Dienst der Überwachung 246
    – Enttäuschung über den Lutherrat 246

21. Judenhilfe zwischen Vorurteil und Barmherzigkeit 249
    – Eichmann und der barmherzige Samariter 249
    – Vom »wurzellosen Judentum« und den
      »wurzelechten nichtarischen Christen« 249
    – Eine theologische Kontroverse um das »Büro Grüber« 252
    – Bodelschwingh erwägt selbständige
      »judenchristliche« Gemeinden 255
    – Solidarisch in der praktischen Arbeit trotz
      theologischer Kontroversen 258

22. Ein neuer ökumenischer Anlauf:
    Der Ökumenische Flüchtlingsdienst 260
    – Der »Weltrat der Kirchen (im Aufbau)« tritt ins Leben 261
    – Neuordnung der ökumenischen Flüchtlingshilfe 261
    – Die Synagogen brennen – was nun? 265
    – Ein Lagebericht über Hilfsangebote europäischer
      und amerikanischer Christen 267
    – Ein Leiter für den ökumenischen Flüchtlingsdienst
      in Sicht 268
    – Die zweite Vollsitzung des Vorläufigen Ausschusses
      des Weltrats der Kirchen in St. Germain-en-Laye
      im Januar 1939 269
    – Wer war Adolf Freudenberg? 270
    – Als Flüchtlingssekretär in London 272
    – Die Aufgaben des Ökumenischen Flüchtlingsdienstes
      in London 274
    – Die Anfänge interkonfessioneller Zusammenarbeit ... 275
    – Bloomsbury House London 276
    – Umzug nach Genf 279

23. Die Rettung »nichtarischer« Pfarrer und ihrer Familien . 280
    – Zur Vorgeschichte der Bellschen Rettungsaktion 281
    – Hindernisse im »Auswandererland« 286
    – Regelung der Ruhegehaltsansprüche 287
    – Die Bekennende Kirche nimmt Abschied 288
    – Regelung der BK für die Auswanderung
      von »nichtarischen« Pfarrern 291
    – Sonderprogramm für Theologen und Juristen 293
    – Hans Ehrenberg und Gerhard Leibholz als Beispiele .. 294

24. Ein »nichtarischer« Pfarrer schlägt sein
    Englandvisum aus: Pfarrer Ernst Lewek 300
    – Wer war Ernst Lewek? 301
    – Zwei Monate Polizeihaft und KZ für das Mitglied
      der Bekennenden Kirche 302
    – Erneute Suspendierung vom Amt – obwohl
      nur »Halbjude« 306
    – Keine wirkliche Unterstützung von der
      kirchlichen »Mitte« 308

- Der aussichtslose Kampf mit Präsident Klotsche 311
- Vergeblicher Versuch, in Württemberg unterzukommen 313
- Zunehmende Vereinsamung 314

25. Alfred Goetze – ein »nichtarischer« Pfarrer kämpft
 um sein Recht 316
 - Die braunschweigische Landeskirche unter
 deutschchristlicher und staatlicher Herrschaft 316
 - Mut zum Widerstehen 318
 - Wer war Alfred Goetze? 319
 - Erste Angriffe auf den »Nichtarier« 319
 - Sohn Helmut Goetze wird vom Vikariat ausgeschlossen 321
 - Verweigerung der Heiratserlaubnis für Alfred Goetze . 321
 - Ablehnung der Ehepläne selbst aus der eigenen Familie 323
 - Auch keine Unterstützung von seiten der Amtskirche . 325
 - Der Kampf Alfred Goetzes um Recht und Würde . . . 326
 - In den einstweiligen Ruhestand nach einer Lex Goetze 328
 - Ein endloser Rechtsstreit 330
 - Die Beschlußstelle in Rechtsangelegenheiten
 zieht das Verfahren an sich 332
 - Württemberg als Fluchtburg 332
 - Wolfenbüttel fordert Studienbeihilfe und
 Ausbildungskosten zurück 334
 - Tod des Sohnes – Heimkehr des Schwiegersohnes . . 339
 - Nach zehn Jahren Wartezeit endlich die Heirat 340

26. Übersicht: Das Schicksal der »nichtarischen« Pfarrer . . . 341
 - Kein »volljüdischer« Pfarrer mehr im bisherigen Amt . 341
 - Vier »volljüdische« Pfarrer vorübergehend
 im Konzentrationslager gefangen 342
 - »Jud Leo vereinnahmt Kirchensteuer« 343
 - Zwei »volljüdische« Pfarrer vorübergehend
 untergetaucht und dann emigriert 346
 - Drei »volljüdische« Pfarrer im vorzeitigen Ruhestand
 bei vollem Gehalt 346
 - »Volljüdische« Judenmissionare 347
 - Auch »Mischlinge ersten Grades« werden entlassen . . 348
 - Hannover entläßt Pfarrer nach der »Lex Benfey« 349

- Zwei Braunschweiger Pfarrer am Tag nach
  der Pogromnacht von jedem Dienst suspendiert:
  Albert Niemann und Alfred Goetze 354
- Zwei weitere Entlassungen in Bayern und Sachsen ... 354
- Einige wenige »Mischlinge ersten Grades« konnten sich
  in ihrer Pfarrstelle halten 354
- Selbst »Mischlinge zweiten Grades« waren gefährdet . 355
- »Jüdisch-Versippte« 356
- Junge Theologen »jüdischer« Abstammung meist ohne
  Perspektive in Deutschland: Walter Mannweiler
  und Hans-Ludwig Wagner 358
- Ein »Nichtarier« als Geschäftsführer
  des Pfarrernotbundes: Franz Hildebrandt 359
- Häufiger Wechsel »auf Grund meiner
  nichtarischen Herkunft«: Heinrich Gordon 360
- »Hat völlig mittellos Deutschland verlassen«:
  Willi Süßbach 362
- »Marahrens muß gestellt werden«:
  Der Fall Otto Schwannecke 363
- Nur wenige junge Theologen erhalten in Deutschland
  eine feste Anstellung 365
- Es blieb oft nur der Weg in einen »weltlichen« Beruf 366
- Emigranten, die zuvor Juristen oder Lehrer waren ... 367

Anmerkungen 369
Zeittafel 417
Literatur 427
Abkürzungen 438
Archivverzeichnis 441
Bildquellennachweis 442
Personenregister 444
Dank an Einzelpersonen und Institutionen 451

Einleitung

Als in der Nacht vom 9./10. November 1938 in Deutschland die Synagogen brannten, war dies nicht nur ein im In- und Ausland mit Schrecken wahrgenommener Akt bisher nicht gekannter Brutalität und Rechtswillkür; mit der »Reichspogromnacht« und den darauffolgenden Maßnahmen begann zugleich eine neue Phase der Judenverfolgung. Jetzt wurden die Juden praktisch aus der Gesellschaft »ausgestoßen«. Sie wurden endgültig aus ihrer angestammten Heimat vertrieben. Bis zum Kriegsbeginn flüchteten aus Deutschland so viele jüdische Menschen wie in den Jahren zuvor insgesamt, so daß am 1. September 1939 mehr als die Hälfte aller Juden des Altreichs Deutschland verlassen hatten – gedemütigt, ausgeplündert, entrechtet. Wer hier blieb, dem drohte die Ghettoisierung, ohne Arbeit, mit hohen Steuern belegt, aus der Wohnung vertrieben, die Kinder aus deutschen Schulen und Hochschulen verbannt. Wo konnten sie bleiben, wo Zuflucht finden?

Diese Frage stellte sich jetzt zunehmend auch für die christlichen »Nichtarier«, die der überwiegenden Zahl nach sogenannte »Mischlinge« waren und in »Mischehen« lebten. Der Schutz, den sie sich bislang davon versprachen, erwies sich im Alltag mehr und mehr als trügerisch. Darum war es höchste Zeit, daß für die »jüdischstämmigen« Protestanten mit dem von der Bekennenden Kirche Ende 1938 eingerichteten »Büro Pfarrer Grüber« eine im Vergleich zu den längst bestehenden jüdischen und katholischen Hilfsorganisationen ebenbürtige Einrichtung geschaffen wurde. Fast in allen Landeskirchen arbeiteten Vertrauensstellen des Büros Grüber, von der Gestapo geduldet, ja zeitweise sogar unterstützt.
Die dritte Phase der Judenverfolgung von Ende 1938 bis Sommer 1941 war die Zeit ökumenischer Entdeckungen und Begegnungen im doppelten Wortsinn. Es war die erklärte Absicht der Nazis, mit der von ihr geschaffenen »Reichsvereinigung der Juden in Deutschland« nur noch einen einzigen Ansprechpartner, aus ihrer Sicht gar einen

steuerbaren Erfüllungsgehilfen zu haben. Dies zwang die beiden christlichen Konfessionen zum Handeln und zur Zusammenarbeit. Bei der »Auswanderungs«-Hilfe wie bei der Sozialhilfe waren die kirchlichen Hilfswerke und die Quäker auf engste Kooperation und auf Informationsaustausch ständig angewiesen. Sie kamen sich dabei sehr nahe. Dies zeigte sich zuerst bei den großen Kindertransporten nach Holland, England und Schweden, aber auch bei der Einrichtung einer gemeinsamen christlichen »Familienschule« in Berlin, bei den Absprachen für die Winterhilfe und vor allem in der Abwicklung der komplizierten »Auswanderung«, solange eine solche überhaupt noch möglich war.

Die eigentliche »ökumenische« Entdeckung war freilich die erstaunliche Zusammenarbeit mit dem im Aufbau befindlichen Ökumenischen Rat der Kirchen in Genf und dessen, vom deutschen Emigranten Adolf Freudenberg geleiteten »Ökumenischen Flüchtlingsdienst«. Dank der Initiative des großen Ökumenikers Bischof George Bell von Chichester konnten alsbald nach der Pogromnacht weit über dreißig betroffene Pfarrer mit ihren Familien eine Einladung und ein Visum nach England bekommen, eine – verglichen mit anderen Berufsgruppen – einmalige Aktion.

Dokumente, Biographien und Situationsbeschreibungen zum Thema Kirche und Judenverfolgung im Dritten Reich geben nicht den Stoff für eine Ruhmesgeschichte, eher für eine Leidensgeschichte. Der unsägliche Leidensweg der Juden war für die Christen nur ganz vereinzelt Anlaß, neu theologisch über das Verhältnis von Christen und Juden nachzudenken. Wo die Begegnung zwischen beiden stattfand, blieb sie auf der pragmatischen Ebene stehen.

Mit Beklemmung wird man lesen, wie schwer sich Einrichtungen der Inneren Mission und so manche Kirchenleitung taten mit der Solidarität mit Betroffenen, die Stellung und Arbeit verloren hatten. Hatte nicht fast die Hälfte aller Pfarrer in Deutschland einmal die Pfarrernotbundverpflichtung unterschrieben, nach der »eine Verletzung des Bekenntnisstandes mit der Anwendung des Arierparagraphen im Raum der Kirche Christi« gegeben war? (Vgl. Bd. 1, Kap. 18)

Es bleibt das Verdienst einiger weniger, oft kamen sie aus den Reihen der Betroffenen selbst, daß die große Idee von Marga Meusel und Charlotte Friedenthal (vgl. Bd. 1, Kap. 27) im Büro Pfarrer Grüber endlich Wirklichkeit wurde. Die sich hier engagierten, wußten, daß sie ein hohes persönliches Risiko dabei eingingen. Dies zeigt stellvertretend für viele das persönliche Schicksal von Heinrich Grüber und seines engsten Mitarbeiters, Werner Sylten, worauf in Band 3/2 eingegangen wird.

Erregte bei den Teilbänden 2/1 und 2/2 die Auswertung des gerade erst geöffneten ehemaligen Zentralen Staatsarchivs der DDR, jetzt Bundesarchiv Potsdam, Aufsehen, so schöpfen die vorliegenden Bände 3/1 und 3/2 aus den in dieser Hinsicht bisher nicht ausgewerteten umfangreichen Aktenbeständen des Ökumenischen Rats der Kirchen in Genf.

Band 3/2 wird den vorliegenden Teilband 3/1 mit drei Themenschwerpunkten fortsetzen:

☐ An der Entscheidung von fünf deutschchristlich geleiteten Landeskirchen, in Zukunft keine »Juden« mehr in die Kirche aufzunehmen, und an der Gründung eines »Instituts zur Erforschung und Beseitigung des jüdischen Einflusses auf das deutsche kirchliche Leben« wird gezeigt, in welchen Abgrund Teile des deutschen Protestantismus geraten waren.

☐ Um so ermutigender sind die Anstrengungen, die der Ökumenische Rat der Kirchen mit seinem Flüchtlingsdienst in Genf unternommen hat. Er suchte möglichst viele zu retten. An der Arbeit und am Schicksal verschiedener Mitarbeiterinnen und Mitarbeiter wird verdeutlicht, wie weitgespannt das ökumenische Hilfsnetz war. Neben Willem Visser't Hooft und Adolf Freudenberg in Genf werden Magdalene und Friedrich Forell in Paris, Jeanne Merle D'Aubigné, Madeleine Barot und Pierre Toureille in den südfranzösischen Lagern sowie Sophie und Bruno Benfey im Kamp Sluis in Holland porträtiert, um nur einige zu nennen.

☐ Nach Ablauf von zwei Jahren zeigte die Gestapo an der konfessionellen Hilfsarbeit kein Interesse mehr. Dies bedeutete das Ende des Büros Pfarrer Grüber wie auch der Berliner Judenmission.

Vielen haben wir wieder zu danken, an erster Stelle den Mitarbeiterinnen und Mitarbeitern staatlicher und kirchlicher Archive und Bibliotheken. Sodann aber auch der großen Zahl an Zeitzeugen und deren Kindern und Enkeln, die das oft sehr persönliche Material uns zur Verfügung stellten: Dokumente, Bilder und die noch heute sie bewegenden Erinnerungen. Ihre Namen haben wir auf der letzten Seite des Buches genannt.

Wir nennen bewußt Namen, wie wir auch bei unseren Berichten und Erzählungen bewußt die vollen Namen nennen und mit den gelegentlich sehr privaten zeitgenössischen Fotos die Gesichter der damals Gedemütigten zeigen und damit vor dem Vergessen bewahren wollen. Zwei der befragten, noch lebenden Zeitzeugen wollten um Angehöriger willen ihre Anonymität gewahrt wissen. Das war zu respektieren, wenngleich es nachdenklich macht, daß ein solcher Wunsch immer noch – und wieder? – vorhanden ist.

Schließlich gilt unser Dank Herrn Prof. Dr. Wolfgang Schweitzer für die kritische Durchsicht des Manuskripts. Er begleitet weiterhin unser Werk mit großem Interesse und bereichert es mit hilfreichen Ergänzungen.

Wir widmen diesen Band unseren Enkelkindern und ihrer Generation im Wissen, daß auch für sie die Zeit kommen wird, in der sie nach der Geschichte ihrer Großeltern fragen werden.

Eberhard Röhm / Jörg Thierfelder

1. Als die Synagogen brannten: Die Reichspogromnacht 1938

»In der Stadt scheußliche Judenverfolgungen, die Synagogen haben sie heute nacht angezündet und alle Judenläden demoliert. Alles auf Befehl von Herrn Goebbels wegen des Attentats in Paris. Man schämt sich und sagt: Was wird darauf kommen?«

Mit diesen Worten hat Marie Wurm, die Frau des württembergischen Landesbischofs, am 10. November 1938 in ihrem Tagebuch die vorausgehende Schreckensnacht festgehalten.[1] Sie entlarvte damit schon am darauffolgenden Tag die angebliche Spontanreaktion der aufgebrachten Bevölkerung auf das Attentat des 17jährigen polnischen Juden Herschel Grynszpan auf den deutschen Gesandtschaftssekretär Ernst vom Rath in Paris als das, was die Nacht der brennenden Synagogen tatsächlich war: Das vom Propagandaleiter der NSDAP, Joseph Goebbels, kaltblütig inszenierte Pogrom gegen die Juden. Das Motiv zu dieser Tat ist in erster Linie in der spontanen Ausweisung der Eltern Grynszpans und vieler anderer polnischer Staatsangehöriger aus Deutschland am 29. Oktober 1938 zu suchen.[2]

Grynszpans Einzeltat war für die Nationalsozialisten ein willkommener Anlaß, zu einem neuen Schlag gegen die Juden auszuholen. Seit dem Mittelalter hatte es Übergriffe von einem solchen Ausmaß in Deutschland nicht mehr gegeben (vgl. Bd. 1, 24–33). Damit war in der NS-Judenverfolgung ein weiterer Wendepunkt erreicht. Der Weg offener Gewalt war beschritten, der vier Jahre später mit der physischen Vernichtung der Judenheit endete. Was war im einzelnen geschehen?[3]

In der Nacht vom 9. auf 10. November 1938 wurden in Deutschland die Mehrzahl der jüdischen Synagogen von SA- und Parteitrupps mutwillig zerstört, viele von ihnen abgebrannt.[4] Wo die Feuerwehr zur Stelle war, schaute sie teilnahmslos zu und schützte nur die angrenzenden nichtjüdischen Gebäude. In den Städten wurden die jüdischen Geschäfte geplündert und demoliert. Unzählige Scheiben

gingen dabei zu Bruch. Der Berliner Witz machte daraus die »Reichskristallnacht«. Alle jüdischen Männer, deren die Polizei habhaft werden konnte, wurden ohne richterliche Anordnung verhaftet und in Massen in die drei Konzentrationslager Dachau, Buchenwald und Sachsenhausen verbracht.
In einem ersten Geheimbericht, den der Chef der Sicherheitspolizei, Reinhard Heydrich, dem preußischen Ministerpräsidenten, Generalfeldmarschall Göring, am 11. November zukommen ließ, heißt es:

»Die bis jetzt eingegangenen Meldungen der Staatspolizeistellen haben bis zum 11.11.1938 folgendes Gesamtbild ergeben:
In zahlreichen Städten haben sich Plünderungen jüdischer Läden und Geschäftshäuser ereignet. Es wurde, um Plünderungen zu vermeiden, in allen Fällen scharf durchgegriffen. Wegen Plünderns wurden dabei 174 Personen festgenommen.
Der Umfang der Zerstörung jüdischer Geschäfte und Wohnungen läßt sich bisher ziffernmäßig noch nicht belegen. Die in den Berichten aufgeführten Ziffern: 815 zerstörte Geschäfte, 29 in Brand gesteckte oder sonst zerstörte Warenhäuser, 171 in Brand gesetzte oder zerstörte Wohnhäuser geben, soweit es sich nicht um Brandlegungen handelt, nur einen Teil der wirklich vorliegenden Zerstörungen wieder. Wegen der Dringlichkeit der Berichterstattung mußten sich die bisher eingegangenen Meldungen lediglich auf allgemeine Angaben, wie ›zahlreiche‹ oder ›die meisten Geschäfte zerstört‹, beschränken. Ferner wurden elf Gemeindehäuser, Friedhofskapellen und dergleichen in Brand gesetzt und weitere drei völlig zerstört.
Festgenommen wurden rund 20 000 Juden ferner sieben Arier und drei Ausländer. Letztere wurden zur eigenen Sicherheit in Haft genommen.
An Todesfällen wurden 36, an Schwerverletzten ebenfalls 36 gemeldet. Die Getöteten, bzw. Verletzten sind Juden. Ein Jude wird noch vermißt. Unter den getöteten Juden befindet sich ein, unter den Verletzten zwei polnische Staatsangehörige.«[5]

Noch war das ganze Ausmaß der Verwüstungen nicht zu erkennen. Einen Tag später ergänzte Heydrich seine Meldung und nannte zusätzlich noch 101 durch Brand zerstörte und 76 demolierte Synagogen sowie 7 000 zerstörte jüdische Geschäfte.[6] Für Leute, die

Männer der jüdischen Gemeinde Niederstetten (Württ.) werden wie 30 000 andere Leidensgenossen nach der Reichspogromnacht in ein Konzentrationslager abtransportiert (vgl. zu Niederstetten Bd. 1, Kap. 10).

rechnen konnten wie der Beauftragte des Vierjahresplans, Hermann Göring, war dieser Vandalismus, eine unsinnige Verschwendung des Volksvermögens, ein Pyrrhussieg.

Der Schrecken bei den Opfern

Die Betroffenen freilich erlebten diese Nacht als schreckliche Erniedrigung, zugleich in abgrundtiefer Angst. Es gibt erschütternde Augenzeugen- und Bildberichte. So haben SS-Leute Männer der jüdischen Gemeinde in Baden-Baden gezwungen, sich in der Synagoge zu versammeln. Sie mußten ihre Hüte abnehmen. Man nötigte einzelne, vom Lesepult herab aus dem antisemitischen Hetzblatt »Der Stürmer« und aus Hitlers »Mein Kampf« vorzulesen. Die SS ließ die Anwesenden Nazilieder singen und zur Belustigung der Parteileute Turnübungen vorführen. Das ganze Schauspiel wurde im Bild festgehalten.
Die Frau des Vorstehers des Israelitischen Waisenhauses in Esslingen/Neckar, Ina Rothschild, beschrieb später, wie sie den Tag nach der Pogromnacht erlebt hat:

»Am 10. November 1938 zwischen 12 und 1 Uhr erschienen im Speisesaal des Waisenhauses mit Äxten und schweren Hämmern bewaffnete Zivilisten und SA-Leute und zwangen uns unter den Rufen ›Raus mit euch‹ das Haus zu verlassen und uns hinter dem Gebäude am Komposthaufen zu versammeln. Ein Teil der Kinder floh, die übrigen wurden mit uns von SA bewacht. Ich persönlich kannte keinen der Leute, habe aber einen besonders rohen Rothaarigen und einen Buckligen in steter Erinnerung. Während sich ein Teil unbeteiligt in den Gängen und außerhalb aufhielt, zerstörten die anderen, was erreichbar war. Aus den Zimmern der Lehrer und aus unserer Wohnung warf man Bücher, aus dem Betsaal Gebetbücher, Thorarollen und Gedenktafeln auf einen brennenden Scheiterhaufen. Den weinenden Kindern drohte einer dieser Rohlinge, man werde auch sie dort verbrennen. Uhren, Wecker, Ringe und andere Wertgegenstände wurden gestohlen.

Als wir um ungefähr 4 Uhr ins Haus zurückkamen, waren Gas, Wasser und Elektrizität abgestellt. [...]
Wir fanden auf unserem Rückweg Lehrer Fritz Samuel bewußtlos geschlagen mit Keulen aus dem Turnsaal. Lehrer Jonas und mein Mann wurden mißhandelt, weil sie keine Auskunft über Geheimarchive, die im Waisenhaus existieren sollten, geben konnten. Wir wateten durch Glasscherben und zerrissene Bücher und wurden mit den Kindern in einem der Schulsäle eingeschlossen. Dann kam der Befehl, die Kinder noch vor Einbruch der Dunkelheit wegzubringen. Nach langen Verhandlungen erlaubte man meinem Mann, Stuttgarter Bekannte anzurufen, um die Kinder mit Autos zu holen. Wir hatten zu unterschreiben, daß wir, mein Mann und ich, als Letzte das Haus bis 7.30 Uhr nächsten Tages zu verlassen hätten, andernfalls man uns in Schutzhaft nehmen werde. Taxichauffeuren und Privatleuten, die Kinder wegbringen wollten, wurde jede Verbindung mit uns verboten. Ehemalige Zöglinge aus Stuttgart kamen auf Umwegen während der Nacht und halfen uns. Wir verließen das Haus mit Rucksäcken, Philipp Blüthe, der jüdische Chauffeur einer Familie brachte uns nach Cannstatt ins Haus einer Verwandten. Einige Kinder hatten sich zu Fuß auf den Weg nach Stuttgart gemacht, sie fanden Hilfe unterwegs von Passanten.
Lehrer Fritz Samuel und Lehrer A. Jonas kamen noch in der gleichen Nacht nach Dachau. Wir gingen nach Theresienstadt, wo mein Mann am 10. Juli 1944 starb.«[7]

Die Inszenierung des Pogroms

Wie läßt sich die Brutalität der Pogromnacht erklären? Waren die Überfälle von langer Hand vorbereitet? Viele Beobachter im In- und Ausland konnten sich den Flächenbrand kaum anders erklären. Oder hatte der Judenhaß in Deutschland bereits ein solches Ausmaß erreicht, daß harmlose Bürger zu Gewalttätern und Brandstiftern wurden?
Es gibt kaum ein Ereignis im Dritten Reich, das nachträglich so

genau rekonstruiert wurde, wie die Pogromnacht 1938. Nach 1945 fanden viele Entschädigungsprozeße statt, in denen man der Frage auf den Grund ging, wem im einzelnen die Verantwortung für die unzähligen Rechtsbrüche anzulasten war.[8]
Die amtliche Erklärung – am 10. November als Meldung des Deutschen Nachrichtenbüros (DNB) veröffentlicht – lautete:

»DNB Berlin, 10. November. Nach Bekanntwerden des Ablebens des durch feige jüdische Mörderhand niedergestreckten deutschen Diplomaten Parteigenossen vom Rath haben sich im ganzen Reich spontane judenfeindliche Kundgebungen entwickelt. Die tiefe Empörung des deutschen Volkes machte sich auch vielfach in starken antijüdischen Aktionen Luft.«[9]

Diese Goebbelssche Zweckbehauptung fand schon damals in der Bevölkerung keinen Glauben. Selbst das oberste Parteigericht widersprach der recht plumpen Goebbelsschen Lüge. Es hatte in den folgenden Wochen über den Parteiausschluß all jener Mitglieder zu entscheiden, die während des Pogroms Juden rücksichtslos ermordet hatten. Der Oberste Parteirichter, Walter Buch, schrieb am 13. Februar 1939 an Generalfeldmarschall Göring:

»Auch die Öffentlichkeit weiß bis auf den letzten Mann, daß politische Aktionen wie die des 9. November von der Partei organisiert und durchgeführt sind, ob dies zugegeben wird oder nicht. Wenn in einer Nacht sämtliche Synagogen abbrennen, so muß das irgendwie organisiert sein und kann nur organisiert sein von der Partei.«[10]

Und doch war dies nur die halbe Wahrheit. Es gab keinen Generalplan für diese Nacht und auch keinen ausdrücklichen Führerbefehl, auf den die einzelnen sich hätten berufen können. Das Ganze war zwar mit Wissen und Willen Hitlers in Szene gesetzt worden, doch noch am Abend des 9. November hätte niemand in Deutschland, selbst nicht die Spitze der Partei, voraussagen können, daß am andern Morgen ein großer Teil der jüdischen Gotteshäuser abgebrannt, zerstört oder geplündert sein würden.
Hitler war am Abend des 8. November in seiner traditionellen Rede im Münchner Bürgerbräukeller mit keinem Wort auf das Pariser At-

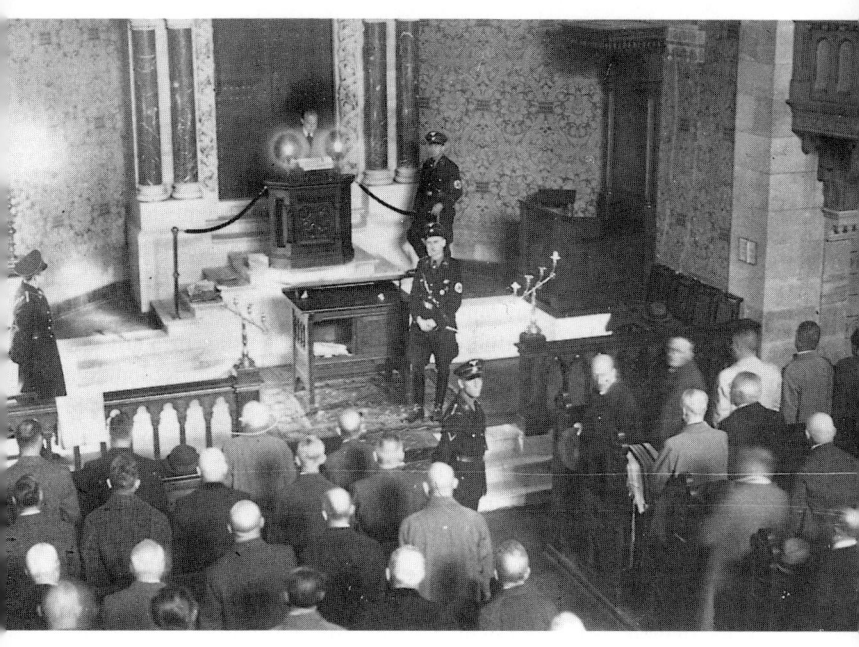

Die Synagoge in Baden-Baden in der Nacht vom 9./10. November 1938. Ehe die SS die Synagoge in Brand steckte, zwang sie die Männer der jüdischen Gemeinde, sich in der Synagoge zu versammeln. Entgegen dem jüdischen Brauch mußten sie ihre Hüte abnehmen. Das Gemeindeglied Herr Dreyfus wurde gezwungen, von der Kanzel herab aus dem nationalsozialistischen Hetzblatt »Der Stürmer« vorzulesen. Die Gemeinde hatte im Chor zu antworten: »Wir sind ein dreckiges, filziges Volk.« Die SS zwang die Männer, im Gotteshaus Nazilieder zu singen und Turnübungen vorzuführen.

tentat des Vortages eingegangen. Er tat dies auch nicht, als sich am Abend des 9. November, dem Jahrestag des mißlungenen Novemberputsches von 1923, die Führungsspitze der Partei zum Kameradschaftsabend in Alten Rathaussaal in München traf.[11] Gegen 21 Uhr erreichte ihn die Nachricht, Ernst vom Rath sei inzwischen an den Folgen der Schüsse verstorben. Nach einem kurzen, eindringlichen Gespräch mit Goebbels verließ Hitler das Lokal und begab sich in seine Münchner Privatwohnung. Damit war die Stunde des Parteipropagandaleiters gekommen. Gegen 22 Uhr gab Goebbels den Tod des Pariser Diplomaten bekannt. In einer Hetzrede erinnert er die versammelten Parteiführer, daß schon am Vortag in Kurhessen und Magdeburg-Anhalt jüdische Geschäfte zertrümmert und Synagogen in Brand gesetzt worden seien. Ohne es direkt auszusprechen, war dies der Appell zu Vergeltung und Rache. Um das Staatsoberhaupt aus der Schußlinie zu nehmen, bemerkte Goebbels bewußt zweideutig, »der Führer habe auf seinen Vortrag entschieden, daß derartige Demonstrationen von der Partei weder vorzubereiten noch zu organisieren seien; soweit sie spontan entstünden, sei ihnen aber auch nicht entgegenzutreten«. Die Goebbelsrede war das Signal zum Losschlagen. Mit Rücksicht auf das Ausland, sollte jedoch alles verdeckt geschehen. Zutreffend formulierte später das Parteigericht den Sachverhalt:

»Die mündlich gegebenen Weisungen des Reichspropagandaleiters sind wohl von sämtlichen anwesenden Parteiführern so verstanden worden, daß die Partei nach außen nicht als Urheber der Demonstrationen in Erscheinung treten, sie in Wirklichkeit aber organisieren und durchführen sollte. Sie wurden in diesem Sinne sofort – also geraume Zeit vor Durchgabe des ersten Fernschreibens – von einem großen Teil der anwesenden Parteigenossen fernmündlich an die Dienststellen ihrer Gaue weitergegeben.«[12]

Ab Mitternacht begann das Zerstörungswerk. Vor Ort war niemand auf die Befehle von oben vorbereitet. Um dem zu erwartenden Chaos einigermaßen vorzubeugen, gab die SS- und Polizeiführung an alle untergeordneten Stellen noch in der Nacht mehrere Blitz-Fernschreiben heraus mit klaren Weisungen: Kein Eingreifen der Polizei bei der Zerstörung der Synagogen, keine Gefährdung deutschen Lebens und Eigentums, Vorbereitung zur Überführung von 20–30 000 Juden in Konzentrationslager, Rettung wichtiger Archivalien aus den Synagogen, keine Plünderungen.[13] Entsprechend gab auch das Reichsjustizministerium eine Weisung an die Staatsanwälte, »keine Ermittlungen in Angelegenheiten der Judenaktionen vorzunehmen«.[14]

Die Quellen lassen keinen Zweifel: Das Pogrom war das infame, in gewisser Weise recht spontane Werk der Partei; von der Führung zwar nur mit vagen Hinweisen befohlen, an der Basis jedoch in blinder Leidenschaft vollzogen. Der eigentliche Regisseur war der Propagandachef der Partei, Joseph Goebbels. Er hatte schon im Frühjahr 1938 eine massive Hetzkampagne gegen die Juden ins Werk gesetzt. Damit suchte Goebbels zugleich die durch eine Liebesaffäre verlorengegangene Sympathie bei Hitler wiederzugewinnen, und zwar auf einem Feld, wo er dessen Zustimmung sicher sein konnte.[15] Mit Hilfe des ihm zur Verfügung stehenden Propagandaapparats und durch die gleichgeschaltete Presse stilisierte er die unüberlegte Einzeltat eines Jugendlichen zum Anschlag des »Internationalen Judentums« gegen das Deutsche Reich hoch. Unmittelbar nach dem Pariser Attentat, am 7. November, hatte das Deutsche Nachrichtenbüro allen Zeitungsredaktionen als Anweisung mitgeteilt:

»Alle deutschen Zeitungen müssen in größter Form über das Attentat auf den Legationssekretär an der deutschen Botschaft in Paris berichten. Die Nachricht muß die erste Seite voll beherrschen. [...] In eigenen Kommentaren ist darauf hinzuweisen, daß das Attentat des Juden die schwersten Folgen für die Juden in Deutschland haben muß, und zwar auch für die ausländischen Juden in Deutschland.«[16]

Wie immer übernahm die gesamte deutsche Presse ohne Abweichung diese Weisung. Am 10. November, dem Tag nach der Schreckensnacht, bekräftigte Goebbels zwar seine Propagandalüge; es war ihm jedoch inzwischen bewußt geworden, welche Lawine er losgetreten hatte. DNB meldete darum jetzt:

»Die berechtigte und verständliche Empörung des deutschen Volkes über den feigen jüdischen Meuchelmord an einem deutschen Diplo-

maten in Paris hat sich in der vergangenen Nacht in umfangreichem Maße Luft verschafft. In zahlreichen Städten und Orten des Reiches wurden Vergeltungsmaßnahmen gegen jüdische Gebäude und Geschäfte vorgenommen.
Es ergeht nunmehr an die gesamte Bevölkerung die strenge Aufforderung, von allen weiteren Demonstrationen und Aktionen gegen das Judentum, gleichgültig welcher Art, sofort abzusehen. Die endgültige Antwort auf das jüdische Attentat in Paris wird auf dem Weg der Gesetzgebung beziehungsweise der Verordnung dem Judentum erteilt werden.«[17]

Diese Meldung war das Eingeständnis des Propagandaministers und Propagandaleiters der Partei, mit der amateurhaft inszenierten Aktion mehr Schaden als Nutzen gestiftet zu haben, vor allem im Blick auf das Ausland. Es war Göring vorbehalten, den ersten Schritt einer »endgültigen Antwort« mit den gegen die Juden gerichteten infamen Schadenersatzforderungen und weiteren Antijudengesetzen zu vollziehen. Auf die Dauer freilich ging die Durchführung der Judenverfolgung in die Hände der SS über, die hinfort teils durch Terror, teils auf bürokratischem Weg den Vernichtungsprozeß planmäßig vorantrieb.[18]

Eher Zurückhaltung in der Bevölkerung

Die Beteiligung der Bevölkerung darf man sicher nicht unterschätzen. An vielen Orten verwandelten sich Schaulustige in Mob, die hemmungslos jüdische Geschäfte und Wohnungen plünderten. Insgesamt freilich herrschte eher Entsetzen und Ratlosigkeit. So schrieb Jochen Klepper am 10. November in sein Tagebuch:

»Der junge Gesandtschaftssekretär vom Rath ist an den Folgen des Attentats gestorben. – Heute sind alle Schaufenster der jüdischen Geschäfte zertrümmert und in den Synagogen ist Feuer gelegt. [...] Aus den verschiedenen ›jüdischen‹ Gegenden der Stadt hören wir, wie ablehnend die Bevölkerung solchen organisierten Aktionen gegenübersteht. Es ist, als wäre der 1933 noch reichlich vorhandene Antisemitismus seit der Übersteigerung der Gesetze in Nürnberg

Das satirische NS-Wochenblatt »Die Brennessel« stellt vierzehn Tage nach der Pogromnacht den Attentäter Grynszpan als Handlanger der jüdischen Weltrevolution dar.

1935 weit-, und weithin geschwunden. Anders steht es aber wohl bei der alle deutsche Jugend erfassenden und erziehenden Hitlerjugend. Ich weiß nicht, wieweit die Elternhäuser da noch ein Gegengewicht sein können. –
Nach einer Auswahl, die unergründlich ist, werden jüdische Männer aus ihren Wohnungen von der Geheimen Staatspolizei weggebracht.«[19]

Zu einer ähnlich kritischen Lagebeurteilung kam auch der Monatsbericht des Regierungspräsidenten von Niederbayern und der Oberpfalz am 8. Dezember 1938:

»Die jüdische Mordtat an dem deutschen Gesandtschaftsrat in Paris löste in allen Kreisen der Bevölkerung helle Empörung aus; allgemein wurde ein Einschreiten der Reichsregierung erwartet. Die gegen das Judentum gerichteten gesetzlichen Maßnahmen fanden deshalb vollstes Verständnis. Um so weniger Verständnis brachte der Großteil der Bevölkerung für die Art der Durchführung der spontanen Aktion gegen die Juden auf; sie wurde vielmehr bis weit in Parteikreise hinein verurteilt. In der Zerstörung von Schaufenstern, von Ladeninhalten und Wohnungseinrichtungen sah man eine unnötige Vernichtung von Werten, die letzten Endes dem deutschen Volksvermögen verloren gingen, und die in krassem Gegensatz stehe zu den Zielen des Vierjahresplans, insbesondere auch zu den gerade jetzt durchgeführten Altmaterialsammlungen. Auch die Befürchtung wurde laut, daß bei den Massen auf solche Weise der Trieb zum Zerstören wieder geweckt werden könnte. Außerdem ließen die Vorkommnisse unnötigerweise in Stadt und Land Mitleid mit den Juden aufkommen.«[20]

Auch die vom Exilvorstand der Sozialdemokratischen Partei Deutschlands regelmäßig im Ausland veröffentlichten »Deutschland-Berichte« zeichneten in ihrer Ausgabe vom 10. November 1938 dieses Bild, wenngleich sie zu bedenken gaben:

»Man muß sich allerdings – wie groß die allgemeine Empörung auch sein mag – darüber klar werden, daß die Brutalitäten der Pogromhorden die Einschüchterung gesteigert und in der Bevölkerung die Vorstellung gefestigt haben, jeder Widerstand gegen die uneingeschränkte nationalsozialistische Gewalt sei zwecklos.«[21]

Einer, der sich nicht einschüchtern ließ, war der Landrat des ostpreußischen Kreises Schloßberg, Richard Bredow. Als er per Fernschreiben von der Gauleitung über die geplanten Aktionen gegen die Synagogen erfuhr, zog er seine Wehrmachtsuniform an und verabschiedete sich von seiner Frau mit den Worten: »Ich fahre nach Schierwindt zur Synagoge und will als Christ und Deutscher eines der größten Verbrechen in meinem Amtsbereich verhindern.« Als SA, SS und Parteileute auftauchten, um Feuer zu legen, stand Landrat Bredow bereits vor dem Gotteshaus. Er lud die Pistole durch; der Weg in die Synagoge ging nur über seine Leiche. Daraufhin verzogen sich die Brandstifter. Die Synagoge blieb als einzige im Regierungsbezirk unzerstört. Niemand hatte es gewagt, gegen den Landrat vorzugehen.[22]

2. Eine neue Phase der Judenverfolgung

Die von Goebbels am 10. November 1938 angekündigte »endgültige Antwort auf das jüdische Attentat in Paris«, die dem Judentum »auf dem Weg der Gesetzgebung« erteilt werden sollte, ließ nicht lange auf sich warten. Als erstes wurde den Juden – um ihnen ihre »Gefährlichkeit« zu demonstrieren – am 11. November das Tragen jeglicher Waffen verboten.[23] Am 12. November bestellte Hermann Göring auf Geheiß Hitlers die Vertreter der einschlägigen Reichsministerien und Behörden ins Reichsluftfahrtministerium ein.[24] Bei dieser »Besprechung über die Judenfrage« wurde den mehr als hundert Teilnehmern vom Bevollmächtigten des Vierjahresplans – Göring war Herr über die gesamte deutsche Wirtschaft – eröffnet, was Hitler, Goebbels und er zwei Tage zuvor über die Juden, vor allem über deren wirtschaftliche Ausplünderung, beschlossen hatten.

Die nächsten Schritte, die auf jener Sitzung erörtert wurden, waren bereits vom Geist der »Endlösung« diktiert:

☐ der Einzug wesentlicher Teile des jüdischen Vermögens; damit sollte die auf Hochtouren laufende Aufrüstung finanziert werden,
☐ der völlige Ausschluß der Juden aus dem Erwerbs- und Wirtschaftsleben,
☐ die endgültige Vertreibung der Juden aus Deutschland; Deutschland sollte »judenrein« werden, sowie
☐ die soziale und kulturelle Ghettoisierung der in Deutschland noch verbleibenden Juden.

Sühneleistung und Reichsfluchtsteuer

Für den gut gelaunten Hermann Göring stellte sich die »Judenfrage« zunächst nur als »ein umfangreiches wirtschaftliches Problem« dar, aus dem sich »eine Reihe rechtlicher Maßnahmen« und nicht zuletzt

»Propagandamaßnahmen« ergaben. Getrübt wurde die Stimmung allerdings, als SS-Gruppenführer Reinhard Heydrich, der Chef der Sicherheitspolizei, und die eingeladenen Versicherungsfachleute eine erste Schadensbilanz der »Kristallnacht« aufmachten. Noch waren die Sach-, Inventar- und Warenschäden und auch der Steuerschaden nicht voll zu übersehen. Erste Schätzungen gingen von mehreren hundert Millionen Reichsmark aus. Allein den Versicherungsschaden bezifferten die Versicherungen mit 25 Millionen Mark, den Glasschaden auf 6 Millionen. Dabei mußte Fensterglas aus Belgien eingeführt werden – der Schaden entsprach einer halben Jahresproduktion der gesamten belgischen Glasindustrie! »Das kostet Devisen! Man könnte die Wände hochgehen!« tobte Göring. Sarkastisch fügte er noch hinzu: »Mir wäre lieber gewesen, ihr hättet 200 Juden erschlagen und hättet nicht solche Werte vernichtet.« Der Gipfel freilich war Görings Vorschlag, als Sühneleistung für die Pariser Bluttat »den deutschen Juden in ihrer Gesamtheit eine Kontribution von einer Milliarde Reichsmark« aufzuerlegen. Sein Kommentar: »Das wird hinhauen. Die Schweine werden einen zweiten Mord so schnell nicht machen. Im übrigen muß ich noch einmal feststellen: Ich möchte kein Jude in Deutschland sein.« Ohne weitere Diskussion bekam diese wahnwitzige Idee noch am selben Tag mit der »Verordnung über eine Sühneleistung der Juden deutscher Staatsangehörigkeit« Rechtskraft.[25] Doch damit nicht genug; kraft der ebenfalls am 12. November veröffentlichten »Verordnung zur Wiederherstellung des Straßenbildes bei jüdischen Gewerbebetrieben« hatten die geschädigten jüdischen Geschäfts- und Wohnungsinhaber nicht nur alsbald ihre Betriebe und Wohnungen wieder instand zu setzen, nein – ein Hohn sondersgleichen – auch die ihnen zustehenden Versicherungsansprüche wurden »zugunsten des Reichs beschlagnahmt«.[26]

Die auferlegte »Sühneleistung« war als 20%ige bzw. 30%ige »Vermögensabgabe« in vier Raten innerhalb eines halben Jahres fällig. Auf diese Weise flossen 1,126 Milliarden Reichsmark in die Staatskasse.[27] Vielen Juden blieb jetzt nur noch der Weg des Zwangsverkaufs von Hab und Gut und selbst dann konnten manche ihren Verpflichtungen nicht mehr voll nachkommen; jüdischer Besitz ließ sich nur noch unter Wert verkaufen.[28]

Die *erste* Maßnahme, die Einführung einer »Judensteuer«, war –

selbst wenn es so schien – kein Augenblickseinfall. Schon 1936 hatte Hitler diesen Gedanken in einer geheim gehaltenen Denkschrift im Zusammenhang seiner Aufrüstungspläne geäußert. Darauf Bezug nehmend teilte Staatssekretär Wilhelm Stuckart vom Reichsinnenministerium am 18. Dezember 1936 dem Reichswirtschaftsminister mit, der Führer habe die »Erhebung einer Judensteuer grundsätzlich gebilligt«.[29] Eineinhalb Jahre später trat dieser Plan in ein konkreteres Stadium mit der »Verordnung über die Anmeldung des Vermögens von Juden« vom 26. April 1938.[30] Alle Juden hatten nun ihr gesamtes Vermögen, soweit es 5 000 Reichsmark überstieg, offenzulegen. Es war nur noch eine Frage der Zeit, bis der Staat zugriff. Ausdrücklich hieß es in dieser Verordnung: »Der Beauftragte für den Vierjahresplan kann Maßnahmen treffen, um den Einsatz des anmeldepflichtigen Vermögens im Interesse der deutschen Wirtschaft sicherzustellen.«

Die der deutschen Judenheit auferlegte Sühneleistung ergab zusammen mit der den Juden abverlangten Reichsfluchtsteuer bis Ende 1940 den Betrag von etwa zwei Milliarden Reichsmark. Der Fiskus bestritt im Steuerjahr 1938/39 aus dieser Quelle allein 5% der Gesamtsteuereinnahmen des Reiches.[31] Die dem Finanzministerium von den Juden zufließenden Gelder wurden im wesentlichen für die auf Hochtouren laufende Aufrüstung verwendet.[32]

Ausschaltung aus dem Wirtschaftsleben

Der *zweite* Schlag, mit dem der Beauftragte für den Vierjahresplan die Juden in Deutschland zu vernichten suchte, war deren Ausschluß aus dem Erwerbsleben. Nach der ebenfalls am 12. November 1938 formulierten »Verordnung zur Ausschaltung der Juden aus dem deutschen Wirtschaftsleben«[33] wurde ab dem 1. Januar 1939 Juden untersagt, als Selbständige im Einzelhandel, Versandhandel oder Handwerk tätig zu sein; sie konnten weder Betriebsführer noch leitende Angestellte mehr sein, und es war ihnen verboten, auf Märkten oder Messen aufzutreten.

Auch mit dieser Maßnahme setzten die Nazis nur fort, was längst im Gange war, nämlich die »Arisierung« der in jüdischer Hand befindlichen Betriebe. Eigentlich ging es nur noch darum, den Rest aktiver

Das Parteiorgan »Völkischer Beobachter« stellte die Ereignisse der Nacht vom 9./10. November getreu der NS-Propaganda dar.

Erwerbstätigkeit von Juden vollends zu beseitigen. Einige Beispiele, die den schon lange anhaltenden schleichenden Prozeß der »Arisierung« verdeutlichen: Von den ehemals rund 100 000 jüdischen Betrieben zählte man im April 1938 noch etwa 40 000. Von den ursprünglich 50 000 jüdischen Einzelhandelsgeschäften gab es um diese Zeit gerade noch 9 000. Die Zahl der jüdischen Ärzte hatte sich bis zum Sommer 1938 von ursprünglich 8 000 auf rund 3 000 verringert. Mit der 4. Verordnung zum Reichsbürgergesetz vom 25. Juli 1938 erlosch für alle jüdischen Ärzte deren Approbation. 700 von ihnen konnten als »Krankenbehandler« ausschließlich für jüdische Patienten noch weiterarbeiten. Die Zahl der jüdischen Rechtsanwälte war von 4 500 auf 1 700 zurückgegangen. Am 27. September 1939 wurde auch deren Zulassung annulliert. 172 von ihnen durften noch als »Konsulenten« für jüdische Klienten tätig sein.[34]

Der *dritte* und der *vierte* Schritt, die an jenem 12. November zur Sprache kamen, die Vertreibung möglichst vieler Juden aus Deutschland und die Ghettoisierung der noch Verbliebenen, hingen eng miteinander zusammen. Der Vorschlag kam von Heydrich. Voll Stolz konnte er auf die Erfolge im eroberten Österreich verweisen. Dort hatte der ihm unterstellte SS-Obersturmführer Adolf Eichmann im Zusammenspiel mit dem zuständigen Wirtschaftsministerium und unter Zuhilfenahme ausländischer Hilfsorganisationen innerhalb kürzester Zeit 50 000 Juden »herausgebracht«; im Altreich waren es im selben Zeitraum nur 19 000 gewesen.[35] Eichmanns Rezept, das Heydrich auf das ganze Deutsche Reich übertragen wollte, lautete:

☐ 1. Einrichtung einer »Zentralstelle für jüdische Auswanderung«, die in der Lage war, die zu erwartende Flüchtlingsbewegung organisatorisch zu bewältigen.

☐ 2. Ein »Lastenausgleich« innerhalb des Judentums: Reiche Juden, die »auswandern« wollten, sollten in Form einer »Auswanderungsabgabe« ein Mehrfaches der eigenen Auswanderungskosten bezahlen und so die Auslagen für ärmere Juden mit übernehmen.

☐ 3. Die gesamte Vertreibungsaktion sollte von der Polizei überwacht, aber von den Juden selbst organisiert werden.

Reichsgesetzblatt

Teil I

| 1938 | Ausgegeben zu Berlin, den 14. November 1938 | Nr. 189 |

Tag	Inhalt	Seite
12.11.38	Verordnung über eine Sühneleistung der Juden deutscher Staatsangehörigkeit	1579
12.11.38	Verordnung zur Ausschaltung der Juden aus dem deutschen Wirtschaftsleben	1580
12.11.38	Verordnung zur Wiederherstellung des Straßenbildes bei jüdischen Gewerbebetrieben	1581
12.11.38	Verordnung zum Schutz gefährdeten landwirtschaftlichen Grundbesitzes in den sudetendeutschen Gebieten	1581
12.11.38	Zweite Verordnung zur Änderung der Verordnung über Fleisch- und Wurstpreise	1582
14.11.38	Verordnung über die Polizeiverordnungen der Reichsminister	1582

Im Teil II, Nr. 47, ausgegeben am 11. November 1938, sind veröffentlicht: Verordnung über die Änderung der preußisch-braunschweigischen Landesgrenze zwischen den Gemeinden Schwarme (Kreis Grafschaft Hoya) und Emtinghausen, Vahlum (Kr. is Braunschweig). — Verordnung über die Regelung von Versorgungsfragen bei der Localbahn-Aktiengesellschaft in München. — Bekanntmachung über die Ratifikation eines Protokolls über die Verlängerung der Geltungsdauer des deutsch-finnischen Handelsvertrags. — Bekanntmachung über den Geltungsbereich des deutsch-litauischen Konsularvertrags (Ausdehnung auf Österreich).

Verordnung
über eine Sühneleistung der Juden deutscher Staatsangehörigkeit.
Vom 12. November 1938.

Die feindliche Haltung des Judentums gegenüber dem deutschen Volk und Reich, die auch vor feigen Mordtaten nicht zurückschreckt, erfordert entschiedene Abwehr und harte Sühne.

Ich bestimme daher auf Grund der Verordnung zur Durchführung des Vierjahresplans vom 18. Oktober 1936 (Reichsgesetzbl. I S. 887) das Folgende:

§ 1

Den Juden deutscher Staatsangehörigkeit in ihrer Gesamtheit wird die Zahlung einer Kontribution von 1 000 000 000 Reichsmark an das Deutsche Reich auferlegt.

§ 2

Die Durchführungsbestimmungen erläßt der Reichsminister der Finanzen im Benehmen mit den beteiligten Reichsministern.

Berlin, den 12. November 1938.

Der Beauftragte für den Vierjahresplan
Göring
Generalfeldmarschall

Unklare Vorstellungen hatte Heydrich noch über den zeitlichen Ablauf. Er rechnete mit acht bis zehn Jahren, bis Deutschland »judenfrei« sein würde. In der Zwischenzeit trete aber notwendig eine »Verproletarisierung des zurückbleibenden Judentums« ein. Darum müßten auch Überlegungen zur »Isolierung«, möglicherweise auch zur »Ghettoisierung« der noch verbleibenden Juden angestellt werden. Nach Heydrichs Vorstellungen sollten darum alle Juden in der Öffentlichkeit an bestimmten Abzeichen erkennbar sein; Göring dachte an Uniformen, die Juden in Zukunft tragen müßten. Es wurde die Einrichtung von Sperrgebieten in den Städten erwogen, in jedem Fall aber wollte man die Trennung zwischen Deutschen und Juden in den Krankenhäusern, Sanatorien und in den öffentlichen Verkehrsmitteln einführen.

»Auswanderung« in einer Hand

Blickt man auf die weitere Entwicklung, dann wurden alle diese Vorschläge in der Folgezeit mit letzter Konsequenz umgesetzt. Am 24. Januar 1939 verfügte Göring die Bildung einer »Reichszentrale für die jüdische Auswanderung« im Reichsministerium des Innern (vgl. Kap. 32). Sie hatte verstärkt die »Auswanderung« der Juden voranzutreiben. Deren Leitung wurde dem Chef der Sicherheitspolizei übertragen. Zum Geschäftsführer wurde SS-Standartenführer Heinrich Müller bestimmt.[36] Damit hatte der Reichsführer SS zusammen mit seinen Organen alle Fäden der Judenvertreibung in der Hand.

Ein halbes Jahr später – so lange dauerte es immerhin noch – hatte Heydrich sein Hauptziel, die Bildung einer jüdischen Selbsthilfeorganisation, in der jeder »Rassejude« Mitglied zu sein hatte, erreicht. Mit der Zehnten Verordnung zum Reichsbürgergesetz vom 4. Juli 1939 trat an die Stelle der »Reichsvertretung der Juden« die »Reichsvereinigung der Juden in Deutschland«. Deren wichtigste Aufgabe war, »die Auswanderung der Juden zu fördern«[37] (vgl. Kap. 12). Die Bereitschaft zu diesem Schritt war auf jüdischer Seite nicht unumstritten. Wie weit durfte man auf dem Weg der Zusammenarbeit mit dem Verfolgerstaat gehen? Wann war Widerstand sinnvoll und geboten?

Mit der hemmungslos antisemitischen Ausstellung »Der ewige Jude« wurde die neue Phase der Judenverfolgung propagandistisch begleitet.

Fortschreitende Ghettoisierung

Parallel zur aktiven Vertreibungspolitik wurde die Ausgrenzung der noch im Land lebenden jüdischen Menschen im Alltag konsequent fortgesetzt, inzwischen ohne jede Rücksicht auf Proteste aus dem Ausland. Nach einem Runderlaß des Reichserziehungsministers vom 15. November 1938 durften jüdische Kinder keine deutschen Schulen mehr besuchen.[38] Zum Jahreswechsel 1938/39 wurden alle jüdischen Verlage und Buchhandlungen geschlossen. Die letzten jüdischen Zeitungen – bis auf das »Jüdische Nachrichtenblatt« – mußten ihr Erscheinen einstellen. Mit dem »Gesetz über die Mietverhältnisse mit Juden« vom 30. April 1939 konnten Juden in bestimmte Wohngebiete abgedrängt werden. Seit dem 16. Juni 1939 durften Juden sich in Heilbädern und Kurorten nur noch mit Genehmigung des Gesundheitsamtes und bei völliger Isolierung von »Deutschen« aufhalten. Noch wagte man nicht, den »Judenstern« oder eine ähnliche äußere Kennzeichnung, wie sie Heydrich und Göring vorschwebte, einzuführen; dies gab es erst im Krieg, zunächst in den besetzten Gebieten, seit September 1941 auch im Altreich.

Im »Schicksalsjahr 1938« hatten die Nationalsozialisten gegenüber den Juden vollends jede Hemmung verloren. In einem Erlaß des Auswärtigen Amtes vom 25. Januar 1939 an alle deutschen diplomatischen Missionen und Konsulate heißt es ungeniert:

»Das letzte Ziel der deutschen Judenpolitik ist die Auswanderung aller im Reichsgebiet lebenden Juden. Es ist vorauszusehen, daß schon die einschneidenden Maßnahmen auf wirtschaftlichem Gebiet, die den Juden vom ›Verdienst auf die Rente‹ gesetzt haben, den Auswanderungswillen fördern werden. [...] Es ist wohl kein Zufall, daß das Schicksalsjahr 1938 zugleich mit der Verwirklichung des großdeutschen Gedankens die Judenfrage ihrer Lösung nahegebracht hat. Denn die Judenpolitik war sowohl Voraussetzung wie Konsequenz der Ereignisse des Jahres 1938. Mehr vielleicht als die machtpolitische Gegnerschaft der ehemaligen Feindmächte des Weltkriegs hat das Vordringen jüdischen Einflusses und der zersetzenden jüdischen Geisteshaltung in Politik, Wirtschaft und Kultur die Kraft und den Willen des deutschen Volkes zum Wiederaufstieg gelähmt. Die Heilung dieser Krankheit des Volkskörpers war daher wohl eine der wichtigsten Voraussetzungen für die Kraftanstrengung, die im Jahre 1938 gegen den Willen der Welt den Zusammenschluß des Großdeutschen Reiches erzwang.«[39]

Weit brutaler noch offenbarte Hitler sein Innerstes in einer Rede am sechsten Jahrestag der Machtübernahme, am 30. Januar 1939, vor dem Deutschen Reichstag. Nach einem halben Jahr auffallender Zurückhaltung meldete er sich damit wieder zu Wort. Unter Beifall rief er aus:

»Und eines möchte ich an diesem vielleicht nicht nur für uns Deutsche denkwürdigen Tage nun aussprechen: Ich bin in meinem Leben sehr oft Prophet gewesen und wurde meistens ausgelacht. In der Zeit meines Kampfes um die Macht war es in erster Linie das jüdische Volk, das nur mit Gelächter meine Prophezeiungen hinnahm, ich würde einmal in Deutschland die Führung des Staates und damit des ganzen Volkes übernehmen und dann unter vielen anderen auch das jüdische Problem zur Lösung bringen. Ich glaube, daß dieses damalige schallende Gelächter dem Judentum in Deutschland unterdes wohl schon in der Kehle erstickt ist.
Ich will heute wieder ein Prophet sein: Wenn es dem internationalen Finanzjudentum innerhalb und außerhalb Europas gelingen sollte, die Völker noch einmal in einen Weltkrieg zu stürzen, dann wird das Ergebnis nicht die Bolschewisierung der Erde und damit der Sieg des Judentums sein, sondern die Vernichtung der jüdischen Rasse in Europa!«[40]

3. »Tue deinen Mund auf für die Stummen«: Wie die evangelischen Christen auf die Pogromnacht reagierten

Nach dem 9. November 1938 hat Dietrich Bonhoeffer in seiner Bibel dieses Datum an den Rand von Psalm 74, Vers 8 geschrieben: »Sie verbrennen dein Heiligtum; sie entweihen und werfen zu Boden die Wohnung deines Namens. Sie sprechen in ihrem Herzen: ›Laßt uns sie plündern!‹ Sie verbrennen alle Häuser Gottes im Lande.« Der folgende Vers ist in Bonhoeffers Bibel mit einem dicken Strich am Rande markiert: »Kein Prophet predigt mehr, und keiner ist bei uns, der weiß, wie lange. Ach Gott wie lange soll der Widersacher schmähen und der Feind deinen Namen so gar verlästern?« (Vers 9)[41] Wie hat die Kirche, wie haben Christen auf die Pogromnacht reagiert?

Die Antwort radikaler Deutscher Christen:
»Juda, dessen Gott ein Mörder ist von Anfang an«

Es war fast zu erwarten, daß radikale Deutsche Christen – sie waren allerdings nur noch eine Minderheit – in den Chor der NS-Propagandisten einstimmen würden. So kam es in Thüringen zu einer Kanzelerklärung des Landeskirchenrates zum Bußtag, 16. November, in der zum »Kampf gegen den volkszersetzenden Geist des Judentums« aufgerufen wurde. Ganz im Stil von Joseph Goebbels beklagte Landesbischof Martin Sasse den »feigen Mord eines Juden an dem Gesandtschaftsrat Ernst Eduard vom Rath«, der »unser gesamtes deutsches Volk aufs tiefste empört«. Sasse ließ seine Pfarrer verkünden:

»Der Nationalsozialismus hat in unserer Zeit diese Gefahr am klarsten erkannt und in verantwortungsvollem Ringen um die deutsche Volksgemeinschaft der jüdisch-bolschewistischen Gottlosigkeit den schärfsten Kampf angesagt. Aufgabe der Kirche in Deutschland ist es, aus christlichem Gewissen und nationaler Verantwortung in diesem Kampf treu an der Seite des Führers zu stehen.«[42]

Um jedem Pfarrer Argumentationsmaterial an die Hand geben zu können, gab Landesbischof Sasse am 23. November 1938 eine Schrift mit dem Titel »Martin Luther und die Juden. Weg mit ihnen!« heraus, eine aus Lutherzitaten zusammengestelltes Lehrbuch zum Judenhaß. Sasses Begründung:

»In dieser Stunde muß die Stimme des Mannes gehört werden, der als der Deutsche Prophet im 16. Jahrhundert aus Unkenntnis einst als Freund der Juden begann, der, getrieben von seinem Gewissen, getrieben von den Erfahrungen und der Wirklichkeit, der größte Antisemit seiner Zeit geworden ist, der Warner seines Volkes wider die Juden«[43] (vgl. Bd. 1, 32–36).

Ein anderer führender Deutscher Christ, Bischof Friedrich Peter, Berlin, münzte seine Grabrede beim Staatsbegräbnis des Gesandtschaftsrates Ernst Eduard vom Rath zu einer massiven Judenhetze um:

»Wir fragen heute an diesem offenen Grab die Völker der Erde, wir fragen die Christen in der Welt: Was wollt Ihr tun gegen den Geist jenes Volkes, von dem Christus sagt, ›sein Gott ist ein Mörder von Anfang an gewesen und ist nicht bestanden in der Wahrheit‹. Wir Deutschen haben gelernt, daß man sich große Gedanken und ein reines Herz von Gott erbitten soll. Wie steht es aber um Juda, dessen Gott ein Mörder ist von Anfang an? Wir fragen die Völker der Welt in unserem Schmerz und Stolz: Wie wollt Ihr Euch in Zukunft zu diesem Volk stellen, und wir erwarten Antwort.«[44]

Aus Protest aus der SA ausgetreten

Daß die Vorgänge in der Pogromnacht auch bei bewußten Antisemiten Abscheu hervorriefen, zeigt die Haltung des Tübinger Theologiestudenten S. Krügel. Obwohl er sich als Antisemit verstand, trat er aus Protest aus der SA aus. Zur Abschreckung veröffentlichte der

Studentenführers Krügels Austrittserklärung im Verordnungs- und Mitteilungsblatt der Universität mit einem diffamierenden Kommentar. Krügel hatte am 14. November 1938 an den Nachrichtensturm N/180 Tübingen geschrieben:

»Hierdurch erkläre ich meinen Austritt aus der SA. Grund: In der letzten Woche sind allerorts Vergeltungsmaßnahmen gegen die Juden zur Ausführung gelangt. Ich sehe in den Juden die derzeit gefährlichsten Feinde unseres Volkes und halte daher alle gegen sie in Anwendung kommenden legalen Schritte für durchaus berechtigt. Verhindert werden mußten indes alle illegalen Maßnahmen, was der Partei und ihren Gliederungen auch ohne weiteres möglich gewesen wäre. Daß dies nicht geschehen ist, bedeutet an die ›Volkswut‹ das Zugeständnis, zur Lösung schwebender Fragen berechtigt zu sein. Da ich als Christ diese Rechtsanschauung nicht zu teilen vermag, glaube ich mein weiteres Verbleiben in der SA weder vor meinem Gewissen noch vor der christlichen Gemeinde verantworten zu können.«[45]

Das antisemitische Hetzblatt »Flammenzeichen« griff den Fall begierig auf. Dessen Kommentar: »Wir stehen auf dem Standpunkt, daß solche geistigen Kramhändler wie Herr Krügel von den deutschen Universitäten verbannt gehören. Sie sollen in Tel Aviv studieren oder dort, wo der Pfeffer wächst. Auf alle Fälle sollen sie nicht länger verlangen, daß der Vater Staat ihnen die Möglichkeit des Studiums gibt, wo sie nachher doch nur hinausziehen, um gegen ihn von schützenden Kanzeln herab Stimmung zu machen.«[46]

Erschrecken und Schweigen selbst bei der Bekennenden Kirche

Blasphemische Reden, wie sie extreme Deutsche Christen wie Sasse und Peter von sich gaben, waren die Ausnahme. Doch zu einem klaren öffentlichen Wort der Kirche für die Juden, wie es eigentlich jetzt geboten war, kam es nicht. Kennzeichnend für die Situation war, was der württembergische Landesbischof Theophil Wurm in seinen Lebenserinnerungen darüber schrieb. Wurm wollte in einer am Tag nach dem Pogrom stattfindenden Dekanskonferenz die mit Beil und *Barte. * Streitaxt.

7. Sie verbrennen dein Heiligtum; sie entweihen und werfen zu Boden die Wohnung deines Namens.
2. Kön. 25, 9.

8. Sie sprechen in ihrem Herzen: „Laßt uns sie plündern!" Sie verbrennen alle Häuser Gottes im Lande.
Pf. 83, 13.

9. Unsere Zeichen sehen wir nicht, und kein Prophet prediget mehr, und keiner ist bei uns, der weiß, wie lange.

10. Ach Gott, wie lange soll der Widersacher schmähen und der Feind deinen Namen so gar verlästern?

Dietrich Bonhoeffer notierte in seiner Bibel am Rande von Psalm 74, Vers 8 (»Sie verbrennen alle Häuser Gottes im Lande.«) das Datum »9.11.38«.

Frage erörtern lassen, »in welcher Weise« die Kirche am Buß- und Bettag »auf die jüngsten Ereignisse eingehen« sollte. »Ich bat einen Amtsbruder um ein Votum, aber er vermied es, auf die konkrete Situation einzugehen, und kein richtungweisendes Wort kam aus dem Kreis ernster und wackerer Männer, die versammelt waren.«[47]

Auch wenn die Kirchenleitungen schwiegen, von der Basis im Protestantismus galt dies nicht im selben Maße. Ein unverdächtiges Zeugnis dafür sind die Stimmungsberichte der Geheimpolizei aus diesen Tagen. So schrieb der Sicherheitsdienst der SS im Unterabschnitt Württemberg-Hohenzollern in seinem Bericht für das 4. Quartal 1938:

»Die Vergeltungsmaßnahmen gegen die Juden wurden von konfessioneller Seite weitgehend abgelehnt. Beweggrund dafür waren auf evangelischer Seite menschliche Sympathie für das Judentum und religiöse Verbundenheit mit dem Judentum, auf katholischer Seite die Überlegung und Befürchtung, gegen den Katholizismus könnte einmal ebenso vorgegangen werden wie gegen das Judentum. [...]
Obwohl sich die offiziellen Stellen und Personen der [württembergischen] Landeskirche jeder Stellungnahme zur Judenfrage und zur Judenaktion enthielten, wurden doch die Vergeltungsmaßnahmen von dem Großteil der Geistlichkeit wie auch der evangelischen Bevölkerung mit Begründungen wie ›Die Juden sind doch auch Menschen‹ und ›Man darf doch keine Gotteshäuser anzünden, das ist doch Gotteslästerung‹ usw. abgelehnt. Die kirchlich-theologische Sozietät, der extremste Flügel der BK, gab an seine Anhänger und die zuverlässigsten Glieder der Gemeinden eine Vervielfältigung einer scharf und grenzenlos prosemitischen Schrift ›Das Heil kommt von den Juden‹ heraus, die von dem berüchtigten Theologen Prof. Karl Barth, Basel, verfaßt worden war.«[48]

Einzelne mutige Prediger

Kein Zweifel, es gab mutige Pfarrer, die am Sonntag nach der Pogromnacht oder am darauffolgenden Bußtag ein prophetisches

Wort gewagt und zu einem tröstenden Wort gefunden haben. Deren Namen sind vielfach vergessen.

Heinrich Albertz zum Beispiel hat erzählt, wie er den Sonntagsgottesdienst nach der Pogromnacht in Barmen-Gemarke, in der Gemeinde von Pfarrer Karl Immer, erlebt hat:

»Karl Immer stellte sich hin vor die Gemeinde, ohne Talar, und sagte seiner Gemeinde, ein paar hundert Meter von der Gemarker Kirche entfernt sei das Wort Gottes verbrannt worden. Er meinte damit die Zerstörung und das Anzünden der Barmer Synagoge in der Zur-Scheuren-Straße. Er wolle und könne deshalb heute keine Predigt halten. Er wolle nur zwei Texte vorlesen.
Und er las die Zehn Gebote in ihrer ursprünglichen Fassung und das Gleichnis vom Barmherzigen Samariter, betete das Vaterunser und sagte: Wer die Texte richtig verstanden habe, der möchte doch bitte nachher zu ihm in die Sakristei kommen. Und es kamen nach meiner Erinnerung so vierzig oder fünfzig Gemeindeglieder.«[49]

Es gibt noch mehr Beispiele mehr oder weniger indirekter Anspielungen auf die Pogromnachtereignisse in Predigten, bei denen die Zuhörer sehr wohl verstanden haben, wovon die Rede war. So predigte Pfarrer Johannes Schlingensiepen in der Unterbarmer Hauptkirche über den Text aus Sacharja 2,12: »Wer Euch antastet, der tastet meinen Augapfel an.«[50]

Der junge Pfarrer Heinrich Brinkmann schickte seine an der Markuskirche in Hannover gehaltene Predigt vom 13. November 1938 über 2. Thessalonicher 1, Vers 3–10 an den Dichter Jochen Klepper. Klepper schreibt am 25. November in sein Tagebuch: »Indes so viele Menschen, die man nahe glaubte, schweigen, [es] schreiben welche, von denen man es überhaupt nicht erwartete, aufs intensivste: so Pfarrer Brinkmann-Hannover, der uns seine Predigt vom Sonntag nach den schrecklichen Vorgängen schickt.«[51] Brinkmann sah in dem Geschehen dämonisch-apokalyptische Kräfte entfesselt, die er beim Namen nannte:

»Wir brauchen davon nicht erst lange zu reden, was uns denn bewegt: wir sind erschüttert von der unseligen Mordtat, in der ein Haß gegen unser Deutschland sich Luft machen wollte, der auch vor dem Letzten nicht zurückschreckt, und uns bewegt die Tatsache, daß diese unselige Mordtat in unserem Lande einen Sturm entfesselt hat, der auch vor Unschuldigen nicht mehr halt machen konnte. Nicht als Anklage, nur in tiefer Beugung können wir sagen, daß sich drüben wie hüben eine Welt des Hasses aufgetan hat, die von dem dämonischen Gesetz von Stoß und Gegenstoß regiert wird.«[52]

Interessant an dieser Predigt erscheint nicht so sehr das Urteil über den Haß auf beiden Seiten, mit dem gewiß die Wirklichkeit nicht getroffen war, als vielmehr der Mut, überhaupt auf die Mordtaten und Plünderungen einzugehen und sie als dämonische Ausbrüche zu charakterisieren.
Ungleich klarere Zeugnisse liegen freilich in den Bußtagspredigten von Helmut Gollwitzer in Berlin-Dahlem (Kap. 4) und von Julius von Jan in Oberlenningen (Kap. 5) vor.

Ein Gebet für Juden

Auch wenn die Kirche im ganzen schwieg, es gibt eine Ausnahme. Die Konferenz der Landesbruderräte der Bekennenden Kirche, das einzige Organ, das damals noch die gesamte Bekennende Kirche vertreten konnte[53], hatte unter dem Eindruck der Ereignisse eine »Gottesdienstordnung für den Buß- und Bettag 1938« herausgebracht, in der es ausdrücklich heißt:

»Nimm dich der Not aller der Juden in unserer Mitte an, die um ihres Blutes willen Menschenehre und Lebensmöglichkeit verlieren. Hilf, daß keiner an ihnen rachsüchtig handle. Mache uns barmherzig, damit wir Barmherzigkeit erlangen. In Sonderheit laß das Band der Liebe zu denen nicht zerreißen, die mit uns in demselben teuren Glauben stehen und durch ihn gleich uns deine Kinder sind.
Wende allen Jammer und alle Not in unserem ganzen Volke. Steh mit Trost und Hilfe allen Betrübten und Geängstigten bei. [...]
Laß alle unschuldig Gefangenen los und ledig.
Stärke denen den Glauben, die keinen Ausweg sehen und in der Versuchung stehen, gegen deinen Willen Selbstmord zu verüben.

Mache die Herzen willig und die Hände reich, zu helfen, wo Hilfe not tut.
Für alle Notleidenden und Bedrängten in unserem Volke lasset uns zum Herrn beten: Herr erbarme dich!«[54]

Nach dem Urteil von Wilhelm Niesel war dies »das erste, für die Öffentlichkeit bestimmte Zeichen dafür, daß die Bekennende Kirche aller Juden, nicht nur der getauften gedachte«.[55]

Eine gelähmte Bekennende Kirche

Der Augenschein trügt nicht, die Bekennende Kirche war in der Zeit nach der Pogromnacht wie gelähmt. Dafür gibt es Gründe. Kaum jemals im Dritten Reich war die Bekennende Kirche in einem so hohen Maße handlungsunfähig gewesen wie im zweiten Halbjahr 1938. Anlaß waren unter anderem die Auseinandersetzungen um Karl Barths Brief an den tschechischen Theologen Josef Hromádka[56] sowie vor allem eine Gottesdienstliturgie gewesen, die die Vorläufige Leitung der DEK unter Pfarrer Fritz Müller(-Dahlem) angesichts der drohenden Kriegsgefahr für einen am 30. September 1938 geplanten Gebetsgottesdienst veröffentlicht hatte. Dieses Bußgebet mobilisierte – wie nie zuvor – alle gegen den dahlemitischen Flügel der Bekennenden Kirche gerichteten Kräfte. Den Auftakt gab die SS-Wochenzeitung »Das Schwarze Korps«. Anstoß erregt hatten vor allem bestimmte Klagen in der Liturgie:

»Wir bekennen vor Dir die Sünden unseres Volkes. Dein Name ist in ihm verlästert, Dein Wort bekämpft, Deine Wahrheit unterdrückt worden. Öffentlich und im Geheimen ist viel Unrecht geschehen. Eltern und Herren wurden verachtet, das Leben verletzt und zerstört, die Ehe gebrochen, das Eigentum geraubt und die Ehre des Nächsten angetastet. Herr, unser Gott, wir klagen vor Dir diese unsere Sünden und unseres Volkes Sünden. Vergib uns und verschone uns mit Deinen Strafen.«[57]

Das Schwarze Korps vom 27. Oktober 1938 brandmarkte diese Klagen als »politische Kundgebungen des Verrates und der Sabotage an der geschlossenen Einsatzbereitschaft des Volkes in ernsten Stunden seines Schicksals«. Von den Autoren der Liturgie, den Mitgliedern der 2. VKL, hieß es: »Die Sicherheit des Volkes macht die Ausmerzung dieser Verbrecher zur Pflicht des Staates.«[58] Der nationalkirchliche »Deutsche Sonntag« sprach von »jüdisch verseuchten Vertretern der Kirche«.[59]

Reichskirchenminister Kerrl war aufs äußerste erregt. Er befürchtete das Scheitern seiner Befriedungsbemühungen um die evangelische Kirche. Kerrl ordnete darum am 29. Oktober die sofortige Gehaltssperre für die Verantwortlichen der Liturgie, die BK-Kirchenleitungsmitglieder Albertz, Böhm, Forck und Müller(-Dahlem), an. Bei einer am selben Tag stattfindenden Besprechung schreckte er die vier Bischöfe der intakten Landeskirchen von Hannover (Marahrens), Bayern (Meiser), Württemberg (Wurm) und Baden (Kühlewein) mit der Erklärung, »daß er die Absicht habe, beim Führer durchzusetzen, daß die Mitglieder der VL ins KZ überführt würden«.[60] Ja, er nötigte die Bischöfe, ein vorbereitetes Papier zu unterschreiben und öffentlich von der Spitze des entschiedenen Flügels der Bekennenden Kirche abzurücken. Tatsächlich versicherten dann die Vier in leicht abgemilderter Form, daß die Gebetsliturgie »von uns aus religiösen und vaterländischen Gründen mißbilligt und für unsere Kirchen abgelehnt worden ist. Wir verurteilen die darin zum Ausdruck gekommene Haltung auf das Schärfste und trennen uns von den für diese Kundgebung verantwortlichen Persönlichkeiten.«[61]

Triumphierend schrieb Kerrl am 9. November, also am Tag vor der Pogromnacht, an den Chef der Sicherheitspolizei, SS-Gruppenführer Heydrich:

»Die übrigen Kirchenführer haben sich dieser Erklärung angeschlossen bzw. haben sie noch schärfer gehaltene Erklärungen abgegeben. Damit ist erwiesen, daß der augenblickliche Zeitpunkt denkbar günstig ist zu einem vernichtenden Schlage gegen die illegale und staatsfeindliche Organisation der radikalen Bekenntnisfront. Das ganze deutsche Volk ist einig in der Verurteilung dieser Volksschädlinge. Es ist das erste Mal, daß auch sämtliche Kirchenführer einschließlich der gemäßigten Bekenntnis-Bischöfe Marahrens, Meiser, Wurm, Kühlewein in der Verurteilung dieser Tat als unchristlich

Der Vorsitzende der zweiten VKL der DEK. Pfarrer Friedrich Müller (-Dahlem), mit seinen beiden Kindern Eberhard und Beate 1938 nach dem Tod seiner Frau.

und unreligiös einig sind, so daß ein vernichtender Schlag gegen die Bekenntnisfront von niemandem als antichristliche Maßnahme – wie früher immer – bezeichnet werden könnte. Außerdem ist der seltene Fall gegeben, daß sich in diesem Punkte, an dem sich die Geister *für* den Staat oder *gegen* ihn scheiden, die negativen Kräfte durch ihre Solidaritäts-Erklärung für die Vorläufige Kirchenleitung klar erkennbar zusammengefunden haben und mit der gemeinsamen Verantwortung belastet, jedem sichtbar in Erscheinung getreten sind.«[62]

Am 10. November – die Synagogen lagen jetzt schon in Schutt und Asche – kam das Deutsche Nachrichtenbüro mit der Schlagzeile heraus: »Einheitsfront in der evangelischen Kirche gegen Volksschädlinge« und wiederholte den Vorwurf »staatsfeindlicher Gesinnung«.[63]
Auch wenn die Bischöfe eine Woche später – sichtlich erschrocken über das, was in Gang gekommen war – vom »Vorwurf staatsverräterischen Verhaltens« gegen die Mitglieder der 2. VKL deutlich abrückten[64], so änderte dies an der Lage nichts mehr: An ein öffentliches Wort der evangelischen Kirche zum Pogrom war in dieser Situation nicht zu denken. In einem Augenblick, da Zehntausende von Juden und Judenchristen in den eilends erweiterten Konzentrationslagern verschwanden, mußten alle, die sich öffentlich mit

---

Die Bischöfe der drei »intakten« Landeskirchen August Marahrens (Hannover), Hans Meiser (Bayern) und Theophil Wurm (Württemberg) wie der badische Landesbischof Julius Kühlewein distanzierten sich auf Druck von Reichskirchenminister Hanns Kerrl am 29. Oktober 1938 von den Verfassern der BK-Gebetsliturgie.
Am 3. November schlossen sich der Aktion noch vier weitere »Kirchenführer« an, nämlich Friedrich Happich (Kurhessen-Waldeck), Wilhelm Henke (Schaumburg-Lippe), Helmut Johnsen (Braunschweig) und Adolf Drechsler (Hamburg).

Wir stellen fest, daß das von der "Vorläufigen Leitung" am 27.September 1938 herausgegebene Rundschreiben betreffend Abhaltung von Gebetsgottesdiensten anläßlich bevorstehender Kriegsgefahr von uns aus religiösen und vaterländischen Gründen mißbilligt und für unsere Kirchen abgelehnt worden ist. Wir verurteilen die darin zum Ausdruck gekommene Haltung auf das Schärfste und trennen uns von den für diese Kundgebung ver - antwortlichen Persönlichkeiten.

~~Eine darüber hinausgehende für die Öffentlichkeit bestimmte Erklärung können wir erst abgeben, wenn wir Gelegenheit gehabt haben, mit den verantwortlichen Stellen unserer Landeskirchen in Verbindung zu treten.~~

Berlin, den 29.Oktober 1938

D. Marahrens
D. Meiser

D. Wurm
V. Koopmann

Berlin, 5. November 1938.

D. Zoellner.
Henke.
iv. Johnsen.
Breitler.

ihnen solidarisierten, mit dem gleichen Schicksal rechnen. Verständlich ist darum, daß in einer am 10. Dezember 1938 von der Bekennenden Kirche in Umlauf gesetzten Fürbittenamensliste drei »nichtarische« Pfarrer – Hans Ehrenberg, Paul Leo und Heinz-Helmuth Arnold – als im KZ befindlich genannt werden, jedoch mit dem ausdrücklichen Vermerk »Nur zur Kenntnisnahme, nicht zur Verlesung«.[65]

Landesbischof Wurm hat in seinen Erinnerungen sein damaliges Verhalten zutiefst bedauert. Die Veröffentlichung der Gebetsliturgie hielt er jedoch im Rückblick immer noch als ungeschickt:

»In Dahlem, wo nicht die Sorgen um Vaterland und Frieden, sondern um die rechte Widerstandshaltung im Vordergrund standen, hatte man sich schon so in den Kriegsfall hineingedacht, daß man eine Liturgie für Kriegsbetstunden herausgab, die vor allem aus alttestamentlichen Texten bestehend die Wehrmacht vor kriegerischen Exzessen warnen sollte. Es war für jeden einigermaßen mit der nationalsozialistischen Psyche Vertrauten klar, daß dieser Schritt und die ausgewählten Texte provozierend wirken mußten. Wir standen auf dem Standpunkt, daß der in der Löwengrube befindliche Daniel nicht die Verpflichtung habe, die Löwen in die Schwänze zu zwicken.«

Über seine eigene Erklärung schrieb Wurm:

»Keiner von uns hatte in dieser Stunde die innere Vollmacht, das zu tun und zu erklären, was richtig gewesen wäre. Solche Stunden, wo die Macht der Finsternis größer ist als die des Lichts, gibt es, und wir müssen uns darüber vor Gott und den Menschen demütigen.«[66]

Der nachträgliche Streit um die Gebetsliturgie scheint in den bekennenden Gemeinden für kurze Zeit zum alles beherrschenden Thema geworden zu sein. Wohl die meisten BK-Pfarrer haben aus diesem aktuellen Anlaß am Sonntag nach dem Pogrom, dem 13. November 1938, ihre Gemeinden sehr konkret über die Verfolgungsmaßnahmen gegen die Verfasser der Gebetsliturgie informiert, wie sie auch sonst der verfolgten BK-Mitglieder gedachten; weit weniger nahmen zu den brennenden Synagogen das Wort.[67]

*Das Wort an die Gemeinde vom Kirchentag in Steglitz
(10. – 12. Dezember 1938)*

Unter den gegebenen Umständen war es dann doch erstaunlich, daß die Konferenz der Landesbruderräte einen Monat nach dem Pogrom erneut zur »Judenfrage« Stellung nahm und zwar bei einem von ihr vom 10. bis 12. Dezember 1938 in Berlin-Steglitz veranstalteten »Kirchentag«. »Es war«, wie der aus Württemberg angereiste Pfarrer Theodor Dipper später feststellte, »schon rein äußerlich ein Kirchentag im Versteck und in großer zeitlicher Bedrängnis. [...] Diese äußeren Umstände waren kennzeichnend für die ganze innere und äußere Lage der BK, deren Nöte dort zur Sprache gebracht wurden.«[68] Allerdings kam man in dem in Steglitz verabschiedeten »Wort an die Gemeinden« über die Bekundung der »Aufrechterhaltung der Gemeinschaft mit den judenchristlichen Brüdern« nicht hinaus:

»Durch den einen Herrn, den einen Glauben und die eine Taufe sind wir als Brüder verbunden mit allen Christusgläubigen aus den Juden. Wir wollen uns nicht von ihnen trennen und bitten sie, daß sie sich auch nicht von uns trennen. ›So ein Glied leidet, so leiden alle Glieder mit‹ (1. Kor. 12,26). Wir ermahnen unsere Gemeinden und Gemeindeglieder, sich der leiblichen und seelischen Not ihrer christlichen Brüder und Schwestern aus den Juden anzunehmen, auch für sie im Gebet vor Gott einzutreten. ›Denn Gott hat alle beschlossen unter den Unglauben, auf daß er sich aller erbarme‹ (Röm. 11,32).«[69]

Die Situation glich aufs Haar der auf der dritten Preußensynode im September 1935 – man tagte damals am selben Ort in Steglitz (vgl. Bd. 2/1, Kap. 3). Die theologische Einsicht und der persönliche Mut reichten auch dieses Mal nicht weiter als bis zum Eintreten für die eigenen Glaubensgenossen, die christlichen Schwestern und Brüder aus dem Judentum. »Männer wie Dr. Jannasch rangen darum«, so schreibt Theodor Dipper, damals Vorsitzender der Bekenntnisgemeinschaft in Württemberg, »daß der Kirchentag mehr sagen möchte. Er solle eine öffentlich in der Gemeinde zu verlesende und dem Staat zu übergebende Erklärung gegen die Judenverfolgung beschließen.« Es kam nicht dazu. »Wäre in dieser aufs äußerste gespannten Lage noch ein Wort für Israel und gegen seine Verfolger herausgekommen«, so nochmals Dipper, »so hätte dies das Ende der organisierten BK bedeuten können.«

Neues Nachdenken über Israel bei der Kirchlich-theologischen Sozietät

Für die Kirchlich-theologische Sozietät in Württemberg war die Reichspogromnacht Anlaß, über das Verhältnis von Israel und Kirche neu nachzudenken.[70] Wie der zitierte Lagebericht des Sicherheitsdienstes für Württemberg-Hohenzollern zeigt, hatte die Gestapo aufmerksam registriert, daß unter württembergischen Theologen eine aus der Schweiz stammende Schrift »Das Heil kommt von den Juden« im Umlauf war. Der Verfasser war zwar nicht – wie von der SS vermutet – Karl Barth, zu dessen Schülern sich viele Sozietätler zählten, sondern der Basler Pfarrer und Alttestamentler Wilhelm Vischer. Vischer war der wohl markanteste Schweizer Theologe, der in Wort und Tat die unauflösliche Verbundenheit von Juden und Christen vertrat (vgl. Bd. 2/1, 307–309). Unter seinem Einfluß kam es auch bei Karl Barth zum allmählichen Umdenken. In einem Vortrag über die Unvereinbarkeit von christlichem Glauben und Nationalsozialismus am 5. Dezember 1938 in Wipkingen (Zürich) – also unter dem unmittelbaren Eindruck der Pogromnacht – sagte Karl Barth: »Wer ein prinzipieller Judenfeind ist, der gibt sich [...] als prinzipieller Feind Jesu Christi zu erkennen. Antisemitismus ist

---

Der Schweizer Alttestamentler Wilhelm Vischer war bis Mai 1934 Dozent an der Kirchlichen Hochschule in Bethel. Er ist der Verfasser des Memorandums »Das Heil kommt von den Juden«. Wilhelm Vischer mußte in die Schweiz zurückkehren und wurde Gemeindepfarrer in Basel.

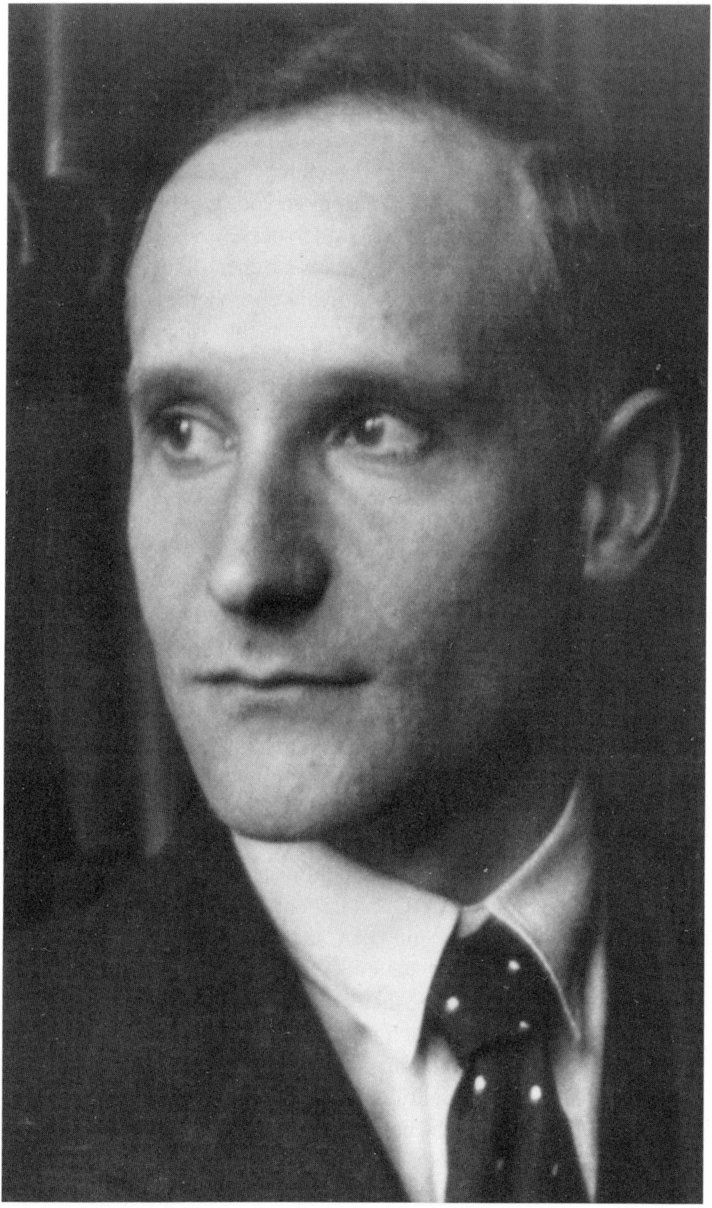

Sünde gegen den Heiligen Geist.« Und konkret auf die Zeitereignisse eingehend führte er aus:

»Wenn das geschieht, was in Deutschland jetzt offenkundig beschlossen und schon ins Werk gesetzt ist: die ›physische Ausrottung‹ gerade des Volkes Israel, die Verbrennung gerade der Synagogen und Thorarollen, die Perhorreszierung gerade des ›Judengottes‹ und der ›Judenbibel‹ als des Inbegriffs alles dessen, was den deutschen Menschen ein Greuel sein soll – dann ist eben damit, allein schon damit darüber entschieden: da wird die christliche Kirche in ihrer Wurzel angegriffen und abzutöten versucht. Mag denn jemand hinweghören können über all den unsagbaren Jammer, der eben jetzt in allen deutschen Landen, verursacht durch die antisemitische Pest, gen Himmel schreit. Wie aber ist es möglich, daß uns Christen nicht die Ohren gellen angesichts dessen, was diese Not und Bosheit sachlich bedeutet? Was wären, was sind wir denn ohne Israel? Wer den Juden verwirft und verfolgt, der verwirft und verfolgt doch den, der für die Sünden gestorben ist.«[71]

Karl Barth hat aus dieser Erkenntnis auch persönliche, praktische Konsequenzen gezogen. Er beteiligte sich aktiv am Schweizer Hilfswerk für »nichtarische« Flüchtlinge aus Deutschland. Nicht wenige verdankten der Fürsprache des angesehenen Theologen ein Visum oder eine berufliche Stellung in der Schweiz (vgl. Kap. 22).
Die württembergischen Soziotätler luden alsbald Wilhelm Vischer zu einer Arbeitstagung am 12. März 1939 nach Stuttgart ein. Sie hatten zwar um diese Zeit auch noch ganz andere Sorgen. Gegen 67 von ihnen lief eine vom Reichskirchenminister angestrengte Untersuchung vor dem Stuttgarter Oberkirchenrat, weil sie sich mit einer gemeinsamen Erklärung mit den disziplinierten Verfassern der Gebetsliturgie solidarisiert hatten.[72] Nicht weniger wichtig war für sie jedoch, in der Judenfrage theologisch Klarheit zu gewinnen. Dies erhofften sie sich im Gespräch mit dem reformierten Theologen und anerkannten Alttestamentler aus Basel; er konnte den Blick schärfen für die eigene Luther-Tradition, in der man gefangen war (vgl. Bd. 1, 164f.). In der Kirchlich-theologischen Sozietät blieb man an diesem Thema dran, wie sich vier Jahre später bei der Abfassung des »Münchner Laienbriefs« durch Hermann Diem zeigte (vgl. Bd. 4).

Betroffenes Schweigen bei Dietrich Bonhoeffer

Ganz im Gegensatz zur dritten preußischen Bekenntnissynode, bei der Dietrich Bonhoeffer und seine mit ihm angereisten Vikare laut protestiert hatten, schwieg Bonhoeffer jetzt. Er war mit Aufenthaltsverbot für Berlin belegt. Seine Korrespondenz wurde von der Gestapo überwacht. Allerdings vertraulich und in verschlüsselter Form nahm Bonhoeffer dennoch eindeutig das Wort. In einem als »Persönlicher Brief« getarnten Rundbrief an seine Schüler vom 20. November 1938 finden sich die zwei inhaltsschweren Sätze:

»In den letzten Tagen habe ich viel über Psalm 74, Sach 2,12, Rö 9,4f und 11,11–15 nachgedacht. Das führt sehr ins Gebet.«[73]

Wer die Stellen in der Bibel aufschlug, konnte sofort verstehen, was Bonhoeffer sagen wollte:

☐ »Sie verbrennen dein Heiligtum« (Ps. 74,7).
☐ »Wer euch antastet, der tastet meinen Augapfel an« (Sach. 2,12).
☐ »Welchen die Kindschaft gehört und die Herrlichkeit und der Bund und das Gesetz und der Gottesdienst und die Verheißungen« (Röm. 9,4).
☐ »Wenn ihre Verwerfung der Welt Versöhnung ist, was wird ihre Annahme anderes sein als Leben aus den Toten!« (Röm. 11,15).

Bonhoeffer spricht sich hier eindeutig für den Fortbestand des Bundes Gottes mit Israel aus. Es sieht so aus, daß hierbei Bonhoeffer über die Position seines judenchristlichen Freundes Franz Hildebrandt hinausgeht (vgl. Bd. 2/1, 294–298).

Dompropst Bernhard Lichtenberg betet für die Juden

Auch vom katholischen Episkopat gibt es keine öffentliche Stellungnahme zur Reichspogromnacht. Umso erstaunlicher sind einzelne Stimmen wie die von Dompropst Bernhard Lichtenberg. Der frühere Zentrumsabgeordnete im Berliner Stadtparlament und Seelsorger an der zentralen St. Hedwigskathedrale nahm voll Schrecken die Zerstörung der nur 1 300 Meter entfernten traditionsreichen »Neuen Synagoge« in der Oranienburger Straße wahr. Noch am selben Abend ging er im Gottesdienst in außergewöhnlicher Weise auf die schrecklichen Vorgänge ein. Eine katholische »Nichtarierin« berichtet darüber:

»Ich war innerlich benommen, denn ich war eine der Ausgestoßenen, hatte meinen Beruf verloren, weil mein Großvater Jude war. Ich war 15 Jahre Krankenschwester gewesen und bin entlassen worden und fand keinen Beruf mehr. Nun hatte ich mir einen Laden mühsam aufgebaut und dann war der furchtbare Tag im November 1938. Trotz aller durchgemachten Schrecken ging ich am Abend des 8. November [muß heißen 10. November] in die Hedwigskirche. Dompropst Lichtenberg war wie immer. Ruhig sprach er das Gebet: ›Ich bete für die Priester in den Konzentrationslagern, für die Juden, für die Nichtarier.‹ Und er sagte auch: ›Was gestern war, wissen wir. Was morgen ist, wissen wir nicht, aber was heute geschehen ist, haben wir erlebt. Draußen brennt die Synagoge. Das ist auch ein Gotteshaus.‹ Ich dachte, mir blieb der Atem stehen. Das war Mut. Das war ein Spiel mit dem Tod. Ich erstarrte förmlich. Ich sah die SA schon hereinstürmen. Die Kirche war gefüllt mit Menschen, [...] Lichtenberg sagte in seinem Gebet auch: ›Ich weiß, ich muß sterben. Ich weiß nicht wie, ich weiß nicht wann, ich weiß nicht wo. Aber eines weiß ich: Jesus Christus gestern und heute, derselbe auch in Ewigkeit.‹«[74]

Von nun an schloß Lichtenberg sowohl die »nichtarischen« Christen als auch die Juden in das tägliche öffentliche Abendgebet ein. Sein konsequentes Eintreten für die Verfolgten bezahlte er schließlich mit dem Leben (vgl. Bd. 4).

Beistand vom Weltrat der Kirchen in Genf

Für die schwer in Bedrängnis geratene Bekennende Kirche war es um so wichtiger, daß sie von den Schwesterkirchen in der Ökumene Unterstützung erfuhr. Und dies war der Fall. Am 16. November 1938 richteten die drei Verantwortlichen in der Genfer ökumenischen Zentrale, Henry L. Henriod, Willem A. Visser't Hooft und Adolf Keller, einen Hilferuf an die mit ihnen verbundenen Kirchen und Christen in der ganzen Welt. Sie erinnerten an frühere Beschlüsse, den »um ihrer Rassezugehörigkeit willen Verfolgten Beistand und Hilfe zu leisten«. Die Kirchen wurden zum raschen Handeln aufgefordert; als erstes sollten sie bei den jeweiligen Regierungen für die Aufnahme von Flüchtlingen eintreten. Einzelne Kirchen sollten »einige nichtarische Familien und mindestens einen nichtarischen Pfarrer oder Theologiestudenten« aufnehmen.[75]

Dieser Aufruf eröffnete eine lange Geschichte sehr konkreter Hilfen (vgl. Kap. 22 und 38–43).

4. Zufluchtsort Berlin-Dahlem

»An jenem Bußtagsmorgen ging ich nach dem Frühstück nach Dahlem. In dem überfüllten Gemeindesaal hielt Pastor Gollwitzer Gottesdienst. Ich fand keinen Sitzplatz mehr und mußte in der Vorhalle stehen. Eine schwere, gedrückte Stimmung lastete auf der Gemeinde. Diese Tage ausbrechender Bestialität hatten – für viele wohl zum ersten Mal in dieser Deutlichkeit – das wahre Gesicht des Nazitums enthüllt. Pastor Gollwitzer, Niemöllers Nachfolger an dieser hervorragenden Stelle, gab den Gedanken, die mich an diesem dunklen Bußtag bewegten, in meisterhafter Weise Ausdruck. Ich habe später diese Predigt, die zu den besten gehört, die ich je vernommen habe, oftmals gelesen und ich empfand es als ein großes Erlebnis, daß dieser Mann unerschütterlich die Worte sprach, die der Gemeinde an diesem Tage gesagt werden mußten, – oftmals mit allzu deutlicher Bezugnahme auf die Judenverfolgungen, – wenn auch das Wort ›Jude‹ (entsprechend einer Anweisung des Bruderrats der B. K.) an diesem Tage in den Predigten nicht genannt wurde. Aber es tat mir unendlich wohl zu wissen, daß es doch noch Menschen gab, denen ich mich zugehörig rechnen durfte, selbst in dieser Zeit, da ich zu denen gehörte, die mit den Mitteln grausamster Brutalität aus dem Volke ausgespieen wurden. Ich wunderte mich, daß ich – der von der Polizei Verfolgte – hier frei umhergehen und unerkannt der Verhaftung entgehen konnte. In allen diesen Wochen fühlte ich mich wie ein von den Sicherheitsbehörden verfolgter und gesuchter Verbrecher mit dem einzigen Unterschied, daß ich ein reines Gewissen hatte und wußte, daß man in diesem, von Verbrechern mit verbrecherischen Mitteln regierten Lande mit umgekehrten Maßstäben messen mußte, als man es früher gewohnt war und wie es in anderen Ländern der Fall sein mußte, wo man noch daran glaubte, daß Gerechtigkeit ein Volk erhöht, aber die Sünde der Menschen Verderben ist.«[76]

Als Harry Richard Loewenberg ein gutes Jahr später diesen Bericht an Weihnachten 1939 für seine Tochter Barbara notiert hat, befand er sich bereits in England im sicheren Exil. Der 52jährige ehemals leitende Redakteur der in Berlin erscheinenden »Textil-Woche« hatte nach 36 Berufsjahren seine Stellung aufgeben müssen; er war jüdischer Abstammung, wenn auch als Christ getauft. Hinter ihm lagen schreckliche Erlebnisse. In der Nacht vom 9. auf 10. November war gegen zwei Uhr in der Frühe eine Horde von vier Männern vor dem Anwesen der Familie Loewenberg in Stahnsdorf erschienen und hatte in einem wahren Zerstörungsrausch rundum alle Fenster des Hauses mit Steinen und Werkzeugen zerschlagen. Als Loewenberg zwei Tage später von einem früheren Arbeitskollegen, einem Nationalsozialisten, eine Warnung erhielt, daß Juden verhaftet würden und ins Konzentrationslager kämen, verabschiedete er sich von seiner »arischen« Frau und tauchte in Berlin unter, zunächst beim Stahnsdorfer Gemeindepfarrer, dann beim Studentenpfarrer der Bekennenden Kirche, Edo Osterloh, im Nordwesten Berlins. Dieses Versteck wie auch eine vorübergehende Bleibe für Frau und Tochter hatte der Dahlemer Pfarrer Helmut Gollwitzer vermittelt. Es lag darum nahe, daß Loewenberg am Bußtagsmorgen sich nach Dahlem begab, um dort eventuell seine Familie zu treffen. Im Bericht heißt es weiter – und er zeigt, welcher Umschlagplatz an konkreter Hilfe tatsächlich die Dahlemer Gemeinde darstellte:

»Im Gottesdienst sah ich Barbara, die mich erkannte und der ich verstohlen Zeichen gab. Nach Beendigung des Gottesdienstes traf ich meine Frau in der Kirche. Nur wenige Tage lagen zwischen unserem letzten Beisammensein, aber es war ein weltweites Erleben dazwischen. Pastor Gollwitzer hatte ihr ein vorübergehendes Quartier im Hause des früheren Bevollmächtigten Kaiser Wilhelm II, von Sell, besorgt. Wir gingen zusammen ins benachbarte Pfarrhaus Niemöller Cecilienallee 61 – oder Nr. 61, wie wir diesen wichtigen Treffpunkt am Telefon zu nennen pflegten – und trafen dort neben Frau Niemöller auch Pastor Gollwitzer. Mit ihm gingen wir zu Freudenbergs am Hirschsprung und aßen gemeinsam am Familientisch zu Mittag. Ich sagte meiner Frau u. a., daß wir uns scheiden lassen müßten, wenn etwa das beabsichtigte Gesetz über die Scheidung der Mischehen herauskommen würde. Sie lehnte diesen Gedanken damals aufs heftigste ab, aber nahm ihn später an, als Camillo, Gollwitzer und andere meiner Auffassung beitraten, daß ein solcher äußerlicher Schritt nichts an der Tatsache der nach wie vor weiterbestehenden Ehe ändern würde. Glücklicherweise ist dieses Gesetz bis zu meiner Auswanderung nicht erlassen worden, so daß uns dieser schmerzliche Schritt erspart blieb.«

Helmut Gollwitzer predigt Buße mit Johannes dem Täufer

Helmut Gollwitzer wußte, daß nicht wenige Zuhörer in Dahlem zu den Verfolgten gehörten. Es war alles andere als eine rhetorische Floskel, wenn er seine Predigt mit der Überlegung begann:

»Es wäre vielleicht das Richtigste, wir säßen heute hier nur schweigend eine Stunde lang zusammen, wir würden nicht singen, nicht beten, nicht reden, nur uns schweigend darauf vorbereiten, daß wir dann, wenn die Strafen Gottes, in denen wir ja schon mitten drin stecken, offenbar und sichtbar werden.«[77]

Gollwitzer erinnerte die Gemeinde an den Friedens- und Bußgottesdienst vor weniger als zwei Monaten, in dem ihr Gemeindepfarrer Fritz Müller(-Dahlem) unerschrocken jene Gebetsliturgie verlas, an deren Entstehen er als Mitglied der VKL selbst beteiligt war (vgl. Kap. 3). Was war daraus jetzt geworden? Inzwischen war Müller unter dem Druck von Reichskirchenminister Kerrl aus dem Amt entlassen. Auch die Dahlemer Gemeinde duldete ihn nicht mehr auf ihrer Kanzel.[78] Verständlich, daß Gollwitzer fragt: »Wer soll denn heute noch Buße predigen? Ist uns nicht allen der Mund gestopft an diesem Tag, daß wir doch eigentlich nur schweigen können? Was hat uns und unserem Volk und unserer Kirche all das Predigen und Predigthören genützt, [...] daß wir nun da angelangt sind, wo wir heute stehen?« Doch Gollwitzer resigniert nicht und stellt sich »dem Auftrag, dem er nicht ausweichen kann«. Und so greift er den vorgesehenen Predigttext Lukas 3, Vers 3 bis 14 auf und sucht mit der Geschichte von Johannes dem Täufer zu trösten und zu mahnen. Wie die noch erhalten gebliebenen Zeugnisse mehrerer Zuhörer ausweisen, haben auch andere, nicht nur der schon erwähnte Harry Richard Loewenberg, sich durch diese Predigt gestärkt gesehen.

Helmut Gollwitzer, seit Niemöllers Verhaftung von der Bekenntnisgemeinde in Dahlem angestellt, stärkte mit einer Predigt am Bußtag 1938 die verängstigten »nichtarischen« Gemeindeglieder. Hier mit den Konfirmanden Martin Niemöllers 1940.

Obwohl Helmut Gollwitzer bei der späteren Veröffentlichung der Predigt im Jahre 1951 sich selbst die Frage stellte, ob er nicht noch deutlicher die Dinge hätte »beim Namen nennen« müssen, für die Betroffenen hatten seine Worte offensichtlich eine »unmißverständliche Konkretheit«, so, wenn er von »den Menschen, denen der Maßstab Gottes unbekannt geworden ist«, sprach; vom jüdischen »Volk, das nach allem was wir von ihm wissen, unter keinen Umständen schlechter war als das unsere heute«; von Johannes dem Täufer, der heute »wahrscheinlich als Landesverräter verschrieen« würde. Vor allem aber redete Gollwitzer die Betroffenen persönlich an, »die nun in großem Leide sind, neben denen heute einer ihrer Lieben fehlt, der sonst mit ihnen hier war, die unter schwerer Bedrückung seufzen«. Und er griff die Frage des Volks an Johannes den Täufer auf: »Was sollen wir denn tun?« Darauf suchte er Antwort:

»Die Unbußfertigkeit zerbricht die Brücke von dir zum Nächsten. Die Buße baut diese Brücke wieder neu. Dieser Nächste zeichnet sich durch nichts aus, was man sonst auf Erden braucht, um Hilfe zu bekommen; es ist nicht gesagt, daß er ihrer würdig ist; es ist nicht gesagt, daß zwischen ihm und dir sonst noch eine Verbindung besteht, eine Gemeinschaft der Rasse, des Volkes, der Interessen, des Standes, der Sympathie. Er kann nur das eine aufweisen, und das eben macht ihn zum Nächsten: er hat nicht, was du hast. Du hast zwei Röcke, er hat keinen, – du hast etwas zu essen, er hat nichts mehr, du hast Schutz, er ist schutzlos, – du hast Familie und Freundschaft, er ist vereinsamt, – du hast noch etwas Geld, er hat keines mehr, – du hast ein Dach über dem Kopf, er ist obdachlos. Außerdem ist er dir noch ganz preisgegeben, deiner eigennützigen Gewinnsucht (erkenne dich heute im Beispiel der Zöllner!) und deinem Machtgefühl (erkenne dich heute im Beispiel des Soldaten!).«

Wenn an diesem Tag an manchen Orten aus Angst oder Ratlosigkeit nur Nichtssagendes zu hören war – von Dahlem gilt das nicht. Helmut Gollwitzer faßte am Schluß zusammen:

»Werden die biblischen Mahnungen, die heute so dringend und uns so nahe gerückt sind, mehr Kraft haben als bisher, diese so praktischen, so aufs Alltägliche und Unbequeme gehenden Mahnungen: Seid gastfrei ohne Murren! Segnet, die euch verfolgen! Seid nicht träge in dem, was ihr tun sollt! Tue deinen Mund auf für die Stummen und für die Sache aller, die verlassen sind!«

Eine Antwort auf Gollwitzers Predigt

Gollwitzers Predigt, so hat man den Eindruck, hat in einem sehr tiefen Sinne die Stummen zum Reden und die Trägen zum Gehen gebracht. Nie zuvor hatte Gollwitzer so viele Zuschriften auf eine Predigt erhalten wie dieses Mal. Eine Zuschrift kam von Dr. Elisabeth Schmitz. Sie schrieb am 24. November 1938:

»Sehr geehrter Herr Pfarrer,

bitte erlauben Sie mir, daß ich noch heute Ihnen aus tiefstem Bedürfnis heraus für den Bußtagsgottesdienst danke. Es läßt sich wohl nicht mehr sagen als dies: daß man erfüllt war von dem Gefühl: So und nur so kann und darf nach dem, was geschehen ist, eine christliche Gemeinde in Deutschland zusammen sein. Meiner Freundin, die vor der Auswanderung steht, haben Ihre Worte herausgeholfen aus tiefer Bitterkeit und Verzweiflung über die Haltung der Kirche.
Ich weiß nicht, ob Sie sich besinnen, daß ich vor einigen Wochen einmal bei Ihnen war, um mit Ihnen darüber zu sprechen, daß die Kirche ihren Gemeinden ein wahres Wort zur Behandlung der Juden in Deutschland sagen müsse. Ich habe auf Ihren Rat hin an Niesel geschrieben. Das Wort ist nicht gekommen. Dafür haben wir das Grauenhafte erlebt und müssen nun weiterleben mit dem Wissen, daß wir daran schuld sind. Als wir am 1. April 33 schwiegen, als wir schwiegen zu den Stürmerkästen, zu der satanischen Hetze der Presse, zur Vergiftung der Seele des Volkes

und der Jugend, zur Zerstörung der Existenzen und der Ehen durch sogenannte ›Gesetze‹, zu den Methoden von Buchenwald – da und tausendmal sonst sind wir schuldig geworden am 10. November 1938. Und nun? Es scheint, daß die Kirche auch diesesmal, wo ja nun wirklich die Steine schreien, es der Einsicht und dem Mut des einzelnen Pfarrers überläßt, ob er etwas sagen will oder nicht.
In die Fürbitte gehören nicht nur die verhafteten Pfarrer und nicht nur die Christen, sondern auch die Juden, d. h. alle die 40 000 oder mehr Verschleppten. In ganz England finden besondere Fürbittgottesdienste statt für die Opfer der Pogrome. [...]
Kommen wird nach Ankündigung zweifellos die völlige Trennung zwischen Juden und Nichtjuden. Es gehen Gerüchte um – und derartiges hat auch in ausländischen Zeitungen gestanden –, daß ein Zeichen an der Kleidung beabsichtigt sei. Unmöglich ist nichts in diesem Land, das wissen wir. Aber sei dem, wie ihm wolle – was soll aus unseren Bibelkreisen werden? Was aus unseren Gottesdiensten? Was gedenkt die Kirche zu tun angesichts dieser drohenden Zerreißung der Gemeinden? Wenn die ›Gesetze‹ da sind, ist es zu spät. Hierfür müssen die Gemeinden zugerüstet werden. Und weiter: Wir haben die Vernichtung des Eigentums erlebt, zu diesem Zweck hatte man im Sommer die Geschäfte bezeichnet. Geht man dazu über, die Menschen zu bezeichnen, so liegt ein Schluß nah, den ich nicht weiter präzisieren möchte. Und niemand wird behaupten wollen, daß diese Befehle nicht ebenso prompt, ebenso gewissenlos und stur, ebenso böse und sadistisch ausgeführt würden wie die jetzigen. Darf die Kirche das zulassen?

Ich bin überzeugt, daß – sollte es dahin kommen – mit den letzten Juden auch das Christentum aus Deutschland verschwindet. Das kann ich nicht beweisen, aber ich glaube es.

Mit besten Wünschen

Ihre Elisabeth Schmitz«.[79]

5. Sechzehn Monate Gefängnis und Landesverweis für eine Bußtagspredigt: Pfarrer Julius von Jan in Oberlenningen

Nach dem Augenzeugenbericht von sechs angesehenen Bürgern des knapp 2 000 Einwohner zählenden Dorfes Oberlenningen am Fuße der Schwäbischen Alb ereignete sich dort am 25. November 1938 ein »unerhörter Vorfall«, der bis heute in diesem Ort nicht vergessen ist. In dem von der Gemeindeschwester, drei ortsansässigen Landwirten und zwei Handwerkern unterzeichneten Schriftsatz heißt es:

»Am Freitag, dem 25. November 1938, fuhren abends acht Uhr eine Anzahl Lastwagen, Motorräder, Personenautos, auch ein Omnibus in Oberlenningen ein, mit denen einige hundert Menschen befördert worden waren. Wohl bei der Turnhalle sammelte sich der ganze Menschenauflauf und zog von dort singend und grölend zum Pfarrhaus. Im Pfarrhaus war eine Schar junger Mädchen unter Leitung der Krankenschwester beisammen, die Adventskränze banden. Etwa einhalbneun Uhr läuteten zwei unbekannte Männer. Das [Haus-] Mädchen der Pfarrleute öffnete und fragte nach dem Begehr. Wahrheitsgemäß erklärte das Mädchen, daß Pfarrer von Jan in Schopfloch sei, worauf die beiden Männer weitergingen. Etwas später wurde erneut und diesmal sehr stürmisch geläutet, starkes Rütteln an der Tür unterstrich die Dringlichkeit. Schreie wurden laut: ›Wo ist der Pfarrer? Der muß raus!‹ Die Krankenschwester fragte dann von oben herunter: ›Was wollen Sie?‹ Antwort: ›Wir wollen zum Pfarrer; der muß raus!‹ [...]
Inzwischen hatte sich vor dem Pfarrhaus eine nach Hunderten zählende Menschenmenge angesammelt. Es waren lauter unbekannte Männer aller Altersgruppen und alle in Zivil. Wüste Schreie wurden laut. Ein gewaltiger Tumult entstand. Die Oberlenninger Gemeindeglieder selbst wußten nicht, was los war und was das zu bedeuten hat. Ein ungeheurer Schreck bemächtigte sich ihrer. Nur einzelnen gelang es, sich mühsam bis zum Pfarrhaus durchzuwinden, wo sie dann Zeugen folgender unglaublicher Vorfälle wurden:
Kurz nach einhalbneun Uhr wurden im Untergeschoß des Pfarr-

udenknecht

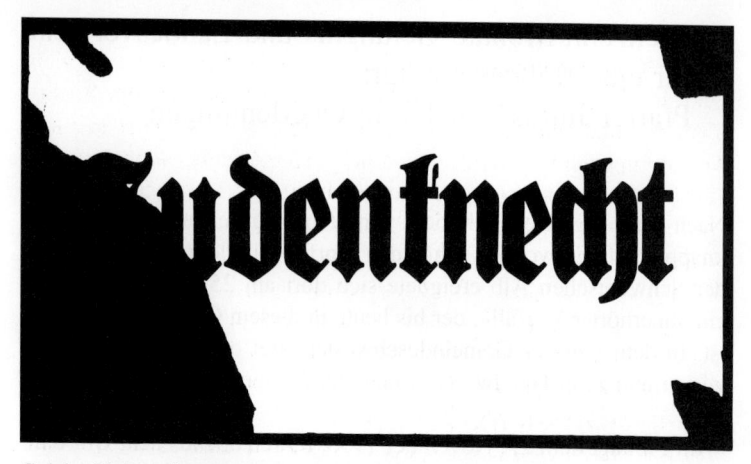

Solche Plakate in roter Farbe und schwarzer Aufschrift wurden am Pfarrhaus von Oberlenningen wie auch an anderen württembergischen Pfarrhäusern nach der Pogromnacht angebracht.

hauses einige Fensterscheiben eingeschlagen. Die zum Garten führende Tür wurde mit Gewalt erbrochen. Hierauf drang eine Anzahl unbekannter Männer ins Pfarrhaus ein. Die Mädchen waren natürlich zu Tod erschrocken, als sie diesen Einbruch über sich ergehen lassen mußten. Sie wurden dann angeschrieen: ›Was, ihr sitzt noch zu solch einem Lumpen ins Haus und bindet Adventskränze?‹ Der Führer dieser Eindringlinge wurde von der Krankenschwester als der Neckartenzlinger Arzt Dr. W. erkannt. (Dr. W. war mit einem Schlapphut und einem beige-farbenen Mantel bekleidet.) Auch die Schwester wurde angeschrieen: ›Wo ist der Fetz? Raus mit dem Lumpen! Sie müssen doch wissen, wo der Pfarrer ist!‹ Der Wahrheit entsprechend antwortete diese: ›Pfarrer von Jan ist in Schopfloch.‹ Das ganze Haus wurde vom Keller bis zum Dachboden einschließlich dem Abort aufs genaueste durchsucht. Wunderbarerweise merkte das Kind der Pfarrleute, ein kleiner vierjähriger Bub, von dem ganzen Einbruch nichts, wiewohl die Männer auch in sein Schlafzimmer eingedrungen waren. Vor dem Pfarrhaus steigerte sich der Tumult ungeheuer. Wildes Schreien, Sprechchöre, nicht wiederzugebende Beschimpfungen und Schmähungen lösten einander ab: ›Auf der Miste kräht der Hahn./ Ins Kittchen muß der Pfarrer Jan!‹ – ›Der Landesverräter muß heraus!‹ ›Judenknecht!‹ ›Juda verrecke!‹ ›Zündet doch die ganze Bude an!‹ usw.«[80]

Der 41jährige evangelische Gemeindepfarrer von Oberlenningen, Julius von Jan, dem das fragwürdige Interesse der aus Nürtingen angereisten SA- und SS-Leute galt, befand sich um diese Zeit noch im benachbarten Schopfloch auf der Höhe der Schwäbischen Alb. Dort hatte er im Rahmen einer Bibelwoche eine Abendpredigt über 1. Petrus 4 zu halten. Von Jan hatte am Morgen schon eine Vorahnung von dem, was möglicherweise auf ihn zukam. In der Nacht hatten Unbekannte rings um das Pfarrhaus rote Plakate mit dem Aufdruck »Judenknecht« angeschlagen. Von Jan riß die Plakate ab und meldete den Vorfall dem Gendarmerieposten. Bei der Vorbereitung der Predigt für den Abend überraschte ihn der vielsagende beziehungsreiche Inhalt des vorgesehenen Bibelabschnitts. In der Luther-Bibel ist dieser unter die Überschrift gestellt »Ermahnung zu freudigem Ausharren in Verfolgung« (1. Petrus 4, Vers 12f.). Die Gefühle, die Julius von Jan in dieser Stunde beherrschten, beschrieb er ein halbes Jahr später in einer Tagebuchaufzeichnung:

»Vielleicht nie zuvor redete ein Text so persönlich zu mir wie dieses Kapitel an diesem Tag mich vorbereitete für die ›Hitze‹ [1. Petr. 4,12], durch die es am Abend gehen sollte und für das Leiden der folgenden Monate. Als ich am Nachmittag die Predigt ausgearbeitet hatte, wußte ich, daß mir Schweres bevorstehe, und ich machte rasch noch einen Krankenbesuch bei einer schwer leidenden, treuen, alten Halbbatzenkollektensammlerin, die mir mit ihrem geduldigen Leidenssinn selbst eine Stärkung war. Daheim besuchte mich noch der Leiter der Hahnschen Gemeinschaft, mit dem ich noch einmal die Knie beugen durfte in Vorahnung des Kommenden.«[81]

Brutale Gewalt gegen den »Judenknecht«

Pfarrer von Jan konnte in Schopfloch den geplanten Abendgottesdienst ungehindert abhalten. Kurz danach jedoch wurde er von der ihn jagenden SA-Meute auf der Höhe der Schwäbischen Alb eingeholt. Gegen seinen Willen zerrte man ihn in ein Auto und brachte ihn in sein Dorf zurück. Vor dem Pfarrhaus mußte von Jan aussteigen. Man überließ ihn der dort wartenden Menge. Im Augenzeugenbericht heißt es:

»Die Fäuste flogen nur so. Grauenvoll der Anblick der rasend gewordenen Menschen. Immer mal wieder wurde der Mißhandelte hochgehoben, um dann erneut geschlagen, gestoßen, gepufft und getreten zu werden. Der Landjäger suchte der Menge Einhalt zu gebieten: ›Jetzt ist's aber genug!‹ Plötzlich wurde von Jan auf das Dach eines Holzschuppens gegenüber dem Pfarrhaus geworfen. Einer der Wüstlinge stieg nach und versetzte dem regungslos Daliegenden noch einen gewaltigen Stoß, nachdem er ihn zuvor ein Stück hochgezogen hatte. Geraume Zeit blieb der Mißhandelte auf dem Dach liegen, seine Beine hingen über das Dach herunter, was die Nächststehenden benutzten, um dieselben grausam zu zwicken. Auch wurde Pfarrer von Jan hierbei durchsucht und seines Geldbeutels, in dem etwa 20 Mark waren, beraubt. Nach einiger Zeit wurde er dann an den Beinen heruntergezerrt und hätte seinen Kopf schwer auf den Boden aufgeschlagen, wenn der Landjäger nicht seine Hand untergehalten hätte. Bewußtlos war Pfarrer von Jan zusammengebrochen. Wilde Schreie nach einem Mistwagen wurden hierauf laut. Einige Beherzte griffen jedoch zu und trugen den Bewußtlosen vom Pfarrhaus zum Rathaus. Unter diesen sonst unbekannten Männern war ein Oberlenninger Bürger. Die Träger mußten auf dem ganzen Weg eine Reihe von Puffen und Schlägen aushalten. Im Rathaus, das erst aufgeschlossen werden mußte, und in das die noch immer wild sich gebärdende Menge einzudringen versuchte, wurde der Bewußtlose auf ein paar Stühle gelegt. Lange blieb er darauf liegen. Das unmenschliche Geschrei auf der Straße ging ununterbrochen weiter. Nach geraumer Zeit kam Pfarrer von Jan auf einen Anruf hin wieder zum Bewußtsein und erhob sich. Kaum war er aufgestanden, als einer der vertierten Menschen ihm noch einen Backenstreich ver-

setzte. Stehend wurde von Jan dann einem Verhör unterzogen. Aus einem der Fenster des Rathauses verkündigte hierauf einer der Anführer der wartenden Menge:
›Der Pfarrer habe sich nur verstellt, er sei wieder wohlauf. Jetzt könnt ihr sehen, wie scheinheilig die Pfaffen sind! Einer wie der andere! Der, der sich vorhin nicht mehr geregt hat, der marschiert nachher durch Oberlenningen.‹«

Das Martyrium nahm ein vorläufiges Ende, als von Jan in einem Polizeiwagen in die Oberamtsstadt Kirchheim/Teck verbracht worden war. Zuvor hatte er allerdings noch ein etwa fünfzig Meter langes Spalier zu passieren. Unflätige Beschimpfungen prasselten noch einmal über ihn herein. Den Schrecken, den dieser grausame Vorfall in der Gemeinde Oberlenningen hinterlassen hatte, beschreibt der Augenzeugenbericht so:

»Die ganze Gemeinde war ob dieses räuberischen Überfalls, ob solch unmenschlichen Verhaltens deutscher Volksgenossen bis ins Innerste erschüttert, empört und aufgebracht. Es war ihr, als ob die Grauen des Dreißigjährigen Krieges über sie hereingebrochen wären. Sie kam sich vor, wie wenn eine Verbrecherbande über sie hergefallen wäre. Wohl kaum ein Mensch hat in der folgenden Nacht ein Auge zutun können, so unsagbar war der Schreck in sie alle gefahren. [...]
Niemals haben wir Oberlenninger so etwas für möglich gehalten und würden auch nimmer glauben, wenn wir es nicht selbst so bitter und schmerzlich erlebt hätten.«[82]

Die Oberlenninger Bußtagspredigt

Was war der Grund für die unglaublichen Ausschreitungen in Oberlenningen? Julius von Jan war kein Jude. Er hatte auch – mit einer Ausnahme – keine besonders engen Beziehungen zu Juden. Anstoß hatte vielmehr die Predigt erregt, die Julius von Jan am Buß- und Bettag, Mittwoch 16. November 1938, gehalten hatte. Nach dem Zeugnis seines besten Freundes, Pfarrer Otto Mörike, war es eine Predigt, die »in ihrer Schlichtheit nicht das Ergebnis eines heißen

Temperaments oder einer rhetorischen Kraft« war, sondern »geboren aus dem schlichten, aber strikten Gehorsam des Glaubens«[83].

Julius von Jan hatte sich bei der Ausarbeitung seiner Predigt an den von der württembergischen Landeskirche vorgesehenen Predigttext gehalten: »O Land, Land, Land, höre des Herrn Wort.« (Jeremia 22, Vers 29) Am vorausgehenden Montag hatten die Pfarrer des Bezirks Kirchheim/Teck bei der monatlichen Dienstbesprechung sich Gedanken gemacht, wie konkret die Vorkommnisse der Pogromnacht in der Bußtagspredigt angesprochen werden sollten. »Hilflos und verstört gingen wir auseinander an unsere Predigt«, wie einer von ihnen sich erinnert hat.[84]

Julius von Jan nahm sich die Freiheit, das ganze Kapitel 22 des Jeremiabuches seiner Predigt zugrundezulegen, insbesondere Vers 3: »So spricht der Herr: Schaffet Recht und Gerechtigkeit und errettet den Bedrückten von des Frevlers Hand und bedränget nicht die Fremdlinge, Waisen und Witwen und tut niemand Gewalt an.« Gerade diese bewußte Ausweitung führte dann zum Anstoß bei seinen Gegnern.

Drei Punkte sind an von Jans Predigt bemerkenswert:

Einmal. Es gab nur wenige Pfarrer in Deutschland, die so schonungslos das an den Juden geschehene Unrecht öffentlich beim Namen genannt haben.

Sodann. Von Jan ging damals nicht nur sehr konkret auf die Pogromnacht ein, sondern nahm auch Stellung zur Lage der Bekennenden Kirche nach dem Fiasko um die Gebetsliturgie (vgl. Kap. 3). Die Oberlenninger Gemeinde nahm offensichtlich intensiv Anteil an der Verfolgung der »zerstörten« Kirchen durch Staat und Partei. Dabei schreckte von Jan nicht davor zurück, auch das Versagen des angesehenen württembergischen Landesbischofs in den zurückliegenden Wochen zu erwähnen.

Schließlich. Von Jan war sich bewußt, wie viel er mit seiner Predigt gewagt hatte. In den Schlußsätzen sprach er dies offen aus. Er mußte damit rechnen, daß Gestapo-Spitzel mithörten und mitschrieben.

Zum Inhalt der Predigt

Für damalige Ohren unmittelbar verstehbar begann von Jan seine narrative Predigt mit der Erinnerung an den Verlust von Recht und Gerechtigkeit zu Jeremias Zeiten wie heute. Des Propheten Stimme wurde und wird in den Wind geschlagen. Deutschchristliche »Lügenprediger« finden Gehör:

»Der Prophet ruft: O Land, Land! Höre des Herrn Wort! Wenn wir bloß dieses eine Sätzlein hören, verstehen wir zunächst noch nicht, was für schwere Kämpfe und Nöte Jeremia zu diesem Ruf veranlaßt haben. Er steht in einem Volk, unter dem sich der Herr in langer Geschichte geoffenbart hat als ein Vater und Erlöser, als ein Führer und Helfer voll Kraft und Gnade und Herrlichkeit. Dieses Volk Israel aber und voran seine Könige und Fürsten haben das Gesetz Gottes mit Füßen getreten. Jeremia hat gegen all dieses Unrecht einen zähen Kampf geführt im Namen Gottes und der Gerechtigkeit. Seit fast 30 Jahren predigt er dem Volk des Herrn Wort. Er widerspricht den Lügenpredigten derer, die in nationaler Schwärmerei Heil und Sieg verkündigen. Aber er wird nicht gehört. Immer einsamer wird der treue Gottesmann. Da kommt die große Stunde, wo Gott seinen Propheten ruft: Gehe hinab in das Haus des Königs selbst und rede dies Wort: ›Höre des Herrn Wort, du König Judas, der du auf dem Stuhle Davids sitzest, du und deine Knechte und dein Volk, die zu diesen Toren eingehen. So spricht der Herr: Haltet Recht und Gerechtigkeit und errettet den Beraubten von des Frevlers Hand, und schindet nicht die Fremdlinge, Waisen und Witwen, und tut niemand Gewalt, und vergießt nicht unschuldig Blut an dieser Stätte.«[85]

In deutlicher Anspielung auf die aktuelle Verfolgung der leitenden Männer der Bekennenden Kirche im Zusammenhang der »Gebetsliturgie« (vgl. Kap. 3) legte Pfarrer von Jan der Oberlenninger Gottesdienstgemeinde die Not der eigenen Kirche auf die Seele. Von Jan war Vertrauensmann der Evangelischen Bekenntnisgemeinschaft in Württemberg für seinen Kirchenbezirk.

Höchstwahrscheinlich war er bei der Vertrauensleuteversammlung am 7. November zugegen gewesen, als eine Entschließung dazu verfaßt wurde.[86] Regelmäßig hatte von Jan die vom Reichsbruderrat veröffentlichte »Fürbittenliste« verlesen, so auch in diesem Gottesdienst[87]:

»Wo ist in Deutschland der Prophet, der in des Königs Haus geschickt wird, um des Herrn Wort zu sagen? [...]
Gott hat uns solche Männer gesandt! Sie sind heute entweder im Konzentrationslager oder mundtot gemacht. Die aber, die in der Fürsten Häuser kommen und dort noch heilige Handlungen vollziehen können, sind Lügenprediger wie die nationalen Schwärmer zu Jeremias Zeiten und nur Heil und Sieg rufen, aber nicht des Herrn Wort verkündigen. Die Männer der Vorläufigen Kirchenleitung, von denen die Zeitungen in der letzten Woche berichteten, haben in einer Gottesdienstordnung das Gebot des Herrn klar ausgesprochen und sich wegen der erschreckenden Mißachtung der göttlichen Gebote durch unser Volk vor Gott gebeugt für Kirche und Volk. Jedermann weiß, wie sie dafür als Volksschädlinge angeprangert und außer Gehalt gesetzt worden sind – und schmerzlicherweise haben es unsre Bischöfe nicht als ihre Pflicht erkannt, sich auf die Seite derer zu stellen, die des Herrn Wort gesagt haben.«

Der eher bescheidene und zurückhaltende Julius von Jan sah sich zum Handeln aufgerufen. Die Vielzahl an widerrechtlichen Verhaftungen unter den Verantwortlichen der Bekennenden Kirche und jetzt auch noch das Verbrechen der Pogromnacht ließen ihm keine Ruhe mehr:

»Wenn nun die einen schweigen *müssen* und die andern nicht reden *wollen*, dann haben wir heute wahrlich allen Grund, einen Bußtag zu halten, einen Tag der Trauer über unsre und des Volkes Sünden. Ein Verbrechen ist geschehen in Paris. Der Mörder wird seine gerechte Strafe empfangen, weil er das göttliche Gesetz übertreten hat.

Wir trauern mit unserm Volk um das Opfer dieser verbrecherischen Tat. Aber wer hätte gedacht, daß dieses Verbrechen in Paris bei uns in Deutschland so viele Verbrechen zur Folge haben könnte? Hier haben wir die Quittung bekommen auf den großen Abfall von Gott und Christus, auf das organisierte Antichristentum. Die Leidenschaften sind entfesselt, die Gebote mißachtet, Gotteshäuser, die andern heilig waren, sind ungestraft niedergebrannt worden, das Eigentum der Fremden geraubt oder zerstört, Männer, die unsrem deutschen Volk treu gedient haben und ihre Pflicht gewissenhaft erfüllt haben, wurden ins KZ geworfen, bloß weil sie einer andern Rasse angehörten! Mag das Unrecht auch von oben nicht zugegeben werden – das gesunde Volksempfinden fühlt es deutlich, auch wo man nicht darüber zu sprechen wagt. [...]
Darum ist uns der Bußtag ein Tag der Trauer über unsre und unsres Volkes Sünden, die wir vor Gott bekennen und ein Tag des Gebets: Herr schenk uns und unsrem Volk ein neues Hören auf dein Wort, ein neues Achten auf deine Gebote! und fange bei uns an.«

Von Jan war sich bewußt, was er mit diesen Worten gewagt hatte. In den Schlußsätzen sprach er dies offen aus:

»Und wenn wir heute mit unsrem Volk in der Buße vor Gott gestanden sind, so ist dies Bekennen der Schuld, von der man nicht sprechen zu dürfen glaubte, wenigstens für mich heute gewesen wie das Abwerfen einer großen Last. Gott Lob! Es ist herausgesprochen vor Gott und in Gottes Namen. Nun mag die Welt mit uns tun, was sie will. Wir stehen in unsres Herren Hand. Gott ist getreu. Du aber o Land, Land, Land, höre des Herrn Wort! Amen.«

Verbannt um des Evangeliums willen

Die erste Reaktion auf die Oberlenninger Bußtagspredigt, von Jans Verhaftung, kennen wir. Die Predigt und ihre Folgen hatten weit über Württemberg hinaus Aufsehen erregt. Der Schweizerische evangelische Pressedienst veröffentlichte die Predigt in vollem Wortlaut, zwar ohne Namensnennung, jedoch mit der Nachschrift: »Der Pfarrer, der diese Predigt hielt, ist ins Gefängnis geworfen worden, nachdem er besinnungslos geschlagen wurde.«[88]

Für Julius von Jan folgte jetzt noch ein langer Weg der Prüfung und des Leidens »um des Evangeliums willen«, an dem nicht nur die Oberlenninger Gemeinde, sondern die ganze Bekennende Kirche in Deutschland fürbittend Anteil nahm. Regelmäßig stand ab jetzt der Name von Jan auf den Fürbittenlisten der BK.[89]
Julius von Jan blieb nach seiner Verhaftung in Untersuchungshaft. Zunächst war er drei Monate im Gefängnis seiner Dekanatsstadt Kirchheim/Teck. Dort besuchten ihn mehrmals Gemeindegruppen; ihm zur Ermutigung sangen sie Choräle vor seinem Zellenfenster.
Eine Beschwerde gegen den Haftbefehl war abschlägig beschieden worden. Man beschuldigte Pfarrer von Jan, durch »gehässige und hetzerische Äußerungen« das »Vertrauen des Volkes zur politischen Führung untergraben« zu haben.[90] In der Begründung des Sondergerichtspräsidenten, Hermann Cuhorst, heißt es:

»Heimtückisch und aus dem Hinterhalt heraus hat der Beschuldigte Maßnahmen der Regierung kritisiert, für die ihm offenbar das Verständnis fehlt und deren Erörterung keinesfalls auf die Kanzel gehört. Im Gegensatz zu seinem Lehrmeister Martin Luther, der (vgl. den 53. Band der kritischen Gesamtausgabe seiner Werke, S. 412–552, insbes. S. 536f.) über die Juden und gegen sie zu treffenden Maßnahmen das Nötige gesagt hat, hat der Beschuldigte geglaubt, für diese Fremdrasse von der evangelischen Kanzel aus eintreten zu müssen. Standesgenossen, die sich von der Bekenntnisfront abgewandt haben, nannte er Lügenprediger wie die nationalen Schwärmer zu Jeremias Zeiten, die nur Heil und Sieg rufen könnten. Selbst gegen seine eigene Kirchenregierung hat er sich in seiner Predigt gewandt und Bischöfe als pflichtvergessen bezeichnet.«[91]

Die Haltung der Kirchenleitung

Der Stuttgarter Oberkirchenrat holte zunächst einmal zum Gegenschlag aus und stellte Strafantrag wegen Landfriedensbruch gegen die aus Nürtingen angereisten SA- und HJ-Gruppen sowie gegen einen der Rädelsführer, den Neckartenzlinger Arzt Dr. W., einen früheren Ortsgruppenleiter. Einige der Beteiligten waren identifiziert worden von einer Reihe von Zeugen.[92]
Zusätzlich protestierte Landesbischof Wurm in einem Schreiben vom 6. Dezember 1938 bei Reichsjustizminister Dr. Franz Gürtner wegen verschiedener Rechtsbrüche gegen württembergische Pfarrer, besonders im Fall von Jan. Wie die meisten kirchentreuen Protestanten in Württemberg war Wurm über den Synagogenbrand tief entsetzt. Er sprach gegenüber Gürtner offen aus, daß beim Pogrom am 9./10. November unter den Augen der Behörden Brandstiftung und körperliche Mißhandlungen geschahen und daß hierzu Mitglieder politischer Organisationen befohlen worden waren. Wurm schloß seinen Appell mit den Worten: »Tun Sie alles, was der Wiederherstellung der Autorität des Gesetzes und dem Rechtsempfinden dient.«

Erschreckend freilich war, wie Wurm im selben Brief seine eigene Stellung zum Judentum beschrieb:

»Ich bestreite mit keinem Wort dem Staat das Recht, das Judentum als ein gefährliches Element zu bekämpfen. Ich habe von Jugend auf das Urteil von Männern wie Heinrich von Treitschke und Adolf Stoecker über die zersetzende Wirkung des Judentums auf religiösem, sittlichem, literarischem, wirtschaftlichem und politischem Gebiet für zutreffend gehalten und vor dreißig Jahren als Leiter der Stadtmission in Stuttgart gegen das Eindringen des Judentums in die Wohlfahrtspflege einen öffentlichen und nicht erfolglosen Kampf geführt.«

Nicht weniger bedenklich war, was Wurm im Schlußabschnitt seines Protestbriefes an den Reichsjustizminister schrieb:

»Die evangelischen Pfarrer in unserer Landeskirche sind von mir aufgefordert worden, alles zu vermeiden, was in einer so erregten

Atmosphäre als aufreizend empfunden werden kann. Wenn der eine oder andere sich daran nicht hält und mit dem Gesetz, sei es mit dem Kanzelparagraphen oder dem Heimtückegesetz, in Konflikt kommt, so muß er die Folgen tragen.«

Wußte Wurm, daß er mit dieser Argumentation, vor allem mit der Bejahung von Kanzelparagraph und dem berüchtigten Heimtückegesetz tatsächlich der nationalsozialistischen Willkürjustiz den Rücken stärkte, selbst wenn dies nicht in seiner Absicht lag? Genügte da ein beschwichtigender Nachsatz, um die Sache ins Lot zu bringen: »Andererseits aber darf nicht jedes Wort der Trauer und der Teilnahme, auch nicht jede Mahnung von Gottes Wort her als Staatsverrat ausgelegt werden.«[93]

Die württembergische Kirchenleitung vertrat die Position des »Einerseits – Andrerseits«. Dies kam deutlich in einem Rundschreiben an alle Dekanatämter vom 6. Dezember 1938 zum Ausdruck. Der Oberkirchenrat informierte darin eingehend über die Vorgänge in Oberlenningen wie auch über feindselige Parteiaktionen in Heilbronn und Ludwigsburg. Er geißelte ausdrücklich die unglaublichen Beschimpfungen von Pfarrern als »Judenknechte«; zugleich übte er aber auch Kritik am Verhalten von Jans:

»Es ist selbstverständlich, daß die Kirche, auch auf die Gefahr solcher gehässigen Mißdeutung, die ihr aufgetragene Predigt im Sinne von Micha 6,8[94] nicht unterlassen darf. Es ist aber ebenso selbstverständlich, daß der Diener der Kirche bei dieser Predigt alles zu vermeiden hat, was einer unzulässigen Kritik an konkreten politischen Vorgängen gleichkommt.«[95]

Ängstlichkeit, wo Solidarität gefordert war

Das harte Zugreifen des Staates schreckte manche Pfarrerkollegen ab, sich öffentlich mit dem Inhaftierten zu solidarisieren. Der Landesbruderrat hatte alsbald eine Vertrauensleuteversammlung einberufen. Jeder bekam für seinen Bezirk den Wortlaut der Predigt und einen Textvorschlag für Abkündigung und Fürbitte ausgehändigt. Am Sonntag, 4. Dezember, dem 2. Advent, sollte folgender Text verlesen werden:

»In unserer Fürbitte gedenken wir heute besonders auch des Pfarrers von Jan in Oberlenningen. Am Freitag der vorletzten Woche wurde er von einem großen Haufen auswärtiger Demonstranten überfallen und aufs schwerste mißhandelt. Er befindet sich nunmehr in Schutzhaft.

Pfarrer von Jan, der in seiner Gemeinde als treuer und gewissenhafter Prediger und Seelsorger bekannt ist, hat in der Predigt am Landesbußtag ein klares, kraftvolles und biblisch voll berechtigtes Zeugnis gegen die Versündigung unseres Volkes in den Ausschreitungen gegen die Juden abgelegt.

Gott wolle ihn, seine Frau und sein Kind stärken, trösten und erretten und durch seine Macht alle Anfechtung in Segen wandeln.«[96]

Nicht alle Mitglieder der Bekenntnisgemeinschaft wagten, am 2. Advent diese Abkündigung und Fürbitte im Gottesdienst zu verlesen. Im Kirchenbezirk Reutlingen vereinbarten der Vertrauensmann des Bezirks, Pfarrer Heinrich Lang und der Dekan, Immanuel Fritz, die Entscheidung bis zur Pfarrerversammlung am darauffolgenden Montag doch besser nocheinmal aufzuschieben, obwohl der im selben Bezirk amtierende Schwager von Jans, Pfarrer Wilhelm Huppenbauer, seine Kollegen dringlich um ein rasches Handeln gebeten hatte. Der vorgesehene Predigttext vom »Weltgericht« legte dies geradezu nahe. (Matth. 25, Vers 31–46: »...Ich bin gefangen gewesen, und ihr seid zu mir gekommen ... Was Ihr getan habt einem unter diesen meinen geringsten Brüdern, das habt ihr mir getan.«) Enttäuscht schrieb ein junger Vikar, Friedrich Elsäßer, der auch sonst schon von sich reden gemacht hatte (vgl. Bd. 2/1, 232), an den Vertrauensmann der Bekenntnisgemeinschaft des Bezirks, Pfarrer Heinrich Lang:

»Nun haben wir morgen zu predigen von dem Richter der Welt, der uns jetzt täglich um unsere Liebe bittet in seinen geringsten, hungrigen, kranken, elenden, gefangenen Brüdern. Und da scheuen wir uns, im Geist und Gebet zu einem gefangenen Amtsbruder und seiner Gemeinde zu kommen! Vor wem scheuen wir uns? Und wen lassen wir da am Ende einsam stehen und sitzen? Woher sind wir so sicher, daß von Jan keiner von jenen geringsten Brüdern Christi ist, an dem wir mit einem so schlichten, geringscheinenden, hinsichtlich Geld und Zeit und Mühe billigen Dienst der brüderlichen Fürbitte den Himmel verdienen können?«

Der Absicht, im Kreis der Pfarrerkollegen die Sache erst einmal in Ruhe zu beraten, konnte Elsäßer nur mit Skepsis begegnen:

»Was bei der Beratung am nächsten Montag beim hiesigen Pfarrkranz herauskommt, kommt im besten Fall zu spät. Liegt von Jans Bußtagspredigt nicht ausführlich vor, wird keine große Neigung zu einer gemeinsamen Erklärung vor der Gemeinde vorhanden sein. Liegt sie uns aber vor, so werden wir erst recht nicht alle Pfarrer darauf vereinigen können, sich hinter von Jan zu stellen! Außerdem würden wir seine Predigt nicht lesen können, ohne zuvor über den bekannten Gebetsentwurf der VL und das schmähliche Abrücken der Kirchenführer von ihr – von Jan hat auch hier zur Buße gerufen! – einig zu werden, was nach allen sonstigen Anzeichen äußerst schwer sein dürfte.«[97]

Von Jan: Unerschütterlich in seiner Überzeugung

Trotz Haft blieb Julius von Jan unerschütterlich in seiner Überzeugung. Er wußte, daß die Kirchenleitung sich um Erleichterung seiner Lage bemühte. Dafür war er aufrichtig dankbar. Zwei Vertreter der Kirchenleitung, Prälat Konrad Hoffmann und Kirchenrat Erich Eichele, hatten den Inhaftierten im Kirchheimer Gefängnis aufgesucht und ihn ihrer Unterstützung versichert. Dennoch beharrte Julius von Jan in einem bestimmten Punkt auch dem Bischof gegenüber auf seinem kontroversen Standpunkt. Theophil Wurm hatte eine Erklärung für die in der Predigt vorgetragene offene Kritik am Verhalten der Bischöfe gefordert. Von Jan antwortete aus dem Amtsgefängnis in Kirchheim/Teck heraus am 19. Januar 1939:

»Sie haben gewünscht, daß ich mich äußern möchte zu dem Satz meiner Bußtagspredigt, in dem ich meinem Schmerz Ausdruck gab

darüber, daß auch Sie es ›nicht als Ihre Pflicht erkannt hätten‹, sich auf die Seite der Männer der VKL zu stellen, die das Wort Gottes in einer entscheidenden Stunde gesagt haben. Sie wissen, daß ich Vertrauensmann der Bekenntnisgemeinschaft bin und daß die Vertrauensleuteversammlung einstimmig durch Telegramm und Brief Sie gebeten hat, diesen Riß wieder zu heilen. Sie glaubten, das nicht tun zu können; das berührt nicht nur mich schmerzlich. [...] Ich kann nur sagen: Ich stehe bis heute zu jedem Satz und Wort meiner Predigt und danke Gott, daß Er mir die Menschenfurcht sowohl auf der Kanzel als unter dem tobenden Volkshaufen genommen hat.
Ich empfinde es auch heute schmerzlich, daß Sie dem Herrn Kirchenminister Waffen in die Hand gegeben haben, um die Führer der BK in Preußen zu bekämpfen. Ich urteile nicht darüber, daß Sie eine andere kirchenpolitische Taktik für richtig halten. Das ist eine Frage, die innerhalb der BK zu erörtern ist. Aber nach meiner Überzeugung war Ihr Handeln in Berlin ein Verstoß gegen 1. Korinther 6, 1ff. [...] Sie und Ihre Mitbischöfe hätten die Möglichkeit gehabt, die Verantwortung für jenen Gottesdienstentwurf abzulehnen, ohne die Brüder zu belasten durch die Erklärung, daß Sie den Entwurf ›aus politischen und religiösen Gründen verwerfen‹. Wäre ihnen solche Neutralität nicht zugestanden worden, so hätten Sie eher den äußeren ›Frieden‹ unserer württembergischen Kirche opfern müssen als die Brüder in Christo. Dieser Preis für den ›Frieden‹ der Kirche, der ja doch kein Friede ist, ist zu teuer!«[98]

Auch unter der Last des Gefängnisses blieb Julius von Jan sich treu.

Aus der NS-Frauenschaft ausgetreten:
Solidarität mit Pfarrer von Jan

Besonders mutig zeigte sich die Oberlenninger Gemeindekrankenschwester Johanna Hermann. Sie war unmittelbar Zeugin des Geschehens am 25. November gewesen. Angewidert von der Brutalität der Nazibande entschloß sie sich zum Austritt aus der NS-Frauenschaft, ein bei ihrem Ansehen und Einfluß in der kleinen Gemeinde nicht ungefährlicher Schritt. Zwar hatte die Frauenschaftsführerin mit einer solchen Entscheidung gerechnet und konnte sie bis zu einem gewissen Grad verstehen, wie sie ausdrücklich bemerkte. Sie wies freilich auch darauf hin, »daß jeder Austritt aus der NS-Frauenschaft als Staatsfeindschaft gewertet wird«.[99] In ihrer Haltung gewiß, aber unsicher, ob sie mit ihrem Schritt nicht die Existenz der kirchlichen Krankenpflegestation gefährden könnte, schrieb Schwester Johanna Hermann an den Leiter des Herrenberger Diakonieschwesternverbandes, Pfarrer Hans Kramer:

»Ich möchte die Station hier nicht gefährden durch mein Verhalten. Es ist mir der Gedanke gekommen, ob es nicht besser wäre, mein Platz würde von einer Schwester besetzt, die diese Vorgänge nicht miterlebt hat. Machen Sie es, wie Sie es für gut halten!
Meine innere Haltung der Sache Pfarrer von Jans gegenüber kann ich nicht ändern, auch wenn Sie und viele andere eine andere Auffassung haben. Ich bin überzeugt, daß er vor Gott *gehorsam* war. Er hat einen *Auftrag* gehabt, es wurde ihm schwer, denselben auszuführen, aber er hat es tun *müssen*. [...] Ich glaube ganz sicher, daß Pfarrer von Jans taktischer Fehler, sein Vergehen gegen den Kanzelparagraphen vor Gott *kein Fehler* ist. –
Ich kann Ihnen nicht sagen oder schreiben, wie Gott uns getröstet und gesegnet hat bisher, es ist auch eine Verbundenheit in der Gemeinde, wie noch nie.«

Haftverschonung und Vertreibung aus Württemberg-Hohenzollern

Endlich, nach vier Monaten Untersuchungshaft – von Jan saß inzwischen im Amtsgerichtsgefängnis in Stuttgart –, wurde am 27. März 1939 der Haftbefehl gegen ihn aufgehoben.[100]
Dies bedeutete freilich nur, daß jetzt – noch vor seiner Entlassung – die Gestapo nach ihm griff. Von Jan wurde in das berüchtigte Polizei-Gefängnis in der Stuttgarter Büchsenstraße gebracht. Er stand jetzt unter strengster Aufsicht und war auch noch der dort herrschenden Wanzenplage ausgesetzt. Schlimmer war freilich die Nachricht vom gesundheitlichen Zusammenbruch seiner Frau. Sie hatte mit der Entlassung ihres Mannes gerechnet. Jetzt aber konnte niemand sagen, ob der Zugriff der Gestapo nicht die Einweisung in ein Konzentrationslager bedeutete.

Es war darum für alle eine Überraschung, als Julius von Jan am 13. April 1939 dann doch aus der Haft entlassen wurde, allerdings mit der Auflage, Württemberg-Hohenzollern zu verlassen. Auf Einladung von Landesbischof Meiser siedelte von Jan mit seiner Familie nach Bayern über. Die Überlegung, ob er nicht – dem Vorbild von Paul Schneider folgend – trotz des Ausweisungsbefehls und auf die Gefahr einer erneuten Verhaftung nach Oberlenningen zurückkehren müsse, war Julius von Jan abgenommen. Der Kirchengemeinderat war gespalten; er mochte keinen Beschluß über von Jans Rückkehr fassen.[101]

Der Versuch, eine verwaiste Pfarstelle innerhalb der bayrischen Landeskirche in der Nähe von Nördlingen zu übernehmen, scheiterte am Einspruch der örtlichen Parteistellen und der Gestapo. Von Jan kam schließlich in einem evangelischen Konfirmanden- und Freizeitheim mit Haushaltsschule in Ortenburg bei Passau unter und nahm von dort aus verschiedene pfarramtliche Stellvertretungen wahr.[102]

Prozeß und erneute Haft

Schon im Mai 1939 hatte das Sondergericht in Stuttgart Anklage gegen Pfarrer von Jan erhoben. Am 15. November 1939 kam es zur Verhandlung unter Vorsitz von Senatspräsident Hermann Cuhorst. Von Jan wurde aufgrund des Heimtückegesetzes und des Kanzelparagraphen (§ 130a StGB) zu einem Jahr und vier Monaten Gefängnis verurteilt, eine recht harte Strafe. Das Gericht warf von Jan vor, er habe sich in seiner Predigt nicht »auf kirchlich-religiöse Angelegenheiten beschränkt, sondern wie schon mehrfach, politische Dinge in den Kreis seiner Betrachtungen gezogen«.[103]

Am 3. Januar 1940 hatte von Jan seine Haftstrafe in Landsberg/Lech anzutreten. Landesbischof Wurm unterstützte ein Gnadengesuch von Jans und schrieb Briefe an Reichsjustizminister Franz Gürtner und an den Reichsführer SS, Heinrich Himmler.[104]

Am 28. Mai 1940 wurde von Jan vorzeitig auf Bewährung aus der Haft entlassen und konnte bis Sommer 1943 von Ortenburg aus wieder Pfarramtsstellvertretungen in der bayrischen Diaspora übernehmen. Während der dreijährigen Bewährungszeit war Julius von

Jan als wehruntauglich vor einem Einsatz an der Front bewahrt. Er hatte vergeblich sich bemüht, die Wehrtauglichkeit vorzeitig wieder zu gewinnen.[105]

Nochmals: Die Haltung der Kirchenleitung

Die Stuttgarter Kirchenleitung hatte nach Kirchenrecht gegen den vorbestraften Pfarrer automatisch ein Disziplinarverfahren zu eröffnen. Der Oberkirchenrat, der – wie auch die Pfarrervertretung[106] – sich unentwegt um von Jans Entlassung aus der Haft bemüht hatte, entschied sich am 29. Juni 1940 dafür, das Disziplinarverfahren niederzuschlagen. Dennoch sind einige Passagen aus der Begründung des Beschlusses von Interesse. Sie verdeutlichen die Haltung der württembergischen Kirchenleitung in zwei für den »Fall von Jan« wichtigen Grundfragen, nämlich in der Frage politischer Äußerungen in der Predigt und in der Frage der Stellung der Kirche zur staatlichen Judenpolitik.

Einerseits billigte der Oberkirchenrat Pfarrer von Jan zu, daß »nach den Vorgängen vom 9./10. November 1938 für die Bußtagspredigt eine besonders schwierige Lage geschaffen« war:

»Der Prediger stand am Bußtag 1938 vor der Frage, ob er zu dem unmittelbar vorher Geschehenen etwas sagen oder ob er schweigen solle und ob er das eine oder das andere tun dürfe. Es ist unzweifelhaft, daß eine lebens- und volksnahe und *wahrhaftige* Bußtagspredigt nicht einfach über diese alle Volksgenossen bewegenden Dinge hinweggehen durfte. Es konnte sich nur darum handeln, *wie* diese Bußtagspredigt gestaltet werden mußte.«

Andererseits wollte die Kirchenbehörde Julius von Jan auch nicht einfach freisprechen. Ihrer Meinung nach war er in seiner »Polemik« zu weit gegangen:

»Eine überaus schwere Aufgabe legte dem Prediger der Zusammenhang auf, in dem der Predigttext im 22. Kapitel des Propheten Jeremia steht. Daß der Text nicht deshalb zurückgezogen werden

Pfarrer Julius von Jan mit Frau und Sohn 1941 im bayerischen »Exil« in Ortenburg.

Württ. Evang. Landeskirche.

Der Landesbischof.

Nr. A. 476.

An den

Herrn Reichsführer- SS Himmler,

Berlin SW 11
Prinz Albrechtstrasse 8.

Stuttgart, den 13. Januar 1940.
Anschrift: Stuttgart 1, Postfach 92.

Auf Pers. Bd. von Jan.
Org. s. Bund Mörike, Otto.

S - IV / II B - Nr. 12 081 / 39.
Beil.: 3.

Sehr geehrter Herr Himmler !

Für Jhre Antwort auf mein Schreiben vom 22. November 1939 danke ich Ihnen verbindlich. Der Gang der Gerichtsverhandlung gegen Pfarrer Mörike und das Ergebnis dieses Verfahrens war in mehrfacher Hinsicht befriedigender als im Falle von Jan. Da Sie in freundlicher Weise in Aussicht stellen, ein Ihnen zugehendes Gnadengesuch für Pfarrer von Jan einer sorgfältigen Prüfung zu unterziehen, darf ich Ihnen in der Anlage Abschrift des vom Verteidiger eingereichten Gnadengesuchs übergeben. Auf Grund des Gnadengesuchs wurde zunächst der auf 4. Dezember 1939 angeordnete Strafantritt des Pfarrers von Jan aufgeschoben. Bedauerlicherweise ist nun aber trotz des laufenden Gnadengesuchs von Jan erneut auf 3. Januar 1940 zum Strafantritt geladen worden. Er befindet sich jetzt im Strafgefängnis Landsberg a.L. . Wegen des im Gnadengesuch des Anwalts enthaltenen Worts "Fehlurteil" sind Schwierigkeiten insofern aufgetreten, als der Herr Vorsitzende des Sondergerichts sich hiedurch beleidigt fühlt. Bei meiner Befürwortung des Gnadengesuchs ging ich davon aus, daß mit diesem Wort lediglich eine objektive Kritik an der Härte des Urteils geübt werden sollte, ohne daß damit die Ehre eines Richters angetastet würde. In meiner abschriftlich angeschlossenen Äußerung zum Gnadengesuch habe ich meine Bitte um Milderung des Strafurteils begründet, da nach meiner Auffassung dieses harte Urteil der Person des Pfarrers von Jan und den näheren Tatumständen nicht gerecht geworden ist. Ich würde es für eine vom staatspolitischen Standpunkt aus mögliche Lösung halten, wenn das Urteil gegen von Jan im Gnadenweg etwa in der Richtung des gegen Mörike ergangenen Urteils gemildert und von Jan baldmöglichst aus dem Gefängnis entlassen werden könnte, zumal er wegen dieser Sache jetzt schon insgesamt 5 Monate im Gefängnis saß.

H e i l H i t l e r !

Jhr ergebener

(gez.) W u r m .

Der Reichsführer-SS
und
Chef der Deutschen Polizei
im Reichsministerium des Innern

B.-Nr. IV/II B 2-2449/38 E

Bitte in der Antwort vorstehendes Geschäftszeichen und Datum anzugeben.

Berlin SW 11, den 16. Februar 1940
Prinz-Albrecht-Str. 8
Fernsprecher: 12 00 40

An den

Herrn Landesbischof W u r m

S t u t t g a r t
-.-.-.-.-.-.-.-.-.-.-.-.-
Postfach 92

Auf Ihr Schreiben vom 13.Januar 1940 teile ich mit, dass ich nach eingehender Prüfung der Pfarrer von J a n zur Last gelegten Vergehen und des Urteils des Sondergerichts in Stuttgart ein Gnadengesuch nicht zu befürworten vermag.

H. Himmler.

Landesbischof Wurm setzte sich beim Reichsführer SS Himmler für Pfarrer Julius von Jan ein. Himmler lehnte die Befürwortung eines Gnadengesuchs für von Jan ab.

konnte, ist selbstverständlich. Wenn auch der Prediger den Textzusammenhang nicht außer acht lassen durfte, so mußte er doch darauf achten, daß dieser Zusammenhang nicht zu Mißdeutungen seiner Predigt oder zu einer Polemik führte. Hier hat Pfarrer von Jan gefehlt. Während es seine Aufgabe war, die am Bußtag im Gottesdienst versammelte Gemeinde zur Buße zu rufen, verfiel er in eine heftige Polemik, die keinesfalls auf die Kanzel gehörte. Diese Entgleisung wurde seitens der Kirchenleitung scharf mißbilligt. Die Folgen seiner Entgleisung waren für Pfarrer von Jan außergewöhnlich schwer.«[107]

War eine so harte Kritik angebracht oder einfach nur an die Adresse der staatlichen Behörden gerichtet, um Schaden von Pfarrer von Jan abzuwenden?
Der Oberkirchenrat versuchte mit zwei weiteren Argumenten, Pfarrer von Jan vor Angriffen in Schutz zu nehmen. Er bezog sich dabei direkt auf das Sondergerichtsurteil:

Zum einen: »Es ist dem Landesbischof bekannt, wie Pfarrer von Jan mit dieser Bußtagspredigt gerungen und welche Not sie ihm bereitet hat. Es scheint, daß schwere Erfahrungen, die sich bei ihm gestaut haben, anläßlich der Vorgänge vom 9. November 1938 zum Ausbruch gekommen sind und daß dabei Hemmungen, die von der Vernunft her sich nahelegten, auf die Seite geschoben worden sind.«

Zum andern: »Die Kirchenleitung ist überzeugt, daß Pfarrer von Jan mit seiner scharfen Kritik der Ausschreitungen vom 9. November 1938 nicht ›gegen die Juden- und Rassenpolitik des Führers und der Reichsregierung überhaupt in aufreizender und hetzerischer Weise Stellung genommen‹ hat, sondern lediglich die Ausschreitungen vom 9. November verurteilt hat. Damit entfällt aber der Vorwurf, daß Pfarrer von Jan durch die diesbezüglichen Ausführungen Angelegenheiten des Staates in einer den öffentlichen Frieden gefährdenden Weise in seiner Predigt erörtert hat, da ja staatlicherseits die Verantwortung für diese Vorgänge abgelehnt und diese als spontane Kundgebung des Volkes behandelt wurden.«[108]

Pfarrer von Jans Motive

Mit dem ersten Argument war Julius von Jan gewiß nicht einverstanden, so fürsorglich es gemeint sein mochte. Hier hatte das Gericht von Jan besser verstanden als seine eigene Kirche. Mit Recht verwies der Vorsitzende des Sondergerichts auf die Schlußsätze der Predigt: »Es ist herausgesagt vor Gott und in Gottes Namen! Nun mag die Welt mit uns tun, was sie will. Wir stehen in unseres Herrn Hand.«[109] Von Jan war sich bewußt, er *mußte* sagen, was er gesagt hatte. Die Kirche durfte – das war seine Überzeugung – dem Konflikt mit dem Staat nicht um jeden Preis ausweichen.

Mit dem zweiten Argument hatte der Oberkirchenrat allerdings recht. Wie sein Bischof so bejahte auch Julius von Jan – in bestimmten Grenzen – »die Juden- und Rassenpolitik des Führers und der Reichsregierung«. Zwar war Julius von Jan sichtlich empört, daß ein befreundeter Arzt des Nachbarortes Böhringen, Dr. Ernst Baer, in der Pogromnacht verhaftet und ins Konzentrationslager verbracht wurde. Ohne den Namen zu nennen, hatte er – für alle Zuhörer erkennbar – diesen Fall in der Predigt erwähnt. Ernst Baer war mit der Tochter eines früheren Oberlenninger Pfarrers verheiratet und hatte aus diesem Anlaß sich evangelisch taufen lassen.[110] Doch in von Jans kurz nach seiner Ausweisung aus Württemberg-Hohenzollern im Juni 1939 verfaßten Tagebuchaufzeichnungen finden sich Sätze, die ganz an Bischof Wurms Formulierungen erinnern:

»Ich habe dem Staat nie das Recht bestritten, den verderblichen Einfluß des Judentums auf unser Volk durch Gesetze zu unterbinden und habe diese Gesetze nie kritisiert. Höchstens hatte ich ab und zu Stellung genommen gegen die starke Selbsttäuschung, als käme *alles* Unglück im deutschen Volk von den Juden und wären wir Arier die edelsten Menschen, wenn keine Juden unter uns wohnen würden. Nun aber wurde Anfang November 1938 der deutsche Gesandtschaftsrat vom Rath in Paris durch einen Juden ermordet. Darauf wurden in ganz Deutschland antijüdische Demonstrationen veranstaltet. Die Synagogen niedergebrannt, die jüdischen Läden geplündert, die Privathäuser der Juden überfallen und das Mobiliar zerschlagen, viele Juden mißhandelt, die Männer in die Konzentrationslager abgeführt. Dieses unwürdige zügellose Vorgehen erregte den Abscheu weiter Volkskreise.«[111]

Julius von Jans mutiger Einspruch gegen die Judenverfolgung war in erster Linie mit der allgemeinen Mißachtung von Recht und Gerechtigkeit, mit der Verletzung der Zehn Gebote begründet[112]; das Argument der besonderen Verbundenheit der Christen mit Israel taucht in seinen Überlegungen noch nicht auf. So liest sich die Oberlenninger Bußtagspredigt vermutlich nocheinmal ganz neu.

Ein Anschlag auf den degradierten Soldaten Julius von Jan »nach der Weise des Uria«

Im Sommer 1943, nach Ablauf der Bewährungsfrist, wurde Julius von Jan zur Wehrmacht eingezogen. Man hatte den Kriegsfreiwilligen von 1914 und verwundeten und dekorierten Vizewachtmeister des Ersten Weltkrieges[113] zum gemeinen Soldaten degradiert und sofort an die gefährlichsten Abschnitte der Ostfront geschickt. Verleumderische Berichte der Kreisleitung Nürtingen begleiteten ihn durch alle Truppenteile, denen er nach und nach zugeteilt wurde. Von Jan kommentierte dies später so:

»Man hoffte offenbar, mich nach der Weise des Uria (2. Samuel 11, Vers 15) um die Ecke zu bringen, was meinen Angehörigen neue Sorge bereitete.«[114]

Trotz schwerer Kriegserlebnisse und Krankheit überlebte Julius von Jan und kehrte im September 1945 in seine alte Gemeinde Oberlenningen zurück. Nach sieben Jahren der Trennung blieb er dort noch einmal vier Jahre als Pfarrer. Nach weiteren neun Jahren der Pfarramtstätigkeit in Stuttgart-Zuffenhausen mußte von Jan aus gesundheitlichen Gründen vorzeitig in den Ruhestand gehen. Er ist 1964 in Korntal verstorben.

6. Das »Büro Pfarrer Grüber«

Die schrecklichen Ereignisse der Pogromnacht und die darauf folgenden nazistischen Maßnahmen lösten bei den Kirchen nicht nur Entsetzen und Schweigen aus, für einzelne war jetzt endgültig die Stunde tätiger Hilfe gekommen. Auf evangelischer Seite sind zwei Personen zu nennen, die sofort die Initiative ergriffen und in erstaunlich kurzer Zeit ein Netz der Hilfe mit einer starken Zentrale in Berlin aufbauten: Pfarrer Heinrich Grüber und Pfarrer Paul Braune. Sie konnten anknüpfen an das, was längst von andern in Gang gebracht worden war, und sie fanden eine nicht geringe Zahl opferbereiter, mutiger Menschen, die sich in den Dienst des entstehenden evangelischen Hilfswerks für »nichtarische« Christen stellten. Freilich, die Dinge entwickelten sich in weit weniger geordneten Bahnen, als man sich das heute vorstellen mag. Da weithin schriftliche Quellen fehlen, ist es kaum mehr möglich, all die Personen zu nennen, die einen entscheidenden Beitrag bei diesem Rettungsunternehmen geleistet haben.

Heinrich Grüber und Paul Braune

Pfarrer Heinrich Grüber war seit August 1938 aktiv dabei, im Auftrag der Bekennenden Kirche eine zentrale Hilfsstelle für »nichtarische« Christen in Berlin aufzubauen; sie arbeitete seit Dezember 1938 in Berlin unter dem Namen »Büro Pfarrer Grüber« (vgl. Bd. 2/2, Kap. 42).
Pfarrer Paul Braune war seit 1922 Leiter der Hoffnungsthaler Anstalten in Lobetal bei Berlin, einem Tochterunternehmen der Betheler Anstalten.[115] Der junge Braune hatte während seiner Studienzeit in den Jahren 1906/07 – noch unter Friedrich von Bodelschwingh dem Älteren – selbst als Helfer in der blauen Schürze in Bethel gearbeitet. Später wurde er zum engen Vertrauten von Friedrich von Bodelschwingh dem Jüngeren. Der jüngere Bodelschwingh hatte im selben Jahr das Werk seines Vaters in Bethel übernommen,

in dem Braune zum Leiter in Lobetal ernannt wurde. Seit 1933 war Braune einer der Vizepräsidenten des Centralausschusses für die Innere Mission.[116] Kirchenpolitisch gehörte er der Landeskirchlichen Konferenz an; 1937 entstanden, verstand diese sich als eine Art Gesamtvertretung der preußischen »Mitte« und stand in Spannung zur »radikalen« BK Altpreußens.[117]
Bekannt geworden ist Paul Braune vor allem durch sein engagiertes Auftreten gegen das NS-»Euthanasie«programm. Als Reaktion auf die von ihm verfaßte Denkschrift an die Reichskanzlei, die die Krankenmorde klar bei Namen nannte, mußte Braune im Sommer 1940 drei Monate Haft verbüßen.[118] In ähnlicher Weise hatte sich Paul Braune für »nichtarische« Christen eingesetzt (vgl. Kap 9); angesichts seiner Herkunft – Braunes Vater war ein Bewunderer des Berliner Hofpredigers Stoecker – war dies durchaus nicht selbstverständlich.

Die ersten Aufgaben

Unmittelbar nach der Pogromnacht suchte Heinrich Grüber, so rasch es überhaupt ging, »im größeren Rahmen Hilfsmaßnahmen« in die Wege zu leiten. Er bemühte sich um die Schirmherrschaft des sehr bekannten und weithin anerkannten Friedrich von Bodelschwingh, am Ende dann freilich ohne Erfolg. Briefe, Telefonate, Telegramme gingen nach und von Bethel[119], bis es endlich am 16. November 1938, dem Buß- und Bettag, zu einer ausführlichen Beratung über die notwendigen nächsten Schritte zwischen Grüber und Bodelschwingh kam.

Eine erhalten gebliebene Gesprächsnotiz von Grüber[120] läßt erkennen, was die ersten Aufgaben waren:

☐ Die in großer Zahl nach der Pogromnacht in den Gefängnissen und Konzentrationslagern Inhaftierten bedurften des seelsorgerlichen Beistands. Wie konnte man sie erreichen? Gleiches galt für alle Ehepaare mit einem »nichtarischen« Teil, die »unter dem wirtschaftlichen Druck« sich scheiden ließen: »Sie dürfen nicht weiter mit einem belasteten Gewissen durch die Welt gehen.«

☐ Fürsorge war nötig für die vielen, die an »Auswanderung« dachten. Sarkastisch notierte Grüber: »Bis zur Auswanderung muß den Menschen Brot und Bleibe gelassen werden. Mindestens muß das für die Menschen verlangt werden, was der Tierschutzverein für die Tiere fordert: Brot, Bleibe, keine Drangsal und Pein körperlicher und seelischer Art.«

Konkret war zu denken an die schulische Betreuung der »nichtarischen« Kinder, die ab jetzt »deutsche« Schulen nicht mehr betreten durften. Keinesfalls sollten sie gezwungen sein, jetzt jüdische Konfessionsschulen zu besuchen: »Für die Schulkinder muß bis zur Auswanderung eine gewisse schulische Betreuung möglich gemacht werden. Christliche Kinder können nicht in Synagogenschulen, die bewußt Bekenntnisschulen mit zionistischem Charakter sind, eingeschult werden.«

Zu denken war an die Umschulung Jugendlicher, »die ihnen die Möglichkeit der Ansiedlung in Kolonisationsländern geben«, eine Forderung, die auf jüdisch-zionistischer Seite ja längst verwirklicht war. Zu denken war an die Unterbringung von Wohnungssuchenden, die wegen angeblicher »Störung der Hausgemeinschaft« aus ihrer bisherigen Wohnung hinausgedrängt wurden.

☐ Nicht minder wichtig war Grüber die »Fürsorge für solche, die nicht auswandern können«, Alte, Sieche, Geisteskranke und Epileptiker. Auch hier erschien eine spezielle evangelische Lösung unumgänglich: »Alle Fürsorgemaßnahmen müssen konfessionell getrennt durchgeführt werden. Es hat sich erwiesen, daß die Arbeit nur auf konfessioneller Grundlage nachhaltig und wirksam ist. Es geht auch nicht, daß die Christen in diesen Maßnahmen auf die Einrichtungen und Anstalten der Synagoge angewiesen sind.«

☐ Vor allem aber war ganz allgemein Hilfe zur »Auswanderung« geboten. Nach Grübers Meinung sollte jetzt deutschen Kirchenvertretern das Recht der Auswanderungsbetreuung für christliche »Nichtarier« zugestanden werden. Es gehe nicht an, »daß diese Arbeit in Deutschland von Exponenten christlicher Kirchen des Auslandes durchgeführt wird« – Grüber dachte vermutlich an Laura Livingstone und den Quäker-Repräsentanten in Deutschland, J. Roger Carter (vgl. Bd. 2/2, 254–257). Schon gar nicht dürften deren »Kontrahenten« hier in Deutschland »Vertreter des Synagogen-Judentums« sein. Konkret: Wenn der Staat tatsächlich nun an einer raschen »Auswanderung« interessiert sei, müsse die Möglichkeit bestehen, »daß Männer [der Kirche], die national zuverlässig sind, mit den ausländischen Stellen über die Möglichkeiten der Transmigration und Immigration Fühlung nehmen und daß ihre Arbeit stillschweigend geduldet wird«.

Grüber und Bodelschwingh zielten auf Verhandlungen mit staatlichen Stellen. Die Zeit hierfür schien günstig. Am 24. November 1938 sprach Friedrich von Bodelschwingh und eine Woche später, am 29. November, Pfarrer Paul Braune bei Ministerialdirektor Kritzinger in der Reichskanzlei vor in der Hoffnung, die schwierigen offenen Fragen auf höchster Ebene klären zu können. Bodelschwingh hatte zur Vermittlung hierfür Reichskirchenminister Kerrl gewinnen können.[121] Das Ergebnis der Verhandlungen faßte Braune in einer Denkschrift von elf Seiten für den Chef der Reichskanzlei, Reichsminister Lammers, zusammen. Bodelschwingh steuerte zu Braunes Entwurf wichtige Verbesserungsvorschläge bei, die ihn als genauen Kenner der besonderen Situation ausweisen. Zur Mitunterzeichnung des Schriftstücks konnte Bodelschwingh sich am Ende dann aber doch nicht entschließen.[122]

In der Denkschrift ging es im wesentlichen um dieselben Fragen, die schon beim Gespräch zwischen Bodelschwingh und Grüber leitend waren und die dann auch das Programm für das »Büro Pfarrer Grüber« wie für Einzelaktionen auf Seiten der Inneren Mission bildeten:

1. Beratung und Vermittlung bei der »Auswanderung« durch die Berliner Zentrale und die neu zu bildenden regionalen kirchlichen Hilfsstellen (Kap. 8).
2. Ein Schulangebot für »judenchristliche« Kinder in Form von »kleinen Familienschulen oder Privatschulen« (Kap. 37).
3. Umschulung zum Zwecke der »Auswanderung«.
4. Die Unterbringung von Alten, Kranken, Geisteskranken, Schwachsinnigen und Epileptikern. Nach einem Erlaß des RMdI vom 22. Juni 1938 mußten Juden in Krankenanstalten in besonderen Zimmern untergebracht werden, »daß die Gefahr von Rassenschande vermieden wird«.[123]

Trotz enger Zusammenarbeit zwischen dem Büro Grüber und Paul Braune einigte man sich auf eine Arbeitsteilung: Braune verstand sich als »Reichsreferent der Inneren Mission für die evangelischen Juden« und fühlte sich für die Unterbringung behinderter und alter »Nichtarier« in Heimen zuständig. Von Grüber und seinem Büro sollten die »Auswanderungsfragen« bearbeitet werden.[124]

Die Berliner Zentrale

Das »Büro Pfarrer Grüber« war keineswegs ein Ein-Mann-Betrieb wie der Name nahelegen könnte. Die Berliner Zentrale der »Kirchlichen Hilfsstelle für evangelische Nichtarier« – so noch der Name im Dezember 1938 – war in zwei geräumigen Häusern im Zentrum Berlins untergebracht.
Die Beratungsarbeit begann Anfang Dezember 1938 in der Oranienburger Straße 20, einem zweistöckigen Gebäude der britischen Missionsgesellschaft »Hebrew Christian Testimoney to Israel« (vgl. Bd. 2/2, S. 275). Wenige Häuser weiter befand sich die größte Synagoge Berlins mit der Hauptverwaltung der Jüdischen Gemeinde. Der Hilfsstelle standen zunächst drei Büroräume und ein großer Saal zur Verfügung. Letzterer diente am Tage als Warteraum für die vielen Besucher und am Abend als Versammlungsraum.[125]
Die ersten fünf festen Mitarbeiterinnen und Mitarbeiter, die Grüber in einem Rundbrief vom 19. Dezember 1938 nennt[126], brachten einschlägige Erfahrungen mit: Grübers Sekretärin, Inge Jacobson, half schon bei der Betreuungsarbeit im Kaulsdorfer Pfarrhaus. Ministerialrat i. R. Paul Heinitz war zuvor Mitarbeiter von Pfarrer Adolf Kurtz im Pfarrhaus der Zwölf-Apostel-Kirche in Berlin-Schöneberg. Kurtz, dessen Frau »Nichtarierin« war, hatte schon seit 1933 rassisch Verfolgte in vielfältiger Weise unterstützt. Kirche und Pfarrhaus waren bei der SS als »Synagoge am Nollendorfplatz« bestens bekannt.[127] Nach der Erinnerung von Martin Albertz waren in der um Kurtz sich scharenden Bekennenden Gemeinde von etwa tausend Mitgliedern 25% »Nichtarier«.[128] Kurtz stand in engem Kontakt zu Grüber.[129] Er leitete die von ihm und Vikarin Klara Hunsche begründete »Familienschule« des Büros Pfarrer Grüber nach außen (vgl. Bd. 3/2, Kap. 36 und 37). Zwischen Kurtz und

Grübers Paß zeigt für die Jahre 1938 und 1939 eine intensive Reisetätigkeit.

VISA FOR UNITED KINGDOM

Date 28 DEC 1938 No. 89026

SIG. F-Fitz

BRITISH PASSPORT OFFICER

THIS VISA IS GOOD FOR ONE OR MORE
JOURNEYS WITHIN A PERIOD OF TWELVE
MONTHS FROM THE DATE HEREOF
PROVIDED THIS PASSPORT IS SO
LONG VALID.

LEAVE TO LAND GRANTED AT CROYDON
THIS DAY ON CONDITION THAT THE HOLDER
DOES NOT ENTER ANY EMPLOYMENT
PAID OR UNPAID WHILE IN THE UNITED
KINGDOM.

IMMIGRATION OFFICER (3) 2 JAN 1939 CROYDON

Grüber muß es jedoch Spannungen in der Zielsetzung der Arbeit gegeben haben. Auffallenderweise erwähnt Heinrich Grüber in seiner Autobiographie seinen früheren Mitstreiter Adolf Kurtz mit keinem Wort.[130]

Wie Inge Jacobson und Paul Heinitz waren auch die andern drei Büromitarbeiter der ersten Stunde jüdischer Abstammung: Pfarrer Willy Ölsner (vgl. Bd. 2/2, Kap. 30), Studienrätin i. R. Margarete Draeger und der arbeitslos gewordene Handelskaufmann Werner Hirschwald.[131]

Schon in den ersten Wochen nach Bezug der Räume in der Oranienburger Straße nahm die Zahl der Ratsuchenden derart zu, daß das »Büro Pfarrer Grüber« am 10. Februar 1939 ein weiteres Büro bezog im Gebäude des Bankhauses Jacquier & Securius, Berlin C 2, An der Stechbahn 3/4, unmittelbar gegenüber dem Berliner Schloß. Dorthin wurde vor allem die sich ausweitende Abteilung »Auswanderung« verlegt.

Es gab sechs Büroräume und einen großen Warte- und Empfangsraum. Das Büro verfügte über eine Telefonzentrale mit fünf Anschlüssen. Pfarrer Grüber als Leiter hatte noch einen zusätzlichen »Geheimanschluß«.

In beiden Häusern war ein emsiges Kommen und Gehen. Im Februar 1939 nahmen jeden Tag mehrere hundert Hilfesuchende die verschiedenen Abteilungen in Anspruch. Nach einem Bericht Grübers vom 10. Februar waren bereits zwanzig Mitarbeiter als Berater, Sachbearbeiter oder Schreibkräfte tätig. Gegen Ende des Monats zählte man dreißig, von denen die Hälfte ehrenamtlich Dienst tat. Im Juli 1939 war der Höchststand mit fünfunddreißig erreicht.[132] Nach Kriegsbeginn sank die Zahl der Mitarbeiter wieder auf dreißig.[133] Bis auf wenige Ausnahmen waren alle jüdischer Abstammung.

Verständlicherweise gibt es kaum noch Dokumente, die ein umfassendes Bild der Tätigkeit ermöglichen. So ist auch eine genaue Zahl der Betreuten nicht mehr zu erheben. Bei einer zufälligen Stichprobe im Mai 1939 zählte man in einem Zeitraum von fünfzehn Arbeitstagen 1 257 Beratungsfälle.[134] Jeder »Fall« war ein Schicksal. Die Bearbeitung war meist mit unendlicher Kleinarbeit und mit kaum vorstellbaren emotionalen Belastungen verbunden.

Das Eckhaus »An der Stechbahn 3–4« in Berlin C 2, die Hilfsstelle »Büro Pfarrer Grüber«, lag im Zentrum von Berlin gegenüber dem Berliner Schloß. Es war auf diese Weise für die Betroffenen gut erreichbar.

Der Geschäftsplan

Der »Geschäftsplan des Büros Pfarrer Grüber«[135] sah vier Schwerpunkte vor:
1. Auswanderungsberatung und -vermittlung, einschließlich Kinderverschickung ins Ausland,
2. Wohlfartshilfe,
3. Schulische Betreuung,
4. Kirche und Seelsorge.

Die Leitung

Die Leitung des Hauses lag bei Heinrich Grüber[136], der allerdings weiterhin Pfarrer in Berlin-Kaulsdorf blieb. Dies war allein schon aus finanziellen Gründen nötig. Grüber nahm die Außenkontakte wahr zu den staatlichen Stellen, zu den Kirchenleitungen und vor allem zu den kirchlichen Verbindungsleuten im Ausland. In der Anfangszeit war Heinrich Grüber in Sachen des Büros unentwegt unterwegs, bei weiten Strecken meist mit dem Flugzeug. So besuchte er – wie sein Paß ausweist – zwischen Dezember 1938 und August 1939 dreimal die Niederlande, dreimal England mit Zwischenaufenthalten in Amsterdam und zweimal die Schweiz. Selbst im Krieg, Ende März 1940, war Grüber – mit besonderer Erlaubnis von Eichmann – noch einmal zu Verhandlungen in der Schweiz.[137] Grüber besaß eine Bescheinigung der dem Reichsinnenministerium unterstehenden Reichsstelle für das Auswanderungswesen, in der »die deutschen Behörden im In- und Ausland gebeten [werden], Herrn Pfarrer Grüber nach Möglichkeit zu unterstützen«, da »die geplanten Reisen des Herrn Pfarrer Grüber, der selbst Arier ist, die Förderung der Auswanderung von Juden bezwecken und ihr zu dienen geeignet sind«.[138] Dieser Ausweis hat manche Tür bei Behörden geöffnet und die strengen Kontrollen an den Grenzen abgekürzt.[139]

Grübers Stellvertreter und wichtigster Mitarbeiter war Pfarrer Werner Sylten, der Seelsorger für das ganze Haus. Als Grüber sich im November 1939 wieder stärker seinem Pfarramt widmete, übernahm Sylten die verantwortliche Leitung des Büros.[140] Werner Sylten

Geschäftsplan
des Büros Pfarrer Grüber.
Gesamtleitung:

Leitung: Pfarrer Grüber
Sekretärin: Jacobson
Ständiger Stellvertreter des Leiters: Pfarrer Sylten.

Allgemeine Abteilung (I).

1.) Leitung der Abteilung
Angelegenheiten allgemeiner Art, soweit sie nicht die anderen Abteilungen betreffen. Fragen des Arbeitseinsatzes und der Errichtung von Altersheimen u.dergl. Verkehr mit Behörden (außer Ziff.3) und mit kirchlichen Stellen in Fragen allgemeiner oder grundsätzlicher Art. Erteilung von Sonderaufträgen. — Pfarrer Sylten.

2.) Durchsicht und Verteilung der eingehenden Post. Verkehr mit der Reichsvereinigung der Juden in Fragen allgemeiner u. grundsätzlicher Art. — Heinitz I.

3.) Haft-, K.Z.-und Ausweisungssachen (vorbehaltlich der Zuständigkeit der anderen Abteilungen). Blutschutzangelegenheiten. Verkehr mit Polizeibehörden. Rechtsfragen. Treuhandkonto für Auswandererpassagen. — Dr. Auerbach.

4.) Buchhaltung. Gehaltsbüro — Martin.
Materialbeschaffung und -Verwaltung. — Sandmann
Küche. — Thurand
Hausverwaltung und -Reinigung. — Thurand
— Grünberg
— Druschky.

5.) Innerer Bürodienst:
a) Leitung des Bürodienstes) Dr. Jaffé.
Kassenverwaltung)

b) Empfang der Besucher, Anleitung zur Ausfüllung der Fragebogen und Zuweisung zu den einzelnen Beratern. — Bremer.
c) Kartei. — Elsberg
d) Registratur (außer für Abt.III) — Heinitz II,
Postabfertigung — Grünberg.
e) Kanzlei (außer für Abt. III) — Jacobson
— Tischer
— Luise Wolff
— Sandmann
— Grünberg
f) Telefonzentrale — Sandmann
— Luise Wolff
g) Botendienst — nach besonderem Auftrag des Bürodienstleiters.

b.w.

Wanderungsabteilung (II).

1.) **Leitung der Abteilung**
Wanderungsfragen allgemeiner Art.
Bearbeitung besonderer Fälle.
Vorsitz im Zentralausschuß für die Verschickung
nichtarisch-christlicher Kinder. — Heinitz I.

2.) Auswanderungsberatung (außer Ziff.3) — Volsen.
Hirschwald.

3.) Kinderverschickung ins Ausland.
Geschäftsführung des Zentralausschusses für
die Verschickung nichtarisch-christlicher Kinder.
Domesticbüro (Abwicklung) — Draeger.

4.) Auffindung und Prüfung neuer Auswanderungsmöglich-
keiten einschl. der Bereitstellung von Devisen im
Ausland für Passagen, Landungsgelder u. dergl.
Auswanderungsstatistik. — Draeger.

Wohlfahrtsabteilung (III.)

1.) Leitung der Abteilung.
Wohlfahrtsfragen allgemeiner Art. — Dr. Kobrak.

2.) Offene Fürsorge:
Barunterstützungen, Arzthilfe, Ausbildungshilfe — Dr. Kobrak.
Bekleidungshilfe, Kleiderkammer — Kaiser.
FÜkarten — Peretz.

3.) Geschlossene Fürsorge (Unterbringung in Anstalten
und Heimen aller Art) — Dr. Kobrak.

4.) Jugendfürsorge (soweit nicht in Ziff.2)u.3) ent-
halten), insbesondere auch Benennung von Vormündern
u. Pflegern, Nachweis v. Pflegestellen und Tagesaufenthalten — Sylvia

5.) Passagesachen (Reichsmark-u. Devisenpassagen) — Dr. Kobrak
6.) Wohnungssachen. Nachweis v. Erholungsheimen. — Honig.
7.) Außenfürsorge (auch f.d. Abt. I u.II) — Honig.
8.) Winterhilfsanträge — Dr. Lichtenstein.
9.) Registratur der Abt. III:
Listenführung, Statistische Nachweisungen,
Abrechnungen. Winterhilfsspenden u.-Auszahlungen — Peretz.
Kaiser

10.) Kanzlei der Abt. III — Dr. Lichtenstein
Peretz

Abteilung Kirche und Schule (IV)

Seelsorgerliche Betreuung und Beratung.
Gottesdienste, Bibelstunden, Andachten.
Kindergottesdienst, Religionsunterricht.
Jungmänner- und Jungmädchenarbeit.
Kranken- und Gefangenenseelsorge.
Schulangelegenheiten.

Dr. Reisner
Pfarrer Kessler.
Vik. Stutkowski.

Aus dem Geschäftsplan des Büros Pfarrer Grüber geht die Vielschichtigkeit der Arbeit hervor. In den beiden Berliner Büros Oranienburger Straße 20 und An der Stechbahn 3–4 waren mehr als dreißig Mitarbeiterinnen und Mitarbeiter beschäftigt.

hatte 1936 wegen seiner jüdischen Abstammung seine Tätigkeit als Leiter eines Mädchenerziehungsheimes in Thüringen aufgeben müssen (vgl. Kap. 48).

Die übrigen Mitarbeiterinnen und Mitarbeiter

Dank der unermüdlichen Spurensuche von Hartmut Ludwig kennen wir heute Biographie und Schicksal der meisten Mitarbeiter des Büros Grüber.[141] Einige sollen beispielhaft genannt werden.
Der umfangreichste Arbeitszweig war die *»Wanderungsabteilung«*. Sie befand sich im Haus An der Stechbahn 3–4 und stand unter der Leitung von Paul Heinitz, einem 1934 aus »rassischen« Gründen vorzeitig in den Ruhestand versetzten Ministerialrat des preußischen Ministeriums für Ernährung und Landwirtschaft. Ihm zur Seite standen Spezialisten für die einzelnen Zielländer, die teilweise auch in andern Abteilungen tätig waren. Werner Hirschwald, gelernter Handelskaufmann, sprach englisch, französisch und spanisch. Er hatte 1938 seine Stellung in der freien Wirtschaft verloren. Miss Laura Livingstone, die Schwägerin von Bischof Bell, arbeitete seit Anfang Februar 1939 bis zum Kriegsausbruch und ihrer Rückkehr nach England als freie Mitarbeiterin des Büros Grüber. Sie vermittelte nach Großbritannien und in die Commonwealth-Staaten. Vor allem aber hielt sie den Kontakt zu den im Bloomsbury-House in London angesiedelten Flüchtlingsorganisationen (vgl. Bd. 2/2, S. 254–257 und 270–272). Für Auswanderungsfälle nach Skandinavien war Sylvia Wolff zuständig, die als gelernte Sozialpädagogin in erster Linie innerhalb der Wohlfahrtsabteilung die Jugendfürsorge (Vormundschaften) betreute. Sie war bereits im »Reichsverband der nichtarischen Christen« wie im späteren »Paulusbund« und der »Vereinigung 1937« (vgl. Bd. 1, Kap. 24) Referentin für Jugendfragen und konnte so ihre Erfahrungen ins Büro Grüber einbringen. Innerhalb der »Wanderungsabteilung« gab es ein besonderes Referat *»Kinderverschickung ins Ausland«*, das Margarete Draeger, zwangsentlassene Studienrätin, wahrnahm. Frau Draeger, deren »arischer« Mann sich 1934 von ihr hatte scheiden lassen, arbeitete in der später von der Bekennenden Kirche gegründeten Familienschule in Berlin mit (vgl. Kap.37).

Die »*Wohlfahrtsabteilung*« des Büros Grüber war im Gebäude Oranienburger Straße 20 untergebracht. Anfang Oktober 1939 wurde sie angesichts der immer dringlicher werdenden sozialen Fürsorge in das größere Gebäude An der Stechbahn 3–4 verlegt.[142] Ihr Leiter war Dr. Richard Kobrak. Der erfahrene Verwaltungsjurist war acht Jahre lang bei der Stadtverwaltung Breslau und von 1927 bis 1935 bei der Stadtverwaltung Berlin, zuletzt als Obermagistratsrat, tätig gewesen. Nach seiner Zwangspensionierung hatte Kobrak beim Paulusbund und später im »Büro Dr. Heinrich Spiero« die juristische und finanzielle Beratung von »Judenchristen« übernommen. Aufgrund einer Empfehlung von Paul Braune war er 1939 in das Büro Grüber gewechselt. Mit ihm übernahm das Büro Grüber auch die früheren Mitarbeiterinnen des »Büros Dr. Heinrich Spiero«, Frau Ursula Hirsch, Frau Johanna Sachs und Frau Elisabeth Kayser.[143]

Die *Abteilung »Kirche und Schule«* mit Sitz in der Oranienburger Straße befaßte sich mit der seelsorgerlichen, der gottesdienstlichen und der schulischen Betreuung. Deren Leiter, Dr. Erwin Reisner, ehemaliger österreichischer Offizier und für theologische Fragen aufgeschlossener Philosoph, war seit 1937 Sekretär der Abteilung Judenmission des Internationalen Missionsrates in Wien (vgl. Bd. 2/2, 191). Reisner betreute bis Februar 1939 eine Vertrauensstelle des Büros Grüber in Wien, ehe er mit seiner Familie nach Berlin, Oranienburger Straße 20, umzog. Er setzte die von Pfarrer Paul Mendelson[144] begonnene Seelsorgearbeit an »nichtarischen« Christen in Berlin fort. Ihm zur Seite stand von Januar 1939 bis März 1940 der junge BK-Theologe, ein sog. »illegaler Hilfsprediger«, Karl Anton Keßler. Der aus Hessen stammende Pfarrer war gleichzeitig Hilfsprediger an der reformierten Schloßkirchengemeinde in Altlandsberg bei Berlin. Zusammen mit seiner Frau, der früheren westfälischen BK-Vikarin Gerda Bertram, errichtete er in seinem Pfarrhaus einen Stützpunkt des Büros Grüber. Später versteckte er dort viele Verfolgte. Die dritte Mitarbeiterin der Abteilung »Seelsorge/Kirche und Schule« war die BK-Vikarin Dorothea Stutkowski. Sie mußte im Mai 1940 auf Druck der Gestapo aus dem Büro Grüber ausscheiden. Dies hinderte sie jedoch nicht – trotz persönlicher Gefahr – bis Ende 1942 die Betreuungsarbeit fortzusetzen.

Nur die beiden Letztgenannten, Pfarrer Keßler und Vikarin Stutkowski, waren – wie auch Grüber selbst – »Arier« und damit –

mindestens wegen der »Rassenzugehörigkeit« – nicht unmittelbar gefährdet.

Ein Beirat

Als der ursprünglich ins Auge gefaßte Plan, die Hilfssstelle durch die Form eines eingetragenen Vereins abzusichern (vgl. Kap. 11), endgültig gescheitert war, erwog Grüber im November 1939, einen »Beirat in der Art eines Kuratoriums« zu berufen. Braune gegenüber machte er hierfür einen bezeichnenden Namensvorschlag: Pfarrer Paul Braune selbst, Superintendent Martin Albertz, »Konsulent« Dr. Friedrich Wilhelm Arnold, Dr. Heinrich Spiero.[145] In einer andern Aufstellung wird statt Heinrich Spiero Amtmann Schako genannt.[146] Nach den Akten sieht es so aus, als ob der Beirat keine weitreichende Bedeutung erlangt hätte.

7. Zwei Brüder sollen »verschickt« werden: Aus der Arbeit einer Vertrauensstelle des »Büros Pfarrer Grüber«

Am 10. Dezember 1938 schrieb Frau Dr. med. Franziska Willer aus Würzburg an ihren Seelsorger, den evangelischen Dekan von Würzburg, Kirchenrat Friedrich Lindner, den folgenden Brief:

»Sehr geehrter Herr Kirchenrat,

durch die Verhältnisse sind wir zur Zeit in einer sehr schwierigen Lage und ich möchte mich deshalb an Sie wenden um zu fragen, ob es Ihnen möglich ist, uns auf irgendeine Weise zu helfen.
Wie Sie ja wissen, bin ich seit dem Jahre 1933 geschieden und lebe mit meiner Mutter und meinen zwei Kindern zusammen. Nun hat man uns zum 1. Januar die Wohnung gekündigt, und es scheint fast unmöglich zu sein, eine neue zu finden, ja überhaupt ein Unterkommen.
Die Hauptsache wäre nun fürs erste, die zwei Kinder im Ausland unterzubringen (es sind zwei Buben, Hans-Paul, geb. 8. Mai 1928, und Peter, geb. 4. Februar 1932) und dafür besonders wollte ich um Ihre Hilfe bitten. Ich habe einen Bruder, der als Arzt in London niedergelassen ist, der aber noch so wenig verdient, daß er (da er selbst eine Frau und zwei Kinder hat) meine Söhne nur aufnehmen könnte, aber nicht für ihre Ernährung, Kleidung und Erziehung sorgen. Nun wollte ich bei Ihnen anfragen, ob es vielleicht auf dem Wege der Inneren Mission eine Möglichkeit gäbe, daß die Kinder in einem christlichen Erziehungsheim eine Freistelle bekämen oder in ein Pfarrhaus aufgenommen würden oder etwas derartiges. Natürlich käme das nur im Ausland, am besten London in Frage, da meine Mutter und ich selbstverständlich auch nicht hierbleiben können, die Kinder aber zuerst im Ausland untergebracht sein müssen, ehe wir etwas unternehmen können. Soviel ich weiß, gibt es in London auch eine Organisation der nichtarischen Christen. Ist es nicht vielleicht

möglich, hier bei Ihnen eine Summe für die Innere Mission einzuzahlen, die dann verrechnet und z. B. in England für die Kinder verwendet werden könnte? Das ganze ist ja nur eine Geldfrage und da wir im Ausland keinen Pfennig besitzen, sind wir auf fremde Hilfe angewiesen.

Ich wäre Ihnen sehr dankbar, wenn Sie versuchen würden, uns zu helfen. Bei uns ist eben der Umstand so erschwerend, daß der »arische Elternteil« sich nicht mehr um die Kinder kümmert, also alles auf mir lastet. Nun ist auch noch große Eile notwendig, da man uns nach der Kündigung zum 1. Januar nur noch ein paar Wochen in der Wohnung lassen will.

Entschuldigen Sie bitte, sehr verehrter Herr Kirchenrat, daß ich Sie mit dieser Angelegenheit behellige, aber ich weiß mir einfach keinen Rat mehr.

        Mit besten Empfehlungen

        Ihre sehr ergebene

        Franziska Willer.«[147]

Was der Brief ins Rollen brachte, gibt ein Bild von den Aufgaben einer Vertrauensstelle des »Büros Pfarrer Grüber«. Es gab solche regionalen Hilfsstellen in fast allen Landeskirchen. Der »Fall« zeigt zugleich, wie vielfältig die Schwierigkeiten waren, die zu bewältigen waren, um einer einzelnen Familie zur Emigration zu verhelfen. Der folgende Bericht gründet auf erhalten gebliebenen Akten des Landesvereins für Innere Mission in Nürnberg; dieser hatte für Franken die Aufgabe einer Vertrauensstelle des »Büros Pfarrer Grüber« übernommen.

Dekan Lindner kannte die Bittstellerin recht gut, er hatte sie 1927 getraut. Sie war die Tochter eines angesehenen, bereits verstorbenen Chefarztes der Würzburger Universitäts-Hals-Nasen-Ohrenklinik, Prof. Paul Manasse. Die beiden Buben – wie die Mutter evangelisch getauft – kannte er als »fleißige Kindergottesdienstbesucher und wackere Kerle«. Noch am selben Tag schickte Dekan Lindner Brief und Bitte an den Landesverein für Innere Mission in Nürnberg. Dort konnte man weiterhelfen. Am 14. Dezember erbat die Sachbearbeiterin, Frau Nägelsbach, vom Würzburger Dekanat noch weitere Auskünfte. Ihre Erläuterungen stimmten hoffnungsvoll, wenngleich auch zu erkennen war, daß noch etliche Hürden zu überspringen waren:

»Der von Ihnen übersandte Brief ist einer der vielen Fälle, mit denen wir jetzt zu tun haben. Damit wir klar sehen, müssen wir bestimmt wissen, ob die Mutter der Frau Doktor Willer arisch, halbarisch oder nichtarisch ist. Ich nehme eigentlich das letztere an, denn wenn die Frau arisch ist, dann sind die Kinder der Frau Dr. Willer nur 1/4-jüdisch und können ernsthafte Schwierigkeiten in der Schule nicht haben. Sie können dann ohne große Schwierigkeiten in einem Kinderheim untergebracht werden und wir wären gerne bereit, dies zu bewerkstelligen. Auch müßte klar gestellt werden, ob der Vater der Kinder wirtschaftlich in der Lage ist, für die Kinder zu sorgen und ob mit allem Nachdruck die Unterhaltskosten schon beigetrieben worden sind. Ist er nach dem Ehescheidungsurteil unterhaltspflichtig oder nicht?

Wir stehen in Verbindung mit den Organisationen, die sich um solche Angelegenheiten annehmen und haben die beiden Jungen schon gemeldet für eine Unterbringung in England. Es gibt von einer Quäkerorganisation in Berlin regelmäßig Transporte von Kindern in das Ausland. Es wäre zweckmäßiger, wenn Sie damit einverstanden wären, sehr verehrter Herr Kirchenrat, wenn wir uns dann mit Frau Dr. Willer direkt in Verbindung setzen würden. Es wird allerlei Schreibereien hin und her geben, sodaß auch Ihnen damit viel Schwierigkeiten erwachsen werden. Die persönliche Fürsorge, die ja in solchen Fällen wohl das einzige ist, was man tun kann, muß Ihnen ja doch verbleiben.

Mit höflichem Gruß

Nägelsbach«

Mit gleicher Post schrieb Frau Nägelsbach an Miß Laura Livingstone in Berlin, Brandenburgische Straße 41, die Adres-

se der Büro-Gemeinschaft Dr. Spiero/Livingstone (vgl. Bd. 2/2, 254–257). Mit dieser Stelle hatte man in Nürnberg von einem früheren Fall her bereits Verbindung. Eine Woche später, am 19. Dezember, noch ehe eine Antwort aus Berlin da war, ergänzte Frau Nägelsbach die Anfrage an Miss Livingstone mit einem weiteren Schreiben. Franziska Willer hatte zwischenzeitlich von ihrem Bruder in London erfahren, daß die beiden Buben zunächst für sechs Monate in getrennten Familien aufgenommen werden könnten. Zugleich läßt Frau Nägelsbachs Brief unschwer erkennen, welche Ängste eine alleinstehende Frau quälen mußten, die sich in der gegebenen Situation von ihren Kindern trennen sollte:

»Unserem Brief vom 14. Dezember muß ich heute eine dringende Nachfrage nachschicken. [...] Frau Dr. Willer hätte es viel lieber, wenn die beiden Brüder beieinanderbleiben könnten, denn sie fürchtet, daß der kleine sechsjährige, der natürlich kein Wort von der englischen Sprache versteht, sich in einer fremden Familie nicht zurecht finden kann und sie meint, wenn die beiden in ein Kinderheim oder in ein Lager kämen, so könnten sie wenigstens beisammen bleiben. Sie läßt deshalb fragen, bis wann damit zu rechnen ist, daß die Kinder einem solchen Kindertransport nach England angeschlossen werden und ob dortseits schon Schritte für ihre Unterbringung getan sind. Sollte der Kindertransport in absehbarer Zeit nicht zustande kommen können, so würde sie versuchen, die Kinder selbst nach London zu bringen. Sie und die beiden Kinder sind Danziger Staatsangehörige und verfügen über Paß und Kinderausweise.
Frau Dr. Willer hat schon vor einiger Zeit Frau Dr. Rosenheim, Berlin-Charlottenburg 2, Cantstr. 159, um den Anschluß der Kinder zu einem Kindertransport ins Ausland gebeten, hat auch dorthin bereits Paßbilder und Gesundheitszeugnisse eingeschickt. Sie hat aber keinerlei Antwort von dort bekommen. Die beiden Kinder sind Halbarier, der Vater ist Arier, die Mutter nicht. Frau Dr. Willer verliert zum 1. Januar ihre Wohnung. Wie lange sie über diesen Kündigungstermin hinaus noch bleiben kann, weiß sie nicht. Sie hat auch noch für ihre Mutter zu sorgen, die bei ihr wohnt. Mutter und Großmutter der Kinder sind Nichtarier.

Frau Dr. Willer ist praktische Ärztin, geb. 1903. Sie hat die Hoffnung und möchte hiemit angefragt haben, ob es nicht möglich wäre, daß sie in einem solchen Kinderlager oder Heim, das der Aufnahme der Kinder dient, als Ärztin oder sonstige Angestellte verwendet werden könnte. Sie ist gesund, leistungsfähig und macht einen guten und zuverlässigen Eindruck. Wenn es möglich sein sollte, daß diese Bitte erfüllt wird, dann wäre dieser Familie durchgreifend geholfen. Daß eine zitternde Sehnsucht und Hoffnung an der Erfüllung der Wünsche hängt, brauche ich nicht besonders zu versichern. Wir bitten deshalb um freundlich umgehende Antwort und erlauben uns auch, Rückporto beizulegen.

Mit höflichem Gruß

Nägelsbach«

Die im Brief erwähnte Frau Dr. Käte Rosenheim war Leiterin der Abteilung Kinderauswanderung bei der Zentral-Wohlfahrtsstelle der Reichsvertretung der Juden in Deutschland. Diese Einrichtung hatte bereits in den zurückliegenden Jahren zusammen mit dem Hilfsverein der Juden in Deutschland Transporte mit jüdischen Kindern von sechs bis fünfzehn Jahren durchgeführt.[148]
Es gab noch andere Adressen. Tags darauf brachte Frau Willer – sichtlich hin und hergerissen – eine weitere Adresse ins Spiel. Von ihrem Bruder in England hatte sie den Namen von einem »Mr. Carter in Berlin W, Prinz-Louis-Ferdinand-Straße 5 (angeblich auch Oranienburger Str. 20)« in Erfahrung gebracht. »Diese Leute sollen auch Kindertransporte organisieren«, schrieb Franziska Willer am 20. Dezember. Prinz-Louis-Ferdinand-Straße 5 war die Adresse der Quäkerzentrale in Deutschland, von wo aus tatsächlich Kindertransporte nach England organisiert wurden. Noch an Heiligabend antwortete Frau Nägelsbach auf Frau Willers Schreiben, wohl in der Hoffnung, sie dadurch beruhigen zu können:

*Akten Willer (Kinder!)
von Pfarrer Jordan erhalten.
Draeger.*

Die Brüder Hans-Paul und Peter Willer konnten 1939 mit ihrer Mutter nach England emigrieren. Frau Margarete Draeger war im Berliner Büro Pfarrer Grüber für die Kinderverschickung zuständig. Sie hatte die Bilder von Pfarrer Jordan von der Vertrauensstelle Nürnberg erhalten und reichte sie wieder zurück.

»Sehr geehrte Frau Doktor!

Es ist wirklich nicht ganz leicht durch all die Organisationen und Transportmöglichkeiten durch zu finden. Oranienburger Straße 20 in Berlin ist die kirchliche Hilfsstelle für evangelische Nichtarier, die eine Kinderabteilung hat (›Auswandererstelle für Kinder‹); sie ist einer Frau Draeger unterstellt.

Prinz-Louis-Ferdinand-Straße 5 ist das Quäkerbüro, das auch für Kindertransporte sorgt, aber die beiden Organisationen arbeiten Hand in Hand. Die Kinder sind [in der] Oranienburger Straße vorgemerkt. Diese Stelle ist auch mit der Gestapo in Verhandlung und es ist ihr die Anerkennung ihrer Arbeit in Aussicht gestellt worden.

Was nun die Kinder betrifft, so wurde mir von Miß Livingstone geschrieben, daß die Kindertransporte nur für Kinder über zehn Jahren bestimmt seien. Auch ist es hier hinderlich, daß die Kinder einen arischen Vater haben, denn bei der Fülle von Anmeldungen werden die andern Kinder vorgezogen und es wird angenommen, daß der Vater für seine Kinder eintreten könne und müsse. Daß dies menschlich für Sie und wahrscheinlich nach der Sachlage fast nicht denkbar ist, ist mir klar.

Ich habe den deutlichen Eindruck, daß Sie, wenn Sie nicht in der Lage sind, den Lauf der Verhandlungen mit der Berliner Stelle abzuwarten, wobei es mit Ihrem Jüngsten sehr unsicher ist, ob er überhaupt schon in Frage kommt, besser tun, auf eigene Faust mit den Kindern nach London zu reisen und sie selbst hin zu bringen. Das wird viel schneller gehen.

Wollen Sie aber den Transport wählen, so brauchen wir auch wieder pro Kind je zwei Paßbilder; je ein ärztliches Attest mit folgendem Wortlaut: ...›ist heute von mir untersucht worden ... ist frei von ansteckenden Krankheiten und Geisteskrankheiten, auch von Tuberkulose und Trachom.‹

Ich bitte Sie nun um umgehenden Bescheid, welchen Weg Sie wählen und wenn der Transport beschritten werden soll, dann die beiden noch fehlenden Paßbilder, ärztlichen Gutachten und Beantwortung folgender Angaben:

Wie lange läuft Ihr Paß und der Kinderausweis Ihrer Kinder noch? Geburtstag des Vaters der Kinder? (Diese Fragen kann ich auf dem geforderten Fragebogen nicht beantworten, sonst weiß ich alles.)

Ich will dann versuchen, zu erreichen, daß der Kleine mitgenommen wird; da für die Kinder schon ein Platz vorhanden ist, ist es möglich, daß wir doch durchkommen. – Übrigens werden die Kinder in England zunächst auch nur für zwei Monate in den Lagern untergebracht, die weitere Unterbringung erfolgt dann erst in Familien oder Heimen, je nachdem.
Verzeihen Sie die schlechte Schreibweise; ich schreibe zuhause an einer alten Maschine und bin da ein wenig unbeholfen.
Wie sehr wünsche ich, daß Ihnen auch an diesem Weihnachten trotz allen Kummers die Sicherheit der letzten Geborgenheit in Christus nicht ganz verloren geht!

Mit freundlichem Gruß

Nägelsbach

Von einer Verwendungsmöglichkeit Ihrerseits antwortete Miß Livingstone noch nichts; ich komme aber darauf zurück.«

War es zu verantworten, den Sechsjährigen und auch den Zehnjährigen ohne englische Sprachkenntnisse allein zwei Monate in einem Aufnahmelager in England zu lassen? Am ersten Weihnachtstag war Frau Willer entschlossen, die Kinder selbst nach London zu bringen, was immer das für Folgen haben könnte. Doch da erhielt sie von ihrem Bruder aus London neue, recht ungünstige Nachrichten. Er hatte von Bestimmungen gehört, daß Privatpersonen, die Emigrantenkinder aufnehmen, bis zu deren 18. Lebensjahr für ihren Lebensunterhalt einstehen müßten. Kämen die Kinder aber mit einem der Transporte, dann garantierte das dortige Komitee für sie und sie kämen ohne weiteres ins Land. Erneut erwähnte Frau Willers Bruder die Adresse des Berliner Quäkerzentrums wie die von Miß Livingstone. In verständlicher Ungeduld drängte Franziska Willer am 5. Januar 1939 die Hilfsstelle für »Nichtarier« in Nürnberg:

»Ich möchte Sie nun bitten, mir umgehend zu schreiben, ob ich selbst nach Berlin fahren soll oder ob Sie es besser von Nürnberg aus machen wollen. Begünstigend für die Kinder ist noch, daß mein Bruder vier Familien weiß, die je ein Kind für ein halbes Jahr mindestens aufnehmen, sodaß sie also für mindestens ein Jahr versorgt sind.
Mein Bruder schreibt noch, daß verschiedene Kinder unter zehn Jahren schon mitgekommen sind mit einem Transport. Er würde den Peter selbst gleich in Empfang nehmen nach Ankunft. Vielleicht können Sie nochmals darauf hinweisen, daß es für meine Kinder nicht leichter, sondern schwerer ist, wie für andere und gerade wegen ihres arischen Vaters, der ihnen eben nicht wohl will, sondern alles tut, um ihnen zu schaden. Mein Scheidungsurteil schickte ich Ihnen ja schon im letzten Brief. Eine Erlaubnis des Vaters ist doch hoffentlich nicht nötig. Es würde große Schwierigkeiten machen.«

Persönlich fügte Frau Willer noch hinzu:

»Sehr geehrtes Fräulein Nägelsbach,

ich bin mir bewußt, daß ich Sie ungeheuer belaste mit dieser Angelegenheit. Aber andererseits bin ich so verzweifelt und entmutigt, daß ich mir keinen Ausweg weiß und Sie haben einen so energischen, tatkräftigen Eindruck auf mich gemacht, daß ich meine ganze Hoffnung auf Sie setze. [...]
Bitte schreiben Sie mir, ob Sie etwas davon halten, daß ich selbst nach Berlin fahre. Könnten Sie es nicht für mich tun? Ich glaube, daß die Wirkung besser wäre!
Selbstverständlich ist es, daß ich Ihnen alle Kosten ersetzen würde. Mein Bruder schreibt nämlich, ich sollte nach Berlin fahren und nicht eher abreisen bis die Kinder bei einem der nächsten Transporte eingeschrieben sind.
Ich unternehme aber nichts ohne Ihre Antwort. Wenn Sie meinen, daß ich fahren soll, schicken Sie mir, bitte, die Gesundheitszeugnisse wieder zurück.«

Pfarrer Werner Jordan war der Leiter der Nürnberger Vertrauensstelle des Büros Pfarrer Grüber. Er war selbst »nichtarischer« Abstammung. Er arbeitete unter dem Schutz des Vereins für Innere Mission und mit finanzieller Unterstützung der Evang.-Luth. Landeskirche in Bayern.

Die Antwort verzögerte sich diesmal. Unglücklicherweise gab es wegen des Einschreibebriefes bei der Post zeitraubende Umwege. Am 12. Januar gingen jedoch alle Unterlagen für die Ausreise der beiden Kinder von Nürnberg nach Berlin, jetzt an die Anschrift »Büro Pfarrer Grüber«, Oranienburger Straße 20. Dort hatte man inzwischen die Hilfsarbeit voll aufgenommen. Zuständig für den »Fall« war Frau Draeger. Es bestand alle Aussicht auf einen baldigen Erfolg, wie Frau Nägelsbach Franziska Willer am 12. Januar versichern konnte:

»Miß Livingstone hat mich vor kurzem [...] auf Frau Draeger hingewiesen. Es scheint in diesem Büro, das in Fühlung und im Einvernehmen mit der Gestapo arbeitet, an der richtigen Stelle zu sein. Es scheint mir auch keine ernsthafte Schwierigkeit mehr vorzuliegen bei der Verschickung Ihrer beiden Buben; es wurde mir, nachdem ich die Fragebogen eingeschickt hatte, keine Einwendung wegen des Alters von Peter oder wegen der halbarischen Abstammung mehr gemacht. Deshalb glaube ich nicht, daß jetzt eine Reise nach Berlin von Ihrer oder meiner Seite aus notwendig ist. Wenn für Sie ein unverrückbarer Endtermin für Ihre Wohnung bestehen sollte, sodaß deshalb die Ausreise der Kinder ganz besonders rasch geregelt sein muß, dann würde es wohl gut sein, wenn Sie selbst nach Berlin fahren würden. Ich glaube, daß Sie, als die persönlich Betroffene, mit noch mehr Nachdruck Ihre Angelegenheit vorbringen können als ich, die ich ja gleichzeitig das Schicksal noch mehrerer Kinder in ähnlicher Lage vertreten muß.

Verlieren Sie den Mut nicht; ich habe die ganz bestimmte Zuversicht, daß die Ausreise für Ihre Kinder bald gelingen wird, da ja der große Vorzug eines Blutsverwandten in London und von vier Familien, die die Kinder aufnehmen wollen, vorhanden ist. Ich habe auch diese Nachricht (die vier Fammilien in London) nach Berlin weitergegeben.

Mit bestem Gruß

Nägelsbach«

Jetzt war nur noch Geduld vonnöten. Doch bei Frau Willer behielt die Angst um ihre Kinder die Oberhand. Am 19. Januar 1939 schrieb sie nach Nürnberg:

»Sehr geehrtes Fräulein Nägelsbach,

die Unruhe trieb mich doch dazu, gestern nach Berlin zu fahren, und es war nicht ganz umsonst. Zwar läuft die Angelegenheit der Kinder, und man kann von Deutschland aus nichts mehr zur Beschleunigung machen, aber ich habe erfahren, daß sie zur Ausreise doch auf jeden Fall eine Einverständniserklärung des Vaters brauchen, sonst werden sie einfach nicht genommen. Diese habe ich nun veranlaßt. Hoffentlich gibt es da nicht wieder neue Schwierigkeiten.
Außerdem sprach ich in Berlin Herrn Pfarrer Jordan, der zufällig zur selben Zeit wie ich im Büro Pfarrer Grüber war. Durch ihn lernte ich dann noch eine andere Dame des Büros, Fräulein Philippi, kennen, die sich evtl. für mich verwenden kann. Es gibt neuerdings eine Möglichkeit, in England zur Hebamme ausgebildet zu werden, die für Ärztinnen besonders günstig erscheint. Jedenfalls werde ich die erforderlichen Fragebogen ausfüllen und habe wieder etwas mehr Hoffnung.
Sowie ich Näheres höre, werde ich Ihnen wieder schreiben. Ich möchte Ihnen nun heute nochmals herzlich danken für alles, was Sie für uns getan haben. Jedenfalls habe ich in Berlin gesehen, daß die Sache an der richtigen Stelle und in den besten Händen ist.

Mit bestem Gruß

Ihre sehr ergebene
Franziska Willer«

Pfarrer Hans Werner Jordan war Leiter der Vertrauensstelle des Büros Pfarrer Grüber in Nürnberg. Er war seit 1. Januar 1939 im Amt (vgl. Kap. 8).
Am 23. Januar 1939 äußerte sich die Nürnberger Hilfsstelle ein letztes Mal gegenüber dem Büro Grüber zum »Fall Wil-

ler«. Die Zustimmung des Vaters zur Ausreise der Kinder sei rechtlich gesehen sicher nicht nötig, »nachdem die Ehe mit Alleinschuld des Mannes geschieden worden ist«. Die Angelegenheit dürfe dadurch nicht aufgehalten werden.
Zu den weiteren Schritten schweigen die Akten. Am 3. August 1939 erkundigte sich Frau Draeger bei Frau Willer nach dem Stand der Dinge, sie habe seit dem 31. Januar nichts mehr über die beiden Kinder gehört. Der Brief kam als »unbestellbar« zurück. Erkundigungen von Pfarrer Jordan schafften Klarheit.

Am 13. August 1939 schrieb Dekan Lindner in Würzburg, der die Sache ins Rollen gebracht hatte:

»Der Fall Willer ist erledigt. Mutter und zwei Kinder sind alle in England.
Ich danke herzlich für alle Bemühungen, auch im Fall Hengstenberg. Lindner.«

Franziska Willer blieb auch nach dem Ende der Naziherrschaft in England.[149]
Dies waren drei Schicksale von vielen. Nach einem Bericht von Pfarrer Jordan vom 4. Dezember 1940 hatte er in zwei Jahren seiner Tätigkeit 358 Personen betreut. Von diesen konnten in der Zeit vom 1. März bis 31. August 1939 noch 44 Deutschland verlassen.[150] Seit Kriegsausbruch waren Emigrationen auf legalem Wege kaum mehr möglich.

8. Das Netz der Vertrauensstellen

Anschaulicher als im Fall der Brüder Willer (vgl. Kap. 7) läßt sich nicht zeigen, wie wichtig für die »Auswanderungs«betreuung beides war: eine Zentralstelle, die Verbindung zum Ausland und zu anderen Hilfsorganisationen hielt, wie auch Vertrauensleute vor Ort, die Kontakte knüpfen, fachlich beraten und vor allem den Betroffenen menschlich nahe sein konnten. Beides hatte das Judentum schon seit 1933 in den im Zentralausschuß für Hilfe und Aufbau der Reichsvertretung der Juden in Deutschland zusammengeschlossenen unterschiedlichsten Hilfsorganisationen (vgl. Bd. 1, S. 265–270). Deren Betreuungsstellen waren über das ganze Land verteilt und boten Wirtschaftshilfe, berufliche Umschulung, Winterhilfe und vor allem Auswanderungsberatung an. Auf christlicher Seite gab es Vergleichbares nur in Ansätzen.

Heinrich Grüber wußte, daß die Berliner Zentrale mit dem Rückhalt bei regionalen Vertrauensleuten stand und fiel. Er suchte darum schon sehr früh Ansprechpartner in einzelnen Landeskirchen zu gewinnen. So warb Grüber seit Ende August 1938 bei Versammlungen des Pfarrernotbundes und der Konferenz der Landesbruderräte um Mitarbeiter (vgl. Bd. 2/2, S. 268f.). Oder er bat am 26. September 1938 in besonderen Schreiben die beiden Landesbischöfe der »intakten« Landeskirchen in Bayern und Württemberg, »möglichst bald einen Pfarrer oder sonst jemanden [zu] gewinnen«, den er als »Mitarbeiter für diese Fragen im Bereich der Landeskirche einführen« könnte.[151]

Hilfsstellen in der Verantwortung von bewährten »Judenhelfern«

Am leichtesten war es für Grüber, solche Menschen zur Mitarbeit zu gewinnen, die bereits in der Betreuung von christlichen »Nichtariern« Erfahrung hatten. Sie waren alle Glieder der Bekennenden Kirche.

An erster Stelle ist hier *Hermann Maas*/Heidelberg zu nennen, der schon seit Beginn des Dritten Reiches für den ganzen süddeutschen Raum in seinem Heidelberger Pfarrhaus eine Anlaufadresse für verfolgte Judenchristen und Juden war (vgl. Bd. 2/1, Kap. 10). Maas war noch vor Grüber als Leiter der zentralen Hilfsstelle in Berlin vorgesehen (vgl. Bd. 2/2, Kap. 42).

Katharina Staritz, die Leiterin der Breslauer Vertrauensstelle, hatte als Stadtvikarin mit besonderem Dienstauftrag Juden Taufunterricht zu erteilen. Sie wurde dadurch seit 1933 in besonderer Weise mit der Not »nichtarischer« Christen vertraut.[152]

Pfarrer *Adolf Kurtz* an der Zwölf-Apostel-Kirche in Berlin-Schöneberg hatte – ähnlich wie Heinrich Grüber in Kaulsdorf – in seinem Pfarrhaus am Nollendorfplatz eine regelmäßige Sprechstunde für »nichtarische« Christen eingerichtet. Obwohl er durch seine Ehe mit einer »Nichtarierin« besonders gefährdet war, stellte er sich in den Dienst des Büros Grüber. Er leitete später deren »Familienschule« nach außen (vgl. Bd. 3/2, Kap. 36 und 37).

In Köln arbeitete zusammen mit dem BK-Pfarrer *Hans Encke*[153] der frühere Judenmissionar *Moritz Weisenstein* (vgl. Bd. 1, Kap. 25).

Hilfsstellen in der Obhut von Landeskirchen und Innerer Mission Beispiel: München und Nürnberg

In München schritt man alsbald zur Tat, nachdem auch der »Lutherrat« empfohlen hatte, daß jede Landeskirche einen Geistlichen zur Betreuung der »nichtarischen« Christen benennt. Am 1. Oktober teilte Landesbischof Hans Meiser Heinrich Grüber mit, der Vereinsgeistliche der Inneren Mission in München, Pfarrer Friedrich Hofmann, werde diese Aufgabe übernehmen und könne an der ersten Vertrauensleuteversammlung in Eisenach vom 11. bis 13. Oktober 1938 teilnehmen.[154] Bald zeigte sich allerdings, daß bei dem unerwarteten Ansturm von Ratsuchenden Hofmann neben seinen sonstigen Aufgaben überfordert war. Die bayrische Landeskirche stellte darum zwei Pfarrer, die selbst zum Kreis der Verfolgten zählten, für den Dienst an ihren Schicksalsgenossen frei. Pfarrer *Johannes Zwanzger* übernahm die Hilfsstelle München. Pfarrer *Hans Werner Jordan* leitete ab 1. Januar 1939 die Hilfsstelle Nürnberg. Zwanzger

Hilfsstelle für evangelische
Nichtarier.

Nürnberg, den 11. Februar 39.
Untere Talgasse 20.

An die
Geheime Staatspolizeistelle
N Ü R N B E R G
Abteilung: Judenreferat.

Betreff: Hilfsstelle für evangelische
Nichtarier.

Wie Ihnen am 31. Januar 1939 durch Herrn Pfarrer Weichlein mündlich mitgeteilt wurde, ist auf Veranlassung des Evang.-Luth. Landeskirchenrates beim Landesverein für Innere Mission, Nürnberg, Untere Talgasse 20 eine Hilfsstelle für evangelische Nichtarier eingerichtet worden.

Leiter dieser Nürnberger Stelle ist Pfarrer Hans-Werner Jordan.

Es handelt sich bei dieser Arbeit um Beratung und seelsorgerliche Betreuung von Nichtariern evangelischen Glaubens. Die evangelische Kirche weiß sich um der Taufe im Namen Jesu Christi willen verpflichtet, auch diesen ihren Gliedern zu raten und zu helfen.

Es besteht diese Arbeit nicht nur in Nürnberg, sondern im ganzen Reich und genießt als solche die Anerkennung der Reichsstelle für Auswanderungswesen unter B 5500 vom 18. Januar 1939.

Sollten bei Ihnen hierüber noch Zweifel bestehen, so bitten wir Sie, Sich mit dem Geheimen Staatspolizeiamt Berlin, Prinz Albrechtstraße, Oberführer Best, bzw. Assessor Hülf, in Verbindung zu setzen.

Ihrem Wunsche gemäß haben wir hiemit die Meldung unserer Arbeit schriftlich erstattet.

Heil Hitler!

Pfarrer Hans Werner Jordan zeigt der Gestapo die Gründung der Nürnberger Vertrauensstelle des Büros Pfarrer Grüber an. Wie das Berliner Büro so mußten auch die Hilfsstellen in den einzelnen Landeskirchen unter Aufsicht der Gestapo arbeiten.

war von 1933 bis 1938 Pfarrer in Thüngen/Unterfranken gewesen. Jordan hatte wegen seiner »halbjüdischen« Abstammung 1933/34 nicht mehr den angestrebten Licentiaten an der Theologischen Fakultät der Universität Göttingen zum Abschluß bringen können. Als er sich 1937 um eine ständige Pfarrstelle in Bayern bewarb, scheiterte er aus demselben Grund. Beide Hilfsstellenleiter arbeiteten unter dem Schutz und in den Diensträumen des Landesvereins für Innere Mission. Es war dennoch keine leichte Arbeit.
Neben den vielen praktischen Dingen war es vor allem die seelische Not, die herausforderte. So schrieb Pfarrer Zwanzger am 3. November 1939 an den Landeskirchenrat in einem Rückblick auf knapp ein Jahr Hilfsstellentätigkeit über die von ihm Betreuten:

»Die einen kommen zu dem Standpunkt: ›Lieber ein Ende mit Schrecken als ein Schrecken ohne Ende‹. Die anderen verfallen der Verbitterung. Es ist sehr schwer, diese Menschen davon innerlich zu lösen. Über die Dritten kommt ein Zustand der Lethargie. Der seelische Druck, verbunden mit der Untätigkeit, macht diese Leute willensschwach und gleichgültig und es kostet sehr viele Mühe, sie so weit zu bringen, daß sie sich wieder aufraffen. Die Vierten leben in einer beständigen Angstpsychose und fürchten eine Wiederholung der Vorgänge vom vorigen Jahr [die Pogromnacht]. Aber eine ganze Anzahl dieser Leute trägt ihr schweres Los mit christlicher Geduld und echtem Gottvertrauen. Soweit mir bekannt, ist unter den von mir Betreuten bisher kein Selbstmordfall vorgekommen.«[155]

Im selben Bericht beschreibt Zwanzger die allgemeine Lage so: Seit dem 11. September 1939 herrschte in München ein Ausgehverbot für Juden von abends 20 Uhr bis 6 Uhr morgens. Juden durften nur in vorgeschriebenen Geschäften einkaufen. Am 4. Oktober hatten sie ihre Radio-Apparate abzuliefern. Am 13. Oktober wurde ihnen das Betreten des Viktualienmarktes untersagt. Die beiden Hilfsstellenleiter waren zwar als »Halbarier« nicht denselben Beschränkungen unterworfen, dennoch standen sie den Unterstützungsbedürftigen näher als jeder »Arier«. Anders sah es aus, wenn es um die Durchsetzung von Interessen bei staatlichen Behörden ging. Fast resigniert stellte Pfarrer Jordan in einem zur selben Zeit abgefaßten Bericht an den Landeskirchenrat fest: »Es ist eine ganz andere Sache, wenn ein

Mann mit Einfluß sich dieser Brüder annimmt, als wenn ich nahezu Unbekannter dies tue, der selbst gehemmt ist.«[156]
Die bayrische Landeskirche unterstützte die Arbeit der Vertrauensstellen wie kaum eine andere Landeskirche, einmal personell durch die Freistellung von zwei Pfarrern, sodann finanziell mit einem Zuschuß in Höhe von jährlich 10 000 RM.[157] Anfänglich befand sich das Büro der Münchner Hilfsstelle im Dienstgebäude des Landeskirchenrats in der Himmelreichstraße bis in der Zentrale der Inneren Mission in der Mathildenstraße Raum geschaffen war. Pfarrer Zwanzger fand darüber hinaus Rückhalt bei einem Kreis von Pfarrern, der ihn umgab. Regelmäßig einmal in der Woche traf er sich zur Beratung mit Dekan Langenfaß, Pfarrer Bezzel und Pfarrer Hennighausen (St. Markus) im Diakonissenhaus in der Heßstraße. Die von Schwester Chlothilde Reutzel geleitete Diakonissenanstalt war ein Zufluchtsort für »nichtarische« Christen.[158] Dort hatte sich nach der Pogromnacht auch der zwangsemeritierte Superintendent Carl Gunther Schweitzer verstecken können, ohne entdeckt zu werden (vgl. Bd. 2, Kap. 40).
Der Bericht von Johannes Zwanzger vom November 1939 enthält auch Zahlen: Bis dahin hatte er von München aus 248 Personen betreut, von diesen konnten 28 emigrieren. Einem Rechenschaftsbericht vom August 1945 zufolge gelang während des Krieges noch weiteren 17 die Flucht ins Ausland. Zwanzger stellte dazu fest: »Die Einrichtung des kirchlichen Hilfswerkes für die Nichtarier hat in den verschiedenen Fällen wirklich Hilfe bringen und Menschen vor dem sicheren Tod bewahren können. Aber die Zahl der Schwierigkeiten war so groß, daß oft alle Mühe vergeblich war. Das war tiefbedrückend für den, der in dieser Arbeit stand.«[159]
Johannes Zwanzger wurde im Oktober 1941, obwohl »Halbjude«, noch zur Wehrmacht einberufen. Die Betreuung der Münchner Hilfsstelle übernahm jetzt wieder Pfarrer Friedrich Hofmann in Zusammenarbeit mit dem Münchner Pfarrer Leonhard Henninger.

Anfängliches Zögern in Stuttgart

In Württemberg war man gegenüber dem Unternehmen von Grüber anfänglich noch etwas zurückhaltend. Die Teilnahme eines Württembergers an der ersten Vertrauensleutebesprechung in Eisenach vom 11. bis 13. Oktober 1938 wurde zurückgestellt; stattdesssen bat der Oberkirchenrat den in diesen Tagen vielbeschäftigten Grüber, doch erst einmal zu einem persönlichen Gespräch nach Stuttgart zu kommen. Der zuständige Referent, Oberkirchenrat Schaal, gab am 8. Oktober zu den Akten: »Von der Beschickung der von Obmann P. Grüber in Eisenach geplanten Besprechung wird – im Einvernehmen mit dem H. LB. [Herrn Landesbischof] – zur Zeit abgesehen.«[160] Jedoch schon beim zweiten Vertrauensleutetreffen am 29. November in Berlin – die Dinge hatten durch die Ereignisse vom 9./10. November eine dramatische Wende erfahren – war als Beauftragter der württembergischen Landeskirche der berufslos gewordene Zahnarzt Dr. Dr. *Erwin Goldmann* zugegen. Goldmann, der bis zur Auflösung des Paulusbundes Leiter der Stuttgarter Ortsgruppe war, hatte einen recht überzeugenden Bericht von Berlin mitgebracht. Ab Januar sollte er darum in Stuttgart eine Beratungs- und Hilfsstelle einrichten, die – wie in Bayern – unter die Aufsicht des Landesverbands der Inneren Mission gestellt war. »Die Arbeit geschieht in aller Stille, muß aber angefaßt werden«, notierte jetzt der Referent im Oberkirchenrat. An alle Dekanatämter ging bereits am 21. Dezember 1938 ein Erlaß:

»Es hat sich nach dem Vorgang anderer Kirchengebiete als notwendig und zweckmäßig erwiesen, nichtarische evangelische Christen an eine Stelle zu verweisen, von der sie – unbeschadet der örtlichen seelsorgerlichen Betreuung, auf die auch sie Anspruch haben – in ihrer besonderen Lage (Auswanderung, Umschulung, Altersunterbringung) im einzelnen beraten und betreut werden können.«[161]

In Frankfurt/Main hatte der Evangelische Verein für Innere Mission als selbstverständliche Pflicht die Einrichtung einer Vertrauensstelle übernommen. Im Protokoll des Vereinsvorstands heißt es unter dem Datum vom 3. Februar 1939:

»Der Vorsitzende bemerkt, daß die Innere Mission sich unter keinen Umständen einer solchen Arbeit entziehen dürfe. Es sei die Aufgabe der Inneren Mission von jeher gewesen, sich da zur Verfügung zu stellen, wo ihr Dienst ist. Der Vorstand schließt sich dieser Stellungnahme an. Pfarrer Schumacher wird beauftragt, von der Geheimen Staatspolizei die [angekündigte] Stellungnahme einzuholen.«[162]

Die Betreuungsstelle hatte ihren Sitz im Alten Vereinshaus Westend der Inneren Mission in Frankfurt/M., Hans Handwerkstraße 16 (vormals Langestraße), dem früheren Wittenberger Hof. Für die laufende Arbeit wurde ein Diakon eingesetzt, die Gesamtverantwortung nahm der Vereinsgeistliche Pfarrer *Arnold Schumacher* wahr. Auf den ersten Vertrauensstellenlisten ist noch die Pfarrhaus-Adresse von Pfarrer Schumacher, Cronstettenstraße 50, angegeben.

Für Braunschweig waren die Dinge ähnlich geregelt. Auch dort wurde der Vereinsgeistliche der Inneren Mission, Pfarrer Reinhard Herdieckerhoff, mit der Leitung der Vertrauensstelle des Büros Pfarrer Grüber betraut.[163]

Vertrauensstellen in der Verantwortung der Bekennenden Kirche

Neben Landeskirchen, in denen die Vertrauensstellen des Büros Pfarrer Grüber bei den Landesverbänden der Inneren Mission angesiedelt waren, gab es andere, in denen die Bekennende Kirche und deren Bruderräte die Verantwortung übernahmen. Dies gilt zum Beispiel für Sachsen und das Rheinland.

»Unsere Arbeit in Sachsen beginnt zu laufen«, schrieb *Martin Richter*, Diakon und Mitarbeiter der Geschäftsstelle des sächsischen Landesbruderrats in Dresden, am 21. September 1938 an Heinrich Grüber.[164] Richter war für die Betreuung der evangelischen »Nichtarier« verantwortlich. Anfang September 1938 gewann er als Vertrauensmänner für den Dresdner Raum den 60jährigen Nichttheologen Geheimrat *Max von Loeben*, für den Bezirk Leipzig Pfarrer *Walter Böhme*/Thomaskirche, für den Regierungsbezirk Chemnitz den damals schon 76jährigen Pfarrer i.R. *Carl Mensing*.[165]

Für das Rheinland werden in den Vertrauensstellenverzeichnissen mehrere Personen genannt.[166] Für die Nordregion stand seit Herbst 1938 der 58jährige Pfarrer *Paul Biermann* in Mühlheim-Styrum zur Verfügung. Er wußte sich von einem bekenntnistreuen Presbyterium getragen. In der Südregion war der 43jährige Pfarrer *Hans Encke* in Köln-Nippes Ansprechpartner. Encke war Mitglied des Rheinischen

Bruderrats. Von ihm ist bekannt, daß er immer wieder Juden getauft hat und »Schlußgottesdienste« vor anstehenden Deportationen in der Kreuzkapelle in Köln-Riehl abhielt. Hans Encke zur Seite stand der Judenmissionar *Moritz Weisenstein* (vgl. Bd. 1, 293–296). Nachdem der »Westdeutsche Verein für Israel« 1935 von der Gestapo verboten wurde, widmete sich Weisenstein auf »privater« Ebene in aufopfernder Weise weiterhin seinen Schicksalsgenossen, bis er selbst im Sommer 1944 verhaftet und in ein Lager gebracht wurde. Im Vertrauensstellenverzeichnis vom 17. Mai 1939 wird als Adresse für eine der Kölner Anlaufstellen das ehemalige Missionshaus, Moltkestraße 80, Weisensteins Wohnung, angegeben.[167] Weisenstein hat mit ganzem Einsatz die alltägliche Arbeit der Vertrauensstelle getragen, während Encke durch ein volles Pfarramt in Anspruch genommen war. In einem am 31. Oktober 1939 zwischen dem Wohlfahrtsamt der Synagogengemeinde Köln und der Vertrauensstelle des Büros Pfarrer Grüber in Köln abgeschlossenen vertragsähnlichen Protokoll über die fürsorgerische Betreuung von »nichtarischen Christen« hat für die evangelische Seite ausschließlich Missionar Moritz »Israel« Weisenstein unterzeichnet.[168] Nach außen hielt man es wohl für sinnvoll, Weisenstein nicht an erster Stelle zu nennen.

Über andere Mitarbeiterinnen und Mitarbeiter der Vertrauensstellen des Büros Grüber im Rheinland, die es gewiß gab, läßt sich mangels Quellen nicht mehr viel sagen. So heißt es in einem Vernehmungsprotokoll der Gestapo vom 9. Februar 1940, Pfarrer *Gottfried Hötzel* aus Heerdt-Oberkassel stünde seit Anfang des Jahres 1939 »in Verbindung mit dem Büro des Pfarrers Grüber, Berlin«. Er betreue im Kirchenkreis Düsseldorf die »evangelischen Nichtarier«.[169] Von der aus politischen Gründen 1933 in den Zwangsruhestand geschickten Vikarin *Ina Gschlössl* ist bekannt, daß ihr als Mitarbeiterin von Pfarrer Encke neben weiblicher Gefangenenfürsorge die Betreuung von »nichtarischen« evangelischen Christen in der Gemeinde Köln aufgetragen war. In einem von Encke 1946 ausgestellten Dienstzeugnis heißt es:

»Als besonders schwieriges Gebiet war ihr allein aufgetragen die Betreuung der halbarischen und nichtarischen evangelischen Christen in der Gemeinde Köln, d.h. Vormundschaften, Arbeitsvermittlung

Vertrauensstellen des Büros Pfarrer Grüber.

Kirchliche Hilfsstellen für evangelische Nichtarier
Stand vom 17. Mai 1939.

Berlin (Brandenburg)	Büro Pfarrer Grüber,C.2,An der Stechbahn 3/4 Vertreter: Heinitz, Pfr.Sylten.
Braunschweig	Pfarrer Herdickerhoff,Landesverband für Innere Mission,Peter Josef-Krahestr. 11
Bremen	Pfarrer Bodo Heyne,General Ludendorffstr.38
Breslau (Schlesien)	Frau Vikarin Staritz, Wagnerstr. 7
Chemnitz (Sachsen)	D. Mensing, Agricolastr. 5
Dresden (Sachsen)	Dr.v.Loeben,Rugestr. 1
Frankfurt a/M.(Hessen)	Pfr.Schumacher,Hans Handwerkstr. 16
Hamburg	Frau Dr.Feldner,Kl.Theaterstr. 11 Pfarrer Kohlschmidt,A.d.Christuskirche
Heidelberg (Baden)	Pfarrer Maas, Kirchstr. 17
Kassel (Hessen-Kassel)	Lic.Karig,Humboldtstr. 28 1/2 Frau Gertrud Reese, Kaiserstr. 70
Kiel	Pfarrer Chalybaeus
Köln	Pfarrer Encke,Am Botanischen Garten 72 Mitarbeiter:Missionar Weisenstein,Moltkestr.80
Königsberg (Ostpreußen)	Pfarrer Boersch, Luisenallee 24
Leipzig (Sachsen)	Pfarrer Böhme, Dittrichring 12
Mülheim (Rheinland)	Pfarrer Biermann, M.-Styrum,Albertstr. 1
München (Bayern)	Pfarrer Zwanzger,Verein f.Innere Mission, Mathildenstr. 6
Münster (Westfalen)	Pfarrer Möller, Erphostr. 60
Nürnberg (Franken)	Pfarrer Hans Jordan,Landesverein für Innere Mission, Untere Pirkheimerstr. 6
Schwerin (Mecklbg.)	Probst i.R.Wiegand,Voßstr. 34
Stettin (Pommern)	Pfarrer Walter Franke,Brinkmannweg 54
Stuttgart (Württemberg)	Pfarrer S.Fischer,Obere Bachstr. 39 Mitarbeiter: Dr.Goldmann.

Die Liste der Vertrauensstellen des Büros Pfarrer Grüber im Reichsgebiet stellt den Stand vom 17. Mai 1939 dar.

und Betreuung aller Art. Gerade diese Arbeit, die unter den vergangenen Verhältnissen einen besonders persönlichen Einsatz erforderte und sich oft sehr schwierig gestaltete, hat sie mit besonderem Geschick und mit großer Liebe durchgeführt, wobei sie auch die sehr schwierigen Verhandlungen mit den Behörden nicht gescheut hat.«[170]

Hartmut Ludwig nennt für das Rheinland noch den Namen von Pfarrer *Hans Balke* bei der Diakonissenanstalt Kaiserswerth. Er war mit Gottfried Hötzel befreundet und übernahm nach dessen Ausweisung aus dem Rheinland durch die Gestapo die Betreuung »nichtarischer« Christen im Kirchenkreis Düsseldorf. Ein Tagebucheintrag Hans Balkes von Ende 1941 ist ein Beleg:

»Mein Dienst an den getauften Nichtariern wird sehr ernst und schwer durch die Verpflichtung der Juden, einen gelben Stern zu tragen. [...] Ende Oktober werden die Juden in größeren Gruppen nach dem Osten transportiert, zuerst nach Litzmannstadt, dann der 2. Transport nach Minsk, auch die evangelischen Nichtarier sind darunter. Ihre Habe fällt dem Staate zu. Bei Dr. Lindemeyer haben wir [...] eine ergreifende Abendmahlsfeier. Manche sind über dem Leid sehr gereift.«[171]

Das Netz ist gespannt

Als Heinrich Grüber am 1. Dezember 1938 eine erste Liste mit den »Beratungsstellen für evangelische Nichtarier« herausgab, konnte er – von Berlin abgesehen – zwölf Adressen angeben. Neben den schon Genannten in Sachsen, Württemberg und Bayern waren dies Pfarrer *Hermann Maas*/Heidelberg, Pfarrer *Paul Theodor Biermann*/Mühlheim-Ruhr, Pfarrer *Werner Sylten*/Gotha, Vikarin *Katharina Staritz*/Breslau, Pfarrer *Karl Ludwig Pawlowski*/Bielefeld, Pfarrer *Walter Kohlschmidt*/Hamburg, Pfarrer *Arnold Schumacher*/Frankfurt/M., Pfarrer *Paul Lieberknecht*/Kassel. Die zweite uns bekannte Liste enthielt bereits fünfzehn Anschriften. Sie wurde am 18. Januar 1939 als offizielles Rundschreiben der Reichsstelle für das Auswanderungswesen verschickt. Praktisch hatten damit jetzt auch die regionalen Vertrauensstellen ähnlich dem Büro Grüber in Berlin staatliche Anerkennung gefunden. Seit März 1939 war mit 26 Vertrauensstellen in 24 größeren Städten, in denen 32 Vertrauensleute zur Beratung tätig waren, ein flächendeckendes Netz gespannt. Fünfzehn Vertrauensstellen arbeiteten im Auftrag der Bekennenden Kirche. Zehn wurden von Verantwortlichen der Inneren Mission geleitet. In vier Städten gab es nur zeitweise ein Angebot (Gotha, Wien, Danzig, Hannover). 23 der Vertrauensleute waren Theologen, sieben waren »nichtarischer« Abstammung, drei der Vertrauensleute waren Frauen.[172]

All diese Angaben lassen sich nur mit Vorbehalt machen. Von den Vertrauensstellen des Büros Grüber gibt es – verständlicherweise – kaum noch Dokumente, die die Rekonstruktion eines vollständigen Bildes erlauben würden. Die Namen der Mitarbeiterinnen und Mitarbeiter kennen wir vor allem aus dem mit Erlaubnis der Gestapo verbreiteten Hilfsstellenverzeichnis. Auf diesen Listen wurden Namen weggelassen, um – so muß man annehmen – besonders Gefährdete zu schützen. So erscheinen die Namen von »Nichtariern«, also »rassisch Verfolgten« betont immer nur an zweiter Stelle als *weitere* Mitarbeiter wie *Erwin Goldmann* (Stuttgart), *Moritz Weisenstein* (Köln), *Gertrud Reese* (Kassel). Einige Zweigstellen standen vermutlich nur auf dem Papier, um der Gestapo zu zeigen, das Büro Pfarrer Grüber wäre in der Lage, die Erwartungen zu erfüllen.[173]

Verbindung zur Berliner Zentrale

Das Büro Pfarrer Grüber hielt mit seinen Vertrauensstellen einen intensiven Kontakt. Abgesehen von der umfangreichen Einzelkorrespondenz, die wohl bis auf einen Rest als verloren gelten muß, verschickte die Berliner Zentrale zwischen Dezember 1938 und Dezember 1940 in unregelmäßigen Abständen mehr als 60 Rundschreiben meist mit informativen Anlagen.[174]

So weit wir wissen, haben die Vertrauensleute in den zwei Jahren des Bestehens des Büros Grüber sich fünfmal getroffen. Meist gab es besondere Anlässe hierfür. Beim *zweiten Treffen am 29. November 1938* versammelten die Mitarbeiter aus ganz Deutschland sich in der Quäkerzentrale in Berlin, Prinz-Louis-Ferdinand-Straße 5. Es waren Gäste aus Holland und England anwesend: Der Vorsitzende des niederländischen »Protestantischen Hilfskomitees für rassisch und religiös Verfolgte«, Prof. V. H. Rutgers, dessen Schriftführer, J. C. Wissing, ein Mennonitenprediger, T. Hylkema, die Quäker Mr. W. Hughes und Miss Joan Clapham aus London, wie auch der ständige Vertreter in Berlin des Friends Service Council (London), J. Roger Carter.[175] Zugegen waren außerdem Heinrich Grüber, Heinrich Spiero, Miss Livingstone und Richard Kobrak, sowie – später hinzukommend – Paul Braune.[176] Bei dieser wichtigen Besprechung wurden praktisch alle Arbeitsfelder genannt, um die es in den nächsten Monaten ging: Vorrangig war die Verschickung von Kindern (vgl. Kap. 13) und die Unterstützung »nichtarischer« Pfarrer bei deren Emigration (vgl. Kap. 23). Grüber notierte in einem Besprechungsprotokoll: »England lädt 5 000 Kinder ein. Diese Woche geht der erste Transport aus Hamburg ab und nimmt 200 Kinder mit, die nächste Woche aus Berlin und anderen Orten 200 Kinder und die Woche darauf 200 bis 300 Kinder aus Wien. Bis jetzt sind nur jüdische Kinder angemeldet. England macht keinen Unterschied unter den Konfessionen. Beim nächsten Transport können noch 50 n.a. Kinder mitgenommen werden.«

Paul Braune berichtete über seine und Bodelschwinghs Bemühungen, eine Lösung zur Unterbringung von »nichtarischen« Behinderten, Kranken und Alten zu finden (vgl. Kap. 9). Nach Braunes Einschätzung trafen seine Informationen allerdings auf kein allzu großes Interesse bei den anwesenden »Nichtariern«. Er hatte den Eindruck, wie er Bodelschwingh schrieb, »daß die Herzen und die Stimmung dieser bedrohten Leute nur das Ziel hatten: ›Heraus aus Deutschland‹.«[177]

Schließlich war ein wichtiger Gesprächspunkt die Frage der Ehescheidungen bei sog. »Mischehen«. Grüber hatte hierzu eine Vorlage erarbeitet.[178]

Beim *Vertrauensleutetreffen am 9. März 1939* in Berlin ging es vornehmlich um die inzwischen bekannt gewordenen Pläne der Sicherheitspolizei, »die Nichtarierbetreuungsarbeit bei der Synagoge zu zentralisieren« (vgl. Kap. 12). War damit nicht bereits das Ende der gerade begonnenen Tätigkeit des Büros Grüber gekommen? Grüber konnte berichten, daß er in dieser und auch in anderen Fragen in engem Austausch mit der katholischen Kirche stehe.

Gemeinsam mit einem Vertreter der katholischen Seite habe er »Bedenken gegen ein [geplantes] Gesetz in den Ministerien (besonders im Innen- und Kirchenministerium) vorgetragen«. Ja, er hatte den staatlichen Stellen sogar einen Gegenentwurf unterbreitet, der die Selbständigkeit konfessioneller Hilfsarbeit sichern sollte[179] (vgl. Kap. 11).
Beim *vierten Vertrauensleutetreffen am 19. Juli 1939* lagen inzwischen mit der 10. Verordnung zum Reichsbürgergesetz (4.7.1939) die Bestimmungen über die Zwangsmitgliedschaft in der Reichsvereinigung der Juden vor. Die neue Lage erforderte eine intensive Information und Diskussion (vgl. Kap. 12).
Während des Krieges waren gemeinsame Zusammenkünfte kaum mehr möglich. Eine für 30. Januar 1940 geplante Sitzung mußte wegen schlechter Zugverbindungen abgesagt werden.[180] Das *letzte Treffen* fand am *15./16. Oktober 1940* statt.[181]
Mit der Auflösung des Büros Grüber in Berlin durch die Gestapo Anfang 1941 (vgl. Kap. 47) war die Arbeit der einzelnen Vertrauensleute keineswegs beendet. Trotz Gestapoüberwachung blieben sie weiterhin Ansprechpartner für ihre Schützlinge, solange ihnen dies überhaupt möglich war. Die Leiterin der Breslauer Vertrauensstelle, Vikarin Katharina Staritz, mußte ihren Einsatz für die »Sternträger« mit einem Jahr Gefangenschaft im Konzentrationslager Ravensbrück bezahlen. Andere kamen gegen Ende des Krieges in Zwangsarbeitslager wie Moritz Weisenstein, der dabei starb (vgl. Bd. 4).

9. Die Innere Mission im Konflikt

Am 23. Oktober 1937 schrieb der hochbetagte Professor Martin Rade an Friedrich von Bodelschwingh:

»Hochverehrter Herr D[oktor],

ich wage es, Sie in einer Sache zu behelligen, die Sie gewiß auch schon beschäftigt hat. Ich begehre keine persönliche Antwort. Sie werden den besten Weg wissen, mir den erwünschten Bescheid zu geben.

Es handelt sich um unsere jüdischen Mitchristen. ›Judenchristen‹ sage ich am liebsten.

Wenn einer von ihnen krank wird und in eine Anstalt muß, so ist ihm das, auch wenn er vermögend genug ist um zu zahlen, so gut wie ausgeschlossen. Nicht nur die profanen, sondern auch die christlichen Anstalten [ver]weigern ihm die Aufnahme oder erschweren sie ihm. Die Leitung wäre vielleicht willig, aber in der Besorgnis, andere Insassen des Krankenhauses, des Sanatoriums etc. könnten an der Anwesenheit eines nicht voll arischen Patienten oder Erholungsbedürftigen Anstoß nehmen, bestimmen sie, ihm ihre Tür zuzumachen. (So z. B. die mir benachbarte Kur-Anstalt Hohemark, die bisher [eine] andere Praxis hatte.)

Wo sollen die Unglücklichen hin?

Ein Presbyter der reformierten Gemeinde in Frankfurt liegt im Rothschildschen Hospital, weil er sonst keine Zuflucht fand. Dieser Zustand wird sich noch verschlimmern.

Wo gibt es christliche Häuser, die Judenchristen rückhaltlos aufnehmen?

Und wenn es sie nicht gibt, müssen solche nicht gegründet werden? Von der Inneren Mission?

In aufrichtiger Verehrung Ihr ergebener

Rade«[182]

War von Rades Erfahrung zu verallgemeinern? Gab es auch in anderen Einrichtungen der evangelischen Diakonie die Praxis der Rassentrennung? Für Bethel jedenfalls galt dies nicht, wie von Bodelschwingh im November 1937 glaubhaft versichert hat: »Wir nehmen hier solche Leute immer wieder auf. Ich verstehe aber, daß es für kleinere Anstalten schwierig und fast unmöglich ist.« Bodelschwingh gab das Problem damals an den Centralausschuß für die Innere Mission, das oberste Verbandsgremium der Diakonie, weiter und bat um Klärung.[183] Schon ein halbes Jahr zuvor hatte die Geschäftsführerkonferenz des CA sich mit dieser Frage – wenn auch nur beiläufig – befaßt. Dabei hatte CA-Direktor Horst Schirmacher, obwohl überzeugter Nationalsozialist und bis 1938 Mitglied der Deutschen Christen, die grundsätzliche Aussperrung »nichtarischer« Pfleglinge aus Einrichtungen der Inneren Mission ausdrücklich abgelehnt: »Die Innere Mission ist für das deutsche Volk da; aber nach den Bibelgesetzen können wir nicht davon ab, auch anderen zu helfen.«[184]

Rassentrennung zur Vorbeugung von »Rassenschande«

Vermutlich waren es anfangs nur Einzelfälle, in denen der »Ariernachweis« bei der Aufnahme von Patienten oder von alten Menschen in Anstalten der Inneren Mission eine Rolle spielte; noch hielt sich der Druck von seiten der Partei und des Staates in Grenzen. Dies änderte sich freilich mit der neuen Phase staatlicher Vertreibungspolitik. Ein erstes Signal war der Runderlaß des Reichsministers des Innern vom 22. Juni 1938 zu »Mißständen in Krankenanstalten«, der neben Weisungen für allgemeine Hygienemaßnahmen gegen ansteckende Krankheiten auch Vorschriften zur Vorbeugung gegen die »Gefahr der Rassenschändung« enthielt. Es zeugt für den Ungeist der Rassenfanatiker, wenn neben sinnvollen Hinweisen zur Sterilität – getrenntes Besteck und Geschirr für jeden Patienten oder Entkeimung der Wäsche – in einer letzten Ziffer gesagt wird:

»Besondere Aufmerksamkeit ist wegen der Gefahr einer Rassenschändung der Unterbringung der Juden in den Krankenanstalten zu widmen. Sie müssen von Kranken deutschen oder artverwandten

Blutes räumlich getrennt untergebracht werden. Soweit Juden, die nicht bettlägerig krank sind, in Kranken- usw. Anstalten verbleiben müssen, muß ihre Unterbringung und die Regelung ihrer Bewegung im Hause und im Anstaltsgelände die Gefahr der Rassenschändung mit Sicherheit ausschließen. Dies gilt erfahrungsgemäß vornehmlich in Heil- und Pflegeanstalten und ganz besonders in Tuberkulose-Heilstätten. Dieser Gefahr ist unter allen Umständen vorzubeugen.«[185]

Sonderheime und Isolierstationen für »nichtarische« Christen

Parallel dazu wurden im August 1938 alle »Juden« in Behinderteneinrichtungen durch die Behörden erfaßt. Dies ließ nichts Gutes ahnen. Selbst Krüppel und Sieche sollten ihr Vermögen anmelden und auch sie oder ihre Vormünder mußten ab jetzt im amtlichen Schriftverkehr einen jüdischen Zusatznamen verwenden.[186]
Die Situation verschärfte sich schlagartig mit der nach der Pogromnacht einsetzenden Fluchtwelle. Jetzt war die oberste Leitung der Diakonie in Deutschland endgültig gefordert, Stellung zu beziehen. Die Anstalten konnten sich der Anfragen nach Unterbringung von kranken, alten und behinderten Menschen kaum noch erwehren; während die jungen, noch arbeitsfähigen Angehörigen fluchtartig Deutschland verlassen hatten, blieben die – meist mittellosen – Behinderten und Alten zurück.

Wenn trotz der offensichtlichen Notlage viele Anstalten der Inneren Mission sich immer mehr gegen die Aufnahme von »Nichtariern« sperrten, dann waren es vor allem zwei Gründe:

☐ der mögliche Verlust der Gemeinnützigkeit und damit von Steuerermäßigungen bei Aufnahme von »Nichtariern«;
☐ der Widerstand von seiten der andern Pfleglinge bzw. deren Angehörigen.[187]

Die Marschroute für das weitere Vorgehen, auf die man sich im CA geeinigt hatte, nennt Horst Schirmacher in einem Schreiben an die Kirchenkanzlei der DEK vom 26. November 1938:

Evangelisches Bezirkswohlfahrtsamt
(Evangelischer Liebesdienst)
Berlin-Zehlendorf
Teltower Damm 4/6/8
Telefon 846511
Sprechstunden: Werktäglich außer Samstag
von 9—10 Uhr vorm.

Berlin-Zehlendorf, den 14. Februar 1940.

M/W.

Sehr geehrter Herr Pastor!

Würden Sie die Freundlichkeit haben in Ihrem Kreis um einen Wintermantel zu bitten für Frau Riesenfeld, geb.1875, evangelisch vollnichtarisch, Witwe, die Flüchtling ist. Sie ist nierenleidend und fast blind. Ihr einziger Sohn ist Gärtner, zur Zeit arbeitslos Er kann nach seiner Angabe mit seiner Mutter seit Monaten nicht auf die Strasse gehen, weil er trotz aller Mühe keinen Mantel hat bekommen können. Es handelt sich um Grösse 48.

Falls Sie sonst noch etwas in dieser Grösse geschenkt be= kommen würden (etwa wollene Strümpfe) wären wir dankbar.

Mit herzlichen Grüssen

Ihre

Marga Meusel.

Herrn Pastor Sass
Berlin-Dahlem
Cecilienallee 61

Marga Meusel, die Leiterin des Evangelischen Bezirkswohlfahrtsamtes Berlin-Zehlendorf, trat unermüdlich für jüdische Menschen ein. Der für sie zuständige Vorgesetzte war bis zu seiner Verhaftung Pfarrer Martin Niemöller, Berlin-Dahlem (vgl. Bd. 2/1, Kap. 4).

»Ich teile ergebenst mit, daß unser Vorstandsmitglied Pastor Braune, Lobetal bei Bernau, eine Besprechung mit dem Reichskirchenministerium gehabt hat und daß der ganze Fragenkomplex in diesem Ministerium besprochen wird. Wie dort bekannt sein dürfte, haben im Jahre 1932 die Deutschen Christen die Bildung einer judenchristlichen Gemeinde zur Programmforderung erhoben. In dieser Richtung auf Bildung besonderer Anstalten für nichtarische Christen, hat sich auch die Besprechung von Herrn Pastor Braune mit dem Kirchenministerium bewegt.
Wegen der für die Deutsche Evangelische Kirche sich ergebenden grundsätzlichen Folgerungen würde ich es begrüßen, wenn die Kirchenkanzlei sich in diese Verhandlungen einschalten wollte.«[188]

Entsprechend empfahl der Vorstand des CA in einer Sitzung am 13. Dezember 1938 die »Schaffung von Sonderheimen für diejenigen nichtarischen Christen, die nicht auswandern können«.[189]
War dies nun auch die Meinung von Paul Braune und von Friedrich von Bodelschwingh, mit dem sich Braune im Grundsätzlichen stets einig wußte? Man muß so fragen; denn in der Bekennenden Kirche war bislang die Bildung von judenchristlichen Sondergemeinden aus theologischen Gründen strikt abgelehnt worden. Konsequenterweise dürfte es dann auch nicht den Vorschlag zur Einrichtung von Sonderanstalten und Sonderabteilungen für »nichtarische« Patienten geben. Sollte nun ausgerechnet in einer Einrichtung wie Bethel von dieser Überzeugung abgegangen werden? War vergessen, daß auf Bodelschwinghs Initiative im Jahre 1934 das »Betheler Bekenntnis« entstand, in dem es heißt:

»Wir wenden uns gegen das Unternehmen, die deutsche evangelische Kirche durch den Versuch, sie umzuwandeln in eine Reichskirche der Christen arischer Rasse, ihrer Verheißung zu berauben. [...] Wir lehnen darum die Bildung judenchristlicher Gemeinden ab« (vgl. Bd. 1, 194–196).

Offensichtlich sahen angesichts der veränderten politischen Situation sowohl Bodelschwingh als auch Braune inzwischen nur noch den Ausweg, derartige Sondereinrichtungen bereitzustellen. Was für die beiden freilich eine aus der Not geborene Ausnahmeregelung war,

war für Schirmacher und seine Gesinnungsgenossen die Erfüllung eines schon immer gehegten Wunsches. In der bereits erwähnten Denkschrift, die am 7. Dezember 1938 dem Chef der Reichskanzlei übergeben wurde (vgl. Kap. 6), schlägt Braune darum vor,

☐ besondere Altersheime für nichtarische Christen einzurichten, die in der Trägerschaft der Inneren Mission bzw. des Caritasverbandes oder eines zu gründenden Hilfsvereins für nichtarische Christen stehen.
☐ Für kranke, geisteskranke, schwachsinnige und epileptische »Nichtarier«, für die von der Zahl her keine eigenen Anstalten in Frage kamen, sollten in vorhandenen Einrichtungen Sonderabteilungen geschaffen werden.
☐ Für beide Vorhaben müßte die Anerkennung der Gemeinnützigkeit und damit Steuerfreiheit garantiert sein.[190]

Mit einer fast gleichlautenden Forderung war am selben Tag der Vorsitzende des Deutschen Caritasverbandes, Prälat Dr. Benedikt Kreutz, an das Reichsministerium des Innern herangetreten.[191]

Staatliche Stellen lenken ein

Im dritten Punkt hatte Braunes Vorstoß sehr bald Erfolg. Der Reichsminister der Finanzen entschied am 25. April 1939, »daß Krankenanstalten die Steuerbefreiung nicht versagt wird, auch wenn sie im Einzelfall Personen aufnehmen, die nicht zur Deutschen Volksgemeinschaft gehören, die aber auf diese Anstalten angewiesen sind oder von öffentlichen Fürsorgeverbänden dorthin überwiesen werden«. Am 15. Juli 1939 wurde diese Regelung »auf die übrigen gemeinnützigen und mildtätigen Anstalten und Körperschaften ausgedehnt«.[192] In den Betheler Anstalten lebten um diese Zeit mindestens sechzehn »Nichtarier«, in Lobetal waren es im Mai 1939 mehr als zwanzig.[193]
Es gab andere Beispiele: So wollte eine kleine Zweiganstalt der Wernerschen Stiftungen in Württemberg ein schwachsinniges jüdisches Mädchen entlassen, »weil sonst die Steuerfreiheit verloren gehe«, so Bodelschwingh an Braune am 4. Januar 1939.[194]

Sonderheime blieben nur ein Plan

Zur Einrichtung von Sonderheimen für »nichtarische« Christen ist es nicht gekommen. Zwar war der Leiter des Diakonissenhauses »Friedenshort« in Mechal bei Beuthen/Oberschlesien, Walther Zilz, bereit, ein Haus für diesen Zweck einzurichten. Er hatte in seiner Anstalt bereits mehrere »Juden« untergebracht.[195]
Auch innerhalb von Bodelschwinghschen Anstalten wurden Pläne gefaßt, das Anwesen »Heidequell« zur Verfügung zu stellen.[196] Als künftigen Leiter einer solchen Einrichtung hatte Heinrich Grüber seinen engsten Mitarbeiter, Pfarrer Werner Sylten, ins Gespräch gebracht. Sylten – selbst jüdischer Abstammung – hatte bis zu seiner Zwangsentlassung im Juli 1936 in Thüringen ein Mädchenheim der Inneren Mission geleitet[197] (vgl. Bd. 3/2, Kap. 48).
In München regte Kreisdekan Langenfaß den Kauf eines Hauses im Wert von 120 000 RM zur Unterbringung »nichtarischer« Christen an.[198]
In Wien gab es Pläne der Schwedischen Judenmission, »ein Erholungsheim für alte Leute« einzurichten, wie Grüber Braune gegenüber im Februar 1939 berichtete.[199]
In allem kam man jedoch über das Stadium der Planung nicht hinaus; dabei hatte die Gestapo Grüber in einem Gespräch ermahnt, endlich ein entsprechendes Heim zu errichten. Letztlich scheiterte die Sache wohl daran, daß niemand sich fand, der ein solches Heim betreiben wollte, vor allem aber, daß kein Geld vorhanden war. »Ich will«, jedenfalls schrieb so Braune am 19. Mai 1939 an Bodelschwingh, »gern raten und helfen, aber das eigentliche Betreiben und Einrichten [eines] solchen Heims möchte ich nicht erneut auf meine Kappe nehmen.« Das völlig überlastete Büro Grüber konnte dies freilich nicht auch noch leisten, zumal – wie Braune im selben Schreiben Bodelschwingh mitteilte – wieder einmal Ebbe in Grübers Kasse war: »Geld hat übrigens die Hilfsstelle so gut wie gar nicht zur Verfügung. Sie können wohl nicht einmal mehr ihre Gehälter bezahlen, geschweige denn für die Unterbringung nichtarischer Christen Beihilfen geben.«[200]
So blieb es dabei, daß einzelne diakonische Einrichtungen den einen oder anderen pflegebedürftigen »Nichtarier« bei sich beherbergten, ohne daß den Anstalten im ganzen daraus ein Schade erwuchs.

Gegen die spätere Deportation und Ermordung der jüdischen Patienten im Rahmen der »Euthanasie«-Mordaktionen waren auch sie machtlos (vgl. Bd. 3/2, Kap. 46).

Das Gesetz zur Ordnung der Krankenpflege erzwingt die endgültige Einführung des Arierparagraphen

Die Häuser der Inneren Mission – ähnlich wie auch die des Deutschen Caritasverbandes – waren nicht nur durch hilfesuchende »nichtarische« Patienten, sondern auch durch »nichtarische« Pflegekräfte und Ärzte, die eine Anstellung suchten, mit der NS-Judenpolitik konfrontiert. Die von Marga Meusel in den Jahren 1936/37 durchgeführte Umfrage bei Ausbildungseinrichtungen der Inneren Mission über deren Bereitschaft, »Nichtariern« einen Ausbildungsplatz anzubieten, war äußerst ernüchternd ausgefallen. Schon damals waren nur noch wenige Anstalten zur Aufnahme von »nichtarischen Schwesterschülerinnen und Diakonenanwärtern bereit (vgl. Bd. 2/2, Kap. 33). Mit dem »Gesetz zur Ordnung der Krankenpflege« vom 28. September 1938 war auch die letzte gesetzliche Grundlage hierfür entzogen. Sowohl die »Zulassung zur Ausbildung« als auch die »Erlaubnis zur berufsmäßigen Ausübung der Krankenpflege« wurde jetzt grundsätzlich vom Nachweis »arischer Abstammung« abhängig gemacht.[201] Da es das Hauptziel des Gesetzes war, den gesamten Pflegebereich politisch gleichzuschalten, wurde der Ariernachweis auch für den Leiter einer Krankenpflegeschule verbindlich: »Die staatliche Anerkennung [als Krankenpflegeschule] ist zu versagen, wenn dem Leiter der Schule die politische und sittliche Zuverlässigkeit fehlt und wenn der Leiter der Schule wegen seiner oder seines Ehegatten Abstammung nicht Beamter werden könnte.«[202]

Entsprechend sollten ab jetzt nur noch »Juden die Krankenpflege an Juden oder in jüdischen Anstalten berufsmäßig ausüben«[203]. Die Ausgrenzung der Juden im Krankenbereich war damit perfekt. Die Bedeutung des Gesetzes lag vor allem in seiner Signalwirkung. Wieviele Schwestern, Pfleger und Ärzte – ob Auszubildende oder Ausbilder – im Herbst 1938 tatsächlich davon betroffen waren, wissen wir nicht. Es ist bis heute nicht untersucht worden.[204]

Im Sommer 1940 machte Direktor Horst Schirmacher vom Centralausschuß für die Innere Mission einen Vorstoß bei der Kirchenkanzlei der DEK, die Zugehörigkeit von »nichtarischen« Schwestern in Diakonissen-Mutterhäusern »einheitlich auszurichten«. Die Frage war nicht neu (vgl. Bd. 2/2, Kap. 33). Es ist daraufhin nichts weiter erfolgt. Seine Anfrage läßt jedoch erkennen, daß auch weiterhin innerhalb der Einrichtungen der Inneren Mission »Nichtarierinnen« tätig waren, mehr als bekannt wurde. Schirmacher schreibt:

»Von einem Diakonissen-Mutterhaus werden wir um Auskunft gebeten, ob kirchlicherseits Bedenken bestehen gegen die Zugehörigkeit einer Schwester, deren Vater Jude ist, zu einem evangelischen Diakonissen-Mutterhaus. Soweit uns bekannt ist, haben die Häuser die Frage, ob sie nichtarische Schwestern behalten wollen oder neu aufnehmen, bisher auf eigene Verantwortung von Fall zu Fall selbständig entschieden. Da uns keinerlei kirchliche Bestimmungen hierüber bekannt sind, es uns aber notwendig erscheint, daß eine einheitliche Ausrichtung in dieser Frage vorhanden ist, bitten wir um Stellungnahme der Reichskirchenregierung.«[205]

Vergebliche Anfrage der Reichsvereinigung der Juden in Deutschland

Die Einrichtungen der Inneren Mission unterhielten zum Teil große landwirtschaftliche Betriebe und unter ihren Mitarbeitern gab es fähige Pädagogen. Hätten Großbetriebe wie die Betheler Anstalten nicht mühelos berufsunerfahrene Auswanderer auf eine bäuerliche Existenz vorbereiten können? Eine spezielle Anfrage der Abteilung Berufsbildung und Berufsumschichtung der Reichsvereinigung der Juden in Deutschland an Friedrich von Bodelschwingh im Januar 1940 war darum durchaus verständlich. Die Reichsvereinigung unterhielt eine größere Zahl an Umschulungslagern, in denen sie mit Erfolg jüngere Auswanderer und solche mittleren Alters bis 45 Jahren land- und forstwirtschaftlich ausbildete. Die entsprechenden Plätze waren alle besetzt. Schwierigkeiten machten Leute vorgerückten Alters, die jetzt auch zur Auswanderung drängten. Bei einem Sondierungsgespräch der zuständigen Referenten der Reichsvereinigung in Bethel sicherte Bodelschwingh seine Bereitschaft zu,

REICHSVEREINIGUNG DER JUDEN IN DEUTSCHLAND
BERLIN-CHARLOTTENBURG 2 / KANTSTRASSE 158 / SAMMELNUMMER 91 91 41

Der Vorsitzende

Unser Zeichen: A8? Dr.Bae/Kl.

DEN 11. Januar 1940

Herrn
Pastor von B o d e l s c h w i n g h
B e t h e l b/Bielefeld

Sehr verehrter Herr Pastor,

Herr Gerson hat hier berichtet, wie freundlich er von Ihnen empfangen worden ist und welches Verständnis für die Frage, die er Ihnen vortrug, ihm zuteil wurde. Es ist mir ein aufrichtiges Bedürfnis, Ihnen hierfür herzlichst Dank zu sagen.

Darf ich mich auch persönlich den Darlegungen unserer Abteilung Berufsausbildung- und umschichtung anschließen und es zum Ausdruck bringen, von welcher Bedeutung es für die soziale Arbeit, welche wir zu leisten haben, sein würde, wenn Sie unsere Bitte erfüllen könnten. Die Menschengruppe, für die wir Ihre Teilnahme anrufen, stellt heute eine ganz besondere Aufgabe, die wir allein zu lösen nicht vermöchten. Die große Erfahrung, die Ihr Lebenswerk Ihnen gebracht hat, und die mannigfachen Möglichkeiten, über die Sie verfügen, würden einen wesentlichen Beistand für uns bedeuten.

Mit besten Empfehlungen bin ich Ihr sehr ergebener

(Dr. Leo Israel Baeck)

Der Vorsitzende der Reichsvereinigung der Juden in Deutschland, Rabbiner Leo Baeck, wendet sich hilfesuchend an Friedrich von Bodelschwingh, Bethel.

einen Weg zu suchen. Leo Baeck als Vorsitzender der Reichsvereinigung schrieb an Friedrich von Bodelschwingh – hoch erfreut über die sich anbahnende Zusammenarbeit:

»Herr Gerson hat hier berichtet, wie freundlich er von Ihnen empfangen worden ist und welches Verständnis für die Frage, die er Ihnen vortrug, ihm zuteil wurde. Es ist mir ein aufrichtiges Bedürfnis, Ihnen hierfür herzlich Dank zu sagen. [...]
Die Menschengruppe, für die wir Ihre Teilnahme anrufen, stellt heute eine ganz besondere Aufgabe, die wir allein zu lösen nicht vermöchten. Die große Erfahrung, die Ihr Lebenswerk Ihnen gebracht hat, und die manigfachen Möglichkeiten, über die Sie verfügen, würden einen wesentlichen Beistand für uns bedeuten.«[206]

Baecks Hoffnung sollte sich nicht erfüllen. Drei Wochen später sagte Friedrich von Bodelschwingh nach Prüfung aller Möglichkeiten Leo Baeck gegenüber ab:

»Die von den Herren Ihrer Vereinigung mir vorgetragene Frage haben wir inzwischen wiederholt und sorgfältig geprüft. Ich halte eine solche Umschulung in Landarbeit für sehr erwünscht. Wir haben in einzelnen Fällen im Rahmen unserer ländlichen Arbeitslosenheime auch Leuten, die zum Bereich Ihrer Fürsorge gehören, dienen können.

Zu meinem Bedauern sehen wir aber augenblicklich keine Möglichkeit, eine ganze Abteilung unserer Anstalten dafür frei zu machen. Wie Ihren Herren schon dargelegt wurde, ist der Raum bei uns durch Einrichtung eines Reservelazarettes von 2000 Betten sehr beschränkt. Wir haben unsere Zweiganstalten, insbesondere die Arbeiterkolonien, zum Teil für die Unterbringung von Kranken in Anspruch nehmen müssen. Als Herr Gerson mich besuchte, schien in der Anstalt Freistatt noch eine gewisse Reserve an Plätzen verfügbar zu sein. Jetzt müssen wir aber damit rechnen, daß noch weiterer Raum für militärische Zwecke gefordert wird. Wir sind daher leider nicht imstande, Häuser für Ihre Zwecke frei zu machen oder Ihre Schutzbefohlenen in vorhandenen Abteilungen einzugliedern. Ich bemühte mich infolgedessen bei einer anderen größeren

Anstalt der Inneren Mission hiesiger Gegend, habe aber von dort eine Absage erhalten.
Jetzt werde ich die Frage an Herrn Pastor Braune in Lobetal weitergeben, mit dem, wenn ich recht verstand, darüber bereits verhandelt wurde. Ich bitte ihn, sich im Kreise der übrigen Arbeiterkolonien oder sonstigen Anstalten umzusehen und Ihnen unmittelbar Nachricht zu geben, wenn sich ihm eine Möglichkeit zeigen sollte.«[207]

Auch Paul Braune sah sich mit dem Wunsch überfordert. Wie wir jedoch wissen, sind in Lobetal nicht wenige Juden – zum Teil mit gefälschten Papieren und ohne »Stern« – untergekommen (vgl. Bd. 4).

10. Das Hilfswerk beim Bischöflichen Ordinariat Berlin

Was auf evangelischer Seite das »Büro Pfarrer Grüber« war, das war auf katholischer Seite das »Hilfswerk beim Bischöflichen Ordinariat Berlin« (HBOB). Nimmt man die Beratungsstellen des St. Raphaels-Vereins hinzu, dann hatte die katholische Kirche ein weit besseres Hilfsangebot vorzuweisen als die evangelische, obwohl es weit mehr protestantische als katholische »Nichtarier« gab. Vor allem die katholischen Bischöfe bekannten sich ausdrücklich zu dieser Hilfsarbeit.

Aktive Unterstützung durch den Episkopat

Auf der Tagesordnung des deutschen Episkopats in Fulda stand regelmäßig der Punkt »Kirchliche Arbeit für die katholischen Nichtarier«.[208] So billigte die Fuldaer Bischofskonferenz im August 1936 die bisherige Arbeit des »Hilfsausschusses für katholische Nichtarier«, einem Zusammenschluß von St. Raphaelsverein und Caritas, und gab Hilfestellung für Verhandlungen mit katholischen Stellen im Ausland, vor allem in den USA. Die amerikanischen Katholiken gründeten das »Komitee für katholische Emigranten aus Deutschland«; Ziel war, »katholischen deutschen bona-fide-Emigranten« bei der Einreise und bei der Weiterreise in andere Länder zu unterstützen, die benötigten Geldmittel aufzubringen und ausführlich über die Lage in Deutschland zu berichten. Die großen Hoffnungen, die man auf dieses Komitee gesetzt hatte, wurden freilich nur teilweise erfüllt. Der Generalsekretär des St. Raphaelsvereins Größer berichtete im März 1938:

»Das in USA begründete Hilfswerk hat die Anlaufzeit des ersten Jahres wohl mit Nutzen durchlaufen, doch scheint weder die Zahl des Personals, noch die Art der Arbeitsmethoden, noch die Resonanz der Arbeit bei den amerikanischen Katholiken zuzureichen.

Gegen Kritik aus Europa sind die Amerikaner sehr empfindlich.«[209]

Offensichtlich machten katholische Christen in Deutschland ähnliche Erfahrungen mit ihren amerikanischen Glaubensbrüdern und -schwestern wie die Protestanten mit den ihrigen (vgl. Bd. 3/2, Kap. 38). Ein Jahr später empfahl die Plenarkonferenz der deutschen Bischöfe vom 17. bis 19. August 1938 unter dem Eindruck anhaltender Verschlechterung der Lage der katholischen »Nichtarier« den Ordinariaten die Einrichtung von Sonderfonds zugunsten der »Nichtarier«; 2% der für caritative Zwecke bestimmten Kollekten – so die Empfehlung – sollten in Zukunft dem Fonds zugute kommen. Davon konnte man protestantischerseits nur träumen. Außerdem wollte der Episkopat auf die Einrichtung von Hilfswerken in Argentinien und Brasilien wie auch in Süd- und Ostafrika hinwirken.[210]

Dem Beschluß der Bischofskonferenz lagen Vorschläge des schon seit März 1935 bestehenden »Hilfsausschusses für katholische Nichtarier« zugrunde, in dem der St. Raphaelsverein und das Berliner Caritas-Notwerk zusammenwirkten (vgl. Bd. 1, 332–336). Im Tätigkeitsbericht des Hilfsausschusses für die Zeit von August 1937 bis August 1938 spricht dessen Vorsitzender, der Generalsekretär des St. Raphaelsvereins, Dr. Max Joseph Größer, von 3 000 Personen, die mit der Zentrale in Hamburg und den 16 Beratungsstellen in Verbindung standen. Man zählte in einem Jahr annähernd 30 000 Beratungen. Von den 1 000 österreichischen und 500 reichsdeutschen katholischen »Nichtariern«, die in dieser Zeit emigrierten, fanden 650 unmittelbare Unterstützung durch den Hilfsausschuß. 80 von ihnen wurden durch das amerikanische Hilfswerk, das New York Committee for Catholic Refugees from Germany, vermittelt und unterstützt.[211] Diese »beachtlichen Erfolge« – so, nicht ohne Stolz, Pallotinerpater Größer – waren zwar nicht zu vergleichen mit dem, was die Reichsvertretung der Juden bis dahin erreicht hatte; doch auf evangelischer Seite war man in diesen Tagen überhaupt erst dabei, sich konkreter auf ein Konzept für eine zentrale Hilfsstelle zu besinnen. Am 6. August 1938 hatte Heinrich Grüber bei Legationsrat Kundt im Auswärtigen Amt um Legalisierung der im Auftrag der Bekennenden Kirche geplanten Beratungsstelle gebeten (vgl. Bd. 2/2, 263–267). Etwa um dieselbe Zeit, vom 19. bis 30.

August, fand in Larvik die große Konferenz des Weltbundes für internationale Freundschaftsarbeit der Kirchen statt, auf der – von deutschen Behörden aufmerksam registriert – die protestantischen Kirchen Europas und in Übersee zu konkreter Flüchtlingshilfe aufgerufen wurden (vgl. Bd. 2/2, 206–209).

Die Gründung des Hilfswerks beim Bischöflichen Ordinariat Berlin

Daß die Einrichtung von Hilfsstellen für »Nichtarier« nicht nur eine Frage des guten Willens war, sondern weit mehr noch von der Gunst der Behörden abhing, zeigt die Entwicklung bei beiden Kirchen. Im April 1938 hatten Beamte des Finanzamtes für Körperschaften Hamburg die steuerrechtliche Gemeinnützigkeit des St. Raphael-Vereins wegen seiner finanziellen Unterstützung katholischer »Nichtarier« in Frage gestellt.[212] Da dies auch dem Deutschen Caritasverband drohen konnte, sann man im deutschen Gesamtepiskopat darüber nach, wie die Hilfstätigkeit für »Nichtarier« unter den unmittelbaren Schutz der katholischen Kirche gestellt werden könnte.[213] Ähnliche Überlegungen spielten bald auch im evangelischen Raum eine Rolle; hier lagen die Dinge freilich nicht so einfach (vgl. Kap. 20).

Am 24. August 1938 fand im Ordinariat des Bistums Berlin in der Behrenstraße eine Besprechung statt, an der der Berliner Bischof Konrad Graf von Preysing, der Osnabrücker Bischof Wilhelm Berning, Weihbischof Heinrich Wienken, Caritasrektor Franz Füssel, der Geschäftsführer des Caritas-Notwerks, Dr. Heinrich Krone, und der Leiter der Berliner Zweigstelle des St. Raphaels-Vereins, Dr. Erich Püschel, teilnahmen. Bischof Berning war Präsident des St. Raphaels-Vereins, Weihbischof Wienken war bis 1937 Geschäftsführer der Hauptvertretung Berlin des Deutschen Caritasverbandes, danach Leiter des Commissariats der Fuldaer Bischofskonferenz mit Sitz in Berlin.[214] Entsprechend diesem Aufgebot nicht nur an hochrangigen, sondern auch an kompetenten Personen, wurden Beschlüsse gefaßt: Unter dem Namen »Hilfswerk beim Bischöflichen Ordinariat Berlin« (HBOB) sollte ein eigenes Büro errichtet werden mit Sitz im »Wohlfahrtshaus«, Oranienburger Straße 13/14. Als »Referent für diese Angelegenheit im bischöflichen Ordinariat« war Prälat

Der Pallottinerpater Max Joseph Größer war Generalsekretär des St. Raphaels-Vereins mit Sitz in Hamburg. Der auf die Auswanderungsbetreuung von Katholiken spezialisierte Verein, nahm sich nach 1933 verstärkt der »nichtarischen« katholischen Christen an.
Nach unermüdlichem Einsatz stirbt Max Joseph Größer plötzlich im März 1940 an einem Herzinfarkt.

Bernhard Lichtenberg vorgesehen.²¹⁵ Erster Geschäftsführer des HBOB wurde Dr. Paul Wizinger, bislang Geschäftsführer des Katholischen Siedlungsdienstes Berlin. Die fachkundige Beratung für Emigranten übernahm Dr. Erich Püschel; er war seit April 1938 offiziell durch den Reichs- und Preußischen Minister des Innern als »Auswandererberater« anerkannt.²¹⁶

Finanzierung der Hilfsarbeit

Bei der Besprechung am 24. August 1938 wurde festgelegt, daß in jedem Auswanderungs- und Fürsorgefall die Mittel gleichmäßig aus drei Quellen zu holen sind: Aus einem Diözesanfonds, der aus den Caritaskollekten gebildet wurde, aus einem beim St. Raphaels-Verein bzw. bei dessen Präsident, dem Bischof von Osnabrück, bestehenden Stiftungs-Fonds wie aus einem Reichsausgleichsfonds, über den die Fuldaer Bischofskonferenz verfügte.

Unterstützung durch den Vatikan

Schließlich gelang es dem Deutschen Caritasverband, auch den Vatikan für die Not der »Nichtarier« in Deutschland zu interessieren.²¹⁷ Am 9. Januar 1939 richtete Kardinalstaatssekretär Eugenio Pacelli, der spätere Papst Pius XII., im Namen von Papst Pius XI. einen Aufruf an alle amerikanischen Bischöfe sowie einen Teil der Oberhirten in anderen Ländern, sich »die Gründung von Hilfswerken angelegen sein [zu] lassen, die unter ihrer Führung und auf ihre Weisung hin den [»nichtarischen«] Auswanderern, die oft arm sind und der Unterstützung bedürfen, tatkräftig Hilfe zuteil werden [zu] lassen«. Sie sollten auf die »schnellere Erteilung der Einwanderungsbestimmungen hinwirken« und in Kontakt mit dem für die Emigration aus Deutschland zuständigen St. Raphaels-Verein treten.²¹⁸ Auf diese Weise entstanden tatsächlich in verschiedenen Ländern Hilfswerke. In einer gewissen Euphorie rechnete man anfänglich, »daß Brasilien 4 700 Auswandernde aufnimmt«²¹⁹ (vgl. Kap. 16). In einem Rückblick auf die »Kirchliche Arbeit für katholische Nichtarier von 1938–1939« mußte Pater Größer – sichtlich enttäuscht – allerdings feststellen, »ein durchschlagender Erfolg [sei] bisher nicht eingetreten«.[220]

Erfolge in der Auswanderungshilfe im Vertreibungsjahr 1939

Verständlicherweise stand im Jahr 1939 die Hilfe zur Auswanderung noch vor der Fürsorgetätigkeit an erster Stelle. In einem ersten Bericht vor dem Zentralrat des Deutschen Caritasverbandes Ende April 1939 sprach Wizinger von 1 000 Personen, die bis dahin allein in Berlin beraten wurden. In »fünfzig Fällen konnte – immer in Zusammenarbeit mit Hamburg – eine Auswanderung zuwege gebracht werden«. Das sei zwar »eine Zahl, die vielleicht gering erscheint, die aber auch die großen Schwierigkeiten erkennen läßt, denen die Auswanderungshilfe gegenübersteht«. Das Berliner Hilfswerk hatte in der kurzen Zeit schon 8 000 RM an Reisebeihilfen und 7 000 RM an sozialer Unterstützung bezahlt. Die Verwaltungskosten bezifferte Wizinger mit rund 1 200 RM.[221]

Einen noch umfassenderen Eindruck von der katholischen Auswandererhilfe bekommt man vom Jahresrückblick, den Bischof Berning vor der Fuldaer Bischofskonferenz am 24. August 1939 zur »Kirchlichen Arbeit für die katholischen Nichtarier von 1938–1939« erstattet hat:

»Die Hilfsarbeit wurde mit bezug auf die Auswanderung wie bisher durch den Raphaelsverein und seine Zweigstellen geleistet, der fünf der größten Zweigstellen neuestens nun auch durch Zuschüsse aus den Mitteln der Reichsvereinigung der Juden in ihren Aufgaben etwas stützen kann. In Berlin ist in den letzten Monaten des Jahres 1938 das Hilfswerk beim Bischöflichen Ordinariat begründet worden, das als Beratungsstelle des Raphaelsvereins den Auswanderern dient und zugleich die Riesenzahl der katholischen Nichtarier in Berlin selbst betreut. Der Raphaelsverein ist besonders jenen Diözesen dankbar, die besondere Aufwendungen für die einschlägige Arbeit machen.

Die große Schwierigkeit, Ausreisemöglichkeiten zu schaffen, wurde zu lösen versucht durch Schritte beim Hl. Stuhl. Der erste Erfolg war ein Schreiben des Hl. Stuhles am 9. Januar 1939 an alle amerikanischen Bischöfe und an einen Teil der Oberhirten in anderen Ländern, das die Gründung von Hilfswerken und zur Zusammenarbeit mit dem Raphaelsverein aufforderte. Durch die Bemühungen des Herrn Kardinal Faulhaber und des Präsidenten des St. Raphaelvereins wurde alsdann im Juni dieses Jahres durch den Hl. Stuhl erreicht, daß 3 000 Visa für christliche Nichtarier für Brasilien freigegeben wurden. Leider sind aber infolge von Bestimmungen untergeordneter Stellen die Bedingungen für die Inanspruchnahme dieser Visa so streng gesetzt worden, daß neue Schritte beim Hl. Stuhl notwendig wurden, um den Erfolg des Hl. Stuhls praktisch auswerten zu können. Auf das Schreiben des Bischofs Berning vom 20. Juli hat Herr Kardinalstaatssekretär am 29. Juli geantwortet, daß er noch einmal durch den Apostolischen Nuntius in Rio beim Präsidenten von Brasilien vorstellig geworden sei.

Die Arbeit des Raphaelsvereins wird von staatlichen Stellen durchaus gewürdigt, weil die behördlichen Stellen jede Tätigkeit begrüßen, die zur Auswanderung der Juden führt.«

Zu den »Aufwendungen« und zum »Erfolg der Arbeit« führte Berning aus:

»Es wurden für Auswanderungszwecke im Jahre 1934 3 000 RM aufgewandt, 1938 betrug der Aufwand zum Zwecke der Auswanderung wohl schon 60 000 RM, von denen 24 000 RM vom Hamburger Zentralfond getragen wurden. Zusammen mit den Aufwendungen für soziale Hilfen im Lande dürften 90 000 RM von Pfarreien, Caritasstellen usw. verausgabt worden sein. Im Jahre 1939 dürfte diese Zahl auf 100 000 RM gesteigert worden sein. Es ist anzunehmen, daß der Zentralfonds in Hamburg in diesem Jahr wenigstens 40 000 RM benötigen wird, vielleicht noch viel mehr, wenn die Auswanderung nach Brasilien schnell geht. Für die Aufbringung der Gelder ist Sorge getragen.

Abgesehen von der seelsorgerlichen und seelischen Hilfe, die den christlichen Nichtariern durch die Betreuung der kirchlichen Stellen erwächst, sind im Jahre 1938 1 850 katholische Nichtarier hinausgebracht worden. 350 erhielten eine besondere Stellung, 163 weibliche Personen kamen in europäischen Ländern unter. Im Jahre 1939 rechnen wir bisher vielleicht mit 2 000 Auswanderungen, 330 Perso-

Das Hilfswerk beim Bischöflichen Ordinariat in Berlin, Schönhauser Allee 122, war das katholische Pendant zum Büro Pfarrer Grüber.

nen sind besonders untergebracht, 200 weitere weibliche Personen konnten nach England gebracht werden, 200 weitere Personen außerdem aus den Konzentrationslagern befreit und nach Holland überführt werden.«[222]

Umzug nach Schönhauser Allee 182

Mit dem 1. April 1939 mußte eine Umorganisation des Hilfswerkes vorgenommen werden; sie weist auf Schwierigkeiten, mit denen man trotz zeitweiliger behördlicher Förderung immer wieder zu rechnen hatte. Der Eigentümer des Hauses Oranienburger Straße 13/14, die »Hika«[223], eine Unterorganisation der NSV, nahm Anstoß an der Beratung von »Juden« und verbot das Betreten des Hauses für diese. Das HBOB bezog daraufhin unweit dem »Scheunenviertel« drei leerstehende Klassenräume des Theresien-Oberlyzeums der Schulschwestern Unserer Lieben Frau in Berlin N 54, Schönhauser Allee 182.[224]

Mit dem Ortswechsel war zugleich ein Wechsel in der Leitung verbunden: Neuer Geschäftsführer wurde der achtundvierzigjährige Dr. Viktor Engelhardt. Er war 1933 als Oberregierungsrat zwangsweise aus dem Staatsdienst entlassen worden, da er mit einer »Nichtarierin« verheiratet war. Engelhardt hatte sich zunächst schriftstellerischen Tätigkeiten gewidmet, bis er 1939 aus der »Reichsschrifttumskammer« ausgeschlossen wurde. Das neue Amt als Geschäftsführer des HBOB begleitete er bis zum 15. September 1941.[225]

Trotz enger Kooperation arbeitete man in Zukunft in Berlin räumlich und personell getrennt: Der offiziell als Auswandererberater zugelassene Dr. Erich Püschel widmete sich vom Büro des St. Raphaels-Vereins in der Niederwall-Straße aus den Auswanderungsfragen; die übrigen Anliegen – vor allem Fürsorge, Schulangelegenheiten und Seelsorge – wurden von Viktor Engelhardt und seinen Mitarbeiterinnen und Mitarbeitern in der Schönhauser Allee wahrgenommen.[226]

11. Grübers Zusammenarbeit mit staatlichen Stellen

Das »Büro Pfarrer Grüber« hat während seines Bestehens nie eine anerkannte Rechtsform erlangt. Es blieb im wortwörtlichen Sinn ein umstrittenes Unternehmen. Weder die Innere Mission, noch die Deutsche Evangelische Kirche, noch der Staat haben diese Einrichtung voll in ihre Obhut genommen. Gewiß war Heinrich Grüber ausdrücklich von der 2. Vorläufigen Leitung der DEK mit der Aufgabe der Einrichtung einer Hilfsstelle betraut worden und die Bekennende Kirche dahlemitischer Richtung fühlte sich für den Fortgang der Arbeit verantwortlich. Dies war jedoch angesichts der breiten öffentlichen Diffamierung der VKL seit Bekanntwerden ihres Vorschlags für eine Friedensgebetsliturgie zum 30. September 1938 alles andere als ein Empfehlungsschreiben (vgl. Bd. 2/2, Kap. 42).

Zunächst offene Türen bei Staatsstellen

In einer uns merkwürdig erscheinenden Verkehrung der Fronten fand Heinrich Grüber anfangs bei staatlichen Stellen ein auffallendes Entgegenkommen. Dem Staat, der seit November 1938 seine Politik voll auf die Vertreibung der Juden umgestellt hatte, war offensichtlich jede Initiative willkommen, die ihn dabei unterstützte. Zu ihrer eigenen Überraschung stießen darum Heinrich Grüber und Paul Braune bei ihren ersten Ministeriumsgesprächen auf soviel Unterstützung, wie sie es nie für möglich gehalten hatten. Geradezu euphorisch schrieb Heinrich Grüber am 4. Januar 1939 an Bodelschwingh:

»Wie ich bei den Verhandlungen mit den [...] Reichsstellen feststellte, ist der Augenblick so günstig wie noch nie.« Und Grüber rechnete allen Ernstes mit einem Zuschuß des Staates für seine Arbeit in Höhe von einer Million Reichsmark. Typisch Grüber, fügte er gegenüber Bodelschwingh noch hinzu: »Vielleicht bin ich in der ganzen Angelegenheit etwas stürmisch, aber ich hoffe, daß es keine unbändige sarx [=Fleischeslust] ist, die mich bewegt.«[227]

Pastor Paul Braune, der Leiter der von Bodelschwinghschen Anstalten in Lobetal, sah die Sache etwas nüchterner. In einem ebenfalls an Friedrich von Bodelschwingh gerichteten Brief vom 9. Januar 1939 schildert er Grüber »voller Aktivität und Optimismus«. Dieser sei gerade von England gekommen und hätte allerlei Pläne. »Aber die Durchführung wird bescheidener aussehen«, so Braune. Nach Grübers Äußerungen »habe sowohl die Stapo ihm ihre Zustimmung gegeben als auch Herr Schacht, den er persönlich aufgesucht hat und durch ihn Hermann Göring. Ich wage ein bißchen von diesen ›Beifallskundgebungen‹ abzuziehen, aber im Großen und Ganzen ist es richtig gesehen, daß die verantwortlichen Stellen jede Hilfe auf diesem Gebiet begrüßen.«[228]

Es war der Plan von Paul Braune, den er wohl mit Ministerialrat Ruppert im Reichsinnenministerium abgesprochen hatte, ein »Hilfswerk für evangelische Juden« als eingetragener Verein zu gründen, der die Verantwortung sowohl für die Auswanderungsberatungsstellen als auch für die geplanten »Nichtarier«-Sonderanstalten übernehmen sollte. Grüber wie auch Bodelschwingh konnten dem von Braune vorgelegten Satzungsentwurf mit vollem Herzen zustimmen.[229] Die ganz im Geist der Inneren Mission gedachte Konstruktion achtete einerseits auf die erwünschte Unabhängigkeit von schwerfälligen kirchlichen Körperschaften und sah doch auch deren freiwillige Einbindung vor. Mitglied des Vereins sollten nicht nur »nichtarische« Einzelpersonen wie beim Paulusbund sein, sondern auch »arische« Amtspersonen wie auch Körperschaften, die in irgendeiner Weise an der speziellen Hilfsarbeit interessiert waren.

Kollaboration mit der Gestapo?

Solche Pläne beflügelten Grübers Optimismus noch mehr, so daß er einen Monat später, am 10. Februar 1939, dem Evangelischen Oberkirchenrat gegenüber den unglaublichen Gedanken äußerte, er gehöre vielleicht demnächst mit seiner Arbeit zur Gestapo:

Reichsstelle für das Auswanderungswesen

G.Z. B 1501

Berlin NW 7, den 29.Dezember 1938.

_B e s c h e i n i g u n g_

Herr **Pfarrer H. G r ü b e r**, Berlin-Kaulsdorf, **Dorfstr.12a** hat der Reichsstelle für das Auswanderungswesen nachgewiesen, dass er innerhalb der nächsten Monate im Auftrage der kirchlichen Hilfsstelle für evangelische Nichtarier wiederholt nach England und Holland reisen wird, um mit dortigen Behörden und Fürsorgeorganisationen sowie mit Vertretungen fremder Staaten über die Aufnahme und Unterbringung christlicher Nichtarier zu verhandeln.

Da die geplanten Reisen des Herrn Pfarrer Grüber, der selbst Arier ist, die Förderung der Auswanderung von Juden bezwecken und ihr zu dienen geeignet sind, werden die deutschen Behörden im In- und Ausland gebeten, Herrn Pfarrer Grüber nach Möglichkeit zu unterstützen.

Die Bescheinigung der Reichsstelle für das Auswanderungswesen tat Heinrich Grüber gute Dienste bei seinen Aktionen im In- und Ausland.

»Es wird zur Zeit mit der Geheimen Staatspolizei verhandelt über die Eingliederung unserer Arbeit in das neuzuschaffende Judenreferat. Nach Rücksprache mit dem Reichsinnenministerium ist die Gründung eines eingetragenen Vereins geplant, um die Möglichkeit zu haben, Altersheime für evangelische Nichtarier einrichten zu können.«[230]

Zu beidem ist es nicht gekommen. Man kann aber wohl sagen, daß das »Büro Pfarrer Grüber« unter dem Schutz und der strengen Aufsicht der Gestapo gearbeitet hat, arbeiten mußte, wohlwollend geduldet, solange diese Arbeit den Zielen der SS entgegenkam. Eine förmliche Anerkennung seiner Arbeit durch eine staatliche oder eine kirchliche Stelle konnte Grüber allerdings nie vorlegen. War dies nötig, so verwies er entweder auf den bereits erwähnten, auf ihn persönlichen ausgestellten Ausweis der Reichsstelle für das Auswanderungswesen (vgl. Kap. 6) oder auf ein Rundschreiben derselben Stelle vom 18. Januar 1939, in dem es heißt:

»Im Benehmen mit den verschiedenen evangelischen kirchlichen Organisationen hat sich eine kirchliche Hilfsstelle für evangelische Nichtarier gebildet, die sich aller evangelischen Personen annimmt, die Juden gemäß § 5 der Ersten Durchführungsverordnung zum Reichsbürgergesetz oder die jüdisch versippt sind. Soweit nötig, insbesondere gelegentlich der Fürsorge für Mischehen werden auch die Mischlinge evangelischen Glaubens von dieser Fürsorgestelle betreut.
Sie bearbeitet u. a. auch die Auswanderung der evangelischen Juden und evangelischen Mischlinge. Leiter der Organisation ist Herr Pfarrer Grüber, das Büro befindet sich in Berlin C 2, Oranienburger Str. 20 (Anschrift: Büro Pfarrer Grüber).«

Nur ein Fall ist bekannt, daß ein Mitarbeiter einer Vertrauensstelle des Büros Pfarrer Grüber zugleich kontinuierlich als konspirativer Mitarbeiter des Sicherheitsdienstes der SS tätig war. Der Geschäftsführer der »Hilfsstelle für nichtarische Christen« in Stuttgart, Dr. Erwin Goldmann, selbst »Nichtarier« und zugleich ein extremer Nationalist, spielte mit innerer Überzeugung eine Doppelrolle als Helfer seiner Mitleidensgenossen und als Informant für den Nachrichtendienst der SS. Als dies bekannt wurde, hat sich im Frühjahr 1943 die württembergische Kirchenleitung von Goldmann getrennt und die bei der Inneren Mission angesiedelte Stuttgarter Hilfsstelle, die sie bis dahin finanziell getragen hatte, aufgelöst.[231]

Die Pläne der SS: Zwangseingliederung der kirchlichen Hilfsarbeit in jüdische Organisationen

Die Reichsstelle für das Auswanderungswesen, auf die sich Grüber immer wieder mit Erfolg berufen hat, unterstand dem Reichsinnenministerium. Das Verhältnis zum Amt Heydrich und zur Gestapo entwickelte sich – entgegen Grübers ursprünglichen Erwartungen – wesentlich gespannter. Die zukünftigen Pläne der SS richteten sich zielstrebig auf Zentralisierung aller »Auswanderungs«bemühungen; dies stand spätestens seit der entscheidenden Sitzung im Reichsluftfahrtministerium am 12. November 1938 fest (vgl. Kap. 2). Ausländische Zeitungen berichteten darüber erstmals Anfang Februar 1939. Nach einer Meldung von Associated Press vom 4. Februar 1939 sollten »mit der Zentralisierung der deutschen Auswandererstellen auch die jüdischen Organisationen im Altreich zu einer Dachorganisation vereinigt werden«.[232]

Im Klartext, dies konnte die Auflösung der christlich-kirchlichen Hilfstätigkeit bedeuten oder mindestens deren Unterordnung unter jüdische Organisationen. Von solchen Nachrichten aufgeschreckt meldeten Heinrich Grüber für die evangelische Seite und Pater Max Joseph Größer, der Generalsekretär des St. Raphaelvereins, für die katholische Seite in einem gemeinsamen Schreiben vom 14. Februar 1939 beim Judenreferat des Geheimen Staatspolizeiamts ihre Bedenken an. Weder aus finanzieller noch aus psychologischer Sicht sei dieser Weg sinnvoll. »Christliche Juden« hätten allenfalls die Chance über kirchliche inländische und ausländische Organisationen an Gelder für die »Auswanderung« zu kommen. Außerdem sei es für Christen »eine schwer tragbare Belastung, zu mosaischen Stellen zu gehen, um dort ihre finanziellen und anderen Angelegenheiten erledigen zu lassen«. Die Erfahrungen mit der »Altreu«, die immer auch für »christliche Juden« gedacht war, sprächen »kaum für die Zusammenfassung der mosaischen und christlichen Juden« (vgl. Bd.

2/2, Kap. 37). Ziel müßte darum sein, die anstehenden Aufgaben einer staatlichen Stelle oder »Vertretern der christlichen Juden« zu übertragen.[233]

Es sollte sich jedoch bald zeigen, daß an einer engeren Zusammenarbeit der christlichen Hilfsstellen untereinander und mit der Reichsvertretung der Juden kein Weg vorbei führte. In der Situation der Bedrängnis kam tatsächlich dann die Kooperation von Christen und Juden zustande, die vorher kaum jemand gewollt hatte (vgl. Kap. 15).

12. Von der Reichsvertretung zur Reichsvereinigung der Juden in Deutschland

Am 23. März 1939 bekundeten die beiden Repräsentanten kirchlicher Hilfsarbeit für »nichtarische« Christen, Heinrich Grüber und Max Joseph Größer, gegenüber dem Chef der Sicherheitspolizei, SS-Gruppenführer Reinhard Heydrich, ihre Sorge über die von ihm geplante Bildung einer »Reichsvereinigung der Juden in Deutschland«. Dem Vernehmen nach war es Heydrichs Absicht, die »zur Auswanderung kommenden Juden christlichen Glaubens und deren Vertretungen« ebenfalls »in die ›Reichsvereinigung‹ einzuordnen«.[234] Dies konnte und durfte nach beider Meinung nicht geschehen.
Tatsächlich hatte Heydrich schon bei einer ersten geheimen Arbeitsausschuß-Sitzung der neu geschaffenen »Reichszentrale für die jüdische Auswanderung« am 11. Februar 1939 (vgl. Kap. 2) sich auf diesen Weg festgelegt. Das Sitzungsprotokoll berichtet darüber; überraschenderweise wählte Heydrich bereits die Vergangenheitsform:

»Man habe zunächst einmal die Juden in einer Reichsvereinigung aller Rassejuden zusammengefaßt, durch die einmal die Juden selbst zur Auswanderung vorbereitet werden sollen und der man u. a. auch das gesamte jüdische Schulwesen und Fürsorgewesen übertragen wolle. Über diese Reichsvereinigung könne man auch Verbindungen zu ausländischen jüdischen Organisationen aufnehmen lassen, um eine verstärkte Auswanderung aus Deutschland zu erzielen.«[235]

Seit 1933 gab es den Zusammenschluß aller jüdischen Aktivitäten in Deutschland in der »Reichsvertretung der deutschen Juden«, 1935 zwangsweise in »Reichsvertretung der Juden in Deutschland« umbenannt. Diese weit verzweigte Interessenvertretung auf Gegenseitigkeit war durch die jüdischen Gemeinden und Landesverbände demokratisch legitimiert und kontrolliert (vgl. Bd. 1, 265–270). An deren Stelle wünschte Heydrich sich jetzt eine zentralistisch organisierte,

Ein jüdisches Haus....

Hier geht es zu dem jüdischen Haus

In einer der verkehrsreichsten Straßen des Berliner Westens, durch die ununterbrochen die lange Kette der Straßenbahnen und Kraftwagen flitzt, liegt still und bescheiden — leicht zurückgezogen vom Lärm der Straße — ein großes Haus. Es ist gebaut, wie die alten Berliner Häuser dieser Gegend alle gebaut sind: in einem Stil, der dem heutigen Menschen wenig mehr sagt. Eine große, breite, sicherlich einstmals sehr vornehm gedachte, teppichbelegte Steintreppe empfängt den Besucher, der durch das mit Glas-

Wohnungstüren schrill die Glocke anschlägt, um einen neuen Besucher zu melden. Tritt man aber näher, dann fühlt man, daß hier die Arbeit zu Hause ist, daß viele Menschen — beruflich oder ehrenamtlich — in diesem Hause ihre Kräfte dem Dienst am deutschen Judentum

2. *Schilder an einer Zugangstür*
3. *Schilder am Hauseingang Kantstraße 158*

4. *Dr. Lubinski, der Leiter der Zentralwohlfahrtsstelle, beim Diktat*

scheiben ausgefüllte Tor eintritt. Nichts deutet darauf hin, daß sich dieses Haus in irgendeiner Weise von den anderen Häusern seiner Umgebung, mit ihren großen — heute vielfach als Büros benutzten — Wohnräumen unterscheidet. Und doch, es ist ein besonderes Haus, wie man es nicht einmal in Deutschland wohl kaum in dieser Form wiedertrifft.

Es ist ein jüdisches Haus — nicht etwa ein Gotteshaus, nein, ein ganz sachliches und nüchternes Bürohaus, wie in tausend anderen Fällen auch. Es ist das Haus, in dem in wohldurchdachter Zusammenfassung fast alle der jüdischen Organisationen ihr Heim aufgeschlagen haben, die in der heutigen schweren Zeit dem gesamten deutschen Judentum zu dienen berufen sind, die Hilfe und Aufbau, Betreuung und Beratung auf ihre Fahnen geschrieben haben.

Es ist still in dem Haus, obwohl die Kette der Besucher kaum abreißt und obwohl in seinem Innern Tag für Tag emsig gearbeitet wird. Man schrickt sogar ein wenig zusammen, wenn an einer der großen

5. *Jüdische Künstler werden in der Kartothek geführt*

7. *Menschen aller Altersstufen un...*

8. *Hinter vielen tau...*

Das Haus der Reichsvertretung der Juden, Berlin, Kantstr. 158

Berlin Kantstr. 158

zur Verfügung gestellt haben. Man fühlt den Ernst, mit dem hier gearbeitet wird, der Ernst, der dem wichtigen Schaffen in diesem Hause zukommt. Wie ein ungeschriebenes Motto stehen über ihm die Worte aus den „Sprüchen der Väter": „Sprich wenig und tue viel, und empfange jeden Menschen mit freundlichem Angesichte."

*

Eng verbunden sind alle die verschiedenen Organisationen in diesem jüdischen Haus. Jeder Leerlauf ist ausgeschaltet, menschlich und sachlich herrscht enge Gemeinschaft. Da finden wir u. a. den „Zentralausschuß der deutschen Juden für Hilfe und Aufbau" in nachbarlicher Verbindung mit der FWL, der „Gesellschaft zur Förderung wirtschaftlicher Interessen von in Deutschland wohnhaften oder wohnhaft gewesenen Juden m. b. H.". Und darüber wohnen Tür an Tür die „Preußische Landesverband jüdischer Gemeinden" und die „Zentralwohlfahrtstelle der deutschen Juden". Fast symbolisch wirkt es, daß über allen die „Reichsvertretung der deutschen Juden" ihren Sitz aufgeschlagen hat. So dokumentiert sie auch äußerlich, daß bei ihr die Fäden zusammenlaufen und zu dem einigenden Band geschlungen werden, das das deutsche Judentum zu gemeinsamer Arbeit für Hilfe und Aufbau umfaßt.

—l.

6. Fast in jedem Büro sieht man Menschen an Vervielfältigungsmaschinen arbeiten

9. Auf Anforderung erhalten Provinzgemeinden Bücherkisten zum Verleih an die Gemeindemitglieder

10. Sekretärinnen arbeiten fieberhaft an der Erledigung der riesigen Posteingänge.

11. Blick aus dem Fenster der „Beratungsstelle für Auswanderer"

finden sich im Wartezimmer ein

vieltausend Schicksale

12. Die Zentralwohlfahrtstelle verfügt über eine umfangreiche Bibliothek der einschlägigen Fachliteratur

163

durch den Staat leicht steuerbare Zwangsorganisation, der alle »Rassejuden« angehören sollten und aus der sie »nur durch Tod oder Auswanderung ausscheiden«[236] konnten.

Der »Reichsverband der Juden in Deutschland«

Die Interessen Heydrichs trafen sich mit Bestrebungen im deutschen Judentum seit Sommer 1938, wenn auch unter völlig entgegengesetzten Motiven. Am 27. Juli 1938 war es zur Gründung eines »Reichsverbandes der Juden in Deutschland« gekommen. Er sollte die Nachfolge der »Reichsvertretung« übernehmen. Auslöser war die zunehmende Verarmung der jüdischen Gemeinden, insbesondere in den großen Städten, die den wachsenden Aufgaben nicht mehr gerecht werden konnten. Mit der Vertreibung der deutschen Juden aus dem Wirtschaftsleben ging deren Verarmung einher. Viele Wohlhabende waren inzwischen emigriert. Seit März 1938 hatten die jüdischen Gemeinden das Steuerprivileg verloren.[237] Die Umwandlung der Reichsvertretung in den Reichsverband sollte einen Lastenausgleich zwischen den jüdischen Gemeinden in Deutschland erleichtern.[238] Die Landesverbände wurden darum jetzt aufgelöst und die einzelnen jüdischen Gemeinden als Ortsvereine mit festem Mitgliedsbeitrag dem Reichsverband unterstellt. Mit der Übertragung des gesamten Vermögens der Gemeinden und Landesverbände bekam der Reichsverband zugleich den Zugriff auf das Grundvermögen der bereits erloschenen kleineren Gemeinden wie auf die vielen Stiftungen, die nach der Emigration ihrer Rechtsinhaber herrenlos geworden waren.[239] Die neu entstandene, zentralistisch ausgerichtete Organisationsstruktur des Reichsverbandes – ab Februar 1939 bereits »Reichsvereinigung« genannt[240] – kam den Vorstellungen der NS-Stellen sehr entgegen. Die Gestapo war sowohl am Zugriff auf das jüdische Vermögen als auch an einer straffen Organisation zur reibungslosen Abwicklung der Vertreibung interessiert. Beides ließ sich geschickt verbinden. Ein geheimer Erlaß des Reichsführers SS und Chefs der deutschen Polizei vom 25. Februar 1939 drückt dies unverhohlen aus:

»Es müssen alle Anstrengungen gemacht werden, um die Auswanderung von Juden zu fördern.

Um die Auswanderung bedürftiger Juden zu ermöglichen, ist eine Auswanderungssteuer von wohlhabenden jüdischen Auswanderern zu erheben. Zur Zeit ist die Einziehung der Steuer den jüdischen Kultusvereinigungen auferlegt; mit der Errichtung der Reichsvereinigung der Juden in Deutschland wird ihr die Eintreibung der Steuer übertragen.«[241]

Damit war die finanzielle Belastung, besser gesagt die Ausbeutung der Juden in Deutschland ins unerträgliche gesteigert. Juden, die aus Deutschland emigrieren wollten, hatten zusätzlich zur 25%igen Judenvermögensabgabe, der Sühneleistung für das Pariser Attentat (vgl. Kap. 2), und zusätzlich zur 25%igen Reichsfluchtsteuer (vgl. Bd. 2/2, 175–178) jetzt auch noch eine Auswandererabgabe zu entrichten. Sie war gestaffelt von 1% bei 10 000 RM Gesamtvermögen bis zu 10% bei einer Million Reichsmark Gesamtvermögen. Bei einem Vermögen, das eine Million Reichsmark überstieg, mußte die neugeschaffene Reichsvereinigung einen noch höheren Prozentsatz festsetzen.[242]

Zähes Ringen mit der »Reichsvereinigung« um die Stellung der »nichtarischen« Christen

In dem so vorgegebenen Zwangsrahmen mußten die kirchlichen Hilfsorganisationen einen für ihre Schützlinge gangbaren Weg finden. Sowohl Grüber als auch Größer waren entschlossen, die vom Staat betriebene Zwangsauswanderung mit gleicher Intensität wie die Reichsvereinigung auch für die »nichtarischen« Christen zu unterstützen. Sie konnten dabei ihre Verbindungen zu den – auf katholischer Seite – schon seit längerem vorhandenen oder – auf evangelischer Seite – seit bald drei Jahren bestehenden ausländischen kirchlichen Hilfswerken (vgl. Bd. 2/1, Kap. 9) gewichtig ins Spiel bringen. Freilich, beide waren nicht bereit, die von Heydrich vorgesehene Zwangsgemeinschaft von Glaubensjuden und »nichtarischen« Christen einfach hinzunehmen. Umgekehrt hatte auch die jüdische Reichsvertretung daran kein Interesse. Zwischen Christen und Juden gab es eine nicht zu leugnende Spannung. Bezeichnend hierfür ist eine Bemerkung Grübers, die er Ende März 1939 Paul Braune zukommen ließ:

»Die Verhandlungen, die Heinitz, Arnold und Hirschwald [= Mitarbeiter des Büro Grüber] von evangelischer Seite, Pater Größer von katholischer Seite mit den Juden geführt haben, haben gezeigt, daß von dort wenig Entgegegenkommen zu erwarten ist.«[243]

Da Heydrich noch viel weniger von seinem Vorsatz einer Zwangsgemeinschaft auf »rassischer« Grundlage abzubringen war, blieb den Kirchenvertretern kein anderer Weg, als sich auf ein zähes Ringen um einen für alle Beteiligten tragbaren Kompromiß einzulassen. Am 10. Mai 1939 gab es ein klärendes Gespräch zwischen Heinrich Grüber und Regierungsrat Kurt Lischka vom Judenreferat der Zentrale der Geheimen Staatspolizei, Prinz-Albrecht-Straße 8. Grüber sprach zugleich im Namen der katholischen Konfession; Größer hatte deren Anliegen in einem Memorandum[244] für die Gestapo niedergelegt. Die wichtigsten Ergebnisse des Gesprächs waren:

☐ Das Büro Pfarrer Grüber wie der St. Raphaelsverein durften in ihrer Auswanderungsarbeit in der bisherigen Weise eigenständig weiterarbeiten. Dies galt auch für deren Vertrauensstellen im Land.
☐ Die christlichen »Nichtarier« waren in gleicher Weise zur Auswandererabgabe verpflichtet. Das entsprechende Aufkommen sollte die Reichsvereinigung der Juden ohne getrennte Abrechnung verwalten.
☐ Offen blieb, in welchem Umfang die christlichen Hilfswerke Zuwendungen zur Unterstützung ihrer Schützlinge aus der beschlossenen Auswanderungsabgabe erhalten werden. Dies sollte »in freundschaftlichem Einvernehmen mit der jüdischen Seite« geregelt werden. Die beiden Konfessionen sollten aber in jedem Fall angemessen an dem Aufkommen beteiligt werden, unter anderem auch zur Unterstützung der christlichen Altenbetreuung.[245]

Die 10. Verordnung zum Reichsbürgergesetz vom 4. Juli 1939

Am 4. Juli 1939 wurde mit der 10. Verordnung zum Reichsbürgergesetz die »Reichsvereinigung der Juden in Deutschland« auch formalrechtlich in der Form eines rechtsfähigen Vereins errichtet.[246] »Von der Mitgliedschaft abgesehen«, so stellte Otto Hirsch, der geschäftsführende Vorsitzende der Reichsvereinigung, im Jüdischen Nachrichtenblatt damals fest, »stellt die neue Ordnung eine Weiterentwicklung des Entwurfs einer Satzung für den Reichsverband der Juden in Deutschland dar, den der Rat der Reichsvertretung in seiner Sitzung am 27. Juli 1938 einstimmig angenommen hat. Ihr kennzeichnendes Merkmal ist eine straffe Zentralisierung, die die Konsequenzen zieht aus dem Rückgang der Zahl der Juden in Deutschland insgesamt wie der Kultusvereinigungen und aus der Verringerung ihrer Leistungsfähigkeit sowie aus der Eigenart der zu bewältigenden Hauptaufgabe, nämlich der Auswanderung, die eine einheitliche Lenkung notwendig macht.«[247]

Zwei wichtige Unterschiede, die deutlich den Stempel nationalsozialistischer Gesinnung trugen, waren jedoch nicht zu übersehen:
1. Nicht nur Glaubensjuden hatten zwangsweise Mitglied zu sein, sondern jeder, der als »Rassejude« galt.
2. Die neue Rechtsform wurde durch die Sicherheitspolizei verordnet; sie war in dieser Form also nicht von den Mitgliedern frei gewählt. In Zukunft stand deshalb noch mehr als bisher jeder Schritt der Reichsvereinigung unter der peinlich strengen Aufsicht der Gestapo.

Nach der 10. Verordnung war der Hauptzweck der Vereinigung, »die Auswanderung der Juden zu fördern«. Die weitere Zweckbestimmung wurde mit dem Wort »außerdem« deutlich als nachgeordnete gekennzeichnet, wenn es heißt:

»Die Reichsvereinigung ist außerdem 1. Träger des jüdischen Schulwesens, 2. Träger der freien jüdischen Wohlfahrtspflege.«
Die völlige Unterwerfung unter die Gestapo kommt schließlich in der abschließenden pauschalen Zweckbestimmung zum Ausdruck:
»Die Reichsvereinigung hat ferner alle weiteren Aufgaben zu erfüllen, die ihr vom Reichsminister des Innern übertragen werden.«

Alle Juden im Sinne der Nürnberger Gesetze, die im Reichsgebiet wohnten, gehörten jetzt kraft Gesetzes der Reichsvereinigung an. Sie hatten einen festgelegten Mitgliedsbeitrag zu zahlen und waren »im Falle der Auswanderung zur Leistung eines einmaligen außerordentlichen Beitrages verpflichtet«. Darum waren die Mitglieder auch »verpflichtet, dem Vorstand Auskunft über ihre wirtschaftlichen und steuerlichen Verhältnisse zu erteilen«.

Die erzwungene Kooperation von Juden und Christen

Die 10. Verordnung zum Reichsbürgergesetz zwang Juden und Christen zur Kooperation. In der Folgezeit waren regelmäßige Absprachen zwischen Sachbearbeitern der Reichsvereinigung, von Vertretern der katholischen und evangelischen Hilfsorganisationen wie auch mit Abgesandten der Religiösen Gesellschaft der Freunde (Quäker) nötig. Es ging dabei im wesentlichen um vier Aufgabenfelder:

1. Beratung und Unterstützung bei der Auswanderung einschließlich der Kinderauswanderung;
2. Wohlfahrtsunterstützung einschließlich Alten- und Pflegearbeit;
3. Winterhilfe;
4. Schule.

Bereits am 20. und 30. Juni 1939 hatten vorbereitende Besprechungen stattgefunden, bei denen die wichtigsten Grundsätze der zukünftigen Zusammenarbeit festgelegt wurden. Entsprechend der Praxis der Wanderungsabteilung der Reichsvertretung wurde für Nichtglaubensjuden ein eigener, paritätisch besetzter »Passage-Bewilligungsausschuß« gebildet, der die Zuschüsse für Auswanderungskosten im Einzelfall festlegte. Die Mittel hierfür stellte die Reichsvereinigung aus der Auswandererabgabe zur Verfügung (vgl. Kap. 15).

Zur Klärung grundsätzlicher Fragen war ein Personalausschuß vorgesehen. Er traf vorweg die für das Büro Pfarrer Grüber nicht unwichtige Entscheidung, daß ein Teil der Verwaltungskosten der konfessionellen Hilfsstellen aus der Auswandererabgabe bestritten werden könne. So erstattete die Reichsvereinigung im Juni 1939 rückwirkend nicht nur die seit März von kirchlicher Seite ausbezahlte Auswandererhilfe, sondern stellte auch einen Verwaltungskostenzuschuß in Höhe von 6 000 RM für das Büro Grüber und in Höhe von 11 000 RM für die katholische Seite zur Verfügung (vgl. Kap.

19). Man einigte sich, daß auch für die geschlossene Fürsorge von »nichtarischen« Christen Tagessätze aus der Auswandererabgabe bezahlt werden könnten[248] (vgl. Kap. 18).

Nach Verkündung der 10. Verordnung zum Reichsbürgergesetz fand am 20. Juli 1939 eine erste Absprache mit großer Besetzung in den Räumen der Reichsvereinigung in Berlin-Charlottenburg, Kantstraße 158, statt. *Von der Reichsvereinigung* waren anwesend: Dr. Otto Hirsch, geschäftsführendes Vorstandsmitglied, Dr. Arthur Lilienthal, Finanzreferent der Reichsvereinigung, Dr. Paul Eppstein, Leiter der Abteilung Auswanderung, Dr. Conrad Cohn, Leiter der Abteilung Berufsausbildung, und Frau Paula Fürst, Leiterin der Abteilung Schulen. *Vom Büro Pfarrer Grüber*: Pfarrer Heinrich Grüber, Ministerialrat i.R. Paul Heinitz, Leiter der Wanderungsabteilung, Obermagistratsrat i.R. Dr. Richard Kobrak, Leiter der Wohlfahrtsabteilung, Pfarrer Dr. Erwin Reisner, Leiter der Abteilung Schule und Seelsorge, und Superintendent Martin Albertz, Referent für Judenfragen in der Vorläufigen Leitung der DEK. *Vom St. Raphaels-Verein*: Generalsekretär Dr. Max Joseph Größer und Dr. Erich Püschel, staatlich anerkannter Auswandererberater und Geschäftsführer der Caritas-Reichsstelle für nichtarische Katholiken in Berlin. Das *Berliner Quäker-Büro* vertrat Frau Dr. Israel.[249]

Das erhalten gebliebene Protokoll zeigt, welche Bedeutung alle Beteiligten der künftigen Kooperation zuschrieben:

Im einzelnen wurden Abgrenzungen besprochen für die Bearbeitung von Auswanderungsanträgen, insbesondere bei »Mischehen«. Dissidenten sollten vom Quäker-Büro betreut werden. Die Auszahlung der Wohlfahrtsunterstützung sollte Sache der Reichsvereinigung sein und zwar unabhängig von Religion und Konfession. Die Betreuung im »engeren Sinn«, z. B. Hausbesuche, müßten von den örtlichen Stellen der eigenen Konfession durchgeführt werden. Soweit Partner in »Mischehen« von der Zwangsmitgliedschaft in der Reichsvereinigung ausgenommen waren und damit auch keine Beiträge zu bezahlen hatten, fiel deren Unterstützung den konfessionellen Hilfsorganisationen zu.[250] In jüdischen Krankenhäusern, die in Zukunft auch für »nichtarische« Christen offen waren, sollten Geistliche beider Konfessionen Gelegenheit zu seelsorgerlichen Besuchen bekommen. Für christliche Kinder jüdischer Abstammung wollte man, wenn es die Zahl zuließ, innerhalb der jüdischen Schulen eigene Klassen bilden und christlichen Religionsunterricht anbieten.

Kooperation mit der Reichsvereinigung auch auf der Ebene der Vertrauensstellen

Über die Kooperation der Vertrauensstellen des Büros Pfarrer Grüber mit der Reichsvereinigung der Juden in Deutschland wissen wir nicht sehr viel (vgl. Kap. 8). Man kann jedoch davon ausgehen, daß auch auf der regionalen Ebene in ähnlicher Weise wie zwischen den Zentralen in Berlin zusammengearbeitet wurde. Aus Köln blieb ein Vertrag zwischen dem Wohlfahrtsamt der Synagogengemeinde und der Vertrauensstelle des Büros Pfarrer Grüber, vertreten durch Missionar Moritz »Israel« Weisenstein vom 31. Oktober 1939 erhalten.

In ihm wurde vereinbart:

»1. Man kam überein, nichtarische Christen evangelischer Konfession und nichtarische Christen katholischer Konfession, die ersteren an Herrn Missionar Weisenstein, Moltkestr. 80, die letzteren an Herrn Dr. Schneider, Georgstraße, zu überweisen.
2. Die Überweisung soll dergestalt sein, daß die Vorprüfung über die Bedürftigkeit des Hilfesuchenden an diesen Stellen erfolgt.
3. Das Resultat dieser Prüfungen wird von Herrn Weisenstein für die nichtarischen evangelischen Christen und von einer noch zu benennenden Persönlichkeit für die katholischen nichtarischen Christen mit dem Leiter des Wohlfahrtsamtes der Synagogengemeinde bzw. dessen beauftragter Fürsorgerin durchgesprochen.
4. Durch gemeinsame Besprechungen wird dann die Höhe der von dem jüdischen Wohlfahrtsamt zu leistenden Bar- und Sachleistungen festgestellt.
5. Es wird nach Möglichkeit dafür gesorgt, daß evtl. Barleistungen von den nichtarischen Christen nicht an den gleichen Tagen abgeholt zu werden brauchen, an welchen die jüdischen Hilfesuchenden ihre Unterstützung erhalten.«[251]

Jüdisches Nachrichtenblatt

Preis 15 Rpf.

Nummer 19 — Freitag, den 7. März 1941 — Jahrgang 1941

UEBERSEE-WANDERUNG
Rasche Lösungen sind notwendig

Jüdisches Nachrichtenblatt

Preis 15 Rpf.

Nummer 39 — Freitag, den 16. Mai 1941 — Jahrgang 1941

KEINE ZEIT ZU VERLIEREN

Das Jüdische Nachrichtenblatt war 1941 die einzige noch existierende jüdische Zeitung in Deutschland. Sie unterlag strenger staatlicher Zensur. Die Aufmacher des Jüdischen Nachrichtenblattes vom 17. März und 16. Mai 1941, kurz vor dem Überfall auf die Sowjetunion, zeigen, wie bedrohlich die Situation von führenden jüdischen Kreisen eingeschätzt wurde.

Ein Vorwurf nach dem Krieg: Kollaboration mit dem NS-Staat

Das Oberste Rückerstattungsgericht in Nürnberg fällte am 30. Januar 1953 ein hartes Urteil über die Reichsvereinigung:

»In Wirklichkeit war die Reichsvereinigung der Juden keine wohltätige, religiöse oder erzieherische Organisation. Sie war nichts anderes als ein Instrument, das geschaffen wurde, um den genau festgelegten Plan des Reichs zur Vernichtung seiner jüdischen Bevölkerung und zur Einziehung jüdischer Vermögenswerte in die Tat umzusetzen. Die Aufgabe der Vereinigung paßt in das Netz der Unterdrückungsgesetzgebung und der Maßnahmen, die im Parteiprogramm zum Ausdruck gekommen waren und die sofort nach Aufstieg des Nationalsozialismus zur Macht rücksichtslos zur Durchführung gebracht wurden. Sie war ein Mittel zur Herbeiführung der ›Endlösung der Judenfrage‹.«[252]

Diesem Urteil, das auch jüdische Historiker übernahmen, wurde von überlebenden Mitarbeitern der Reichsvereinigung mit Gründen widersprochen. »Die Unterstützung der Auswanderung war kein Kollaborieren und Paktieren mit dem Naziregime«, schreibt Hans-Erich Fabian, ein ehemaliger Mitarbeiter der Reichsvereinigung, im Rückblick 1970.[253] Im Sommer 1939 konnte noch niemand sich eine »Endlösung« im Sinne der physischen Vernichtung der europäischen Juden vorstellen. Das Wort, das allerdings schon im Umlauf war, meinte damals lediglich die völlige Vertreibung aller Juden aus Deutschland, keineswegs deren physische Vernichtung. So schrieb der Völkische Beobachter am 7. Juli 1939:

»Die 10. Verordnung zum Reichsbürgergesetz bringt die organisatorische Lösung der Judenfrage ein entscheidendes Stück weiter. [...] Die Artikel sind eindeutig und lassen auch nicht den geringsten Zweifel an der unveränderten nationalsozialistischen Auffassung, daß die Judenfrage erst dann als restlos gelöst zu betrachten ist, wenn kein Jude mehr in Deutschland ist. [...] Die Hauptsache ist, daß wir sie bald los werden, bald und restlos.«[254]

Eine wirkliche Zukunft hatten deutsche Juden, vor allem jüngere, nur noch im Ausland. Dies war 1939 inzwischen auch Nichtzionisten klar; ein Widerstand, wenn er sich nur gegen die Emigration richtete, war sinnlos.

Aus der Rückschau freilich wird die nur tragisch zu nennende Verstrickung deutlich: Es blieben dieselben Personen an der Spitze der Reichsvereinigung. Zwei Jahre später hatten sie – in tiefe Gewissensnot gestürzt – die Namenslisten der Todgeweihten an das Reichssicherheitshauptamt weiterzugeben. Und sie mußten es ertragen, daß in Zukunft im Jüdischen Nachrichtenblatt all die schrecklichen antijüdischen Nazi- Verordnungen erschienen. Die noch verbliebenen jüdischen Führer wurden damit zugleich auch zu Erfüllungsgehilfen der tödlichen »Endlösung«. Dabei sind fast alle Vorstandsmitglieder der Reichsvereinigung selbst Opfer dieser Vernichtungsmaschinerie geworden.

Raul Hilberg brachte diese Tragik auf folgenden Nenner:

»Weil sie [die Führer der Reichsvereinigung] keine Marionetten waren, wahrten sie ihre Identität und ihren Status in der jüdischen Gemeinde während des gesamten Zeitraums ihrer Beteiligung am Vernichtungsprozeß, und weil sie in ihrem Einsatz nicht nachließen, halfen sie mit dem gleichen Geschick, das sie zuvor für das Wohlergehen der Juden aufgeboten hatten, nunmehr ihren deutschen Oberaufsehern bei der Erfüllung ihrer tödlichen Mission.«[255]

Der organisierten christlichen Judenhilfe blieb die ausweglose Verstrickung erspart. Sie war zum Zeitpunkt der Deportationen längst zerschlagen. Die Gestapo bediente sich zuletzt nur noch jüdischer Organisationen (vgl. Bd. 3/2, Kap. 47).

13. Aktion »Kinderverschickung«

Mitte Dezember 1938 reiste eine Gruppe jüdischer Kinder ohne Eltern über Holland nach England. Unter ihnen waren auch einige christliche »Nichtarier«. In England wurden die Kinder für eine gewisse Zeit in einem Auffanglager untergebracht, ehe sie, sei es bei Pflegeeltern, sei es in einem Internat, eine neue Heimat fanden. Es war eine der ersten gemeinsamen Aktionen nach der Pogromnacht von Juden, Katholiken, Protestanten und Quäkern. Der Brief einer Teilnehmerin, kurz nach der Ankunft geschrieben, ist erhalten geblieben:

»Meine liebe, süße Mutti!

Ich bin hier sehr gut angekommen. 26 Stunden waren wir unterwegs. 16 Stunden in der Eisenbahn und 10 Stunden auf dem Ärmelkanal. Wir haben nichts besonderes unterwegs erlebt. Oder doch! Lustiges. Aber ich will das jetzt nicht beschreiben, denn ich hab' nicht viel Zeit. Ich will Dir vor allen Dingen die Adresse schreiben: Adresse auf dem Couvert. Etwas gefällt mir allerdings nicht. Und zwar erstens, daß meine Zimmermitglieder so furchtbar gern abends einen Jungen in der Kabine haben wollen und zweitens, daß die Kinder nur jüdische Tänze tanzen und jüdische Lieder singen. Aber sonst gefällt es mir sehr gut. Ich werde mich schon gewöhnen. Du brauchst Dir also keine Sorge machen. Die Menschen hier sind sehr freundlich. Vor allen Dingen lustig. Also, liebe Mutti, sei recht, recht herzlich gegrüßt und tausendmal geküßt von Deiner kleinen Völkerwanderin Eva.

Beiliegenden Brief gib bitte Erich. Grüße alle Bekannten und Verwandten.
                                                    Evalein.«[256]

Die Aktion »Kinderverschickung« war für manche Eltern der letzte Ausweg, den sie für ihre Kinder sahen, nachdem deutsche Schulen für jüdische Kinder verschlossen waren (vgl. Bd. 3/2, Kap. 36) und sie selbst noch keine Chance zur Ausreise hatten. Alle hofften, möglichst bald wieder als Familie zusammen leben zu können.

Erfahrung mit der organisierten Auswanderung jüdischer Kinder

Die Reichsvertretung der Juden in Deutschland konnte auf eine reiche Erfahrung in der Organisation der Jugendauswanderung zurückblicken.[257] Seit Februar 1934 gab es die Jugend-Alijah, die organisierte »Einwanderung« von Jugendlichen nach Palästina. Bis zum Pogrom im November 1938 wurden etwa 4 800 jüdische Jungen und Mädchen, die meisten im Alter von fünfzehn bis siebzehn Jahren, nach Palästina gebracht, davon 3 200 direkt aus Deutschland. Die Auswanderung von Kindern und Jugendlichen nach England und anderen europäischen Ländern wie nach den USA hielt sich bis Ende 1938 in Grenzen, wenngleich es sie gab. Die jüdische Zentralwohlfahrtsstelle, der die Organisation übertragen war, hat bis dahin etwa sechzig Kinder in europäische Länder und weit über fünfhundert in überseeische Länder, hauptsächlich in die USA, vermittelt. Deren Partner waren in England das »Inter-Aid Committee for Children from Germany«, in den USA das »German-Jewish Children's Aid Committee«. In England wurde eine neue Organisation gebildet, »The British Movement for the Care of Children from Germany«, kurz »Refugee Children's Movement« oder einfach »Movement« genannt. Es hatte seinen Sitz wie fast alle Flüchtlingsorganisationen im Bloomsbury House in London (vgl. Kap. 22). Bis Jahresende 1938 brachte das Movement 1 500 Kinder nach England, von denen nach dem Arbeitsbericht der Reichsvertretung der Juden in Deutschland 250 »nichtarische Christen« waren. Ende Februar 1939 richtete die Reichsvertretung innerhalb der Zentralstelle für jüdische Auswanderung in der Kurfürstenstraße 115/116 in Berlin unter der Leitung von Frau Rosenheim eine Abteilung Kinderauswanderung ein.[258] Durch deren Vermittlung kamen bis Kriegsbeginn allein nach England weitere 4 000 Kinder. Auch andere Länder wie Holland, Belgien, Frankreich und die nordischen Länder waren zur Aufnahme bereit. Man schätzt, daß zwischen Dezember 1938 und Ende 1939 von europäischen Ländern fast 12 000 Jugendliche aufgenommen wurden, von England allein 7 000. Andere Quellen sprechen sogar von 9 345 Kindern, die in England bis dahin Zuflucht fanden. Davon waren 1 100 christlichen Glaubens.[259] Zwei Drittel dieser Kinder, die gerettet wurden, konnten ihre Auswanderung mit Unterstützung der jüdischen Hilfsorganisationen durchführen. Freilich, als die Grenzen mit Kriegsbeginn geschlossen wurden, warteten noch 10 000 angemeldete Kinder und Jugendliche vergeblich auf ihre Emigration. Für sie fehlte das rettende Visum und der Pflegeplatz.

Rettung auch für katholische und evangelische Kinder

Neben den gut organisierten Kinderauswanderungsaktionen der Reichsvertretung der Juden sehen die Bemühungen der christlichen Organisationen recht bescheiden aus. Allein schon die Orientierung über mögliche Angebote war für Eltern – wie der »Fall« der Kinder Willer zeigt (vgl. Kap. 7) – nicht immer leicht. Am 9. Dezember 1938 gab der St. Raphaels-Verein in seinem regelmäßig erscheinenden Rundbrief »Winke« erste Hinweise zur »Kinderverschickung ins Ausland«. Wegen der außerordentlichen Nachfrage, müßte der Kreis der Interessenten sehr eng gezogen werden. So würden »Kinder, die infolge Verhaftung oder vollkommener Armut des Vaters nachweislich nicht ernährt werden und andererseits von katholischen Waisenhäusern nicht genommen, noch dort untergebracht werden können«, bevorzugt. »Mischlingskinder« sollten »nur dann gemeldet werden, wenn die jüngsten Ereignisse die Familien obdachlos gemacht und die Familie brotlos gemacht haben, sodaß physische Not vorhanden ist«. Und, es sollten »keine Kinder deshalb gemeldet werden, weil sie aus katholischen oder anderen öffentlichen Schulen hinausgetan wurden«. Noch hofften die Verantwortlichen im St. Raphaels-Verein – allerdings am Ende vergeblich – auf die Errichtung »christlicher nichtarischer Schulen« und Internate.[260]

Wohl zur selben Zeit schickte auch Pfarrer Heinrich Grüber ein nicht datiertes Rundschreiben an seine Vertrauensleute:

Aufkleber für den Kindertransport Nr. 16 des Hilfsvereins der Juden in Deutschland nach England, vermutlich Anfang 1939. »Transportiert« wurde Hanni Friedler aus Magdeburg.

»Die Kinderverschickung wird demnächst besser klappen. Wir haben in unserem neuen Büro Frau Draeger mit der Durchführung beauftragt. Mir ist von englischer Seite versichert worden, daß mehr Kinder aufgenommen werden können als wir überhaupt anbieten können.«[261]

Am 22. Dezember 1938 trafen sich Dr. Heinrich Spiero, die Engländerin Miß Laura Livingstone und der Amerikaner J. Roger Carter, Repräsentant der Quäker in Berlin; sie vereinbarten eine enge Zusammenarbeit bei der Organisation der Kindertransporte nach Holland und England. Die beiden Nichtdeutschen wollten ihre Verbindungen zu den Komitees in ihren Heimatländern nutzbar machen. Spiero sollte für den innerdeutschen Geschäftsverkehr verantwortlich sein. In einem vorbereiteten Rundschreiben waren zwei Adressen angegeben: »Büro Dr. Spiero betr. Kindertransport« oder »Büro Pfarrer Grüber betr. Kindertransport«.[262] Für Spiero, der als erster Kontakte zu England angebahnt hatte und in Berlin ein gemeinsames Büro mit Laura Livingstone, der Schwägerin von Bischof Bell von Chichester, unterhielt, lag in der Kinderauswanderung ein Schwerpunkt (vgl. Bd. 2/2, Kap. 41).

Protestanten, Katholiken, Quäker und Juden arbeiten zusammen

Der Brief der »Völkerwanderin« Eva läßt erkennen, daß bei den Kindertransporten nach Religion und Konfession nicht unterschieden wurde. Der nicht sehr erfahrene Quäker Carter, über den wichtige Verbindungen liefen, scheint mit der Organisation zeitweise überfordert gewesen zu sein.[263] Auf christlicher Seite kam Klarheit in den Geschäftsablauf, seit ein Verwaltungsfachmann, Dr. Richard Kobrak, die Leitung der Wohlfahrtsabteilung im Büro Grüber übernommen hatte. Kobrak hatte bis 1933 als Generaldezernent für das Wohlfahrtswesen in Berlin die Verwaltung des Wohlfahrts- und Jugendamtes der Stadt aufgebaut.[264] Seit Januar 1939 taucht als Zeichen engerer Zusammenarbeit nur noch eine gemeinsame Liste mit den Namen der für die Auswanderung vorgesehenen christlichen Kinder auf, die – versehen mit den Unterschriften von Wizinger, Grüber und Spiero – an die Reichsvertretung der Juden übergeben wurde; dort lag die Organisation der Transporte.[265]

**Reichsstelle
für das Auswanderungswesen**

Berlin NW 7, den 7. Februar 1939.
Dorotheenstraße 49—52
Fernsprecher: Sammelnummer 12 00 34

G.Z. B 1501.

(Bitte in der Antwort Nr. und Betr. angeben)

B e s c h e i n i g u n g

    Herr Pfarrer Adolf K u r t z, Berlin W 35, An der Apostelkirche 3 hat der Reichsstelle für das Auswanderungswesen nachgewiesen, dass er innerhalb der nächsten Monate im Auftrage der kirchlichen Hilfsstelle für evangelische Nichtarier wiederholt nach England und Holland reisen wird, um mit dortigen Behörden und Fürsorgeorganisationen sowie mit Vertretungen fremder Staaten über die Aufnahme und Unterbringung christlicher Nichtarier, insbesondere von Kindern zu verhandeln.

    Da die geplanten Reisen des Herrn Pfarrer Kurtz, der selbst Arier ist, die Förderung der Auswanderung von Juden bezwecken und ihr zu dienen geeignet sind, werden die deutschen Behörden im In- und Ausland gebeten, Herrn Pfarrer Kurtz nach Möglichkeit zu unterstützen.

Pfarrer Adolf Kurtz von der Zwölf-Apostel-Gemeinde in Berlin war maßgebend am Aufbau des Büros Pfarrer Grüber, insbesondere der »Familienschule« beteiligt (vgl. Kap. 37). Wie Heinrich Grüber so erhielt auch Adolf Kurtz eine amtliche Bescheinigung, die ihm größere Bewegungsfreiheit verschaffte.

Genaue Zahlen über den Anteil von christlichen Kindern an den Transporten gibt es nicht. J. Roger Carter sprach in einem Schreiben vom 18. Januar 1939 an Grüber, Spiero und Wizinger von 1 500 Kindern, die nach Holland kommen könnten, von denen »wenigstens 50 Plätze für christlich nichtarische Fälle übrig« seien.[266] Ende März war die Rede von »120 gesunden Knaben und Mädchen unter 15 Jahren«, die in katholischen Klosterschulen Frankreichs Erziehung und Ausbildung erhalten sollten.[267] Die genauesten Angaben sind einer Aufstellung von Heinrich Spiero vom 13. März zu entnehmen: Zu diesem Zeitpunkt lagen bei den drei Zentralen der Protestanten, Katholiken und Quäker 469 Meldungen für Kindertransporte vor. Davon waren 113 »Vollnichtarier«, d. h. besonders Betroffene. Nach Konfessionen gegliedert: 307 Protestanten, 95 Katholiken und 67 Dissidenten.[268]

Die Gestapo hatte gegen die Kindertransporte nichts einzuwenden. Im Gegenteil. Am 31. Dezember 1938 erließ der Reichsführer SS und Chef der deutschen Polizei an alle Landesregierungen und Regierungspräsidenten die Weisung, »die Paßbehörden umgehend anzuweisen«, für die zur Ausreise entschlossenen Jugendlichen die erforderlichen Papiere »mit größtmöglichster Beschleunigung auszustellen«.[269]

Die Organisatoren in Deutschland hielten mit den Komitees in den Aufnahmeländern ständig Kontakt. So besuchte Roger Carter ein Treffen verschiedener christlicher Flüchtlingsorganisationen in Amsterdam vom 15. bis 19. April 1939, bei dem Vertreter aus England, Holland, Belgien, der Schweiz, Dänemark, Frankreich und Schweden anwesend waren.[270] Paul Wizinger war eine Woche später in London zu Besprechungen.[271]

Der »Zentralausschuß für die Verschickung nichtarisch-christlicher Kinder«

Aufgrund der Erfahrung wünschte sich das Londoner Movement einen engeren organisatorischen Zusammenschluß der deutschen konfessionellen Einrichtungen. Heinrich Grüber brachte diesen Wunsch von einer Besprechung aus London mit; er war dort vom 22. bis 25. Mai 1939. Man gründete darum schon am 30. Mai 1939 einen »Zentralausschuß für die Verschickung nichtarisch-christlicher Kinder«, der den »gesamten Geschäftsverkehr handhaben« sollte.[272] In ihm saßen je ein Vertreter bzw. Stellvertreter der evangelischen Seite (Ministerialrat a. D. Dr. Paul Heinitz / Dr. Spiero), der katholischen Seite (Dr. Viktor Engelhardt / Dr. Erich Püschel) und für die Dissidenten ein Quäker (Mr. Roger Carter). Den Vorsitz hatte Dr. Paul Heinitz vom Büro Pfarrer Grüber. Zur Geschäftsführerin wurde Frau Margarete Draeger (ebenfalls Büro Pfarrer Grüber) ernannt. Auch wenn der Ausschuß keine allzu große Bedeutung erlangt hat, interessant an ihm ist der Wille zur Kooperation, der bei der Hilfe zur Auswanderung ganzer Familien und in der allgemeinen Wohlfahrtspflege noch stärker in Erscheinung trat.

Die Erwartungen, die man anfänglich in die Kindertransporte gesetzt hatte, wurden nur zum Teil erfüllt. Nachdem die Spendenfonds in den Aufnahmeländern, insbesondere in England, im ersten Ansturm rasch aufgebraucht waren, konnten nur noch Kinder vermittelt werden, für die ein Spender im Ausland die von den Einreiseländern verlangte Unterhaltsgarantie hinterlegt hatte.

Neue Hoffnungen richteten sich auf die USA, wo – einem Gerücht zufolge – 20 000 Jugendliche unter 14 Jahren außerhalb der Quote aufgenommen werden sollten.[273] Der von den Deutschen vom Zaun gebrochene Krieg ließ jedoch auch diese Möglichkeit schwinden.

Wie der Tätigkeitsbericht des Hilfswerks beim Bischöflichen Ordinariat Berlin ausweist, blieben nach den Anfangserfolgen die großen Zahlen aus. Von April bis August 1939 wurden über die Kinderverschickung nur noch siebenundzwanzig katholische Kinder nach England und vier Kinder nach Holland vermittelt.[274] Bis März 1940 kamen noch acht hinzu. Für die Zeit von April 1940 bis März 1941 werden drei Fälle genannt; es handelte sich um Kinder, deren leibliche Eltern mangels eines Visums nicht mit ausreisen konnten, für die aber in den USA katholische Pflegeeltern sich hatten finden lassen.[275]

Allerdings ist bekannt, daß das katholische Hilfswerk von April 1939 bis März 1940 193 »Fälle« bearbeitet hat; es ist anzunehmen, daß einige dieser Kinder – ohne daß es die Statistik erfassen konnte – noch auf privatem Weg emigriert sind.[276]

Ein neues Problem nach Kriegsbeginn

Mit Kriegsbeginn trat ein ganz anderes Problem auf. Inzwischen beschäftigten die Kinderauswanderungsabteilungen der Hilfsstellen der Wunsch einzelner Eltern, ihre Kinder aus den feindlichen Ländern wieder zurückzuholen oder sie wenigstens in neutrale Länder unterzubringen. Kaum einmal war dieser Wunsch zu erfüllen. Die Hilfsstellen in Deutschland konnten noch nicht einmal den regelmäßigen Briefkontakt zwischen Eltern und Kindern organisieren. Ihnen blieb nur, wie dies im St. Raphaels-Informationsblatt »Winke« vom 15. November 1939 geschah, auf das Internationale Bureau pour Affairs des Refugiés in Utrecht zu verweisen, das gelegentlich Briefe an Verwandte in Deutschland entgegennahm und weiterleitete.[277]

14. Ein mühsamer Weg in die Emigration: Friedrich von Bodelschwingh setzt sich für Minna und Dr. med. Albert Blau ein

Am 24. August 1933 erhielt der Leiter der Bodelschwinghschen Anstalten in Bethel, Pastor Friedrich v. Bodelschwingh, den Brief einer pensionierten Lehrerin aus Görlitz/Schlesien, einen von vielen Bittbriefen in jenen Tagen. Sie machte sich zur Fürsprecherin für einen Dr. Blau, der als »Nichtarier« seine Stelle als Chefarzt in einem christlich geführten Krankenhaus verloren hatte. »Christen schließen nichtarische Christen aus!«, so schrieb die Lehrerin, und sie bat Bodelschwingh um Rat.[278] Jener Bittbrief eröffnete eine acht Jahre währende Beziehung zwischen Bodelschwingh und dem Ehepaar Blau. Nicht zuletzt dank Bodelschwingh konnten die Blaus tatsächlich der Gewalt des NS-Staats entkommen, der nicht nur Minderheiten diskriminierte, sondern am Ende diesen auch das Lebensrecht entzog und damit zum Unrechtsstaat geworden war.

Erste Kontakte

Drei Tage später lag auch ein Brief von Dr. Albert Blau auf Bodelschwinghs Tisch: Blau war 60 Jahre alt, seit 30 Jahren evangelischer Christ. Seine Frau, eine Österreicherin, stammte aus einer evangelischen Familie.[279] Seit der Jahrhundertwende führte Blau eine Praxis als Hals-Nasen-Ohren-Arzt in Görlitz; er war außerdem Privatdozent an der Universität Bonn und galt als Experte auf seinem Gebiet mit einer langen Liste wissenschaftlicher Veröffentlichungen. Blau hatte am Ersten Weltkrieg als Oberstabsarzt teilgenommen und war mit hohen Auszeichnungen zurückgekehrt. Von 1927 bis 1933 war er Chefarzt an dem den Borromäerinnen gehörenden St. Carolus-Krankenhaus in Görlitz.[280] Obwohl als Weltkriegsteilnehmer eigentlich nicht vom staatlichen »Arierparagraphen« (vgl. Bd. 1, Kap. 9) betroffen, sah sich Blau genötigt, »aus Rücksicht auf das Haus freiwillig« seine Stellung als Chefarzt aufzugeben.[281] Blau schreibt von »Anordnungen über das Nicht-mehr-Zusammenarbeiten arischer und nichtarischer Ärzte«. Es war bitter für Albert Blau, eine Klinik verlassen zu müssen, die unter seiner ärztlichen Leitung erbaut worden war. Damit gab es für ihn auch nicht mehr die Möglichkeit, die Kliniklaboratorien zu nutzen, die unabdingbare Voraussetzung zur Fortsetzung seiner wissenschaftlichen Forschungsarbeit. Nicht minder verletzt fühlte sich Blau in seinen vaterländischen Gefühlen:

»Wer sein Vaterland als primitivste selbstverständlichste Gottesgnade liebt und von ganzem Herzen an seinem Wiederaufbau mitarbeiten will [...] und nun verstoßen ist, nicht mitarbeiten darf, für den ist diese Prüfung ein Kreuz, unter dessen Last man zu erliegen droht.«

Albert Blau übernahm nun eine bescheidene Tätigkeit in der privaten Klinik der Barmherzigen Schwestern; noch war ihm die Zulassung zu den Krankenkassen geblieben. Die Ausbildung von Assistenzärzten wurde ihm jedoch verwehrt; nur noch jüdische Ärzte durften bei ihm assistieren.[282] Sollte er in Görlitz bleiben? So fragte der recht Deprimierte. Könnte Bodelschwingh ihm eine Arbeit in der Mission in der Art Albert Schweitzers vermitteln?
Bodelschwingh empfahl dem Görlitzer Arzt, trotz der Hektik jener Tage nichts zu überstürzen, sondern »in dem begrenzten jetzigen Arbeitsfeld auszuharren«. Die Anstellung in einem Betheler Krankenhaus war ausgeschlossen.[283] »Es vergeht kaum ein Tag, der mir nicht zwei oder drei aus der gleichen Quelle stammende Fragen und Bitten bringt«, so begründete Bodelschwingh die Absage. Vor allem aber seien ihnen »jetzt die Hände gebunden«: »Denn für die Anstellung eigentlicher Mitarbeiter gelten nach den neuesten Verfügungen auch bei uns die staatlichen Bestimmungen.« In Bethel waren auf absehbare Zeit die entsprechenden Facharztstellen ohnehin besetzt. Eine Tätigkeit in der Mission, d.h. in den Tropen, kam wegen Blaus hohem Alter eigentlich auch nicht in Frage. Es war gewiß keine fromme Floskel, wenn Bodelschwingh mit den Worten schloß: »Gott schenke Ihnen die Kraft zum Warten und Stillesein. Wenn uns dies heilige Vorrecht eines Christenmenschen zuteil wird, muß schließlich aus jeder Not Segen erwachsen.« Er wollte Blaus Fall weiter im Auge behalten.[284]

Das St. Carolus-Krankenhaus in Görlitz-West.

Das St. Carolus-Krankenhaus in Görlitz, in dem der »Nichtarier« Dr. Albert Blau sechs Jahre lang als Chefarzt wirkte. 1933 mußte er unter Druck der Partei weichen.
Das Bild erschien zur Einweihung des neu erbauten Klinikgebäudes in der Neuesten Görlitzer Tageszeitung vom 26. Oktober 1927.

1938: Flucht aus Görlitz und der Entschluß zur Emigration

Nach vier Jahren, Ende Dezember 1937, verlor die »Klinik der Barmherzigen Schwestern« die Anerkennung durch die Allgemeinen Ortskrankenkassen. Im Juli 1938 mußte Albert Blau entlassen werden.[285] Mit dem 30. September 1938 erloschen allgemein alle ärztlichen Approbationen für jüdische Ärzte. Wer eine Ausnahmegenehmigung als sog. »Krankenbehandler« erteilt bekam, durfte neben der Frau und den eigenen Kindern nur noch Juden behandeln.[286] Blau kam nicht in den Genuß dieses Vorrechts; für ihn war damit das Ende jeglicher ärztlichen Tätigkeit in Deutschland gekommen.
Während der Reichspogromnacht war Blau gerade in Wiesbaden zum Besuch seiner erkrankten Frau. Er entging damit der drohenden KZ-Haft. Schon in der Nacht zum 10. November hatte der Chef der Sicherheitspolizei und des SD, Reinhard Heydrich angeordnet, »in allen Bezirken so viel Juden – insbesondere wohlhabende – festzunehmen, als in den vorhandenen Hafträumen untergebracht werden können«[287]. In Görlitz wurden 32 jüdische Bürger festgenommen; 24 von ihnen wurden in das Konzentrationslager Sachsenhausen eingeliefert.[288]
In Blaus Privathaus in Klein-Biesnitz wütete am Morgen nach der Pogromnacht eine betrunkene NS-Bande. Der Ehemann der damaligen Haushälterin berichtet:

»Am 10. November 1938 vormittags fuhr ein PKW vor, dem sechs versoffene SA- und SS-Männer entstiegen, die über den Zaun stiegen und mit Äxten bewaffnet waren. ›Wo ist der Jude?‹ wurde sie angebrüllt. ›Meinen Sie Herrn Dr. Blau?‹ fragte sie. ›Nein das Judenschwein wollen wir haben‹; sie stanken alle furchtbar nach Schnaps. Meine Frau wurde beiseite gedrängt, die Bande fiel in das Haus und [sie] zerschlugen mit ihren Äxten alles, was ihnen vor die Augen kam. Kunstgegenstände, Bilder, Porzellan, Möbel, Hausgeräte, sanitäre Anlagen, Büroeinrichtungen, Schmucksachen, Bücher, Betten wurden aufgeschlitzt und wissenschaftliche und Büroeinrichtungen zerkleinert. Schmucksachen verschwanden. Nach dieser entsetzlichen Tat wurde meiner Frau der Zutritt zum Haus verboten und der schon vorher bestellte Ortsgendarm mußte die Eingänge versiegeln. Das Ganze ging alles sehr schnell und den Unterhaltun-

Das von Helene Marx geleitete »Hügelheim« in Herrnhut bot dem verfolgten Ehepaar Blau für einige Wochen Zuflucht.

gen der Räuber war zu entnehmen, daß noch mehr derartige Aufträge vorlagen; sie verschwanden sehr schnell wieder.«[289]

Nüchtern betrachtet gab es für das Ehepaar Blau – sie hatten keine Kinder – nur noch einen einzigen sinnvollen Weg: die Flucht ins Ausland. So begann für sie jetzt die unsäglich schwere Zeit der Vorbereitung auf die Emigration. Konnten sie im Ausland jemand finden, der für sie Bürgschaft übernimmt, ihnen Arbeit und irgendeine Form der Existenzsicherung anbietet? Woher konnten sie die nötigen Devisen für die Passage erhalten (vgl. Kap. 15)?

Für die ersten Tage fanden die Blaus Zuflucht bei Pastor Günther Bornkamm und dessen Frau.[290] Bornkamm war Dozent für Neues Testament an der Kirchlichen Hochschule in Bethel. Er kannte das Ehepaar Blau aus Görlitz, seiner Heimatstadt.[291] Über Weihnachten 1938 konnten die jetzt Heimatlosen durch Bodelschwinghs Vermittlung im Brüderhaus Nazareth in Bethel zubringen. Anschließend mußten sie – immer auf der Flucht – weiterziehen. Die nächste Station war das von Helene Marx, einem Mitglied der Brüdergemeine, geleitete »Hügelheim« in Herrnhut, das die Blaus mit Hilfe mehrerer Herrnhuter von Görlitz aus erreichten.[292] Zwei Monate später hatten die Blaus auch dort keine Bleibe mehr. »Eine gewisse Instanz duldet uns nicht länger, d.h. sie drohte der Besitzerin unseres Heimes mit großen Schwierigkeiten«, schrieb Blau am 13. März 1939 – in verschlüsselter Form – an Günther Bornkamm.[293] Die Gestapo hatte Frau Marx angedroht, die Vermietung von Zimmern zu untersagen, wenn sie weiterhin Juden beherberge.[294] Das Ehepaar zog daraufhin weiter. Die beiden mußten sich nun trennen. Der Ehemann versteckte sich in einem abgelegenen katholischen Landpfarrhaus in der Nähe von Görlitz, die Ehefrau flüchtete zu einer Freundin in die Stadt Görlitz.[295]

Trotz dieser Umstände, wenn auch gelegentlich an der Grenze der Verzweiflung, betrieb Albert Blau mit aller Anstrengung seine Auswanderung. Er teilte damit das Schicksal so vieler Juden, die sich in der kurzen Zeit zwischen Pogromnacht und Kriegsbeginn vollends dazu durchrangen, Deutschland, ihre Heimat, endgültig zu verlassen, eine ungewisse Zukunft vor Augen.

Freilich, aus Deutschland herauszukommen, war nicht leicht. Wer emigrieren wollte, hatte schwer zu überwindende Hürden zu nehmen

Herrn
Pastor Fritz van Bodelschwingh

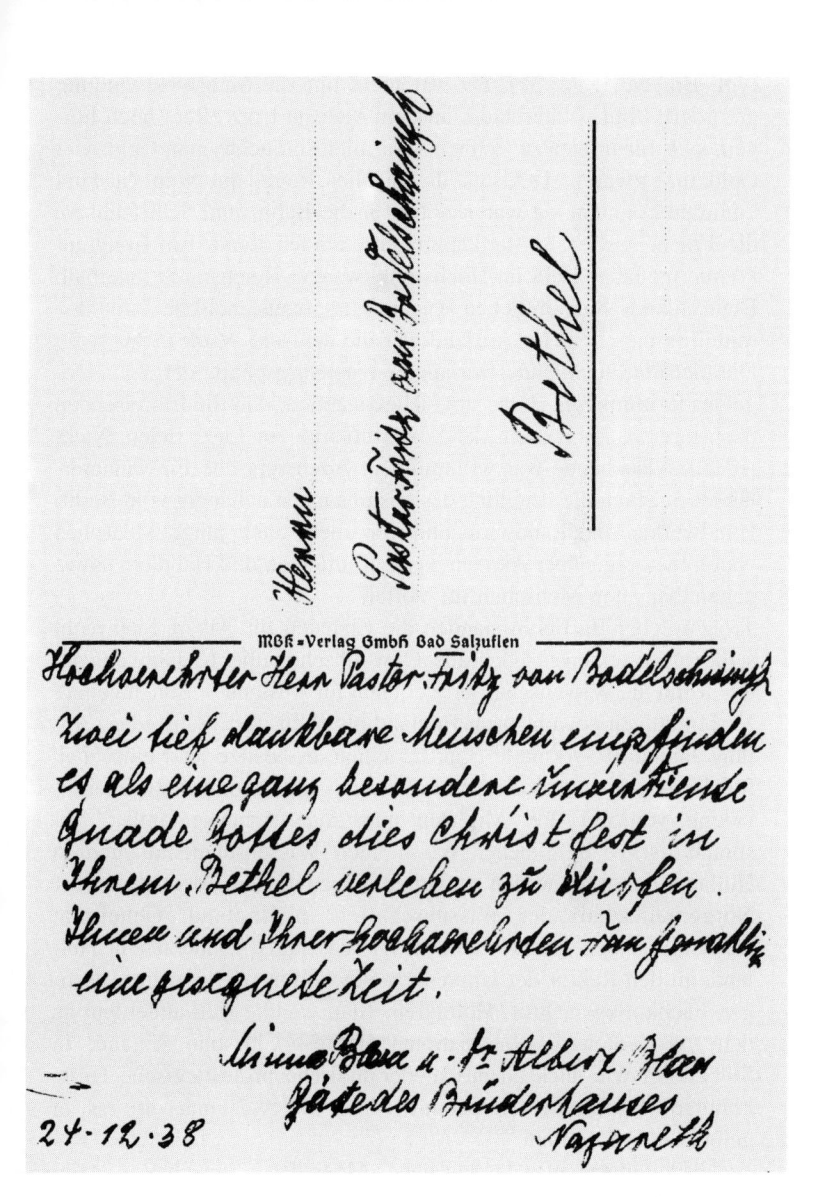

Bethel

MGK-Verlag GmbH Bad Salzuflen

Hochverehrter Herr Pastor Fritz van Bodelschwingh
Zwei tief dankbare Menschen empfinden
es als eine ganz besondere unverdiente
Gnade Gottes, dies Christfest in
Ihrem Bethel verleben zu dürfen.
Ihnen und Ihrer hochwerten Frau Gemahlin
eine gesegnete Zeit.

Minna Blau u. Dr. Albert Blau
Gäste des Brüderhauses
Nazareth

24.12.38

An Heiligabend 1938 bedankt sich Dr. Albert Blau bei Bodelschwingh dafür, daß er mit seiner Frau vorübergehend in Bethel unterkommen konnte.

(vgl. Bd. 2/2, Kap. 37). Da war nicht nur die Selbstüberwindung gefordert, vom »Vaterland«, an dem viele ja trotz allem noch hingen, sich für immer zu trennen. Vor allem brauchte man Geld, viel Geld und zwar in Devisen, die in aller Regel nur vom Ausland kommen konnten; sie waren nötig für die Bahn- und Schiffsreisen, die Fracht sowie als Startkapital im fremden Land. Ein Emigrant konnte im Jahre 1938 im Höchstfall zwanzig Reichsmark innerhalb Deutschlands zum amtlichen Wechselkurs in ausländische Zahlungsmittel umtauschen! Im Ausland war die deutsche Mark nichts wert. Die meisten Fluchtländer verlangten eine Bürgschaft oder Vorzeigegelder in immenser Höhe, um sicherzustellen, daß die Einreisenden nach ihrer Ankunft nicht der Sozialfürsorge zur Last fielen. Nicht jeder Asylsuchende war willkommen. Auch typische Einwandererländer machten die Erteilung des Visums meist abhängig vom Beruf. Handwerker und Landwirte und vor allem auch junge Menschen waren hier gegenüber Akademikern, Kaufleuten und Händlern sowie gegenüber alten Menschen im Vorteil.

Trotz solcher Barrieren standen die Chancen für Albert Blau nicht schlecht, so schien es jedenfalls. Obwohl schon über 65 Jahre alt, gab es für ihn als Wissenschaftler, der auch im Ausland Ansehen genoß, Verbindungen sowohl nach England als auch nach Schweden. Anfang Januar 1939 konnte Blau berichten, er besitze jetzt einen Paß für die Ausreise nach England allerdings mit einer befristeten Einladung von nur drei Monaten und ohne Arbeitsgarantie.[296] Er sprach darum in gleicher Weise auch Wissenschaftskollegen in Holland und in Schweden an. Briefe gingen an den Vorsitzenden der Notgemeinschaft der Wissenschaften in England, Geheimrat Demuth, an den entsprechenden Wissenschaftspräsidenten in Holland, an den Rektor der Universität Stockholm wie an seinen dortigen Fachkollegen, Prof. Holmgren. Blau wandte sich außerdem an den Präsidenten der International Hebrew Christian Alliance in Stockholm wie auch an das niederländische protestantische Hilfskomitee (Protestants Hulpcomité voor uitgewekenen om ras of geloof) in Amsterdam.[297]

Bodelschwingh hatte, das lag nahe, Albert Blau zunächst an Heinrich Grüber und sein in diesen Tagen gerade in Berlin eröffnetes Hilfsbüro verwiesen (vgl. Kap. 6). Doch die Enttäuschung war groß, als Günther Bornkamm – als Vermittler – berichten mußte, Grüber habe ihm in der Sache Dr. Blau geschrieben, er könne für diesen nichts tun, er sei zu alt. Am 4. Januar 1939 bestätigte Grüber seine Einschätzung Bodelschwingh gegenüber noch einmal:

»Bisher gab es in England keine Möglichkeit für den guten Dr. Blau. Sein Fall ist ja, wie ich Bornkamm schrieb, einer unter Hunderten, um nicht zu sagen Tausenden, die gleich gelagert sind. In Holland habe ich mich für ihn bemüht, ohne Erfolg. Sollte es in England eine Möglichkeit geben, würde ich mich freuen.«[298]

Postwendend, schon zwei Tage später, schrieb Bodelschwingh nochmals an Grüber, der sich gerade auf eine Reise nach England begab:

»Als ich Ihnen kürzlich wegen Dr. Blau schrieb, wußte ich nicht, daß er schon 65 Jahre alt ist. Das macht die Sache freilich sehr schwierig. Vielleicht können Sie aber doch sein Anliegen mit nach London nehmen, um zu sehen, ob man auch für einen derartigen Fall einen Ausweg weiß.«[299]

Hoffnungen erfüllen sich

Nach zwei Monaten hatten sich die Aussichten für das Ehepaar Blau deutlich gebessert. Es gab zwar keine Chancen für eine Aufnahme in England und Holland:

»Alle unsere Hoffnungen nach England sind bisher fehlgeschlagen, weil wir dort niemand finden, der uns die Bürgschaft stellen könnte, nur Einladungen nach dort«, so schrieb Blau an Bodelschwingh am 5. März. Er fährt fort: »Das gleiche gilt für Holland, wo mir an der Universitätsklinik in Amsterdam ein Arbeitsplatz zur Verfügung gestellt wurde, aber ebenfalls alle Existenzmittel fehlen.«

Am ehesten schien es in Schweden eine Möglichkeit zu geben:

»In Schweden haben sich nun die ›Vereinigung für intellectuelle Flüchtlinge‹ und merkwürdigerweise auch auf dortige christliche (!!) Veranlassung auch die mosaische Gemeinde bereit erklärt uns zusammen monatlich eine Bürgschaft von 200 Kronen zur Verfügung zu stellen. Herr Prof. Holmgren, Director der Universitäts-Ohren-, Nasen-, Halsklinik will dann die Einreise beantragen.«

Eine Bürgschaft von 200 Kronen war nicht viel, aber doch genug, daß Blau mit der Auswanderung nicht einfach ins Nichts fiel. Und er hoffte zuversichtlich, daß er in Schweden wieder als Arzt tätig werden könnte, wenngleich die schwedische Ärzteschaft sich gegen die Zulassung von Flüchtlingsärzten aus Deutschland im allgemeinen zur Wehr setzte. So stieß Prof. Holmgren, der Blau an seiner Klinik arbeiten lassen wollte, offensichtlich auf den Widerstand seiner schwedischen Kollegen. Darum bedrängte Blau in dem genannten Brief den ohne Frage einflußreichen Friedrich von Bodelschwingh um ein weiteres Empfehlungsschreiben, »ein empfehlendes Wort irgendwie nach Schweden selbst und an den Herrn Pfarrer Forell, [den] Geistlichen der schwedischen Gesandtschaft in Berlin«.[300] Pfarrer Birger Forell war einer der wichtigsten Verbindungsleute für die Bekennende Kirche zur Ökumene; er hat sich in vielen Fällen für deutsche Flüchtlinge eingesetzt.[301]

Auch jetzt wieder war Friedrich von Bodelschwingh bereit zu helfen. Da Bodelschwingh jedoch den schwedischen Gesandtschaftspfarrer Forell persönlich nicht kannte, schaltete er den gerade in Berlin weilenden Günther Bornkamm ein; er sollte Forell in der Sache Dr. Blau um Unterstützung bitten[302], was dann auch geschah.[303] Zusätzlich wandte Bodelschwingh sich an den mit ihm befreundeten Pfarrer der deutschen Gemeinde in Stockholm, Hauptpastor Emil Ohly, und bat ihn, bei Blaus schwedischen Verhandlungspartnern »ein freundliches Wort warmer Fürsprache unter Berufung auf mich« einzulegen.[304]

Ohlys Antwort war erfolgversprechend:

»Deinen Brief betr. Dr. Blau habe ich erhalten und mit Dr. Sandegren [einer weiteren Medizinerin, die sich für Blau eingesetzt hat, d. Verf.] gesprochen. Der Fall liegt relativ günstig und man hofft für die nächsten Jahre die Existenz von Dr. B. hier sichern zu können. Die Aufenthaltserlaubnis für Schweden wird nachgesucht.«

Die ganzen Probleme, die sich bei der Einwanderung jüdischer Flüchtlinge in fremde Länder auftaten, werden anschaulich, wenn Ohly fortfährt:

»Es kommen sehr viele derartige Anfragen an mich. In den meisten Fällen kann man nichts machen. Die schwedischen Behörden müssen ja auch an die Interessen ihres Landes denken. Man will auch vermeiden, daß hier eine antisemitische Strömung Schwierigkeiten schafft. Der Unwillen ist bis in christliche Kreise herein schon sehr stark.«[305]

Inzwischen fand in Berlin ein Gespräch zwischen Blau und einem weiteren schwedischen Pfarrer, Erik Perwe, statt, der eigens »zur Bearbeitung dieser Angelegenheiten für den März nach Berlin gekommen« war.[306] »P[erwe] hat ihm offenbar sehr erfreuliche Aussichten gemacht«, so konnte Bornkamm Bodelschwingh gegenüber vermelden.[307] Erleichtert schrieb Bodelschwingh am 12. April 1939 an den immer ungeduldiger werdenden Dr. Blau:

»Nach der mir aus Stockholm gegebenen Nachricht, die Sie wohl durch Herrn Pastor Bornkamm bekommen haben, möchte ich zuversichtlich hoffen, daß sich nun die Wege dorthin ebnen werden. Gott leite Ihre weiteren Schritte.«[308]

Besonders der letzte Brief, den Blau noch von Deutschland aus an Günther Bornkamm geschrieben hat, läßt erkennen, unter welch schweren seelischen Lasten Emigranten damals standen:

»Nun eilt die ganze Sache ganz außerordentlich. Meine arme Frau erleidet einen Zusammenbruch nach dem andern. Es ist unsagbar schwer, für uns nicht mehr tragbar.
Wenn uns jemand helfen will, dann muß es ganz eilig geschehen, zumal sich wie Ihnen ja bekannt, die allgemeinen Dinge gerade hier in der Gegend wieder zuspitzen. Ich kann also nur bitten und wieder bitten. [...] Bitte helfen Sie, wenn Sie es können und vermögen.«[309]

Die gemeinsamen Bemühungen von Friedrich von Bodelschwingh, Pastor Günther Bornkamm, Pfarrer Heinrich Grüber, drei schwedischen Pastoren und zwei angesehenen schwedischen Ärzten, um nur die uns namentlich Bekannten zu nennen, führten in diesem Fall schließlich zum Erfolg. Das Ehepaar Blau konnte noch vor Kriegsbeginn nach Schweden ausreisen. Durch Vermittlung von Frau Julia Aurelius, der Frau eines Bischofs und Schwester von Helene Marx, kamen die Blaus nach Lund und bekamen dort auch gleich eine Wohnung. Sie konnten sogar einen Teil ihrer Möbel mitnehmen. Dr. Blau arbeitete als Assistent in der Ohrenabteilung eines Krankenhauses in Lund.[310]

Das Ende

Doch damit war der »Fall Blau« für Friedrich von Bodelschwingh noch nicht abgeschlossen. Obwohl Albert Blau bereits als Assistenzarzt in Schweden tätig war, erhielt er doch keine »Legitimierung« als Arzt. Ein letztes Mal bat der Emigrant am 11. Juni 1940 Bodelschwingh, jetzt von Lund aus, um Hilfe, »um ein directes freundliches Wort an die Ihnen bez. Frau Gemahlin bekannte hochmögende Dame«. Und er fährt fort: »Hier haben wir viel Wärme und freundliche Menschen gefunden, welche uns helfen so viel sie nur können. Aber es ist furchtbar nur (!) auf Güte und nicht auf eigene Arbeit angewiesen sein zu müssen.«[311] Mit der verschlüsselt umschriebenen »bekannten hochmögenden Dame« war niemand geringeres als die schwedische Kronprinzessin gemeint. Es scheint, daß Bodelschwingh auch jetzt noch einmal sich für Albert Blau eingesetzt hat, wiewohl er zögerte, ob er »an die schwedische Kronprinzessin in dem gewünschten Sinn schreiben kann«.[312]
Die Akten schweigen, was im »Fall Blau« weiter geschah. Ein Jahr später erhielt Bodelschwingh die Nachricht, daß Albert Blau am 8. April 1941 nach schwerer Krankheit in Lund verstorben war.[313]
Bodelschwingh schrieb an die jetzt allein im fremden Land lebende Witwe, Minna Blau:

»Meine Gedanken wandern zu Ihnen hinüber. Der, an den der Vollendete bis ans Ende hat glauben dürfen, sei in diesen Tagen des Abschieds und der Einsamkeit Ihr Licht, Trost und starker Friede.

Minna und Albert Blau feiern nach ihrer Emigration 1940 Weihnachten in einer schwedischen Familie.

Er gestalte auch Ihre äußere Lage nach seinem gnädigen Willen. Sollten wir Ihnen dabei irgendwie durch Rat und Tat behilflich sein können, geschieht es gern.«[314]

In Deutschland war inzwischen das »Büro Pfarrer Grüber« von der Gestapo geschlossen worden, Heinrich Grüber wie auch andere Mitarbeiter saßen in KZ-Haft (vgl. Kap. 47). Eine Emigration aus Deutschland war nur noch in den seltensten Fällen möglich. Am 23. Oktober 1941 wurde jede Ausreise von Juden strikt verboten.[315] Ab jetzt rollten die Deportationszüge in den Osten.[316]
Der »Fall Blau« zeigt einmal mehr, mit welcher Intensität sich der Leiter von Bethel um derartige Einzelschicksale bemühte[317], aber auch, wie schwierig es war, gefährdeten »Judenchristen« zur Emigration zu verhelfen. Wie schwer mußte es erst für jemanden sein, der keine derartigen Beziehungen hatte!

15. Juden, Protestanten, Katholiken und Quäker arbeiten bei der »Auswanderungs«-Hilfe zusammen

Ähnlich wie bei der Aktion Kinderverschickung (vgl. Kap. 13) arbeiteten nach der Pogromnacht auch bei der Hilfe zur »Auswanderung« Juden, Protestanten, Katholiken und Quäker eng zusammen. Die vielfältigen Probleme, wie sie am »Fall Dr. Albert Blau« (vgl. Kap. 14) anschaulich werden, konnten kaum anders als in engem Benehmen der Konfessionen untereinander – sowohl innerhalb Deutschlands wie auch in Verbindung mit den Hilfsorganisationen in den Fluchtländern – bewältigt werden. Es war freilich mehr die wachsende Not als liberales und ökumenisches Denken, was zusammenführte. Hinzu kam der Zwang zur Zentralisierung, der mit der Bildung der »Reichszentrale für die jüdische Auswanderung« im Februar 1939 und der Bildung der »Reichsvereinigung der Juden in Deutschland« im Juli 1939 durch die SS geschaffen war. Auch christliche »Nichtarier« waren ja zur Zwangsmitgliedschaft in der Reichsvereinigung verpflichtet, in deren Händen allein der Einzug und die Verwaltung der Auswandererabgabe lag (vgl. Kap. 12).
Die Erlaubnis zur Auswanderung war an die Erfüllung vieler Bedingungen geknüpft, die sich laufend änderten. Ohne fachkundige Beratung fand sich der einzelne kaum zurecht. Die vier Auswanderer-Hilfsorganisationen waren auf gegenseitige Information und auch auf wechselseitige Beratung ihrer jeweiligen Klientel angewiesen. Ein Visum war ohne Unterstützung durch eine Flüchtlingsorganisation im Fluchtland kaum noch zu erhalten.

Hürden, die zu nehmen waren

Welche Hürden zu nehmen waren, ersieht man aus den regelmäßig verteilten Informationsbriefen der einzelnen Hilfsorganisationen. Beim St. Raphaelsverein waren es die »Winke«. Der Deutsche Caritas-Verband und das Büro Pfarrer Grüber verteilten wie die Reichsvereinigung der Juden Rundschreiben. Als Beispiel sei aus dem Sammelschreiben Nr. 19 des St. Raphaelsvereins Mitte Februar 1939 zitiert:

»Wir sind gerne bereit, Ihnen in Ihren Schwierigkeiten im Rahmen unserer Möglichkeiten behilflich zu sein. Da wir im Augenblick ganz außerordentlich überlastet sind mit Hunderten von brieflichen Anfragen, so wollen Sie uns verzeihen, daß wir Ihnen zunächst nur einen allgemeinen Brief senden. Wir nehmen an, daß derselbe irgendwie Ihre Verhältnisse trifft und Ihnen wertvolle Informationen gibt.

Wenn die Auswanderungswilligen zu uns kommen, fragen wir sie zunächst, ob sie Verwandte oder Freunde im Ausland haben, die ihnen Bürgschaften, Einreisepapiere, Arbeitsverträge besorgen oder wenigstens nach der Auswanderung ihnen Devisen zur Verfügung stellen können. Es gibt nämlich eine Anzahl Länder, bei denen durch die genannten Hilfen die Einreise erleichtert und manchmal sogar erst ermöglicht werden kann. Dazu gehören die Vereinigten Staaten von Nordamerika, Australien, Paraguay und mehrere andere Länder.

Leute ohne die erwähnten Beziehungen können z. B. nach USA nur einreisen, wenn wir ihnen zu einer Freundschaftsbürgschaft verhelfen. Damit ist aber bei der Überbesetzung der Einwanderungsquote noch nicht eine baldige Auswanderung gesichert. Nur Geistliche, Professoren und unter bestimmten Bedingungen auch Studenten können schnell nach USA einwandern.

Es gibt viele Leute, die durch Verwandte oder Freunde eine Bürgschaft aus USA erhalten haben und die nun wünschen, daß wir ihnen einen Durchgangsaufenthalt in der Schweiz, Holland, England besorgen. Dazu muß gesagt werden, daß infolge der starken Inanspruchnahme der genannten Länder heute auch durch katholische Stellen ein Aufenthalt zum Zwecke des Abwartens des amerikanischen Visums nur dann besorgt werden kann, wenn die Verwandten, die die Bürgschaft stellen, auch die finanziellen Garantien für den Zwischenaufenthalt in anderen europäischen Ländern geben.

Der größte Teil der Leute, die an uns wegen der Auswanderung schreiben, sind ohne Beziehungen der bisher erwähnten Art. Ihnen möchten wir ganz allgemein sagen, daß katholische Hilfsstellen größere Vorzeigegelder oder Bürgschaftsgelder weder schenken, noch vorstrecken können. Das gilt z. B. auch von den 200 Pfund, die für die Einwanderung nach Australien nötig sind. Falls es sich um Länder handelt, die nur ein kleines Vorzeigegeld verlangen, können wir von Fall zu Fall bei unseren Freunden im Ausland die Bitte stellen, ob sie ein solches kleines Vorzeigegeld beschaffen können. [...]

Allgemeine Grundsätze für die Auswanderung:

Leute über 60 Jahre sollten sich vernünftigerweise sagen, daß sie keine oder jedenfalls sehr schlechte Aussichten haben, im Auslande noch Geld zu verdienen. Die Auswanderung wird nur dadurch sinnvoll, daß Kinder, Verwandte oder Freunde vorher auswandern, sie mitnehmen oder sie kommen lassen. [...]
Für Frauen und Mädchen sind gewisse Möglichkeiten in England, Holland und wenigen anderen Ländern. Für Männer und Frauen kommt im Augenblick Brasilien als Zielland der Auswanderung für Katholiken in Frage. [...] Frauen und Mädchen werden im Haushalt und im weiblichen Handwerk, aber auch in der Krankenpflege und im Büro gewisse Aussichten haben, wenn sie die Sprache erlernt haben. Es sind katholische Schulen und Internate im Lande, in die man jüngere Kinder geben kann, um durch berufliche Tätigkeit der Frau den Mann zu unterstützen und für die Kinder das Pensionsgeld zu verdienen. Dagegen ist nicht damit zu rechnen, daß Männer in Klöstern oder Klosterschulen leicht kaufmännische oder ähnliche oder Lehrertätigkeit ausüben können. Nur wer die Landessprache gut gelernt hat und sich mit Erfolg den Examina unterzog, darf auf Lehrerposten rechnen. Im Journalistenberuf bestehen kaum Aussichten.
Ärzte können etwa als Angestellte und Gehilfen von einheimischen Ärzten arbeiten oder vorerst in ländlichen Gegenden wirken, wo keine anerkannten Ärzte arbeiten. Der Dienst ist strapaziös.«[318]

Papiere, Papiere, Papiere

Das Merkblatt nennt nur einen Teil der Schwierigkeiten, die sich für einen »Auswanderungswilligen« ergaben. Grob gesprochen ging es um drei Themenkreise:
Wer nimmt mich auf und wie erhalte ich ein Visum für ein Fluchtland? Wie kann ich mich in Deutschland finanziell ablösen? Wie kann ich die Reise, einschließlich des meist bescheidenen Reisegepäcks, bezahlen?[319]
Zu den Bewerbungsunterlagen für ein Visum gehörte in aller Regel ein Impf- und Gesundheitszeugnis, der Nachweis beruflicher Vorbildung durch ein Arbeitszeugnis, gegebenenfalls Heiratspapiere, drei Paßbilder und ein polizeiliches Führungszeugnis. Viele Länder wie die USA forderten ein Affidavit, eine finanzielle Bürgschaft durch einen ansässigen Staatsbürger; der Flüchtling sollte dem Einwandererland Nutzen bringen und nicht zur Last fallen. Waren Einwandererquoten festgelegt, blieb dem Flüchtling meist nur der Weg des Zwischenaufenthalts in einem Durchreiseland, bis die Quotennummer fällig war. Für Emigranten nach den USA waren dies vor allem Belgien, England, Portugal und auch Kuba. Für diese Länder benötigte der Flüchtling ein zeitlich begrenztes Durchreisevisum.
In ihrer Not versuchten es die Verfolgten gelegentlich auch mit illegalen Mitteln. So haben jüdische Emigranten mit dem Ziel der illegalen Einreise in Palästina sich teure Visa für Paraguay besorgt, nur um aus Deutschland herauszukommen. Das Konsulat von Paraguay ließ sich zuvor schriftlich versichern, daß der Inhaber des Visums nie den Boden Paraguays betreten werde.
Obwohl Deutschland die Juden eigentlich los haben wollte, ließ man sie doch nicht ohne weiteres ziehen. Die Erteilung des Visums durch ein ausländisches Konsulat war an die Vorlage eines gültigen deutschen Passes mit dem Eintrag »gültig für In- und Ausland, auch für Land XY« gebunden. Einen gültigen Paß erhielt der Flüchtling aber nur nach Vorlage einer Vielzahl von Finanzbescheinigungen: Erforderlich waren eine Unbedenklichkeitsbescheinigung des Finanzamtes[320], daß alle Steuern bezahlt sind, der Nachweis über die Bezahlung der Reichsfluchtsteuer und der nach der Pogromnacht auferlegten »Judenbuße« (vgl. Kap. 2), der Nachweis über die Bezahlung

Büro Pfarrer Grüber

Fernruf 41 55 68

Berlin C 2, den 25. Januar 1939.
Oranienburger Straße 20
an der Stechbahn 3/4

Gr/Br.

Herrn Bischof Wienken

B e r l i n
Oranienburgerstr. 13

Euer Exzellenz!

Herr Slotemaker, der hiesige Vertreter des holländischen Hilfskomitees, kommt soeben aus Holland zurück mit einer Bitte von Professor Schmutzer, Ihnen, bezw. seiner Exzellenz, Bischof Graf Preysing, unsere gemeinsamen Brasilienpläne einmal vorzutragen. Ich habe Pater Grösser gebeten, möglichst auch an dieser Besprechung teilzunehmen. Sie wissen wohl, dass das Büro in Utrecht eingerichtet ist und dass die Aussichten auf Arbeit vielversprechend sind.

Würden Sie die Freundlichkeit haben uns mitzuteilen, ob wir vielleicht am Montag oder Dienstag Vormittag nächster Woche bei Ihnen vorsprechen dürften.

Mit vorzüglicher Hochachtung

Euer Exzellenz

ergebener

Die Not der christlichen »Nichtarier« zwang zur Kooperation zwischen den Konfessionen. Bischof Msgr. Heinrich Wienken leitete das Kommissariat der Fuldaer Bischofskonferenz in Berlin.

der Auswandererabgabe an die Reichsvereinigung der Juden (vgl. Kap. 12).

War eine Jüdin mit einem »Arier« im wehrpflichtigen Alter verheiratet, mußte der Ehemann, wenn er mit der Familie ausreisen wollte, seine Freistellung vom Wehrdienst erwirken.[321]

Alle diese Unterlagen wurden von den staatlich anerkannten Auswanderungsberatungsstellen[322] gesammelt, geprüft und der übergeordneten Reichszentrale für die jüdische Auswanderung vorgelegt. Insgesamt entstand ein ungeheurer Papierkrieg, der den einzelnen überfordert hat.

In der Regel gingen die Flüchtlinge bettelarm aus Deutschland weg. Selbst wenn sie noch Vermögen hatten, konnten sie nur einen geringen Teil davon in Devisen umtauschen (vgl. Bd. 2/2, Kap. 37). Oft reichte ihr Geld nicht einmal zum Kauf der Eisenbahnfahrscheine und Schiffskarten. Hier sprang dann die Reichsvereinigung der Juden bzw. für christliche »Nichtarier« der Passagebewilligungsausschuß ein.

Passagebewilligungsausschuß

Durch ihre Zwangsmitgliedschaft in der Reichsvereinigung hatten auch »nichtarische« Christen Anspruch auf Reisebeihilfen aus dem Auswandererabgaben-Fonds. Um ihnen den Gang zu jüdischen Stellen zu ersparen, wurde am 5. Juli 1939 in Berlin der »Passagebewilligungsausschuß für christliche Nichtarier« gegründet.[323] Ihm gehörten Vertreter der drei nichtjüdischen Hilfsorganisationen an. *Für den Hilfsausschuß für katholische Nichtarier*: Der Generalsekretär des St. Raphaelsvereins, Dr. Max Joseph Größer (Vertreter: der Geschäftsführer des Hilfswerks beim Bischöflichen Ordinariat Berlin, Dr. Viktor Engelhardt) und der Caritaspfleger und Leiter der Zweigstelle des St. Raphaelsvereins in Berlin, Dr. Erich Püschel (Vertreter: der St. Raphaelsmitarbeiter in Hamburg, Wilhelm Nathem). *Für das Büro Pfarrer Grüber*: Obermagistratsrat a. D. Dr. Richard Kobrak (Vertretung: Grübers Mitarbeiterin und Sekretärin, Inge Jacobson). *Für die Religiöse Gesellschaft der Freunde/Quäker*: der in Berlin arbeitende Vertreter der amerikanischen Quäker, J. Roger Carter. Den Vorsitz hatte Dr. Erich Püschel, der ein vom

Jüdisches NACHRICHTENBLATT

Preis 15 Rpf.

Verlag: Jüdischer Kulturbund in Deutschland e. V., Abteilung Verlag, Berlin W 15, Meinekestr. 10 / Zweigstelle Wien: Wien I, Marc-Aurel-Straße 5 / Erscheint zweimal wöchentlich.
Redaktion für die Ausgabe Berlin: Berlin W 15, Meinekestraße 10 (Telefon 91 90 31); für die Ausgabe Wien: Wien I, Marc-Aurel-Straße 5 Telefon U 22 1 11) / Einsendungen an die Redaktion, Berlin W 15, Meinekestraße 10 / In Fällen höherer Gewalt besteht kein Anspruch auf Nachlieferung oder Erstattung bereits gezahlter Bezugsgebühren / Bezugsgeld einschließlich Bestellgeld je Monat RM. 1,12, je Vierteljahr RM. 3,36 (einschl. Postzeitungsgebühr von 10 Rpf. je Monat); bei Abholung RM. 1,— bzw. RM 3,— / Postscheck-Konto: Berlin Nr. 172 605 Jüdischer Kulturbund

Nummer 50   Freitag, den 21. Juni 1940   Jahrgang 1940

Die neuen Auswanderungswege
Kombinierte Land- und Seewege über den Fernen Osten

Die Wanderungsabteilung der Reichsvereinigung der Juden in Deutschland teilt mit:

Nachdem die bisherigen regelmäßigen Schiffahrtswege für die Auswanderer nach dem Fernen Osten und nach Nord- und Südamerika vom Mittelmeer aus zweifelhaft geworden oder völlig in Wegfall geraten sind, hat die Wanderungsabteilung der Reichsvereinigung sofort mit allen in Betracht kommenden Stellen Verhandlungen über die Erschließung des Landweges nach dem Fernen Osten und eines kombinierten Land- und Seewegs über den Fernen Osten nach Nord- und Südamerika aufgenommen. Schon frühzeitig war Vor... getroffen worden, ... sollte, der Ausüber den

Dieser Weg kann benutzt werden von Inhabern deutscher J-Pässe, die eine Einreisegenehmigung für Schanghai, ausgestellt vom japanischen Generalkonsulat in Schanghai, besitzen. Auf Grund dieser Einreisegenehmigung wird das japanische Durchreisevisum erteilt, das die Voraussetzung für die Erteilung der übrigen erforderlichen Durchreisevisen in Durchreisefolge, nämlich von Manschukuo, Rußland, Letland, Litauen bildet. Fahrtmöglichkeit besteht zweimal wöchentlich ab Moskau, Jaroslawer Bahnhof, jeweils Sonntag und Donnerstag.

Für den Seeweg ... japanischen ... fahrtlinien ... Teil d... m...

3. Auswanderung nach Nordamerika über den Fernen Osten:

Berlin — Moskau — Otpor — Manschouli — Harbin — Hsingking — Mukden — Fusan — Shimonoseki — Kobe — Yokohama — Nordamerika Westküste (San Franzisko bzw. Los Angeles bzw. Seattle)

4. Auswanderung nach Südamerika (Westküste) und nach Westindien über den Fernen Osten:

Berlin — Moskau — Yokohama — Balboa (Panama-Kanal) — Südamerika Westküste

Auch für diese Route ist die Bereitstellung der noch verfügbaren Schiffsplätze ... japanischen Schiffahrtslinien in die Wer... ...en. Sie kommt besonder...

2. Kombinierter Land- und Seeweg nach Schanghai über Wladiwostok:

...insberg — Wirk..."

Der Landweg über den Fernen Osten

Zeichnung: Hans Israel Bewald

Hinsichtlich der Reisedauer vgl. die obigen Mitteilungen

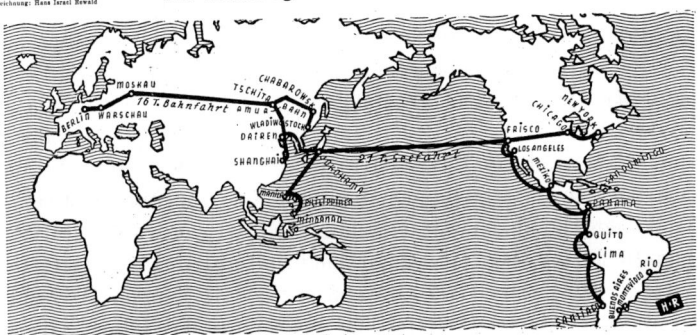

Nach Beginn des Westfeldzuges 1940 war der Landweg über den Fernen Osten für viele die letzte Fluchtmöglichkeit.
Das Jüdische Nachrichtenblatt vom 21. Juni 1940 beschrieb auf seiner ersten Seite »neue Auswanderungswege«.

Staat anerkannter Auswandererberater war. Von seiten der Reichsvereinigung der Juden nahm Dr. Hans Reichmann beratend, aber mit Vetorecht, an den Sitzungen teil. Der Ausschuß tagte jeweils am Dienstag und entschied über die Reisebeihilfe-Anträge, die über die einzelnen Hilfswerke gestellt werden mußten. Die Entscheidung war zugleich eine Zahlungsanweisung für die Reichsvereinigung.

Als mit Kriegseintritt Passagen nach Übersee nur noch in Devisen bezahlt werden konnten, sprangen in einzelnen Fällen die Hilfsorganisationen außerhalb Deutschlands ein wie die amerikanische jüdische Hilfszentrale, das American Joint Distribution Committee, der Vatikan und auch der Flüchtlingsdienst des Ökumenischen Rats in Genf.

Mögliche Fluchtländer

Bis Ende 1937 waren aus Deutschland knapp 130000 Juden emigriert (vgl. Bd. 2/2, Kap. 37). In den Jahren 1938 und 1939 kamen nocheinmal soviel hinzu.[324] Je länger je mehr verlagerte sich der Strom der »Auswanderer« in die überseeischen Länder. In Europa waren es vor allem das benachbarte Holland, wohin zwischen 1933 und 1941 25000 bis 30000 Flüchtlinge aus Deutschland kamen, Frankreich das mehr als 30000 Flüchtlinge aufnahm, und Großbritannien, das seit der Liberalisierung seiner Einwanderungspolitik nach den Novemberpogromen bis zum Kriegsbeginn mindestens 40000 jüdische Flüchtlinge aufnahm. Die USA wurden erst ab 1937 Hauptfluchtland. Die für Deutschland und Österreich festgesetzte Quote in Höhe von 27370 Einwanderern wurde erstmals 1939 voll ausgeschöpft, ebenso 1940. Im Jahr 1941 war es die Hälfte. In diese Zahl sind noch nicht eingerechnet die Non-Quota-Immigranten mit bevorzugten Berufen wie Geistliche, Professoren, Künstler und Studenten.

Bis zum September 1939 konnten in Südamerika, vor allem in Argentinien und Brasilien, etwa 10000 Juden aus Deutschland unterkommen. Anfang 1939 hatten verschiedene Staaten schlagartig verschärfte Einreisebestimmungen erlassen, um sich vor der wachsenden Zahl von Flüchtlingen, vor allem solchen, die mit einem Besuchervisum kamen und dann blieben, zu schützen.[325] Guatemala nahm nur noch Landwirte auf. Kolumbien und Panama erteilten Juden überhaupt keine Einwanderungserlaubnis mehr. Andere Staaten wie die Philippinen, Kenya und Uganda forderten die Hinterlegung hoher Garantiesummen.[326]

Das unter britischer Herrschaft stehende Palästina haben bis Kriegsbeginn – auf zum Teil abenteuerliche Weise – etwa 6000 Juden erreicht.

Es gab nur einen Ort auf der Welt, wohin Juden ohne Einwanderungsbeschränkung kommen konnten: Der exterritoriale Teil der Hafenstadt Schanghai. 1937 war Schanghai in japanische Hand gekommen. Einen Teil der Stadt bildete die »Internationale Niederlassung«, die dem ausländischen Konsularkorps unterstellt war. Seit 1937 siedelten sich dort 25000 jüdische Flüchtlinge aus Deutschland, Österreich, der Tschechoslowakei und Ungarn an; es war ein eigener jüdischer Stadtteil entstanden. Bis zum Beginn des Weltkriegs waren die Flüchtlinge auf dem Seeweg gekommen. Danach wählten sie die Transsibirische Eisenbahn bis Wladiwostok und fuhren von da mit dem Schiff nach Schanghai weiter. Dieser Fluchtweg galt sogar als letzte Möglichkeit, noch in die USA zu kommen; das Jüdische Nachrichtenblatt vom 21. Juni 1940 offerierte ihn mit einer ausführlichen Karte. Als mit Beginn des Pazifikkrieges im Dezember 1941 die Japaner auch die Internationale Niederlassung von Schanghai besetzt hatten, wurde sie in ein regelrechtes Ghetto mit Zugangskontrollen verwandelt. Die meisten der Schanghaier Flüchtlinge wanderten nach dem Ende des Krieges weiter nach den USA, Australien und Palästina.[327]

16. Die katholische Brasil-Visa-Aktion

Große Hoffnungen setzten katholische Flüchtlinge auf eine Einreisemöglichkeit in das katholische Brasilien. Dort war 1930 der Führer der Liberalen Allianz, Getulio Dornelis Vargas, an die Macht gekommen und seit 1934 Staatspräsident. Er suchte Einwanderer, die bereit waren, beim Aufbau des Landes mitzuhelfen. In einem der ersten Rundbriefe des Büros Pfarrer Grüber vom 18. Januar 1939 war zu lesen, Brasilien sei an 250 erstklassigen Männern als Siedler, die schwer arbeiten könnten und charakterlich stark seien, interessiert.[328] Grüber hatte auf einer Reise nach Holland Anfang Januar 1939 Kontakte mit dem dortigen katholischen Flüchtlingshilfskomitee geknüpft, das gute Beziehungen nach Brasilien hatte; Ziel war, eine gemeinsame katholisch-evangelische Brasil-Flüchtlings-Aktion auf den Weg zu bringen. Am 25. Januar 1939 informierte Grüber Bischof Wienken, den Leiter des Kommissariats der Fuldaer Bischofskonferenz in Berlin, über konkrete Pläne, die Katholiken, Protestanten und Quäker bei einer Besprechung in Holland erwogen hatten[329] (vgl. Kap. 6 und Bd. 3/2, Kap. 44).

Papst Pius XII. bemüht sich um 3 000 Visa für Brasilien

Tatsächlich kam eine Brasil-Aktion zustande, wenn auch mit großen Schwierigkeiten. Am Ende blieb es freilich ein katholisches Unternehmen; Brasilien war ein katholisches Land. Nach Brasiliens Presse und der Meinung seiner Konsuln, waren »keine mosaischen Juden erwünscht«, wie der Informationsdienst des St. Raphaelsvereins »Winke« vom 30. Dezember 1938 feststellte.[330] Es gab Beweise, daß einige Juden – in ihrer Not – sich zum Schein hatten taufen lassen. Um dem Mißbrauch zu wehren, legte die brasilianische Regierung sogar bei katholischen »Nichtariern« jetzt sehr strenge Maßstäbe an. Am 12. Januar 1939 mußte der St. Raphaelsverein seinen Auswandererberatungsstellen mitteilen, daß man in Rio de

Janeiro Leuten kein Visum mehr erteile, »die nach dem 1. Januar 1937 getauft sind«. Wer gerade den Konvertitenunterricht besuche, habe nur eine reale Chance, »wenn Frau und Kinder katholisch sind und kirchliche Trauung vorliegt«.[331]

Das Stocken im Erteilen von Visa für Brasilien Anfang des Jahres 1939 veranlaßte den Präsidenten des St. Raphaelsvereins, Bischof Berning, wie auch den Erzbischof von München und Freising, Michael Kardinal Faulhaber, sich in getrennten Schreiben am 23. und 31. März 1939 an den eben gewählten Papst Pius XII. zu wenden. Eugenio Pacelli, von 1920 bis 1929 Nuntius für das Deutsche Reich, sah die Not der deutschen Flüchtlinge. Er wies den Apostolischen Nuntius in Rio de Janeiro, Benedetto Aloisi Masella, umgehend an, sich um die Zuteilung von 3 000 Visa für christliche »Nichtarier« zu bemühen. Als in der Sache sich nach zwei Monaten noch nichts getan hatte, reiste Generalsekretär Größer Anfang Juni nach Rom. Er erreichte, daß sich nun Pius XII. unmittelbar an den brasilianischen Bundespräsidenten wandte. Am 24. Juni konnte Kardinalstaatssekretär Luigi Maglione mitteilen, Vargas habe der Bitte des Papstes entsprochen und für »3 000 tedeschi cattolici non ariani« ein Einreisevisum in Aussicht gestellt.[332]

Verschärfung der Einwanderungsgesetze in Brasilien

Damit war der Weg keineswegs schon frei. Im selben Zug waren die brasilianischen Einwanderungsgesetze derart verschärft worden, daß es einem jüdischen Flüchtling aus Deutschland praktisch unmöglich war, die Bedingungen zu erfüllen. Es sollten nur Familien mit mindestens drei für die Landwirtschaft oder Industrie arbeitsfähigen Personen im Alter zwischen 12 und 50 Jahren einreisen. Zusätzlich war die ungeheure Summe von 20 000 Conto de Reis, der Wert von etwa 2 800 Reichsmark, als Vorzeigegeld zu hinterlegen.[333] Nach mühsamen Verhandlungen, in die sich wiederum der Vatikan und der Apostolische Nuntius in Rio eingeschaltet hatten, ließ der brasilianische Einwanderungsrat die erschwerenden Bedingungen fallen. Jetzt sollten 1 000 der zugesagten Visa vom brasilianischen Botschafter beim Heiligen Stuhl in Verbindung mit dem Staatssekretariat des Vatikans an solche deutsche »Nichtarier«, die sich bereits außerhalb Deutschlands befanden, ausgegeben werden. Dies vollzog sich tatsächlich ohne große Probleme. Bis zum 1. August 1940 waren bereits 625 davon verteilt. Im August 1941 waren alle ausgegeben; allerdings für Inhaber, die noch interniert waren, verzögerte sich die Ausreise.[334]

Ungeahnte Schwierigkeiten in Deutschland

Ganz anders verhielt es sich mit den übrigen 2000 Visa. Um sie entspann sich ein schauerliches Drama, bei dem der St. Raphaelsverein, obwohl durch den Vatikan, ja durch Pius XII. persönlich unterstützt, auf den versteckten, aber hartnäckigen Widerstand der brasilianischen Botschaft in Berlin und des brasilianischen Generalkonsuls in Hamburg stießen. Gegen deren antisemitische Einstellung war nur schwer anzukommen.[335]
Nicht einmal die strikte Anweisung von Rio, doch endlich in Deutschland mit der Ausgabe der Visa zu beginnen, konnten den brasilianischen Botschafter Cyro de Freitas-Valle in Berlin und den Generalkonsul in Hamburg zum Handeln bringen. Im Februar 1940 weilte Pater Größer erneut in Rom und suchte Unterstützung.[336] Gerade einen Tag zurück, fuhr der schwer Herzkranke am 18. März zusammen mit dem aus Rom angereisten Generalprokurator des Pallottinerordens, Dr. Franz Xaver Hecht, weiter nach Berlin, um den Botschafter Brasiliens persönlich aufzusuchen. Noch ehe es dazu kam, war Größer in der Nacht in Berlin zusammengebrochen und verstorben. Auch Hecht vermochte nichts auszurichten. Wie verworren die Lage war, wurde ihm bei einem anschließenden Gespräch im Reichssicherheitshauptamt bei SS-Untersturmbannführer Dannecker am 21. März 1940 deutlich.[337] Die Gestapo war an einer zügigen Ausreise nach Brasilien durchaus interessiert. Dannecker stellte sogar in Aussicht, bei einer eventuellen »Evakuation« werde er die vom St. Raphaelsverein vorgesehenen Emigranten ausnehmen. Im Februar 1940 waren die ersten Deportationen aus dem Reich, aus Stettin, nach dem Osten erfolgt.[338]
Auf katholischer Seite kam man überein, sich darum zu bemühen, daß die für Deutschland bestimmten 2000 Visa dann eben in Italien vergeben werden. Doch auch dies war mit Schwierigkeiten verbun-

ST. RAPHAELS-VEREIN

zum Schutze katholischer deutscher Auswanderer E. V. - Gegründet 1871
Amtlich anerkannte gemeinnützige Auswandererberatungsstelle
Postscheck: Hamburg Nr. 592 08 / Fernsprecher: 24 30 26 / Telegr.-Adresse: Raphaelsverein

Generalsekretariat
B. Nr. 10667/39
Bitte in der Antwort anzugeben.

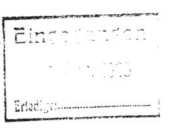

HAMBURG 1, den 6.September 1939
GROSSE ALLEE 42

An das
    Hilfswerk beim Bischöfl.Ordinariat
        Berlin N 54
        Schönhauser Allee 182

Sehr geehrter Herr Dr Engelhardt,

    wir waren hier der Meinung,dass die Beratung der auswanderungswilligen Leute nur insofern fortzusetzen sei,als die Auswanderung nahe der Durchführung ist und über neutrale Länder durchzuführen sei.

Nachdem Herr Dr Püschel von Herrn Löwenstein gehört hat,dass die Gestapo die Fortführung der Arbeit wünscht,muss man dieser Weisung folgen.

    Wir senden morgen einen kleinen Wink herum, der einige Notizen bringt.Feindliche Länder können direkt nicht mehr erreicht werden.Deutsche Dampfer fahren nicht mehr.Von neutralen Schiffen dürften militärpflichtige Nichtarier männlichen Geschlehhts heruntergeholt werden, weil die ja doch zum Arbeitsdienst herangeholt werden sollen,soweit man weiss.Frauen und Kinder scheinen aber reisen zu können,falls die Schiffsvertretung mit deutscher Zahlung zufrieden ist(was hier bezweifelt wird)

    Die Erteilung von Visen nach Brasilien in Belgien bezweifeln wir. Wir haben aber dorthin geschrieben,um Genaueres zu hören.

        Mit vielen Grüssen Ihr ergebener

Zuschriften wolle man im allgemeinen an den Verein und nicht an persönliche Adressen richten.

Pater Max Joseph Größer gibt nach Kriegsausbruch eine Lageschilderung für das in Berlin angesiedelte Hilfswerk beim Bischöfl. Ordinariat.

den. Es waren zusätzlich Durchreisevisa für Italien, Portugal und eventuell auch Spanien notwendig. Größers Nachfolger, Pater Alex Menningen S.A.C., reiste darum nach Rom und erfuhr bei einer Privataudienz beim Papst, daß Pius XII. die Brasilaktion zu »seiner ganz persönlichen Angelegenheit« erklärt hatte.[339] Schließlich stimmte die brasilianische Regierung dem zu, daß von den ursprünglich vorgesehenen 2 000 Visa monatlich 50 in Deutschland vergeben werden sollten. Dies entsprach einem Zeitraum von drei Jahren.[340] Doch noch immer bewegte sich in Berlin und Hamburg nichts. Nach verschiedenen Interventionen des Apostolischen Nuntius in Rio de Janeiro und des Nuntius in Berlin wie auch des wohlgesonnenen brasilianischen Botschafters beim Vatikan gab am 12. September 1940 der brasilianische Außenminister, Oswaldo Aranha, dem Generalkonsul in Hamburg Weisung, allerdings mit dem Zusatz, wie bisher die Einreise unerwünschter Elemente zu verhindern. Schon während der laufenden Verhandlungen hatte im April 1940 der St. Raphaelsverein – wenn auch widerstrebend – sich der Forderung gebeugt, von den Visa-Listen Juden, die mit Katholiken verheiratet waren, und »nichtarische« evangelische Christen zu streichen.
Trotz der massiven Vorstöße ging es mit der Aktion auch im Herbst 1940 nicht voran. Jetzt wurde die Erteilung der Visa von der Bildung eines katholischen Komitees in Brasilien abhängig gemacht, das die Einreisenden empfangen und betreuen sollte. Das war gar nicht leicht. Mit wenigen Ausnahmen sperrte sich die katholische Bevölkerung Brasiliens gegen neue Flüchtlinge. Für die in Deutschland verzweifelt auf Ausreise Wartenden war es immer weniger zu verstehen, daß aus der groß angekündigten Aktion überhaupt nichts werden sollte. Auch die evangelische Seite war irritiert. Heinrich Grüber schrieb am 11. November 1940 an Pfarrer Freudenberg vom Ökumenischen Flüchtlingsdienst in Genf:

»Die Katholiken scheinen mit ihren Brasilienvisen jetzt weiterzukommen, wenigstens tuscheln sie geheimnisvoll darüber. Die offene Zusammenarbeit, die wir mit Pater Größer so freudig begrüßt haben, ist bei seinem Nachfolger leider nicht vorhanden.«[341]

Im März 1941 machte der in Rom und Lissabon arbeitende Pallottiner-Pater Anton Weber noch einmal den Vorschlag, 300 bis 500

Visa von der deutschen Quote abzuzweigen und deutschen Auswanderern in den Niederlanden, Belgien und Südfrankreich zur Verfügung zu stellen. Vergeblich, denn bald war alles zu spät. Im Oktober 1941 wurde der St. Raphaelsverein in Deutschland von der Gestapo verboten. Im Dezember 1941, nach Eröffnung des Pazifik-Krieges, brach Brasilien die diplomatischen Beziehungen zu Deutschland ab. Nach der Versenkung brasilianischer Schiffe erklärte Brasilien im August 1942 Deutschland den Krieg. Von den 3 000 Visa, die 1939 Pius XII. versprochen worden waren, wurden höchstens die Hälfte vergeben.

Ausreisebeihilfen durch den Vatikan

Besser lief es mit der Finanzierung der vom Vatikan unmittelbar organisierten Ausreisen; sie scheiterten glücklicherweise nicht – wie auf evangelischer Seite – an fehlenden Mitteln für die Schiffspassagen. Im Juli 1940 hatte Rom bei der Apostolischen Nuntiatur in Lissabon einen Hilfsfonds mit einem Anfangskapital von 30 000 US-Dollar errichtet. Der polnische Pallottinerpater Adalbert Turowski arbeitete seit Juli 1940 im Dienst des St. Raphaelsvereins in Lissabon und konnte so die Ausreisenden betreuen. Nach Turowskis Aufzeichnungen hat er in der Zeit von August 1940 bis August 1941 unter anderem auch 73 katholische »nichtarische« Flüchtlinge aus Deutschland und den von Deutschen besetzten Gebieten persönlich und finanziell unterstützt.[342]

17. Ein »judenchristliches« Schicksal: Das Ehepaar Georg und Maria Lindenstädt

Am 13. Dezember 1939 schrieb Pfarrer Werner Jordan, der Leiter der »Vertrauensstelle für nichtarische Christen« in Nürnberg, an das Büro Pfarrer Grüber in Berlin. Der Brief spricht für sich:

»Am 1. November wurde ich wegen eines alten Ehepaares angerufen, die in Nürnberg auf dem israelischen Friedhof Selbstmord durch öffnen der Pulsadern versucht haben. Sie seien evangelisch. Ich möchte für ihre Unterkunft sorgen, da sie im israelitischen Krankenhaus in Fürth seien, wo sie nicht hingehören.
Ich fuhr hin und erfuhr folgende Einzelheiten: Georg Lindenstädt ist voll nichtarisch, geboren in Berlin 1875. Er wurde aber 1903 zu Berlin in der Thomaskirche getauft. Er war Kapellmeister und als solcher bis 1934 tätig. Als Nichtarier wurde er dann abgebaut, arbeitete bis 1938 in der Lederfabrik seines Bruders zu einem Wochenlohn von 12 RM. Da er hoffte, einen Geigenschüler zu kriegen, zog er Ende 1938 nach Offenburg. Dort blieb er bis zur Evakuierung [der grenznahen Stadt bei Kriegsbeginn]. Das Geld wurde immer weniger. Sie zogen dann nach Wiesbaden und als das Geld fast aufgebraucht war, da auch in Wiesbaden keine Stunden zu bekommen waren, fuhren sie mit dem Rest des Geldes nach Nürnberg. – Nürnberg ist die Geburtsstadt der arischen und evangelischen Frau Marie, geb. Birkmann, geboren 1870.
Das israelitische Krankenhaus gab mir noch eine Frist von drei Tagen bis ich etwas für die beiden Menschen, die auch völlig mittellos waren, gefunden hatte. Ich wandte mich an den Leiter einer Anstalt der Inneren Mission um Aufnahme. Die wurde zuerst versprochen, auf den Erlaß hin, daß Anstalten durch Aufnahme einzelner Nichtarier keine Nachteile erwachsen sollten. In letzter Stunde kamen dem Anstaltsleiter wieder Bedenken wegen des Beinamens ›Israel‹ – was vorher nicht bedacht worden war – und er verlangte Einweisung durch die zuständige Fürsorgebehörde. Diese wurde, obwohl ein Amtsbruder bei höherer Stelle war, nicht gegeben. Re-

sultat: Die Frau als Arierin mußte das israelitische Krankenhaus verlassen. Für den Mann mußte ich um Verlängerung des Aufenthalts bitten, die nach einigem Zögern gewährt wurde.
Es war für mich damals eine furchtbare Aufgabe, als ich die alten Menschen auseinanderreißen mußte, und ich denke noch mit großem Schmerz daran. Aber damals dachte ich noch immer an eine menschliche Lösung. Die ergab sich aber nicht, da Einweisungen auch in Wohnungen hier z. Zt. für Nichtarier überhaupt nicht vollzogen werden dürfen. So kam es, daß Frau Lindenstädt bei uns in Fürth im Sophienheim und der alte Mann in Berlin C 2, Monbijouplatz 12, Hof 2, rechts bei Tymberg, untergebracht ist. Sie sind also nicht nur am gleichen Ort getrennt, sondern völlig auseinandergerissen.
Mir liegt die ganze Sache umso schwerer auf dem Herzen, als man den beiden alten Menschen doch eigentlich wieder einen Weg ins Leben hätte zeigen sollen nach dem, was sie durchlitten und sich angetan haben. Statt dessen dieser Weg.
Wie ich hörte, hat sich Herr Lindenstädt schon an Sie gewandt. Wenn aber nicht, möchte ich Sie doch herzlich bitten, sich seiner seelsorgerlich annehmen zu wollen.
Ich glaube, daß die beiden alten Menschen ihren bitteren Weg jetzt treu weitergehen. Aber eine brüderliche Hand würde ihnen wohl gut tun. Ich selber konnte dies zunächst nicht tun, weil ich den harten Schnitt habe vollziehen müssen und leider falsche Hoffnungen gehabt und gemacht habe. Wenn von Ihnen ein gemeinsamer Weg für beide Menschen gefunden würde, wäre ich Ihnen zu herzlichem Dank verbunden.«[343]

Am 27. Dezember 1939 antwortete Kapellmeister Georg Lindenstädt Pfarrer Jordan und bedankte sich von Berlin aus für einen Weihnachtsgruß:

»Hochgeehrter Herr Pfarrer!

Für das Meingedenken zum heiligen Christfest, sage ich Ihnen herzlichen Dank.

Berlin C 2, 27. Dezember 1939.
Monbijouplatz 12 b/Tyrnberg
Sütterlinschrift II

Hochgeehrter Herr Pfarrer!

Für das Kriegsbetenken zum heiligen Christfest, sage ich Ihnen herzlichen Dank.

Daß ich doch die Gnade meines Heilandes über mich walten, sie es mir vergönnt war den Segen entheben zu dürfen, der den Fürsten dieser Welt, und auch den meinen, bedeuten möge, was auch immer und alleine.

Wie es mir geht? Höchste Bescheidenheit, Verzicht aus Mangel an allem, das ist mein heutiges Los.

Berlin ist zu groß, um mit dem Einzelnen fühlen zu wollen.

Mit meinen 65 Jahren und geschwächten Kräften, bin ich Schwerstarbeiter-Anforderungen nicht gewachsen. Trotz meiner großen Fähigkeiten, als Pädagoge der Musik, Komponist, Pianist, Chormeister und erstklassiger Geiger –

... Namen, gilt mir

... ja und durch den so
bearbeitet. Leider Gottes! –

Ich versuche dieses bittere Leben zu ertragen, im Vertrauen auf meinen Heiland, der ich täglich um Schirmung anrufe und um Stärke es zu bemeistern.

Ich grüße Sie, werter Herr Pfarrer freundlichst und wünsche Ihnen ein gesundes und glückbringendes Neujahr. Treten in Jesu Geist kommen!

Ihr ganz ergebener
Georg Lindenstädt

Brief von Kapellmeister Georg Lindenstädt an Pfarrer Hans Werner Jordan, den Leiter der Vertrauensstelle »Büro Pfarrer Grüber« in Nürnberg. (Zur Entzifferung der Sütterlin-Schrift vgl. nebenstehenden Text.)

Sah ich doch die Gnade meines Heilandes über mich walten, da es mir vergönnt war, den Glanz miterleben zu dürfen, der den Frieden dieser Welt, und auch den meinen, bedeuten möge; wenn auch einsam und alleine.
Wie es mir geht? Höchste Bescheidenheit, Verzicht aus Mangel von allem, das ist mein heutiges Los. Berlin ist zu groß, um mit dem Einzelnen fühlen zu können.
Mit meinen 65 Jahren und geschwächten Kräften, bin ich Schwerstarbeiter-Anforderungen nicht gewachsen. Trotz meiner großen Fähigkeiten als Pädagoge der Musik, Komponist, Pianist, Gesangslehrer und erstklassiger Zeichner und Maler (Lehrer mit Namen) gibt mir nur eine kleinste Rente von 40 Mk. Lebensmöglichkeit, ohne jede anderweitige Unterstützung, da man ja bekanntlich von Mitleidsbezeugungen nicht existieren kann.
Das Büro des Pfarrers Grüber, hier, hat mich als nichtarischen Christen der jüdischen Gemeinde, mit Erfolg, zur freien Mittagsbeköstigung überwiesen, nachdem die Reichsvereinigung der Juden mich *herzlos* und glatt wegen Nichtzuständigkeit abgewiesen hatte. Wo bleibt da der große Rassegedanke? Man hat mich direkt auf die Straße gestellt. – Auch muß ich *nur* – bei Juden wohnen, da mich ein anderer nicht aufnehmen darf und würde.
Wie ich das Christfest erlebt habe? Diese Frage wird durch vorangehenden Satz reichlich beantwortet. Leider Gottes! –
Das ist ein schlechtes Bild meines gegenwärtigen Zustandes im Geist.
Ich versuche dieses bittre Leben zu ertragen im Vertrauen auf meinen Heiland, den ich täglich um Erhörung anflehe und um Stärke, es zu bemeistern.

Ich grüße Sie, werter Herr Pfarrer, freundlichst und wünsche Ihnen ein gesundes und glückbringendes Neujahr. Frieden in Jesu Christi komme!

Ihr ergebener

Georg Lindenstädt«[344]

18. Abstieg: Das soziale Netz für Juden bricht zusammen[344]

Die Wende zum Jahr 1939 bedeutete für viele Juden, die noch in Deutschland waren, den völligen sozialen Abstieg. Im Winter 1938/39 war der Anteil der Unterstützungsbedürftigen auf rund 25% der jüdischen Bevölkerung angestiegen. Von den rund 300 000 Juden waren etwa 70 000 als notleidend bei der Jüdischen Winterhilfe registriert.[345] Bis jetzt hatten auch Juden Anspruch auf öffentliche Fürsorge. Doch damit war es nach der Pogromnacht vorbei. Ab 1. Januar 1939 waren Juden »im Falle der Hilfsbedürftigkeit auf die Hilfe der jüdischen freien Wohlfahrtspflege zu verweisen.« In der »Verordnung über die öffentliche Fürsorge für Juden« vom 19. November 1938 heißt es zwar einschränkend: »Soweit diese [= die jüdische Wohlfahrtspflege] nicht helfen kann, greift die öffentliche Fürsorge ein. Die Voraussetzungen der Hilfsbedürftigkeit sind streng zu prüfen.«[346] Die Praxis zeigte freilich, daß die staatlichen Fürsorgebehörden äußerst strenge Maßstäbe anlegten. Nach dem Willen des NS-Staates sollten auch »nichtarische« Christen in Zukunft in Fürsorge- und Krankheitsfällen nur noch jüdische Ärzte und jüdische Einrichtungen in Anspruch nehmen. Trotz des Protestes von evangelischer und katholischer Seite schrieb dies die 10. Verordnung zum Reichsbürgergesetz vom 4. Juli 1939 endgültig fest. In der Praxis war dies allenfalls in den großen Städten konsequent durchzuführen.

Ende 1938 gab es in Deutschland noch 103 jüdische Wohlfahrtseinrichtungen, d. h. Krankenhäuser, Altersheime, Erholungs- und Kinderheime mit etwa 5 000 Betten.[347] Deren Zahl nahm – entsprechend dem Absterben der Kultusgemeinden – laufend ab. Der Reichsfinanzminister hatte darum am 15. Juli 1939 – nicht zuletzt im Blick auf »nichtarische Christen« – Ausnahmen gestattet, so daß »Krankenanstalten und andere gemeinnützige und mildtätige Anstalten die Steuerbefreiung nicht versagt« würde, wenn sie im Einzelfall auch Personen aufnähmen, »die nicht zur deutschen Volksgemeinschaft gehören«.[348] Damit war das Problem zwar entschärft, nicht aber gelöst. Die Frage war: Wann wurde der »Einzelfall« überschritten? Und vor allem: Wer schützte »nichtarische Christen« vor der immer stärker um sich greifenden antisemitischen Einstellung von Mitpatienten und dem Pflegepersonal? »Judenchristen« konnten, wie eines der folgenden Beispiele zeigt, zwischen alle Stühle fallen und sich sowohl von christlicher, wie auch von jüdischer Seite im Stich gelassen fühlen.

Elberfeld: Zur Notaufnahme von jüdischen Patienten gezwungen – eine Diskriminierung?

Im Februar 1940 teilte das Städt. Gesundheitsamt in Elberfeld dem zum Deutschen Caritasverband gehörenden privaten Krankenhaus St. Marienheim mit, daß in Zukunft für die Notaufnahme kranker Juden in Elberfeld allein dieses Krankenhaus noch zuständig sei. Die Verfügung geschah auf Veranlassung des Kreisleiters, da Juden sich beschwert hatten, »daß sie in Elberfeld – selbst bei lebensgefährlichen Erkrankungen – in keiner Anstalt Aufnahme fänden«.[349] Die an der Klinik tätigen Ärzte lehnten »in Zukunft die Behandlung von Juden grundsätzlich ab, wenn nicht alle Elberfelder Krankenanstalten solche Notaufnahmen durchführen müssen«. Für den Krankenhausträger bewertete Regierungspräsident a. D. Hans Elfgen die Entscheidung des Gesundheitsamtes als »Diskriminierung einer privaten gemeinnützigen Anstalt«. Zwar sei man in einem akuten Notfall durchaus zur Hilfe bereit; das Gesundheitsamt sei jedoch nicht befugt, durch Polizeiverordnung alle jüdischen Patienten dem katholischen Krankenhaus zuzuweisen. Die »aufgezwungene Maßnahme« könne zum Verlust der Gemeinnützigkeit führen, da der Reichsfinanzminister ja nur in Einzelfällen die Aufnahme von Juden als steuerunschädlich erklärt habe. Und, »angesichts der umfassenden Maßnahmen der Reichsregierung auf Aussonderung und Ausschluß von nicht-arischen Personen aus der deutschen Volksgemeinschaft würden – und zwar in einer privaten Krankenanstalt noch mehr als in einer kommunalen – mit Sicherheit große Reibungen zwischen den jüdischen und arischen Patienten, wie zwischen Letzteren und der Krankenhausleitung bestehen«. Zur Bekräftigung seines Standpunkts zitierte Regierungspräsident Elfgen aus dem Fachblatt »Das neue Reichsrecht« die von Staatssekretär Pfundtner verfaßte Einführung zum Gesetz über Mietverhältnisse mit Juden:

»Der Hausgemeinschaft widerspricht es, wenn in demselben Haus Juden und deutsche Volksgenossen zusammen wohnen, denn zwischen ihnen kann eine Hausgemeinschaft nicht bestehen. Eine alle Hausbewohner umschliessende Gemeinschaft ist daher nicht möglich, solange deutsche Voksgenossen und Juden zusammen wohnen müssen.«

Die Sache erledigte sich zwar auf andere Weise. Das Städt. Gesundheitsamt ordnete an, in Zukunft wären alle Krankenhäuser verpflichtet, in einem Notfall grundsätzlich jeden jüdischen Patienten aufzunehmen. Damit waren aber keineswegs jüdische Patienten vor dem antisemitischen Geist der Hausbewohner geschützt, wie ihn Pfundtner beschrieben hat.

Winterhilfe

Am 23. November 1939 bat der Caritasverband Augsburg die Caritas-Reichsstelle für nichtarische Katholiken in Berlin um Rat in einem schwierigen Sozialfall:

»Bei mir erscheint die Tochter Ilse des ehemaligen Kaufmanns Max R., Augsburg. Der Vater ist jüdischer Rasse und Religion, die Mutter katholisch, die Kinder katholisch. Bis vor einigen Wochen war der Vater in einer Ziegelei beschäftigt. Er verunglückte dort, ist jetzt arbeitsunfähig, erhält aber keinerlei Rente, nachdem die Krankenkasse einige Zeit für ihn bezahlt hatte. Von der jüdischen Winterhilfe erhielt er gestern für drei Monate 8.– RM (acht Reichsmark). Die Mutter war bis vor einigen Wochen auch in Tätigkeit, die ihr jetzt entzogen worden ist. Die Tochter Ilse, fünfzehneinhalb Jahre, verdient als Lehrmädchen monatlich 15.– RM, der Sohn Horst, 13 Jahre, verdient als Kegelbube an mehreren Abenden in der Woche ca 6 bis 8 RM. Auf Grund ergangener Passiervorschriften ist mit der künftigen Unmöglichkeit einer solchen Abendbeschäftigung zu rechnen. Der Sohn Hans ist fünf Jahre alt.

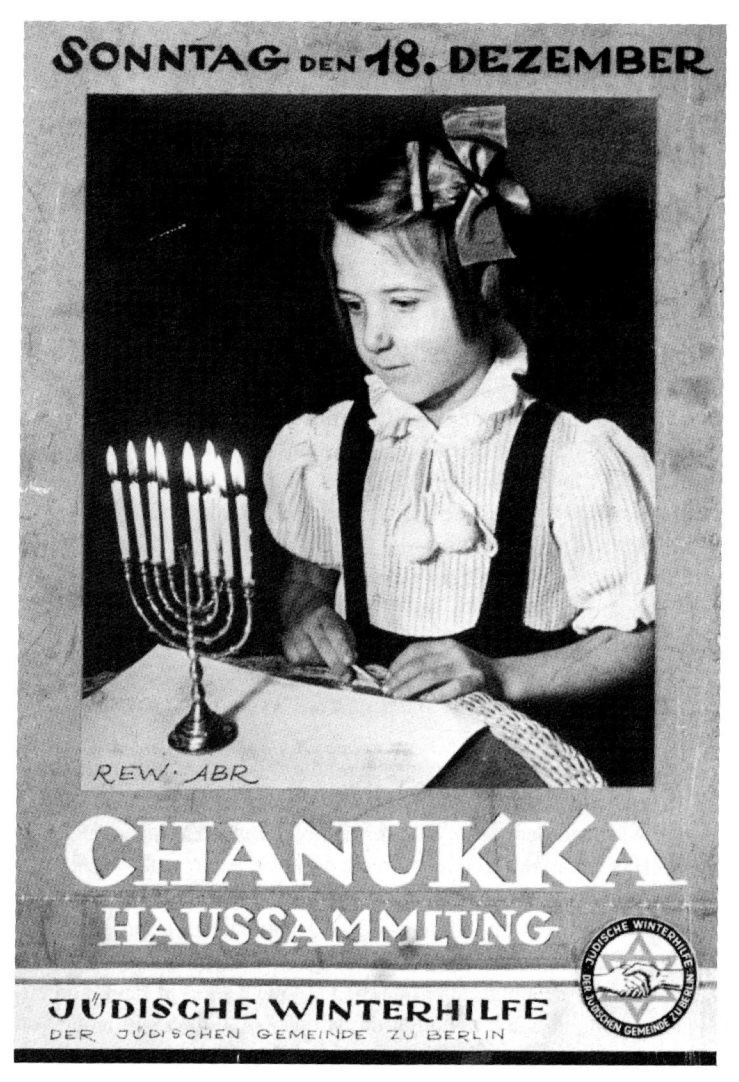

Werbeblatt der jüdischen Winterhilfe der Jüdischen Gemeinde zu Berlin (vermutlich 1937). Chanukka, das jüdische Lichterfest, fällt in unsere Weihnachtszeit.
Das abgebildete Mädchen ist Ruth Pisarek, heute Dr. Ruth Gross, die Tochter des jüdischen Fotografen Abraham Pisarek, Berlin.

Die Familie ist in größter Armut, da begreiflicher Weise die ›Jüdische Winterhilfe‹ von monatlich 3.– RM überhaupt nichts bedeutet. Die Familie bringt knapp soviel zusammen, daß sie ihre Wohnung bezahlen kann. Sie ist beim Raphaelsverein für Auswanderung nach Nordamerika vorgemerkt, muß aber wohl noch zwei Jahre darauf warten.
Ich frage nun an, ob die Jüdische Winterhilfe wirklich nicht mehr leisten kann und welche Einflußmöglichkeiten es gibt.«[350]

Es war einer von tausenden von Notfällen. War die Jüdische Winterhilfe für die katholische Familie R. überhaupt zuständig? Die Caritas-Reichsstelle für nichtarische Katholiken konnte und mußte dies bestätigen. Die Jüdische Winterhilfe wäre auch dann noch für diese Familie zuständig gewesen, wenn der Familienvater nicht jüdischer Religion, sondern wie die übrigen Familienmitglieder getaufter Christ, aber eben »Nichtarier«, »Rassenjude«, gewesen wäre. Nach den Richtlinien des Reichsbeauftragten für das Winterhilfswerk des Deutschen Volkes (WHW) wurden »Familien aus Mischehen« – und darum handelte es sich hier – vom Winterhilfswerk des Deutschen Volkes nur dann unterstützt, wenn der Haushaltungsvorstand »Deutschblütiger« war. War dieser »Rassejude«, dann war für die ganze Familie die *Jüdische* Winterhilfe Ansprechpartner.[351]
Die Winterhilfe war für sozial Schwache die unverzichtbare Ergänzung zur sonstigen Wohlfahrtsunterstützung. Jeder »Deutsche« wurde während der sechs Wintermonate zu einer Zwangsabgabe für das WHW herangezogen; entsprechend hatte jeder »Jude« der Jüdischen Winterhilfe in etwa derselben Höhe sein »Pflichtopfer« zu entrichten. Im Winterhalbjahr 1939/40 hatte jeder Lohn- und Gehaltsempfänger monatlich 10% der abgeführten Lohnsteuer, mindestens aber 25 Pfennige abzuführen. Personen, die zur Einkommensteuer veranlagt wurden, hatten monatlich ein »Opfer« in Höhe von 1% des Jahreseinkommensteuerbetrags, mindestens monatlich 1.– RM, zu entrichten. Hinzu kamen noch die mehr oder weniger »freiwillige« Beteiligung an den Haussammlungen, den Büchsen-Straßen-Sammlungen und die Teilnahme an Wohltätigkeitsveranstaltungen, die es in ähnlicher Weise bei der Jüdischen Winterhilfe wie beim WHW gab.[352]

Jüdische Winterhilfe
der Jüdischen Gemeinde zu Berlin

JÜDISCHE WINTERHILFE, BERLIN C 2, ROSENSTRASSE 2-4

An das

Hilfswerk beim
Bischöflichen Ordinariat,
z.Hd. von Herrn Dr. Engelhardt

Berlin N.4.
Schönhauser-Allee 182

Postscheckkonto: Berlin 934 46

Bankkonten:
Hardy & Co. G. m. b. H., W 8
A. E. Wassermann, W 8

Fernruf: 41 67 11

Eingegangen
17. Nov. 1939
Erledigt:

Abteilung: F.
Unser Zeichen: So/Hi.
Tag: 15.November 1939.

Sehr geehrter Herr Doktor !

In der Anlage überreichen wir Ihnen ein Rundschreiben, wie wir es heute an unsere Bezirksstellen herausgegeben haben, mit der Bitte um freundliche Kenntnisnahme. Sie ersehen daraus die Regelleistungen, die an alle Betreuten zur Ausgabe gelangen.-

Bezüglich der Kartoffel-Lieferung gestatten wir uns auf folgendes hinzuweisen:

Die Kartoffeln werden den Betreuten ins Haus gebracht und ihnen gegen Aushändigung eines Zuweisungsscheins sowie Zahlung des Fuhrlohns von 40 Pfg. je Ctr. übergeben. Die Zuweisungsscheine selbst schicken wir den Betreuten mit den Betreuungsausweisen zusammen per Post ein. Für den die Kartoffeln ausfahrenden Fuhrmann sind Lieferscheine auszuschreiben. Wir überreichen Ihnen in der Anlage ein Lieferscheinbuch und bitten Sie, die Lieferscheine mit den Angaben der Adressen und den zu liefernden Quanten in Durchschrift herzustellen und uns das erste Exemplar baldmöglichst zurückzusenden, damit wir diese Lieferscheine dem Kartoffelhändler zur Abfuhr übergeben können.-

Gleichzeitig bitten wir Sie, uns sobald als möglich mitzuteilen wieviel Zuweisungsscheine Sie benötigen, damit wir Ihnen gleichfalls ein entsprechendes Quantum zugehen lassen können.- Wenn der Kartoffelhändler mit der Ausfuhr beginnt, müssen die Betreuten im Besitz der Zuweisungsscheine sein, damit ein Leerlauf nach Möglichkeit vermieden wird.-

Für evtl.Rückfragen stehen Ihnen unsere Herren Friedländer, Hausapparat 41, und Sontheim, Hausapparat 62, auf Wunsch gern zur Verfügung.-

Wir empfehlen uns Ihnen

mit vorzüglicher Hochachtung
Jüdische Winterhilfe
der Jüdischen Gemeinde zu Berlin

2 Anlagen.

Die Jüdische Winterhilfe delegierte in Berlin aus praktischen und seelsorgerlichen Gründen Aufgaben an die dortigen kirchlichen Hilfswerke.

221

Träger der Jüdischen Winterhilfe war seit der 10. Verordnung zum Reichsbürgergesetz die Reichsvereinigung der Juden in Deutschland. Sie beauftragte damit ihre regionalen und lokalen Stellen bei den jeweiligen Jüdischen Kultusvereinigungen. So lag in Berlin die Durchführung der Jüdischen Winterhilfe in den Händen der dortigen Jüdischen Gemeinde. Die Jüdische Gemeinde war – soweit nicht Ausnahmen galten –, auch für alle »nichtarischen Christen« zuständig. Konkret bedeutete dies, daß die »nichtarischen Christen« ihr »Pflichtopfer« auf das Konto der »Jüdischen Winterhilfe der Jüdischen Gemeinde zu XY« zu überweisen hatten.

Die Gewährung von Beihilfen aus der Winterhilfe war an Einkommensgrenzen gebunden. Bei einer Einzelperson durfte das monatliche Einkommen einschließlich von Fürsorgeleistungen 50.– RM, bei einem Ehepaar 75.– RM nicht übersteigen. Für jede weitere im Haushalt lebende Person wurden 20.– RM abgerechnet. Hinzu kamen noch Härteregelungen. Die erwähnte Familie R. in Augsburg lag natürlich weit unter diesen Höchstsätzen und war tatsächlich bedürftig.

Die Leistungen der Winterhilfe gliederten sich in Regelleistungen und Sonderleistungen. Zu den Regelleistungen zählten Kohlen, Lebensmittel und Kartoffeln; wobei Kohlen und Lebensmittel in Berlin in der Regel durch Barbeträge abgelöst wurden.[353] Zu den Sonderleistungen gehörten Bekleidung und Schuhe. Die Berliner Winterhilfe hatte ein großes Lager an gesammelten Textilien und Schuhen. Gelegentlich wurden auch Kleider- und Schuhscheine ausgegeben, die zum Eintausch in bestimmten Geschäften zwangen. Ab Januar 1941 wurden in Berlin alle Juden, die keine Kleiderkarte erhalten hatten, von den Kundenlisten für Schuhreparaturen gestrichen. Die etwa 60 000 noch in Berlin lebenden »Volljuden« konnten ihre Schuhe nur noch bei der Firma Alsi-Schuhreparaturen ausbessern lassen, die in ganz Berlin lediglich sechs Annahmestellen unterhielt.[354]

Berlin: Für »Judenchristen« waren das Büro Pfarrer Grüber und das Bischöfliche Hilfswerk zuständig

Für die evangelischen »Nichtarier« in Berlin übernahm die praktische Durchführung der Winterhilfe ab Oktober 1939 das Büro

BERLIN:

Schuhreparaturen

Die Jüdische Gemeinde zu Berlin E. V. gibt bekannt:

Der Oberbürgermeister der Reichshauptstadt Berlin — Hauptwirtschaftsamt —, hat angeordnet, die bei den verschiedenen Schuhmachern in die Kundenlisten für Schuhreparaturen eingetragenen Juden aus der allgemeinen Versorgung herauszunehmen und sie künftig von der Firma Alsi-Schuhreparaturen mit Schuhausbesserungen versorgen zu lassen.

Er hat demgemäß ersucht, die in Berlin wohnenden Juden, die keine Kleiderkarte erhalten haben, zu veranlassen, sich bei ihrem bisherigen Schuhmacher aus der Kundenliste streichen zu lassen und sich gegen Vorlage der ersten Reichsseifenkarte und einer Bescheinigung über die erfolgte Streichung, die von dem bisherigen Schuhmacher ausgefertigt wird, bei der Firma Alsi-Schuhreparaturbetriebe neu eintragen zu lassen. Diese Firma wird für die Versorgung der jüdischen Kundschaft ab 1. 2. 1941 folgende Annahmestellen zur Verfügung stellen:

Berlin C 2, Kaiserstraße 10, Berlin N, Schönhauser Allee 23/25, Berlin W, Nürnberger Straße 66, Berlin-Charlottenburg, Pestalozzistraße 14/15, Berlin NW, Wilsnacker Straße 3, Berlin W, Motzstraße 65.

Kunden, die bereits von anderen Filialen der Firma Alsi versorgt werden, bleiben dort eingetragen. Diejenigen Juden, welche eine Reichskleiderkarte erhalten haben, können weiterhin von ihrem bisherigen Schuhmacher mit Reparaturen versorgt werden.

Die Sammler unserer jüdischen Winterhilfe werden bei ihrem Besuche am Sonntag, dem 26. Januar 1941, die erforderlichen Vordrucke in den jüdischen Haushaltungen abgeben. Diese Vordrucke sind ausgefüllt der Firma Alsi-Schuhreparaturen, Berlin C 2, Kaiserstraße 44/45, einzusenden. Auf den Karten ist von den genannten Annahmestellen diejenige anzugeben, bei welcher die Eintragung gewünscht wird. Den Haushaltungen, welche am 26. 1. 1941 keine Vordrucke erhalten haben, stehen diese bei den nachstehend genannten Bezirksstellen unserer Kleiderkammer zur Verfügung; sie können dort abgeholt werden.

1. **Mitte, Berlin N 4, Auguststraße 17,**
2. **Süden II, SO 36, Thielschufer 10/16,**
3. **Norden III, N 58, Eberswalder Straße 26,**
4. **Südwest IV, W 30, Münchener Straße 37,**
5. **Charlottenburg V, Pestalozzistraße 14,**
6. **Osten VI, C 2, Blumenstraße 97.**

Mitteilung für die Berliner Juden vom 24. Januar 1941.

Pfarrer Grüber; ausgenommen war der Einzug der Pflichtbeiträge, der voll in jüdischer Hand blieb. Das Ganze war eine Absprache mit der Jüdischen Winterhilfe (vgl. Kap. 12) und wich von Regelungen andernorts ab. Dem Büro Grüber war damit die Prüfung der Bedürftigkeit und die Weitergabe der Leistungen der Jüdischen Winterhilfe an »nichtarische« Christen übertragen.[355] Dies war sinnvoll, da bei der Verteilung von Gaben immer zugleich auch seelsorgerliche Gespräche möglich waren. Dieselbe Regelung war auch mit dem »Hilfswerk beim Bischöflichen Ordinariat Berlin« im Blick auf katholische »Nichtarier« abgesprochen.[356]
Ähnlich wie die Jüdische Winterhilfe so unterhielt auch das Büro Grüber eine Spinnstoff- und Schuhsammlung. So hatte im Februar 1940 Pfarrer Grüber in einem Rundschreiben alle in Berlin erfaßten Christen jüdischer Abstammung dazu aufgerufen, »auf einer Postkarte möglichst umgehend mitzuteilen«, bei wem er »Kleidungsstücke abholen lassen darf«.[357]

Wohlfahrtsunterstützung

In größeren Städten unterhielt die Zentralwohlfahrtsstelle der Juden in Deutschland von jeher schon Speiseeinrichtungen wie Mittelstandsküchen, Kinder- und Schulspeisungen, Notstandsküchen, an denen jetzt – wie das Beispiel des Kapellmeisters Lindenstädt zeigt (vgl. Kap. 17) – auch »nichtarische« Christen teilhaben konnten. Allein die »Bärwaldküchen«[358] gaben im Jahr 1937 in Berlin 78 000 Mahlzeiten aus. Noch im Jahre 1941 zählte man in Berlin 23 größere oder kleinere Küchen und Ausgabestellen, die täglich 2 700 Portionen verteilten.[359]
Die sonstige Wohlfahrtsunterstützung war für »Mischlingsfamilien«, die allermeist ja christlich waren, mit gewissen Schwierigkeiten verbunden. Wer war zuständig? Auf die Winterhilfe gab es einen Rechtsanspruch gegenüber der Jüdischen Winterhilfe, da ja auch christliche »Nichtarier« zur Grundfinanzierung mit ihren Beiträgen herangezogen wurden. Anders war es bei der sonstigen Wohlfahrtsunterstützung. Die jüdische Wohlfahrtspflege erhielt ihre Mittel ausschließlich aus Spenden jüdischer Kreise. Von ihr wurden darum in der Regel nur Mitglieder der Reichsvereinigung unterstützt. Da

aber nur »Vollnichtarier« Mitglied der Reichsvereinigung sein konnten, konnten die »arischen« Familienmitglieder einer »Mischehe« keine Unterstützung aus der jüdischen Wohlfahrtspflege erwarten; sie waren auf die staatliche Unterstützung angewiesen.

In der Praxis gab es bei der Gewährung von Unterstützung starke örtliche Unterschiede. So wurde in Berlin noch 1940 auch für Juden die offene Fürsorge (z. B. Arzt- und Arzneikosten) voll von der allgemeinen Kommune übernommen; die jüdische Wohlfahrtspflege mußte nur bei der geschlossenen Fürsorge (Krankenhaus, Altenheim, Pflegeanstalt) eintreten.[360] Kein Wunder, daß viele Betroffene ohne fachliche Beratung durch eine Stelle wie das Büro Pfarrer Grüber verloren waren und – allein auf sich gestellt – kaum ihre Ansprüche geltend machen konnten.

19. Die Finanzen des »Büros Pfarrer Grüber«

Die besondere Stellung, die das Büro Pfarrer Grüber zwischen Staat und Kirche einnahm, spiegelte sich in der Beschaffung der Finanzen. Genaue Bilanzen gibt es nicht. Einige Zahlen lassen sich jedoch aus verstreuten Akten zusammentragen. Laufende Kosten erwuchsen dem Büro Grüber vor allem aus der Miete für die beiden Häuser, aus dem umfangreichen Bürobetrieb sowie aus Gehaltsforderungen der etwa 30, später sogar 35 Mitarbeiterinnen und Mitarbeitern, von denen allerdings die Hälfte ehrenamtlich tätig war.[361] Weit mehr Geld war erforderlich zur Unterstützung der »Auswanderer« sowie für die Zahlung von Sozialhilfe an Arbeitslose und in Not Geratene. Im Ganzen ging es um eher bescheidene Summen. Grübers Traum von einer Million Reichsmark Staatszuschuß (vgl. Kap. 11) wich rasch die Ernüchterung, als im Mai 1939 nicht einmal mehr genug Geld zur Ausbezahlung der Gehälter vorhanden war.[362]

Unterstützung aus Bayern und Württemberg

Heinrich Grüber verstand seine Arbeit als kirchliche Arbeit, und zwar stellvertretend für die ganze Kirche. Es lag darum nahe, daß – ähnlich wie auf katholischer Seite (vgl. Kap.10) – mindestens die laufenden Betriebs- und Personalkosten von der eigenen Kirche aufgebracht würden. Von seiten der Bekennenden Kirche konnte Grüber mit Unterstützung rechnen. Doch hier waren allenfalls die »intakten« Kirchen einigermaßen zahlungsfähig. So bat Grüber schon im ersten Rundschreiben vom 1. Dezember 1938 »vor allem die süddeutschen Brüder« ihre Landeskirchen zu veranlassen, »Mittel für ihre bzw. unsere Arbeit bereit zu stellen«.[363] Sowohl von Bayern wie von Württemberg kam Unterstützung, nicht so von Hannover (vgl. Kap. 20).

In Bayern übernahm die Landeskirche nicht nur die Gehälter für die freigestellten Pfarrer Zwanzger und Jordan; zusätzlich stellte sie für

deren Arbeit aus dem Haushaltstitel »Brüder in Not« jährlich 10 000 RM zur Verfügung.[364] Auch die Berliner Zentrale wurde in unregelmäßigen Abständen mit Geldern aus bayrischen Opfern bedacht. So erhielt das Büro Grüber noch kurz vor seiner Schließung aus München einen Zuschuß in Höhe von 1 000 RM.[365]
In ähnlicher Weise unterstützte die Evangelische Landeskirche in Württemberg ihre Hilfsstelle in Stuttgart. Neben der Anstellung eines ständigen Mitarbeiters, Dr. Erwin Goldmann, und einer Sekretärin gewährte die württembergische Landeskirche für die laufende Arbeit einen jährlichen Beitrag aus dem »Pfingstopfer« in Höhe von 1 200 RM.[366]

Die Verweigerung der Deutschen Evangelischen Kirche – ein Trauerspiel

Keine finanzielle Unterstützung fand Grüber bei den Kirchenleitungen der »zerstörten« Landeskirchen. Hier zeigten sich die sog. Finanzabteilungen äußerst verschlossen.[367] Die vom Staat mit der Kontrolle der kirchlichen Finanzen betrauten Behörden ließen sich allein von den Interessen des NS-Staates, nicht aber von denen der Kirchen leiten.[368] Grübers hartnäckige Bemühungen, besonders beim Berliner Konsistorium, mutet wie ein Trauerspiel an. Ein erster Antrag um Unterstützung an den Berliner Stadtsynodalverband vom 9. Januar 1939 – mit Rückendeckung der Kirchenkanzlei – wurde ohne weitere Begründung abgelehnt.[369] Dabei kamen aus dem Berliner Raum – was nahe lag – die meisten Hilferufe. Mit einem zweiten, unmittelbar an die Finanzabteilung der Kirchenkanzlei gerichteten Antrag vom 21. Februar hatte Grüber ebenfalls keinen Erfolg, obwohl er ihn mit einem detaillierten, äußerst bescheidenen Haushaltsplan begründen konnte. Es waren im Monat zu zahlen: Miete für die Stockwerke An der Stechbahn 450 RM, Miete für das Haus Oranienburger Straße 370 RM, Licht 50 RM, Telefon 150 RM, Fahrtkosten und Porto 750 RM, Gehälter 2 000 RM, zusammen 3 770 RM. Grüber begründete den Antrag:

»Die Arbeit ist, wie auch von Reichsstellen anerkannt wird, im Interesse der Beschleunigung der Auswanderung dringend geboten.

Wir bitten, da es sich um eine gesamtkirchliche Arbeit handelt, um eine fortlaufende Beihilfe aus reichskirchlichen Mitteln.«

Um vielleicht doch Erfolg zu haben, fügte Grüber noch den einschränkenden konkreten Vorschlag hinzu, »daß von der Finanzabteilung der evangelischen Kirchenkanzlei [wenigstens] die Miete für einen der Büroräume übernommen wird«.[370] Damit wäre die Kasse der Deutschen Evangelischen Kirche mit gerade einmal 450 RM im Monat belastet gewesen. Die Kirchenverwaltung entschied jedoch anders. Am 13. März kam der Bescheid, daß »die Finanzabteilung sich nicht in der Lage sieht, dem gestellten Antrag zu entsprechen.« Eine Begründung wurde auch diesmal nicht gegeben.[371]
Grüber gab immer noch nicht auf. Er wußte, wofür er bettelte. Am 27. März 1939 schrieb er erneut an die Finanzabteilung der Kirchenkanzlei, scheinbar naiv:

»Unser Antrag auf Beihilfe wurde von dort abgelehnt. Da die Ablehnung keine Begründung enthält, war nicht zu ersehen, ob es sich um eine generelle oder nur um eine einmalige Ablehnung handelt.«

Und nicht ohne Hintergedanken schob Grüber noch den Satz nach:

»Auf einen Antrag bei der zuständigen Stelle für Auswanderungswesen erhielten wir den in der Anlage abschriftlich beigefügten Bescheid.«

Der Bescheid besagt, daß die Reichsstelle für das Auswanderungswesen im Innenministerium dem Büro Pfarrer Grüber für die Aufrechterhaltung seines Geschäftsbetriebs eine einmalige Beihilfe von 900 RM bewilligt hatte. Die Schlußsätze des amtlichen Bescheids waren für Grüber eine willkommene Argumentationshilfe in seinem Kampf gegen engherzige Behördenentscheidungen:

»Da die mir zur Verfügung stehenden Mittel äußerst knapp bemessen sind, bin ich leider nicht in der Lage zu den Ihnen erwachsenden erheblichen Unkosten eine größere Beihilfe zu geben. Ich muß es Ihnen überlassen, auch an die zuständigen kirchlichen Stellen heranzutreten und sie um Unterstützung zu bitten.«[372]

Tatsächlich wirkte die Empfehlung von staatlicher Stelle auf die Kirchenkanzlei geradezu wie ein Befehl. Grüber wurde nun eine einmalige Unterstützung in Höhe von 1 000 RM bewilligt. Der Referent der Kirchenkanzlei, Oberkonsistorialrat Dr. Friedrich Merzyn, begründete in einem Briefentwurf den Sinneswandel mit dem von Grüber ins Feld geführten »neuen Gesichtspunkt, insofern, als die zuständige Reichsstelle ausdrücklich auf die Unterstützung durch die zuständigen kirchlichen Stellen verwiesen hat.«[373]
Im letzten Augenblick scheiterte das Vorhaben dann doch noch am Veto des Präsidenten der Kirchenkanzlei, Friedrich Werner.[374]

Im dritten Anlauf versuchte es Grüber beim Konsistorium der Mark Brandenburg. Dessen Beamte untersuchten in bewährter kammeralistischer Art erst einmal alle nur denkbaren Voraussetzungen. Oberkonsistorialrat Otto Gruhl wollte »aus grundsätzlichen Erwägungen a limine nicht ablehnen«. Ehe er sich jedoch zu einer »bescheidenen Beihilfe« bereitfand, wollte er zuerst wissen, welche Geldgeber bei Grüber sonst noch im Hintergrund standen. Immerhin habe das Büro nach eigenen Angaben einen jährlichen Bedarf von 30 000 RM. Um prüfen zu können, ob eventuell noch andere Landeskirchen zur Unterstützung herangezogen werden könnten, erbat das Konsistorium von Grüber eine genaue Übersicht über alle Betreuten des letzten halben Jahres.[375] Die Antwort, die Grüber daraufhin dem Konsistorium am 6. Mai gab, verhehlt nicht – bei aller Zurückhaltung; er war ja Bittsteller! –, welche Zumutung für ihn diese Forderung bedeutete:

»Zum Schreiben vom 2. Mai 1939 teilen wir ergebenst mit, daß die Aufstellung einer Übersicht über die sechs Monate eine fast unübersehbare Arbeit für uns darstellt. Da wöchentlich ca. 4–500 Personen in unsere Sprechstunde kommen und diese aus den einzelnen Abteilungslisten herausgezogen werden müßten, nähme die Aufstellung dieser Übersicht eine Arbeitskraft mindestens drei Wochen in Anspruch. Wir werden aber in den nächsten vierzehn Tagen eine besondere Zählung unserer Betreuten nach dem Ort der Herkunft vornehmen und werden uns erlauben, Ihnen diese Stichprobe mit der anderen geforderten Aufstellung zu übersenden, da wir aufgrund dieser Stichprobe ein ungefähres Bild von dem Umfang unserer Arbeit geben können.«[376]

Am 1. Juni übergab Grüber dem Konsistorium das Ergebnis seiner Stichprobe zusammen mit einer Aufstellung der Verwaltungskosten für die Monate Februar bis April 1939. Auf diese Weise haben wir heute überhaupt noch eine genauere Vorstellung über den Umfang der Arbeit der Berliner Zentrale. Zu einem Zuschuß von seiten des Konsistoriums hat die Fleißarbeit damals allerdings nicht geführt. In der Zeit vom 8. bis 26. Mai 1939, das waren 15 Arbeitstage, besuchten 2 239 Ratsuchende das Büro Pfarrer Grüber in der Oranienburger Straße und An der Stechbahn. Die meisten (1962) kamen aus Berlin. Vierzig waren aus Brandenburg, der Rest (237) aus dem übrigen Deutschland. Mehr als zwei Drittel ließen sich in Auswanderungsfragen beraten. Die Personal- und Verwaltungskosten des Büros Grüber beliefen sich im Durchschnitt auf 4 000 RM monatlich.[377]

Die durchgeführte Erhebung hatte ihr Gutes. Grüber nahm sie zum Anlaß für einen erneuten, abgewandelten Vorstoß bei der Berliner Kirchenleitung.

»Unsere Arbeit kann sich nicht nur auf das Wanderungstechnische erstrecken, sondern wir halten es für unsere Pflicht, auch alle Auswandernden seelsorgerisch zu betreuen«, schrieb Grüber am 1. Juni 1939 dem Vorsitzenden der Finanzabteilung beim Konsistorium. Und – nie um einen Ausweg verlegen – argumentierte er jetzt: »Die Mittel für diese Arbeit können natürlich nicht bei den staatlichen Stellen beantragt werden, da es sich hier um eine ausgesprochene Arbeit der Kirche handelt. Wenn mit einem Zuschuß der Finanzabteilung nicht zu rechnen ist, so bitten wir den Verband der Kirchengemeinden der Stadtsynode die Genehmigung zu erteilen, zu dem Gehalt des hauptamtlichen Seelsorgers – Missions-Secretär Dr. Reisner – einen monatlichen Zuschuß zu zahlen.«[378]

Wenigstens diese Bitte wurde Grüber schließlich dann doch noch erfüllt. Nach sechs Monaten, am 25. November 1939 – so lange dauerte der in Gang gesetzte Verwaltungsvorgang –, schrieb der Ev. Oberkirchenrat dem Berliner Konsistorium:

»Es bestehen unsererseits keine Bedenken dagegen, wenn das Gehalt des als Fürsorger in diesem Büro tätigen Missionssekretärs Dr.

Reisner dortseitig in Höhe von monatlich 400,– RM übernommen würde. Wir würden dies sogar begrüßen, da das Büro in engster Fühlungnahme mit dem Geheimen Staatspolizeiamt in Berlin und anderen zuständigen Staatsstellen arbeitet. Es würde damit das Büro Pfarrer Grüber als die Stelle anzusehen sein, der die seelsorgerliche Betreuung der nichtarischen evangelischen Familien Groß-Berlins, von denen bisher 1500 von dem Büro erfaßt sind, in erster Linie obläge.«[379]

Ein Nein vom Central-Ausschuß für die Innere Mission

Der Teilerfolg, den Grüber mit der Entscheidung des preußischen Oberkirchenrats erzielt hatte – vielleicht war es aber auch einfach ein Gebot der Not – ermutigte ihn und seinen Stellvertreter, Werner Sylten, immer von neuem um Geld zu betteln für das lebensrettende Werk. Bitten gingen an alle Landesverbände der Inneren Mission; am 13. Februar 1940 versuchte Sylten es noch beim Central-Ausschuß für die Innere Mission. Immerhin konnte das Büro Grüber inzwischen auf eine Reihe kirchlicher Institutionen verweisen, die kleinere und größere Beträge überwiesen hatten; die geleistete Arbeit fand durchaus Anerkennung. Beschwörend und zugleich programmatisch schrieb Sylten an den CA:

»Die von uns betreuten evangelischen Gemeindeglieder haben unseres Erachtens Anspruch darauf, in ihrer besonderen Notlage von ihrer Kirche angesprochen zu werden. Diese Ansicht teilen auch die zuständigen staatlichen Stellen. So erklärte uns der Leiter der Abteilung II R.Z. der Geheimen Staatspolizei, Herr Regierungsrat Lischka, [...] es sei selbstverständlich, daß die Kirche die Arbeiten finanziert, die im kirchlichen Interesse liegen, und wenn die Kirche Menschen taufe, dann habe sie sich auch um sie zu kümmern.
In der letzten Zeit haben einige Stellen der Kirche und der Inneren Misson auf unseren Antrag hin Mittel für unsere Arbeit zur Verfügung gestellt. So hat der Stadtsynodalverband Berlin 2 000.– RM, der Gesamtverband der evangelischen Kirchengemeinden Berlins ebenfalls 2 000 RM beigesteuert. Ebenso hat der Stadtverband Berlin der Inneren Mission 500 RM und der Provinzialverband Branden-

Büro Pfarrer Grüber

Fernruf ~~11 55 65~~
51 46 22

Gr/Br.

An die Finanzabteilung
der deutsch-evangelischen Kirchenkanzlei

Berlin C 2, den 21. Februar 1939.
an der Stechbahn 3/4

KK III 285/39

Deutsche Evang. Kirche
Eing. 22. FEB. 1939

Berlin-Charlottenburg
, Marchstr. 4/5

Da die von uns an evangelischen Nichtariern durchgeführte Arbeit immer grösseren Umfang annimmt, reichen die bisher zur Verfügung gestellten privaten Mittel nicht mehr aus. Von der Reichsstelle für das Auswanderungswesen werden wir in diesem Jahre keine erhebliche Beihilfe mehr zu erwarten haben, da die Mittel zum grössten Teile erschöpft sind. Die Arbeit ist, wie auch von Reichsstellen anerkannt wird, im Interesse der Beschleunigung der Auswanderung dringend geboten. Wir bitten, da es sich um eine gesamtkirchliche Arbeit handelt, um eine fortlaufende Beihilfe aus reichskirchlichen Mitteln.

Ueber die Arbeit ist Folgendes zu berichten: Das Büro, das wir bisher in der Oranienburgerstrasse 2o unterhielten, hat sich als zu klein erwiesen, da wir täglich mindestens 1oo - 12o Menschen in der Sprechstunde haben. Die gesamte Auswanderungsarbeit ist in ein neues Büro an der Stechbahn 3/4 verlegt worden. Die Leitung der Abteilung Auswanderung hat Herr Ministerialrat a.D. Heinitz.

In der Oranienburgerstrasse 2o befindet sich noch die Abteilung Wohlfahrt, Kinderverschickung und Seelsorge. Die Abteilung Wohlfahrt wird geleitet von dem Obermagistratsrat a.D. Dr. Kobrak.

Die monatlichen Ausgaben belaufen sich durchschnittlich auf:

Miete an der Stechbahn	RM 45o.-
" Oranienburgerstr.	37o.-
Licht	5o.-
Telefon	15o.-
Fahrkosten und Porto	75o.-
Gehälter	2ooo.-
	RM 377o.-

Es sind z.Z. 30 Personen bei uns beschäftigt, von denen die Hälfte ehrenamtlich arbeitet.

Wir erlauben uns den Vorschlag, dass von der Finanzabteilung der evangelischen Kirchenkanzlei die Miete für eine der Büroräume übernommen wird.

Heil Hitler!

Grüber

1947/91
Dr.Sch/Wi

Expediert
-3. AUG. 1940

. August 1940

Büro Pfarrer G r ü b e r

Berlin C. 2
An der Stechbahn 3/4

Zu Ihrem bei uns laufenden Beihilfegesuch (Sy/Ti) hat der Vorstand des Central-Ausschusses nach ausführlichen Verhandlungen jetzt abschliessend Stellung genommen und die Ansicht vertreten, dass die Finanzierung Ihres Büros aus kirchlichen Mitteln zu erfolgen hätte.

Heil Hitler!
Central-Ausschuß für die Innere Mission
der Deutschen evangelischen Kirche

Pfarrer Heinrich Grüber erbat von der staatshörigen Finanzabteilung der deutsch-evangelischen Kirchenkanzlei die Übernahme der Miete für seine Büroräume, allerdings vergeblich.

Auf gleiche Weise schob auch der Central-Ausschuß für die Innere Mission seine Verantwortung für die verfolgten Judenchristen auf andere ab.

burg für Innere Mission ebenfalls 500 RM überwiesen. Diese Stellen taten das auch mit Rücksicht darauf, daß ein sehr großer Teil unserer Arbeit sich auf Berlin erstreckt.
Da aber [...] unser Büro für das ganze Reich zuständig ist, erlauben wir uns ergebenst den Antrag zu stellen, uns auch aus Mitteln, die dem Central-Ausschuß für Innere Mission zur Verfügung stehen, eine finanzielle Unterstützung für das laufende Jahr 1940 zukommen zu lassen.«[380]

Zum Hintergrund der Anfrage: Verzweifelt suchte das Büro Grüber in diesen Tagen an Gelder heranzukommen für die wenigen, denen unter den erschwerten Bedingungen des Krieges überhaupt noch die Flucht aus Deutschland gelang. Grüber ging dabei auch außergewöhnliche Wege. Er machte Schulden, suchte Bürgschaften und engagierte sich ganz persönlich mit privatem Vermögen.[381] Schon ein halbes Jahr zuvor, im Oktober 1940, hatte Grüber beim Ökumenischen Rat der Kirchen in Genf um einen Kredit in Höhe von 50 000 sfrs nachgesucht[382] (vgl. Kap. 22).
Der Central-Ausschuß für die Innere Mission beriet zweimal über den Antrag des Büro Grüber. Am 3. August 1940 kam die Absage: »Der Vorstand des Central-Ausschusses hat nach ausführlichen Verhandlungen jetzt abschließend Stellung genommen und die Ansicht vertreten, daß die Finanzierung Ihres Büros aus kirchlichen Mitteln zu erfolgen hätte.«[383] Mit einer gewissen Enttäuschung schrieb Grüber zehn Tage später, am 13. August, an das Mitglied des Central-Ausschusses Paul Braune:

»Auf unseren Antrag beim Centralausschuß, unsere Arbeit irgendwie zu finanzieren, ist uns beiliegende Antwort eingegangen, die uns unverständlich ist, gerade nachdem doch jetzt die Innere Mission als eine Lebensäusserung der Kirche sich manifestiert hat. Haben Sie sich bei den Beratungen beteiligt?
Wir haben Sie bei unserer letzten Sitzung schmerzlich vermißt.«[384]

Paul Braune freilich hatte in diesen Tagen andere Sorgen. Tags zuvor hatte in Lobetal eine Hausdurchsuchung durch die Polizei stattgefunden. Braune wurde verhaftet und im Gestapo-Hauptquartier in der Prinz-Albrecht-Straße in Haft gesetzt.[385] Seit Anfang des

Jahres wurde es den Verantwortlichen der Inneren Mission immer mehr zur Gewißheit, daß Hitler in einer jede Vorstellung übersteigenden geheimen »Euthanasie«-Aktion »lebensunwerte« Behinderte in Anstalten umbringen lassen wollte. Mehrere tausend Familien hatten bereits die Nachricht vom »plötzlichen« Tod ihrer Angehörigen in der Hand. Am 9. Juli hatte Paul Braune seine später berühmt gewordene »Denkschrift« für Adolf Hitler zur »planmäßigen Verlegung der Insassen von Heil- und Pflegeanstalten« abgeschlossen und der Reichskanzlei übergeben. Drei Monate lang blieb Paul Braune inhaftiert.

Finanzierung aus der Auswandererabgabe

Wäre das Büro Pfarrer Grüber ausschließlich auf die finanzielle Unterstützung durch kirchliche Organe und private Spender angewiesen gewesen, hätte dessen Arbeit wesentlich bescheidener ausgesehen. Tatsächlich aber wurde nicht nur die Unterstützung von Ausreisenden und Wohlfahrtsempfängern, sondern auch ein Teil der Gehälter und Verwaltungskosten aus der zwangsweise erhobenen »Auswandererabgabe« (vgl. Kap. 12 und 15) bestritten.[386]
Bis dahin waren die Unkosten für den Bürobetrieb wie auch die Mittel für die Ausreise Bedürftiger aus freiwilligen Spenden aufgebracht worden. Im 1. Halbjahr 1939 hatte das Büro Grüber allein etwa 20 000 RM für Passage und Unterstützungen ausgegeben, wie Grüber in einem Unterstützungsantrag an den Vorsitzenden der Finanzabteilung beim Berliner Konsistorium vom 1. Juni 1939 erwähnt.[387]
Seit dem 1. Juli 1939 wurden die inzwischen auf 6 500.– RM angewachsenen Verwaltungskosten des Büros etwa zur Hälfte durch einen Pauschbetrag gedeckt, den die Reichsvereinigung der Juden an das Büro Grüber überwies. Selbst noch während des Krieges erhielt das Büro Grüber aus dieser Zwangsabgabe einen monatlichen Ersatz in Höhe von 4 500 bis 5 000 RM.[388]
Auf diese Weise drohte das Büro Pfarrer Grüber – ähnlich wie auch die Reichsvereinigung der Juden – immer wieder ins Zwielicht zu geraten. Die Mitarbeiter konnten als Nutznießer der Ausbeutungspolitik des NS-Staates und als »Gehilfen der Gestapo« erscheinen,

die deren Geschäft betrieben (vgl. Kap. 11). Doch anders hätte niemand gerettet werden können. Dieses Dilemma haben in ähnlicher Weise die katholischen Hilfsstellen, der St. Raphaelsverein mit seinen Beratungsstellen und das Hilfswerk beim Bischöflichen Ordinariat Berlin, wie auch die Quäker erfahren.

20. Das Büro Grüber und die evangelische Kirche

Marga Meusel stellte in der für die Preußensynode in Steglitz im September 1935 verfaßten Denkschrift im Blick auf die Not verfolgter Juden die provozierende Frage: »Was wollen wir antworten einst auf die Frage: Wo ist Dein Bruder Abel? Es wird auch uns, auch der Bekennenden Kirche, keine andere Antwort übrigbleiben als die Kainsantwort« (vgl. Bd. 2/1, 42).

Und Franz Hildebrandt weist in seiner Vorarbeit für ein Synodalwort aus dem Jahre 1937 in ähnliche Richtung: »Die Kirche kann nicht Staatsgesetze ändern, aber sie trägt mit an dem Leiden ihrer Brüder, das daraus entstanden ist. Sie läßt keinen Zweifel darüber, daß völkische und rassische Scheidungen vor dem Vater Jesu Christi nicht gelten« (vgl. Bd. 2/1, 297).

Das Zaudern, ja das Mißtrauen, das Verantwortliche in der evangelischen Kirche im entscheidenden Jahr 1939 der Arbeit des »Büros Pfarrer Grüber« entgegenbrachten, stand im erschreckenden Widerspruch zu solchen Einsichten.

Bedenken von seiten der Inneren Mission

Die Aufgabe, die sich das Büro Pfarrer Grüber gestellt hatte, wäre eigentlich die Sache der Inneren Mission, wenn nicht der verfaßten Kirche selbst gewesen, ähnlich der Regelung auf katholischer Seite. Gut ein Drittel der Vertrauensstellen des Büros Pfarrer Grüber war darum auch mit Mitarbeitern der Inneren Mission besetzt, so in Bielefeld, Braunschweig, Bremen, Danzig, Frankfurt, Kassel, München, Nürnberg und Stuttgart (vgl. Kap. 8). Auch Grüber und Braune waren Männer der Inneren Mission. Letzterer war zugleich Vizepräsident im Central-Ausschuß für die Innere Mission. Um so mehr muß es überraschen, daß von seiten der Inneren Mission es offensichtlich Vorbehalte gegenüber dem Büro Grüber gab. So wurden bei einer Besprechung der Geschäftsführer der Landesverbände der Inneren Mission am 13. März 1939 in Hannover Bedenken gegen die Arbeit Grübers laut. Pastor Bodo Heyne, Bremen, und Pastor Hermann Möller, Münster, berichteten über eine Vertrauensleuteversammlung des Büros Grüber, an der sie teilgenommen hatten. »Die Versammlung [habe] auf die beteiligten Vertreter der Inneren Mission einen unerfreulichen Eindruck gemacht, vor allem in politischer Hinsicht«. Sie hatten »deswegen erwogen, den Posten des Vertrauensmannes niederzulegen«, schreibt Pastor Wilhelm Engelmann vom CA in einer Aktennotiz über diese Sitzung.[389] Hinter den geäußerten Bedenken verbarg sich die Haltung absoluter Staatsloyalität, die Grübers Kritik an der Verschärfung staatlicher Judenpolitik beim letzten Vertrauensleutetreffen am 9. März 1939 für unerträglich hielt (vgl. Kap. 8). Grüber war einigen Vertretern der Inneren Mission allein schon dadurch suspekt, daß er die Hilfsstelle im Auftrag der Bekennenden Kirche betrieb, war doch die VKL in ihren Augen politisch unzuverlässig. Ärgerlich war man an der Spitze der Inneren Mission auch darüber, daß Grüber den Kontakt mit einzelnen Landesverbänden bewußt vorbei an der Berliner Zentrale gesucht hatte. Wilhelm Engelmann hielt dazu fest: »In dem Bericht kam zum Ausdruck, daß es sich bei der Stelle um eine Gründung der sogenannten Vorläufigen Kirchenleitung handele, die auch eingeladen und vertreten war und auch begrüßt wurde.«

Zum Glück konnte Engelmann sich mit seinen Vorbehalten gegenüber Grüber nicht durchsetzen. Ein bereits vorbereitetes Rundschreiben des CA an die Geschäftsführer der Landes- und Provinzialverbände der Inneren Mission, in dem zur Vorsicht gegenüber Grüber aufgefordert wurde, blieb unversandt. Pastor Heyne, der sich darüber mit Pastor Möller beraten hatte, riet dem CA-Büro mit guten Gründen von diesem Schritt ab. Drei Gesichtspunkte waren für Heyne ausschlaggebend:

»1. Das Büro Grüber hat die offizielle Duldung – wenn auch nicht eine förmliche Anerkennung – der infrage kommenden Behörden.
2. Das Büro Grüber hat tatsächlich praktische Arbeit geleistet und ist heute die einzige Stelle, die dank ihrer Beziehungen zum Ausland eine Auswanderung der christlichen Nichtarier fördern kann. Solange die Kirche nicht offiziell erklärt, wir haben mit den nicht-

arischen Christen keine Gemeinschaft mehr, ist ein solches Büro nötig; wenn nicht dieses, so müßte ein neues aufgetan werden.
3. Die Betreuung der nichtarischen Christen durch die Synagoge ist bisher noch in keiner Weise gewährleistet. Hier ist also unmittelbare Not, an der man nicht vorübergehen kann.
Angesichts dieser Tatsache haben Möller und ich uns zunächst dahin verständigt, daß wir unsere Mitarbeit noch nicht abbrechen wollen. Wir werden aber Grüber sehr deutlich schreiben, daß dies kommen wird, wenn er sich nicht auf sachliche Arbeit beschränkt.«[390]

Um sich politisch abzusichern, ließ Pastor Engelmann das Büro Grüber über das Reichskirchenministerium auf seine Vertrauenswürdigkeit hin überprüfen. Das Ergebnis war für Engelmann recht beschämend. Der Chef der Berliner Sicherheitspolizei, vom Reichskirchenministerium um Überprüfung Grübers gebeten, hatte zur damaligen Zeit gegen dessen Arbeit nichts vorzubringen; er »habe vorerst keine Bedenken«, lautete die Antwort, »wenn Geistliche der Inneren Mission als Vertrauensleute für das Büro des Pfarrer Grüber in Angelegenheiten der Auswanderung getaufter Juden tätig sind«.[391]

Hannover bleibt abseits

Es war zu erwarten, daß deutsch-christlich orientierte Kirchenleitungen keine Veranlassung sahen, bei sich für »nichtarische« Christen eine Hilfsstelle einzurichten. In solchen Landeskirchen mußten die Bruderräte der Bekennenden Kirche die Initiative ergreifen (vgl. Kap. 8). Überraschend ist freilich, daß auch die Evangelisch-Lutherische Landeskirche Hannovers auf der Liste der Vertrauensstellen des Büros Grüber fehlt. Pfarrer Alfred Depuhl, der Geschäftsführer des Landesverbands der Inneren Mission in Hannover, hielt eine solche Einrichtung für Hannover für überflüssig. Die Auswanderungsberatungsstelle des Landesverbands der Inneren Mission stehe »schon seit längerer Zeit in Verbindung mit dem Evangelischen Verein für evangelische Ansiedler und Auswanderer Berlin C 2, [der] auch gelegentlich evangelische Nichtdeutschblütige berät«, schrieb Depuhl im März 1939 an Paul Braune.[392] Dies war nichts weiter als eine Schutzbehauptung. Wußte Depuhl nicht, daß der Geschäftsführer dieses Vereins schon 1935 öffentlich hatte verlauten lassen, »mit der jüdischen Auswanderung« hätte er sich »nicht zu befassen« (vgl. Bd. 2/2, 227)? Und so lehnte Depuhl mit ausdrücklicher Zustimmung von Landesbischof August Marahrens konsequent jede Zusammenarbeit mit dem Büro Pfarrer Grüber ab. Er sah sich dazu nicht in der Lage – so in einem langandauernden Schriftwechsel im Sommer und Herbst 1939 –, solange das Büro Grüber nur eine »halbamtliche Anerkennung« genoß und nicht offiziell »im Auftrag des Centralausschusses der Inneren Mission« arbeitete. Selbst die zitierte Unbedenklichkeitsbescheinigung der Berliner Gestapo, die den Hannoveranern vom CA zugeleitet wurde, beeindruckte Depuhl nicht.[393]

Marahrens beschäftigte sich erneut mit dem Thema, als im Januar 1940 auch im »Geistlichen Vertrauensrat« der DEK, dem er angehörte, die Sache auf der Tagesordnung stand.[394] Er veranlaßte danach den Präsidenten des Central-Ausschusses, sich noch einmal mit dem Verhältnis zum Büro Pfarrer Grüber zu befassen. Er drängte den CA, eine »geeignete Verbindung des Büros Pfarrer Grüber mit dem Central-Ausschuß ins Auge zu fassen«, so daß »die Möglichkeit für die einzelnen Landesvereine gegeben [wäre], mit gutem Gewissen und ohne Schwierigkeit tätig zu werden«.[395] Gerade der Schlußsatz läßt sich kaum anders als eine Ausrede verstehen. Man muß sich vor Augen halten: Zu dieser Zeit arbeiteten in anderen Landeskirchen seit über einem Jahr mehr als zwei Dutzend Vertrauensstellen ohne sich auf solche Rechtsfragen zu kaprizieren. Durch ihre Hilfe war bereits mehreren tausend Verfolgten die Emigration gelungen.

Nach den Akten hat die Zentrale der Inneren Mission in Berlin dem hannoverschen Landesbischof nicht mehr geantwortet. Am 14. August 1940 – inzwischen waren die Truppen Hitlers in Dänemark, Norwegen, Holland, Belgien und Frankreich eingefallen und hatten die flüchtenden Juden wie gehetzte Tiere vor sich hergetrieben – schrieb Pastor Depuhl im Auftrag seines Landesbischofs noch einmal in der für beide nur dem Scheine nach wichtigen Sache an den Central-Ausschuß, hartnäckig und zugleich entlarvend:

»Ich halte eine Klärung dieser Angelegenheit für notwendig; denn wenn das Büro Grüber zu dem Central-Ausschuß in irgendeinem

Verhältnis steht, ist auch die Möglichkeit für die einzelnen Landesvereine ohne weiteres gegeben, ohne Schwierigkeiten tätig zu werden, während jetzt jeder, der sich dem Büro Grüber zur Verfügung stellt, leicht den Stempel einer besonderen Judenfreundlichkeit erhält.«[396]

Letzteres sollte auf jeden Fall vermieden werden. Zur Einrichtung einer Vertrauensstelle des Büros Grüber in Hannover kam es nicht mehr. Ein halbes Jahr später wurde Heinrich Grüber verhaftet und in das Konzentrationslager verbracht. Das Berliner Büro mußte kurz darauf schließen (vgl. Bd. 3/2, Kap. 47).

Distanz auch in der Kirchenkanzlei

In den obersten Kirchenbehörden, vor allem in der Kirchenkanzlei und im Kirchlichen Außenamt, fand man kaum eine andere Grundhaltung vor als im Centralausschuß für die Innere Mission. Als Parole galt: Hüte dich vor dem Vorwurf der »Judenfreundlichkeit«. Gehe nur soweit, wie es die staatliche Rückendeckung erlaubt. Einen recht anschaulichen Eindruck vermittelt das Protokoll eines Gesprächs, das am 25. Januar 1939 zwischen Oberkonisistorialrat Heinz Brunotte von der Kirchenkanzlei der DEK mit dem zuständigen Beamten des Reichskirchenministeriums, Landgerichtsrat Werner Haugg[397], zum Thema »Behandlung der Nichtarier in der DEK« geführt worden war. Der wendige Kirchenjurist Brunotte versuchte dabei das Unmögliche: einerseits den staatlichen Forderungen nach Ausgrenzung der Juden gerecht zu werden, andererseits durch Verschleppungstaktik das Schlimmste zu verhindern. Er protokollierte anschließend:

»Der Vorschlag des ›Deutschen Sonntag‹ vom 18.12.38, für die getauften Juden etliche Berliner Kirchen zu reservieren und ihnen das Betreten der übrigen Kirchen streng zu verbieten, erschien Herrn Dr. Haugg einstweilen zu weitgehend. Solange die staatlichen Stellen den Juden die Benutzung der öffentlichen Verkehrsmittel zulassen, bestehe für die christliche Kirche kein Anlaß, schärfere Maßnahmen zu ergreifen. Schließlich sei eine Kirche keine Gaststätte.

Herr Dr. Haugg wies noch mit Recht darauf hin, daß eine derartige Lösung nur für größere Städte in Betracht kommen würde und daß das Problem im übrigen hierdurch nicht gelöst werde.
Auch in der Frage der Unterbringung von nichtarischen Christen in bestimmten Anstalten der Inneren Mission ist eine klare Lösung noch nicht erfolgt. Die diesbezüglichen Verhandlungen sollen mit Pastor Braune in Lobetal bei Bernau weitergeführt werden.
Was die ›Kirchliche Hilfsstelle für evangelische Nichtarier‹ in Berlin C 2, Oranienburger Str. 20, betrifft, so war Dr. Haugg der Ansicht, daß es von staatlichem Standpunkt aus erwünscht sei, wenn eine solche Stelle bestehe. Eine gewisse Vorsicht gegenüber dem Leiter, Pfarrer Grüber, sei am Platze. Eine offizielle Unterstützung durch kirchliche Stellen werde am besten vermieden. Tatsache sei, daß diese Hilfsstelle mit sämtlichen staatlichen Stellen (Kirchenministerium, Auswärtiges Amt, Innenministerium, Geh. Staatspolizeiamt) in den einschlägigen Fragen verkehre. Man sähe allerdings nicht recht ein, was diese Stelle über eine gewisse Mithilfe bei der Auswanderung hinaus sonst für Aufgaben lösen wolle. Die schulische Versorgung von evangelischen nichtarischen Kindern werde wahrscheinlich in Kürze gesetzlich geregelt werden. Über die Fürsorge für hilfsbedürftige evangelische Nichtarier, etwa in bestimmten Anstalten der Inneren Mission, müßte noch eine Regelung erfolgen.«[398]

Man kann vermuten, daß die beiden Gesprächspartner wie auch die von ihnen vertretenen Institutionen in ihren Ansichten nicht sehr weit auseinander lagen. Die Bewertung, die Brunotte im nachhinein in einem Aufsatz im Jahre 1967 über die Stellungnahme Hauggs in dem seinerzeitigen Gespräch mit ihm vornahm, kann darum gewiß auch als Charakterisierung der Grundhaltung der Kirchenkanzlei verstanden werden:

»Diese zurückhaltende Stellungnahme war für das Reichskirchenministerium – Minister Kerrl lebte damals noch – charakteristisch. Einerseits stand man den kirchlichen Erwägungen noch so nahe, daß man kein Bedürfnis hatte, in der Rassenfrage aktiv zu werden. Andererseits war das Ministerium offensichtlich gar nicht über die Pläne der Parteileitung und der SS in der Judenfrage unterrichtet

Oberkonsistorialrat Heinz Brunotte war in der Kirchenkanzlei der DEK für »Nichtarier«fragen zuständig.

H. Grüber
Pfarrer

Berlin-Kaulsdorf, den 21. März 1940
Fernruf: 50 82 79

An das
Evang. Konsistorium der Mark Brandenburg

B e r l i n SW
Lindenstr. 14

    Im Einverständnis und auf Befürwortung der Geheimen Staatspolizei - Referat IV D 4 - gedenke ich am 25. März zu Verhandlungen nach Genf zu fahren. Ich nehme an, dass die Verhandlungen 2 Tage in Anspruch nehmen werden. Bei den schlechten Zugverbindungen kann ich den Tag der Rückkehr nicht bestimmen.

    Ich habe den Superintendenten i.R. W u t t k e, Berlin-Kaulsdorf gebeten, mich in meiner Abwesenheit in Pfarramtsgeschäften zu vertreten.

Heinrich Grüber teilt – unter Umgehung des Dienstweges – dem Konsistorium seine vom Judenreferat des Reichssicherheitshauptamtes genehmigte Reise zum Ökumenischen Rat in Genf mit.
Der darüber erboste Superintendent Schleuning beschwert sich beim Konsistorium über den renitenten Grüber (vgl. Grüber-Paß Bd. 3/2, Kap. 38).

```
061  Telegramm           Deutsche Reichspost
 aus   LT BERLIN F 48/47  29/3 1146
      Aufgenommen                                              übermittelt
Tag: Monat: Jahr: Zeit:                                    Tag:    Zeit:
29/3  40  1240         LT
von:      durch:                                                       durch:
  L        MR          EVANGELISCHES KONSISTORIUM
  Haupttelegraphenamt  LINDENSTR 14
       Berlin
                       BERLIN
```

STELLE EBEN FEST, DASS PFARRER GRUEBER KAULSDORF SCHON SEIT MEHREREN TAGEN IN DER GEMEINDE NICHT ANWESEND. ANGEBLICH DIENSTREISE. NAEHERE ANSCHRIFT IST WEDER VON KUESTEREI NOCH PFARRGEHILFIN, NOCH EHEFRAU ZU ERFAHREN. IST DEM KONSISTORIUM NAEHERES BEKANNT. BITTE UM FESTSTELLUNG UND BENACHRICHTIGUNG =

SCHLEUNING +

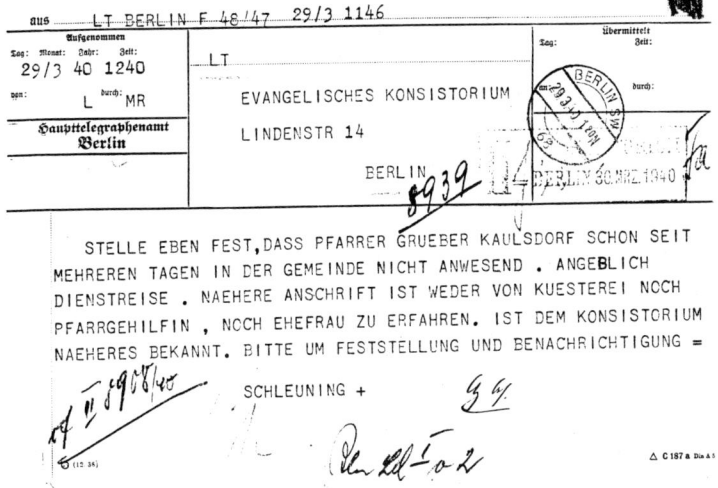

und fürchtete, durch konkrete Empfehlungen in der einen oder anderen Richtung unangenehm aufzufallen. Daher ließ man den Dingen im staatlichen Bereich ihren Lauf und konnte der Kirche im Grunde nur raten, weder offenen Widerstand zu leisten noch sich übereifrig vorzudrängen.«[399]

Es ist kein Zufall, daß die gebräuchlichsten Randnotizen in den »Nichtarierakten« der Kirchenkanzlei »Zur Wiedervorlage« und »Zu den Akten« lauten. Die Dinge sollten sich möglichst von selbst lösen.

Das Kirchliche Außenamt im Dienst der Überwachung

Was für das Verhältnis der Kirchenkanzlei zum Büro Pfarrer Grüber gilt, läßt sich in ähnlicher Weise auch für das Kirchliche Außenamt unter Bischof Theodor Heckel sagen. Heckel meinte schon bei seiner ersten Begegnung mit Grüber im August 1938, vor ihm warnen zu müssen: »Der Eindruck, den ich von Pfarrer Grüber empfing, war kein angenehmer.«[400]

Als zwei Jahre später Pfarrer Adolf Freudenberg, der aus Deutschland emigrierte Leiter des Ökumenischen Flüchtlingsdienstes in Genf (vgl. Kap. 22), nach Berlin kam, gab Heckel – so Armin Boyens – ihm bekannte Einzelheiten über die ökumenischen Kontakte des Büros Grüber dem Reichssicherheitshauptamt weiter. Nach einer Aktennotiz des SS-Obersturmführers Stiller im Reichssicherheitshauptamt hat der Leiter des Kirchlichen Außenamtes sich bereit erklärt, »nähere Angaben über die deutschfeindlichen Kreise und besonders über die ihm bekannten Anschriften der Emigranten aus Deutschland, wie z.B. Pastor Ehrenberg, Legationsrat a.D. Freudenberg usw. zusammenzustellen und weiterzugeben«. Er berichtete, »daß sich Freudenberg seit einiger Zeit in Berlin im Büro des Pfarrers Grüber aufhalte« und machte noch nähere Angaben über dessen Mission in Deutschland. Freudenberg war tatsächlich um diese Zeit mit einer Sondergenehmigung zu Verhandlungen mit Grüber in Berlin. Es ist nicht auszuschließen, daß sowohl er als auch Grüber durch Heckels Berichte in Gefahr kamen.[401]

Enttäuschung über den Lutherrat

Konnte Grüber wenigstens mit der Unterstützung solcher Landesbischöfe rechnen, die sich nicht zu den Deutschen Christen zählten? Bezeichnend ist ein Vorgang vom Frühjahr 1939. Grüber war durch Vermittlung des Justitiars des Lutherrats, Martin Gauger, zu einer Sitzung dieses Gremiums eingeladen worden. Grüber berichtete von »nichtarischen« Pfarrern, die nach der Pogromnacht in verschiedene Konzentrationslager verbracht worden waren und Schreckliches erlebt hatten. Nun suchte er die Lutherratsmitglieder für einen Protest gegen die NS-Judenpolitik zu gewinnen. Nicht ohne Verbitte-

Kirchenkanzlei und Kirchliches Außenamt, die noch »intakten« DEK-Institutionen, hielten sich trotz der Not der verfolgten »Nichtarier« auffallend zurück.
Bischof Theodor Heckel, der Leiter des Kirchlichen Außenamtes, nahm seine Möglichkeiten zur Hilfe für verfolgte Juden nicht in ausreichendem Maße wahr.

rung berichtet Grüber in seinen Lebenserinnerungen von jener Begegnung:

»Vielleicht schilderte ich den versammelten Bischöfen die Mißhandlungen, denen KZ-Häftlinge ausgesetzt wurden, etwas zu ausführlich. Ich hörte jedenfalls, wie einer der Würdenträger sagte: ›Wir müssen nun langsam zum zweiten Punkt der Tagesordnung übergehen.‹ Der Vorsitzende der Konferenz, Bischof Theophil Wurm [...] geleitete mich zur Tür und sagte: ›Ich danke Ihnen im Namen der Brüder und wünsche Ihnen und Ihrer Arbeit Gottes Segen.‹ Das war eine der ganz großen Enttäuschungen, die ich erlebt habe. Daß man Gottes Segen braucht, war mir klar, aber ich hatte gehofft, daß diese Kirchenführer uns helfen würden.«[402]

21. Judenhilfe zwischen Vorurteil und Barmherzigkeit

Was waren die tieferen Beweggründe für Menschen wie Heinrich Grüber, Paul Braune und Friedrich von Bodelschwingh, sich so beherzt für verfolgte Judenchristen einzusetzen, wie sie es taten? Diese Frage stellt sich, wenn man weiß, daß keiner der Genannten frei von den herkömmlichen antijüdischen Vorurteilen war.

Eichmann und der barmherzige Samariter

Heinrich Grüber erzählt in seinen »Erinnerungen« von einer Begegnung mit Adolf Eichmann. Es war im Jahre 1940, Eichmann hatte bereits das Judenreferat im Reichssicherheitshauptamt übernommen (vgl. Bd. 3/2, Kap. 32). Grüber suchte, wie öfters schon, den »Herrn über Leben und Tod der Juden« in dessen Diensträumen, Kurfürstenstraße 115/116, auf:

»Eichmann fragte mich, warum ich mich für die Juden einsetzte. ›Sie haben keine jüdische Verwandtschaft. Sie haben es nicht nötig, für diese Menschen einzutreten. Niemand wird es Ihnen danken. Ich begreife nicht, warum Sie das tun.‹ Ich entgegnete: ›Sie kennen die Straße von Jerusalem nach Jericho? Auf dieser Straße lag einmal ein überfallener und ausgeplünderter Jude. Ein Mann, durch Rasse und Religion von ihm getrennt, ein Samariter, kam und half ihm. Uns allen ist zugerufen worden: Gehe du hin und tue desgleichen.‹«[403]

Vom »wurzellosen Judentum« und den »wurzelechten nichtarischen Christen«

Jene Männer, die weithin in der Inneren Mission verwurzelt waren, trieb in erster Linie das einfache Gebot christlicher Nächstenliebe. Es gab in ihrem Verhältnis zu Juden freilich auch noch eine andere Seite.

Anfang 1939 – es waren die Tage, in denen die entscheidenden Verhandlungen mit staatlichen Stellen um die Grundlage der Arbeit der Hilfsstelle stattfanden – brachte Heinrich Grüber ein vierseitiges Memorandum unter dem Titel »Die nichtarischen Christen« zu Papier, das uns heute merkwürdig berührt. Vielleicht waren taktische Überlegungen im Spiel. Oder man muß an Gesprächspartner außerhalb Deutschlands denken. Grüber hatte ganz gewiß das Wohl seiner Schützlinge im Auge, die in einer schier aussichtslosen Situation den Ausweg in eine gesicherte Existenz im Ausland suchten.

Was immer seine Motive waren, er trifft in seinem Papier eine strenge Unterscheidung zwischen den »nichtarischen Christen«, für die er sich verantwortlich weiß, als die förderungswürdigen, weil integrationsfähigen Emigranten einerseits und dem »wurzellosen Judentum«, das »nirgendwo Fuß faßt« und überall »eine unerfreuliche Belastung für das Gastland« bedeutet, andererseits.

Erschrocken fragt man: Waren solch diffamierenden Worte nötig, um die Interessen der schutzlos gewordenen »Judenchristen« zu vertreten? Durfte man in dieser Weise auf Kosten der Glaubensjuden reden? Wäre für Christen nicht spätestens jetzt Solidarität gerade mit Glaubensjuden geboten gewesen? Offensichtlich hatte nicht nur taktisches Kalkül, sondern eine tiefgründige Abwehr alles Jüdischen schlechthin die Feder geführt.

Anders läßt sich die qualitative Unterscheidung zwischen jenen Juden, die bereits 1933 Deutschland freiwillig verlassen haben und denjenigen, die erst jetzt, nach der Pogromnacht, sich gezwungenermaßen auf den Weg ins Ausland machten, kaum erklären. Grüber schreibt:

»Das wurzellose Judentum, das überhaupt keine innere Bindung an Deutschland hat, hat zum größten Teil im Jahre 1933 Deutschland verlassen. Es sind die Menschen, die bevölkerungspolitisch als ›Flugsand‹ anzusprechen sind, die überall hinwehen und nirgendwo Fuß fassen. Diese Menschen, die z.T. ihre unlauteren Geschäfte in der ganzen Welt betreiben, und die jetzt als ›Deutsche Emigranten‹ in unerfreulicher Weise das Straßenbild vieler europäischer und überseeischer Großstädte bestimmen, setzen sich überall durch. Diese Juden sind nicht nur eine unerfreuliche Belastung ihres Gastlandes, sie sind auch hinderlich der Auswanderung der Juden und

Nichtarier, die sich grundsätzlich von ihnen unterscheiden. Scharfe Maßnahmen der Regierungen der Gastländer gegen diesen unerfreulichen Typus, zumal wenn er illegal über die Grenze gekommen ist, liegen nicht nur im Interesse der Gastländer, sondern auch der anderen Juden und Nichtarier, die jetzt zur Auswanderung gezwungen sind.«

Die »anderen Juden«, zu denen vornehmlich die »nichtarischen Christen zählen«, fühlten sich mit Deutschland und dem deutschen Volk zutiefst verbunden. Darum würde es ihnen weit schwerer fallen, sich von ihrem Heimatland zu lösen:

»Diese Menschen sind keine Emigranten, die auswandern, weil es ihnen irgendwo besser gefällt, sondern Refugiés[404], die Deutschland verlassen, weil sie unter keinen Umständen dort eine Bleibensmöglichkeit haben. Viele von diesen Menschen haben im Dienst an Volk und Staat Bedeutendes geleistet und je schwerer sie sich von Deutschland lösen, umso stärker werden sie vielleicht einmal in dem neuen Lande Wurzel fassen. Sie sind eben wurzelecht und werden deshalb auch mit dem neuen Lande verwachsen. Es sind die Menschen, die nicht wie die zuerst ausgewanderten ›verdienen‹ wollen, sondern die ›dienen‹ wollen.
Zu diesem Typ der Refugiés, der durchaus assimilierbar ist, gehört der größte Teil der nichtarischen Christen, die nicht nur durch Annahme des christlichen Glaubens, sondern oft auch durch Ehen mit Arierinnen sich so stark assimiliert haben, daß manche Kinder aus diesen Ehen erst in der allerletzten Zeit um ihre jüdische Abstammung erfahren haben. Die gemeinsame Religion, Kultur und Geschichte haben sich daher oft als ein stärkeres Band erwiesen als die Abstammung.«

Alles spreche dafür, daß die Gastländer von den christlichen »Nichtariern«, den Spät-Emigranten, weit weniger Schwierigkeiten zu erwarten haben als von den Früh-Emigranten:

»Auch die Gefahr des Antisemitismus, der jetzt in vielen Ländern durch das Verhalten der wurzellosen Juden im Anwachsen begriffen ist, wird durch sie [= die christlichen »Nichtarier«] nicht vermehrt.«

Denn: »Die Auswanderung dieser Menschen wäre als Infiltration möglich, da sie nicht irgendwie störend auf das Gesamtleben des Volkes wirken würden und da sie sich reibungslos in das neue Volk eingliedern lassen.«[405]

Unschwer ist hinter Grübers Argumentation jene unheilvolle Ahasversage vom »ewig ruhelosen, unter dem Fluch stehenden Juden«, zu erkennen, der nirgendwo eine Heimat findet und der ein »Ferment der Dekomposition« bleibt (vgl. Bd. 1, S. 80). Angesichts solcher Vorstellungen war es noch ein weiter Weg bis zur »Abkehr von allem Hochmut gegenüber dem auserwählten Volk« und zur Erkenntnis der bleibenden Erwählung Israels, wofür Hermann Maas im Theologischen Ausschuß der BK so leidenschaftlich gestritten hatte (vgl. Bd. 2/1, S. 291f.).

Nicht von ungefähr hat Heinrich Grüber nach 1945 als einer der ersten den Weg der Umkehr und das Gespräch zwischen Christen und Juden gesucht.[406]

Eine theologische Kontroverse um das »Büro Grüber«

Etwa um dieselbe Zeit, als Grüber sein Memorandum verfaßte, fand eine Kontroverse zum theologischen Selbstverständnis der Arbeit des Büros Pfarrer Grüber statt. Die Unterlagen hierfür finden sich in der Korrespondenz von Paul Braune mit Friedrich von Bodelschwingh. Interessant ist allein schon die Tatsache, daß mitten in der Hektik von Rettungsaktionen noch Zeit für theologische Auseinandersetzungen und Argumentationen blieb. Den Anstoß gab der »Konsulent« Dr. Friedrich Wilhelm »Israel« Arnold, also ein Betroffener, der von Grüber zur Diskussion um die Satzung für die Hilfsstelle herangezogen worden war (vgl. Kap. 11). Im Gegensatz zu Heinrich Grüber und Dr. Richard Kobrak, einem Verwaltungsjuristen, dem Leiter der Wohlfahrtsabteilung des Büros Grüber, plädierte Friedrich Wilhelm Arnold für eine strikte Anbindung der Hilfsstelle an die Kirche; andernfalls würde die Kirche sich selbst aufgeben. Arnolds Überlegungen hätten von Hans Ehrenberg stammen können (vgl. Bd. 1, Kap. 15 und Bd. 2/2, Kap. 28), der zu dieser Zeit freilich im Konzentrationslager war:

»1. Die christlichen Kirchen geben sich selbst auf, wenn sie die Sache der Christen jüdischer Rasse aufgeben.
2. Diese in der Welt allmählich zur Anerkenntnis gelangende These darf auch an der Deutschen Evangelischen Kirche nicht länger spurlos vorübergehen. Es genügt nicht, daß sich kirchliche Persönlichkeiten einzeln und privat zu ihr bekennen.
3. Überall da, wo der Staat Rechtshandlungen von Organen der jüdischen Religionsgemeinschaft für deren Mitglieder erwartet (Fürsorgepflicht, Auswanderungsförderung), trifft diese Aufgabe hinsichtlich der Christen jüdischer Rasse die christlichen Kirchen und ihre Einrichtungen.
4. Die Neuerrichtung einer Hilfsstelle mit eigener Rechtspersönlichkeit ausschließlich für Christen jüdischer Rasse außerhalb der Kirche und ihrer Einrichtungen widerspricht diesen Grundsätzen.«[407]

Arnold wollte darum die Beratung für Auswanderer an die schon bestehenden kirchlichen evangelischen Auswanderungsberatungsstellen anbinden und die karitative Betreuung der »Christen jüdischer Rasse« der Inneren Mission übertragen. Mit einer anderen, die »Judenchristen« aus der Kirche ausschließenden Lösung wollte er sich nur abfinden, »wenn feststeht, daß eine Eingliederung in die Einrichtungen der Kirche zu schweren Schäden für die Kirche führen würde«. In jedem Fall dürften dem Vorstand einer Hilfsstelle nicht nur »Juden« angehören.

Zwei Tage später nahm Paul Braune zu Arnolds Brief Stellung; zuvor hatte er sich der Übereinstimmung mit Grüber versichert. Bodelschwingh erhielt eine Durchschrift des Briefwechsels. Im Grundsatz wollte er Arnold Recht geben, wie Braune schrieb, »obwohl der Unterschied zwischen Judenchristen und Heidenchristen auch in der Urchristenheit noch mindestens ein Jahrhundert lang eine erhebliche Rolle gespielt hat, wenn auch mit umgekehrten Vorzeichen – und doch bestand auch damals schon die Kirche Jesu Christi«. Daraus schloß Braune:

»Es ist m. E. ein theologisch eindeutig geklärtes Problem, daß Rassenunterschiede auch von den christlichen Kirchen anerkannt werden müssen, trotz Galater 3,28. Wir sehen, daß auf unseren Missionsgebieten in Afrika und China die Rassenunterschiede trotz aller theologischen Klarheit berücksichtigt sind und weiße und farbige Christen verschiedenen Rassen angehören, deren Mischung von den Missionsgesellschaften nicht gewünscht wird. Trotzdem gehören die beiden Gruppen der einen Kirche Jesu Christi an. Damit steht doch weithin fest, daß auch die bekenntnisgebundene christliche Kirche um die rassische Verschiedenheit ihrer Gemeindeglieder weiß. Dabei werden diese Unterschiede in den gottesdienstlichen Äußerungen der Missionsgemeinden nicht spürbar, wohl aber bei den wirtschaftlichen, kulturellen und sozialen Funktionen, die das Gemeindeleben berühren.«[408]

Die theologisch nicht unproblematische Unterscheidung zwischen der im Gottesdienst gelebten Einheit aller Christen und ihrer Trennung in Rassen in allen anderen Lebensbereichen, erleichterte es Braune, in einer schwierigen Situation zu pragmatischen Lösungen zu kommen. In den gottesdienstlich-kirchlichen Handlungen kam für ihn eine Trennung in »Heidenchristen« und »Judenchristen« nicht in Frage. »Anders liegt es bei den Funktionen, die in das rechtliche, wirtschaftliche und kulturelle Leben eingreifen. Hier beginnt die Sphäre des Staates, der eindeutig den Rassenunterschied festgestellt und schwerwiegende Folgerungen daraus gezogen hat.« Die geplante Hilfsstelle falle – ähnlich wie die gesamte Arbeit der Inneren Mission – in das Gebiet der »Überschneidung von kirchlichen und staatlichen Belangen«. Die Erfahrung der Inneren Mission zeige, daß es dabei nie ohne Konflikte und Kämpfe abging und oft Kompromisse geschlossen werden mußten, »bei denen immer um die oberste Geltung biblischer Grundsätze gerungen wurde, während gleichzeitig Staat, Wirtschaft und Berufsstände ihre Eigengesetzlichkeit zur Geltung brachten«. Und Braune fügte hinzu: »Darin liegt bei manchen Christen, ja bei ganzen kirchlichen Gruppen, die nur die reine Verkündigung des Wortes Gottes als Aufgabe der Kirche ansehen, die Ablehnung der Inneren Mission begründet.«

Es war eine Anspielung auf Kreise, die sich gerne mit steilen theologischen Thesen vornehm von der praktischen Arbeit der Inneren Mission distanzieren möchten. Mußten nicht auch bisher schon in der aus den Fugen geratenen Welt nationalsozialistischer Verbrechen theologisch problematische Kompromißwege beschritten werden?

Paul Braune gab zu bedenken:

»Ich weise ausdrücklich darauf hin, daß eine große Zahl nichtarischer Christen auf einem anderen, viel schwereren Gebiet den Kompromißweg gegangen ist und ihre Ehe geschieden hat, obwohl das biblisch-theologisch nur sehr schwer zu rechtfertigen ist. Dabei überwiegen eben einfach die sehr verständlichen persönlichen und wirtschaftlichen Gesichtspunkte« (vgl. Bd. 4).

Den Ausschlag bei Braune gab schließlich seine realistische Einschätzung der Lage:

»Praktisch würde es heißen, lehnen die nichtarischen Christen diese Hilfsstelle [wie sie als selbständige Einrichtung derzeit organisiert ist] ab, so sind sie gezwungen, bei allen ihren besonderen Belangen zu den rein jüdischen Wohlfahrtsstellen zu gehen. Würde man, wie Sie es fordern, bei der Kirchenregierung ernsthaft beantragen, daß die nichtarischen Christen ausschließlich von der Kirche bzw. der Inneren Mission betreut werden, so würde man ohne Zweifel entweder gar keine oder eine ablehnende Antwort erhalten. Ob sich die Antwort in ähnlichen Gedankengängen bewegen würde wie meine Ausführungen, weiß ich nicht, es wäre aber nicht unwahrscheinlich. Vielleicht würde man noch stärker die einfache Tatsache der vorhandenen Staatsgesetze anführen und den Gehorsam ihnen gegenüber als selbstverständliche Pflicht eines Christen nach Römer 13 fordern.«

Bodelschwingh erwägt selbständige »judenchristliche« Gemeinden

Bodelschwingh bestätigte Braune gegenüber in einem Brief vom 18. Januar 1939 ausdrücklich dessen Position; er ging dabei sogar noch einen Schritt weiter und hielt die Bildung selbständiger evangelischer »judenchristlicher« Gemeinden für möglich:

»Deinen Gedanken stimme ich durchaus zu. Ja, ich würde noch weitergehen und sagen: Vom *Evangelium* her wäre ja gar nichts dagegen einzuwenden, wenn wir in Deutschland durch die staatlichen

Friedrich von Bodelschwingh. Er war mit Paul Braune befreundet. Sie standen in engstem Briefkontakt miteinander.

Rassegesetze genötigt würden, eine judenchristliche Kirche zu schaffen. Sie stände dann neben der Deutsch-Evangelischen Kirche und den vielen freikirchlichen Gebilden mancher Art als ein selbständiges Glied der *einen* Kirche Jesu Christi. Sie könnte ruhig ihre eigenen Gottesdienste und Sakramentsverwaltungen haben. Daß dabei ein brüderlicher Austausch von Gaben und Kräften, eine wechselseitige Hilfsbereitschaft und gelegentliche Gemeinschaft im Gottesdienst und Abendmahl vorhanden sein müßte, ergibt sich aus dem Stehen unter dem einen Herrn. So bleibt das Wort Galater ohne alle Kompromisse in seinem Recht bestehen.
Für uns, die wir in der Misson arbeiten, sind diese Dinge immer leichter verständlich gewesen als für manche Brüder der Bekennenden Kirche, von denen Dr. Arnold gewiß seine Gedanken bekommen hat. Den Vergleich mit Afrika oder China empfinden unsere juden-christlichen Freunde leicht als etwas verletzend. Darum erinnere ich lieber an die Beziehungen der deutschen und der arabischen Gemeinde im Heiligen Lande. Die stolzen Araber empfinden sich durchaus nicht als eine minderwertige Rasse. Trotzdem werden von beiden Seiten der Rasse Grenzen in Beziehung auf Heirat usw. festgehalten. Darum organisieren sich die arabischen evangelischen Gemeinden als selbständige Gebilde mit eigenen Pastoren und eigenen Gottesdiensten. Um so eindrücklicher ist es dann, wenn bei besonderen Anlässen die beiden Kirchen als gemeinsame, gleichberechtigte Glieder der Kirche Jesu in Erscheinung treten.«

Zu seinem eigenen Kirchenverständnis schrieb Bodelschwingh:

»Gewiß wäre es schön, wenn wir in der Deutschen Evangelischen Kirche eine Kirchenleitung hätten, die die Hilfe für unsere judenchristlichen Brüder selbst in die Hand nehmen könnte. Sie ist nicht vorhanden. Wenn wir in diesen Fällen eingetreten sind, so taten wir es aber doch nicht als Privatpersonen, sondern als ein bescheidenes Stück geistlicher Kirchenleitung. So sehe ich Deinen Dienst in dieser Sache an. In diesem Sinne habe ich das erste Gespräch mit Minister Kerrl ausdrücklich geführt.«[409]

Die Nähe Bodelschwinghs zu den Deutschen Christen in der Frage selbständiger judenchristlicher Gemeinden ist nicht zu übersehen, allerdings mit dem einen, nicht unbedeutenden Unterschied, daß Bodelschwingh solche für *möglich*, die Deutschen Christen aber für *nötig* hielten.

Solidarisch in der praktischen Arbeit trotz theologischer Kontroversen

Selbstverständlich: Zwischen Braune und Arnold war – trotz unterschiedlicher theologischer Standpunkte – der Wille zu gemeinsamem Handeln vorhanden. Paul Braune schloß seinen Brief an Arnold mit der ausdrücklichen Bitte:

»Ich bitte Sie nun weiterhin, Ihre Mitarbeit bei der Hilfsstelle nicht zu versagen, sondern so, wie wir es beabsichtigt hatten, den Satzungsentwurf auszuarbeiten und evtl. Vorschläge für den Namen zu machen.
Es ist gut, daß derartige Fragen auch grundsätzlich bedacht werden, damit man umso klarer und zielbewußter an die Durchführung der Aufgaben gehen kann.«[410]

F. W. »Israel« Arnold trug dieser Bitte Rechnung. Am 19. Januar schrieb er an Braune:

»Ich weiß, daß Sie noch mehr als ich und mit Arbeit, die Sie freiwillig und aus eigner innerer Berufung auf sich genommen haben, belastet sind und würdige um so mehr Ihre Mitarbeit auch an der Klärung der grundsätzlichen Fragen, die ich mit Ihnen für wichtig und notwendig halte.
Ich vermag hier nicht näher darzulegen, in welcher Hinsicht sich meine Anschauungen von den Ihrigen entfernen; Sie werden darüber auch selbst nicht im Zweifel sein. Wichtiger scheint mir, was uns verbindet.
Ganz besonders begrüße ich es, daß Sie an der Auffassung festhalten, nach der die Hilfsstelle nicht lebensfähig wäre, wenn nicht arische Christen in ihr mitwirkten. In diesem Sinne habe ich den Entwurf einer Satzung inzwischen Herrn Heinitz zugehen lassen.«[411]

Arnold war nicht nur bereit, seinen juristischen Sachverstand bei der Formulierung des Satzungsentwurfs für das Büro Grüber zur Verfügung zu stellen, er gehörte auch dem im November 1939 gebildeten »Beirat für das Büro Pfarrer Grüber« an. Neben den »Ariern« Superintendent Martin Albertz, Pfarrer Paul Braune und Amtmann Erich Schako war er der einzige Vertreter der »Nichtarier« in diesem Gremium.[412]

Friedrich Wilhelm Arnold hat die Shoa überlebt. Er verdankte sein Leben einer im Spätsommer 1942 gelungenen Rettungsaktion. Mit Unterstützung von Hans von Dohnanyi und dem Chef der deutschen Abwehr, Admiral Canaris, konnte Arnold im Zuge des sog. »Unternehmen 7« gerade noch in die Schweiz entkommen[413] (vgl. Bd. 4).

22. Ein neuer ökumenischer Anlauf: Der Ökumenische Flüchtlingsdienst

»Rettet sie doch!« so lautet der Titel eines nach dem Zweiten Weltkrieg erschienenen Berichts über den »Flüchtlingsdienst des Ökumenischen Rats der Kirchen« in Genf.[414] Im Herbst 1938, unter dem Eindruck anschwellender Flüchtlingsströme aus Deutschland, der Tschechoslowakei, Österreichs und auch der stalinistischen Sowjetunion, sah sich die Ökumenische Bewegung unausweichlich zum Handeln herausgefordert. An Warnungen und Aufforderungen hat es nicht gefehlt. Eindringlich hatte die Konferenz des »Weltbundes für internationale Freundschaftsarbeit der Kirchen« in Larvik Ende August 1938 »das Versagen der Christen in dieser Frage« beklagt und zu Anstrengungen aufgerufen: »Für sie [die nichtarischen Christen in Deutschland und dem früheren Österreich] bleibt kaum eine andere Wahl als auswandern oder sterben« (vgl. Bd. 2/1, 119–122).
Im Archiv des ÖRK in Genf findet sich der Bericht eines amerikanischen Pfarrers, Dr. Conrad Hoffmann jr., der im Auftrag der Presbyterianischen Kirche und des Internationalen Missionsrats im Juli und August 1938 Europa bereist hat, um die Lage der verfolgten Juden und Judenchristen zu erkunden. Hoffmann zeichnete ein düsteres Bild von den Imigrationschancen: Die USA hätten eine jährliche Einwandererquote für Deutschland und Österreich von jährlich 27 000 festgelegt. Davon stünden dem amerikanischen Konsulat in Berlin 3 000 und dem amerikanischen Konsulat in Wien 6 000 Visa zur Verfügung. Zur Zeit lägen aber in Berlin bereits 25 000 und in Wien 70 000 Visaanträge vor; das bedeutete elf und mehr Jahre Wartezeit. Hoffmann stellte fest, in Berlin würde das jüdische Hilfskomitee täglich 1 100 bis 1 200 Fälle bearbeiten. Für die christlichen »Nichtarier« gebe es aber kein vergleichbares Angebot. Sie würden »wie verlorene Schafe umherirren«. Er schlug darum vor, in Holland, England, Frankreich und Irland mit Unterstützung der Kirchen Übergangslager für 25 000 bis 100 000 Menschen einzurichten.[415] War die Ökumenische Bewegung in der Lage, solchen Herausforderungen standzuhalten?

Der »Weltrat der Kirchen (im Aufbau)« tritt ins Leben

Seit Gründung des »Internationalen kirchlichen Hilfskomitees für deutsche Flüchtlinge« im April 1936 in London (vgl. Bd. 2/1, Kap. 9) hatte sich auf dem ökumenischen Feld Grundlegendes verändert. Auf den beiden großen Weltkirchenkonferenzen vom Sommer 1937 in Oxford und Edinburgh hatten die dort versammelten 120 Kirchen den Plan zur Schaffung eines gemeinsamen »Ökumenischen Rats der Kirchen« (ÖRK) beschlossen.[416] Die erste Sitzung eines »Vorläufigen Ausschusses des Ökumenischen Rats (im Aufbau begriffen)« – so der recht umständliche, bis 1948 geltende Titel – fand unter dem Vorsitz des Erzbischofs von York, William Temple, am 13. Mai 1938 in Utrecht statt. Den Vorsitz im Verwaltungsausschuß bekam Marc Boegner, Präsident des Französischen Protestantischen Kirchenbunds. Der bisherige »Ökumenische Rat für Praktisches Christentum« wurde ganz mit dem neuen ÖRK verschmolzen. Nur die Bewegung »Glaube und Kirchenverfassung« behielt eine gewisse Eigenständigkeit.

Als Termin für die erste Vollversammlung des Vorläufigen Ausschusses wurden die Jahre 1940 oder 1941 ins Auge gefaßt. Wegen des Krieges verschob sich dieser Termin jedoch bis ins Jahr 1948 (Amsterdam). Generalsekretär des »World Council of Churches in Process of Formation« mit Sitz in Genf wurde der 33jährige Holländer Dr. Willem Adolf Visser't Hooft, seit 1932 Generalsekretär des Christlichen Studentenweltbundes, einem trotz seiner jungen Jahre erfahrenen Ökumeniker. Zu beigeordneten Generalsekretären wurden der Generalsekretär des Internationalen Missionsrates, R. William Paton, London, und der Sekretär des amerikanischen Kirchenbundes, Henry S. Leiper, bestimmt. Alle drei Personen stellten sich in den Dienst der reaktivierten ökumenischen Flüchtlingshilfe.

Neuordnung der ökumenischen Flüchtlingshilfe

Für die ökumenische Bewegung – das war bei der Weltbundtagung in Larvik unüberhörbar zum Ausdruck gekommen – stand mit der Hilfe für die aus rassischen Gründen verfolgten »nichtarischen« Christen ihre Glaubwürdigkeit auf dem Spiel. Knapp einen Monat nach Larvik, am 22. September 1938, verabredeten sich darum die drei wichtigsten Mitarbeiter der ökumenischen Zentrale: Visser't Hooft, Prof. Adolf Keller, Leiter der »Europäischen Zentralstelle für kirchliche Hilfsaktionen«, und Henry L. Henriod, Generalsekretär des »Weltbundes für internationale Freundschaftsarbeit der Kirchen«, in Personalunion auch Generalsekretär des »Ökumenischen Rats für praktisches Christentum«. Als Gast war anwesend Franz Hildebrandt, Bonhoeffers engster Freund; er lebte seit August 1937 als »Nichtarier«-Emigrant in England.[417] Man war sich einig. Die vordringlichste Aufgabe war die Unterstützung der »nichtarischen« Pfarrer in Deutschland bei deren Emigration. Hildebrandt sollte einen besonderen Auftrag erhalten, den er von London aus wahrnehmen konnte (vgl. Kap. 23). Visser't Hooft, Keller und Henriod konstituierten sich in Genf als »informelle Unterkommission« des in London immer noch bestehenden »International Christian Committee for German Refugees«, inzwischen in »International Christian Churches Committee for Non-Aryans« umbenannt.[418] In Genf traute man aber dem Londoner Büro nicht mehr allzuviel zu. Ausführlich beschreibt Visser't Hooft seine Vorstellungen in einem Brief vom 13. Oktober 1938 an Henry Leiper; er zeigt, wie entschlossen die junge ökumenische Zentrale die Sache jetzt anpacken wollte.[419] Das Londoner Komitee habe ein viel zu geringes internationales und ökumenisches Ansehen, als daß es mit Erfolg die schwierigen Koordinationsaufgaben erfüllen könnte, so Visser't Hooft. Man bräuchte ein wirkliches Zentrum oder wenigstens eine einzelne Person, die sowohl die internationalen Verflechtungen als auch das Ganze der Kirche im Blick hätte. Im Grunde müßte der Vorläufige Ausschuß des Ökumenischen Rats selbst die Sache in die Hand nehmen. In seiner Anfangsphase wäre es aber vielleicht doch besser, der ÖRK hielte sich zurück; zu viele Kirchenleute seien recht empfindlich gegen die Verstrickung der Kirche in Politik. Auffallend kritisch äußerte sich Visser't Hooft über Adolf Keller und Friedrich Siegmund-Schultze. Die beiden waren ohne Frage die auf dem Gebiet der Flüchtlingshilfe erfahrensten Ökumeniker. Obwohl beide vorzügliche Arbeit leisteten, waren sie für Visser't Hooft doch zu sehr Einzelgänger.[420] Er suchte darum eine Person mit diplomatischem Geschick, die sich voll der schwierigen Aufgabe widmen konnte. Noch war eine solche nicht in Sicht.

Der Provisorische Ausschuß des Ökumenischen Rats der Kirchen, voraussichtlich nach 1945: Bischof Bell von Chichester, Präsident Marc Boegner vom Französischen Kirchenbund, Generalsekretär Willem Visser't Hooft (von links nach rechts).

Willem Visser't Hooft: Der aus Holland stammende Generalsekretär des »Ökumenischen Rates der Kirchen im Aufbau« setzte sich mit Erfolg für die verfolgten Juden ein.

Die Synagogen brennen – was nun?

Mitten in der Vorbereitungsphase brannten in Deutschland die Synagogen. Zufälligerweise war Visser't Hooft um den 9./10. November auf einer Besuchreise in Deutschland und erlebte so das schauerliche Ereignis hautnah mit. In seiner Autobiographie erinnert er sich:

»In Tübingen und Stuttgart sah ich die Synagogen brennen und am folgenden Tag wanderte ich durch die Straßen von Nürnberg und betrachtete angewidert die Verwüstung. Der Nationalsozialismus hatte die Maske fallen lassen. Dies war eine Eruption unmenschlicher, satanischer Kräfte. Ich fragte meine deutschen Freunde, wann und wie sie gegen diese gemeinen Scheußlichkeiten zu protestieren gedächten. Die meisten waren tief beunruhigt, aber sie wiesen darauf hin, daß die Bekennende Kirche soeben eine der gefährlichsten Phasen ihrer turbulenten Geschichte durchlebte.«[421]

Für den Generalsekretär des Ökumenischen Rats war es jetzt endgültig Zeit zum Handeln. Am 16. November 1938 verschickte er an alle mit der Genfer Zentrale verbundenen Kirchen einen Apell, den zugleich auch Henriod für den Weltbund und Keller für die Zentralstelle für kirchliche Hilfsaktionen unterzeichnet hatten:

»Sehr geehrter Herr,

In einem Augenblick, da die Verfolgung der Juden in Deutschland und anderen mitteleuropäischen Ländern ein erschreckendes Ausmaß annimmt, ist es unsere Pflicht, uns zu vergegenwärtigen, welche Stellung die ökumenische Bewegung gegenüber dem Antisemitismus in allen seinen Formen eingenommen hat. Mit aller Deutlichkeit ist vom Weltbund in der Sitzung seines Exekutivkomitees in Sofia im Jahre 1933 und in seiner Ratssitzung in Larvik im August 1938, sowie von der Konferenz über Kirche, Volk und Staat in Oxford, 1937, der christlichen Haltung an diesem Punkt Ausdruck verliehen worden. Die Kirchen wurden aufgerufen, allen denen, die um ihrer Rassenzugehörigkeit willen verfolgt werden, Beistand und Hilfe zu leisten.

Wir möchten dringend nahelegen, daß alle Kirchen auf Grund dieser Äusserungen nunmehr zu sofortigem Handeln schreiten. Am wirksamsten erscheinen uns:

1. Gemeinsame Fürbittengottesdienste;
2. Schritte bei den Regierungen der verschiedenen Länder mit der Bitte um Durchführung sofortiger Maßnahmen
a) um einen höheren Prozentsatz nichtarischer Flüchtlinge zur vorübergehenden oder endgültigen Niederlassung in dem jeweiligen Lande zuzulassen;
b) um den von der Evian-Konferenz vorgeschlagenen Plan zur Schaffung von Siedlungsmöglichkeiten für eine erhebliche Anzahl tatsächlicher oder noch zu erwartender nichtarischer Flüchtlinge unverzüglich in die Wege zu leiten;
3. Übernahme der Verantwortung durch einzelne Kirchen für die Erhaltung einiger nichtarischer christlicher Familien und besonders von mindestens einem nichtarischen Pfarrer oder Theologiestudenten.
Mit weiteren Auskünften zu den einzelnen Vorschlägen stehen wir gerne zur Verfügung.

    In der Verbundenheit des Glaubens

H. L. Henriod
Generalsekretär des Weltbundes für Internationale Freundschaftsarbeit der Kirchen

W. A. Visser 't Hooft
Sekretär des Vorläufigen Ausschusses des Ökumenischen Rates der Kirchen

Adolf Keller
Direktor der Zentralstelle für Kirchliche Hilfsaktionen

41, Avenue de Champel, Genf,   52, Rue des Paquis«[422]

Den Worten folgten Taten. Regelmäßig fanden ab jetzt in der Genfer Zentrale Beratungen statt; sie spiegeln die Probleme, um die es ging. Alle Genfer Mitarbeiter machten sich in den folgenden Wochen auf den Weg durch Europa, um vor Ort zu erkunden, welche Maßnahmen und Hilfen nötig und möglich waren. Weltbund-Generalsekretär Henriod fuhr vom 24.–30. November 1938 nach Paris und London. Hans Schönfeld, Direktor beim Internationalen Sozialwissenschaftlichen Institut in Genf, der Studienabteilung des Ökumenischen Rats, besuchte England, Holland und Deutschland. Schönfeld war deutscher Pfarrer und von der DEK nach Genf abgeordnet. Er traf am 10. Dezember in Heidelberg mit Pfarrer Hermann Maas zusammen. Nils Ehrenström, ein schwedischer Pfarrer, ebenfalls Mitarbeiter der ökumenischen Studienabteilung, brachte Berichte aus Schweden, Dänemark, England, Holland und Deutschland mit. Adolf Keller hatte sich in der Schweiz umgesehen. Visser't Hooft hatte ständigen brieflichen und telefonischen Kontakt mit Paton und Bischof Bell in England wie auch mit seinem Kollegen Leiper in New York.

Ein Lagebericht über Hilfsangebote europäischer
und amerikanischer Christen

Wie war die Lage?[423] In der Schweiz wurde der seit 1933 bestehende Zweig des »Internationalen Kirchenkomitees für nichtarische Christen« aktiviert, ebenso das Hilfswerk für deutsche Bekenntnispfarrer, dem 770 Schweizer Pfarrer angehörten. Seit 1933 hatten Schweizer Christen bereits 200 000 Schw. Franken zugunsten von evangelischen Flüchtlingen gesammelt. Sechzehn deutsche Pfarrer waren von Schweizer Kirchen bis dahin aufgenommen worden und eine größere Zahl von Familien und Einzelpersonen erfuhren von der Schweiz aus Unterstützung bei ihrer Emigration nach Kolumbien, Venezuela, den USA, Argentinien und Afrika. Diese Möglichkeiten waren jetzt fast erschöpft.
Ähnliche Aktivitäten wurden von den nordischen und holländischen Kirchen gemeldet. In Schweden war bei einer spontanen Sammlung am zweiten Weihnachtsfeiertag im Anschluß an eine Rundfunkpredigt der Betrag von 22 000.– Schwedenkronen zugunsten der

innerschwedischen Flüchtlingshilfe für »nichtarische« Christen zusammengekommen; ein Teil davon kam der Genfer Flüchtlingshilfe zugute. 12 000 Schwedenkronen kamen bis Anfang Januar für die »Aktion Kinderverschickung« von »nichtarischen« Kindern und Jugendlichen aus Deutschland zusammen (vgl. Kap. 13). Die schwedische Regierung hatte für hundert Kinder Einreisevisen freigegeben. Die Kinder sollten ein halbes oder ein ganzes Jahr in Familien aufgenommen werden, und zwar möglichst bei Landwirten, um sich auf die Ausreise in ein Agrarland vorbereiten zu können. Achtzig Gastfamilien waren bereits gefunden. Auch in der Schweiz hatten sich 600 bis 700 Familien zur Aufnahme von Kindern bereit erklärt. In Dänemark, wo man Pläne zur Unterbringung von 2 000 Kindern und Jugendlichen in Familien hatte, scheiterte das Vorhaben zunächst am Veto der Regierung. Ähnlich war es in Holland, wo »nichtarische« Jugendliche nur in geschlossenen »Camps« unterkamen.
Am leichtesten war es, für die überschaubare Zahl an »nichtarischen« Pfarrern und deren Familien Unterstützung zu finden. Neben Kirchen in Schweden, Dänemark und Holland, waren es vor allem Kirchen in Großbritannien, die für die Übernahme deutscher Pfarrer offen waren (vgl. Kap. 23).

Ein Leiter für den ökumenischen Flüchtlingsdienst in Sicht

Insgesamt drängte alles auf eine noch effektivere Bündelung der Hilfsarbeit, wie es Visser't Hooft seit langem vorschwebte. Die richtige Person hierfür war inzwischen gefunden. Bei einer Sitzung des »Genfer ökumenischen Hilfskomitees für nichtarische Christen« am 11. Januar 1939 erwähnte Prof. Adolf Keller, das Schweizer Hilfskomitee habe einen eigenen Vertreter in London ernannt, Pfarrer Adolf Freudenberg. Er sollte die Verbindung zu den britischen Flüchtlingsorganisationen halten und auch Einzelfälle bearbeiten. Die Anwesenden – Henry Henriod, Hans Schönfeld und Nils Ehrenström – beauftragten Adolf Keller zu erkunden, ob Adolf Freudenberg bereit war, auch den Weltbund und den Vorläufigen Ökumenischen Rat in London in der Flüchtlingshilfe zu vertreten. Freudenberg war bereit.

Die zweite Vollsitzung des Vorläufigen Ausschusses des Weltrats der Kirchen in St. Germain-en-Laye im Januar 1939

Als der Vorläufige Ausschuß des Weltrats der Kirchen (im Aufbau) sich zu seiner 2. Vollsitzung vom 28. bis 30. Januar 1939 in St. Germain-en-Laye (Paris) im Pavillon Henri IV »unter den Augen von Richelieu« versammelte[424], fielen endgültig die Würfel für die Einrichtung des »Ökumenischen Flüchtlingsdienstes für nichtarische Christen«. Nach allem, was vorausgegangen war, kam Punkt 10 der Tagesordnung »Help to Refugees« eine übergeordnete Bedeutung zu. Bischof Bell von Chichester war Berichterstatter. Bell sparte nicht mit Kritik an den Kirchen: »Not enough was beeing done by the Churches, although Church committees in several countries had done excellent work.«

Allerdings räumte Bell auch ein: »More, recently, however, the Churches had shown greater interest and it seemed that at last the Christian conscience was being aroused.«[425]

In der anschließenden Beratung wurden Klagen laut über die ungleiche Verteilung der Flüchtlinge in Europa. Allein in Frankreich befänden sich 230 000 [!] Flüchtlinge[426], gab der französische Kirchenpräsident Marc Boegner zu bedenken. Archimandrit Cassian erinnerte an das Flüchtlingselend in Rußland.

Der Exekutivausschuß verabschiedete schließlich eine von George Bell vorbereitete Resolution. Kernpunkt war die Anstellung eines »special officers«, der sich der Flüchtlingsproblematik annehmen und vor allem die Arbeit der verschiedenen kirchlichen Komitees koordinieren sollte. Der bei »Life and Work« für die Minderheitenfürsorge vorhandene Haushaltsposten in Höhe von 9 000 Schweizer Franken stand für diesen Zweck zur Verfügung. Als besonders dringlich wurde erkannt, Arbeitsplätze für die etwa vierzig zwangsbeurlaubten »nichtarischen« deutschen Pastoren zu finden. Was lag nun näher, als den von der Genfer Zentrale empfohlenen Adolf Freudenberg mit der neuen Aufgabe zu betrauen, zumal Freudenberg auch das Vertrauen der Bekennenden Kirche in Deutschland hatte? Er hatte Heinrich Grüber auf dessen erster Englandreise Anfang Januar 1939 begleitet und und man erwog, daß er neben der Schweizer kirchlichen Flüchtlingshilfe auch das »Büro Pfarrer Grüber« in London vertreten solle.[427]

Wer war Adolf Freudenberg?

Der 1894 geborene Sohn einer bekannten Weinheimer Industriellenfamilie entschied sich nach dem Jurastudium und dem Abschluß einer Promotionsarbeit 1922 für den diplomatischen Dienst.[428] 1920 schloß Freudenberg mit der Medizinerin Elsa Liefmann die Ehe. Die kirchliche Trauung vollzog – nicht von ungefähr – der Heidelberger Pfarrer Hermann Maas. Schicksalhaft für beide wurde, daß Elsa Freudenberg aus einer jüdischen Familie stammte, wenngleich sie christlich getauft war. Adolf Freudenberg war zunächst drei Jahre als Kulturreferent bei der Deutschen Botschaft in Rom tätig, danach in der Personalabteilung des Auswärtigen Amtes in Berlin.[429] Wegen der Abstammung seiner Frau sah Freudenberg sich 1935 gezwungen, als Vortragender Legationsrat aus dem Auswärtigen Amt auszuscheiden. Freundschaften, die bis zu dieser Zeit im AA gewachsen waren, sollten für seine Tätigkeit als Flüchtlingssekretär noch von großer Bedeutung sein.[430]
Die Freudenbergs wohnten in der Gemeinde Martin Niemöllers in Berlin-Dahlem. Ihr Grundstück grenzte unmittelbar an das Pfarrhausgrundstück, so daß die Kinder der beiden Familien befreundet waren. Beeindruckt vom Widerstand der Bekennenden Kirche, entschloß sich Adolf Freudenberg, vierzigjährig, zum Studium der Evangelischen Theologie in Bethel, Berlin, und Basel. In Berlin besuchte er nicht nur Vorlesungen an der Universität, sondern auch Vorlesungen an der illegalen Kirchlichen Hochschule der Bekennenden Kirche. Es kam zum Eklat, als Reichserziehungsminister Rust am 17. November 1936 den Besuch »kirchlicher Ersatzvorlesungen und Seminare« verbot, die BK-Studenten sich aber nicht an das Verbot hielten. Zusammen mit anderen »Delinquenten« wurde auch Freudenberg vor einem Dreier-Ausschuß der Universität vernommen. Ihn traf die härteste Strafe, den dauernden Ausschluß vom Studium an allen deutschen Hochschulen. Die Begründung: »Als der bedeutend Ältere hätte der Angeschuldigte Freudenberg seinen jungen Kommilitonen zu Einsicht ermahnen und in seiner Eigenschaft als Staatsbeamter [...] auf jeden Fall zur Beachtung staatlicher Anordnungen auffordern müssen.«[431]
Dennoch wurde Freudenberg Pfarrer der Bekennenden Kirche. Er konnte 1938 vor deren illegaler Prüfungskommission das theologi-

Berlin-Dahlem, Am Hirschsprung 9
4. Januar 1939

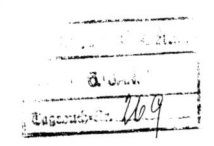

Sehr verehrter Herr Pastor,

Die neu errichtete kirchliche Hilfsstelle für nichtarische Christen(Büro Grüber) Berlin,Oranienburgerstr.2o hat mich beauftragt ihre Angelegenheiten in London zu vertreten.Dazu kommt noch ein besonderer Auftrag der schweiz.kirchlichen Flüchtlingshilfe.

Jch wäre zu besonderem Dank verpflichtet,wenn Sie mich auf der Durchreise nach London im Laufe des Montag(9.Jan.)vorm.in Bethel empfangen könnten,weil mir sehr daran liegt,in verschiedenen Fragen dieses so schwierigen Problemkreises Jhre Auffassung kennen zu lernen. Soweit ich feststellen konnte,findet mein Auftrag ,welcher der Förderung einer geregelten Auswanderung dient,die Zustimmung der zuständigen Reichsbehörden.

Jch wäre für eine kurze Mitteilung-auch telephonisch- 76-o166 dankbar,ob mein Besuch angenehm ist.Um 6 Uhr nachm.muss ich in Osnabrück den holländischen Zug erreichen.

Mit besten Grüssen

*Ihr aufrichtig ergebener
Adolf Freudenberg*

Vor seiner Ausreise nach London suchte Adolf Freudenberg um ein Gespräch mit Friedrich von Bodelschwingh nach, das allerdings nicht zustande kam.

sche Examen ablegen und wurde für ein Jahr Lehrvikar in Neustadt (Dosse). Im Februar 1939 erfolgte in der Dahlemer Annenkirche Freudenbergs Ordination durch die Bekennende Kirche. Anfang März 1939 siedelte die Familie nach London über.
Schon Ende Januar – gleich nach der Pariser Sitzung des Vorläufigen Ausschusses des ÖRK – bekam er die Nachricht, so rasch als möglich sich bei Bischof Bell zu einem Gespräch in London einzufinden; es stand seine Berufung durch den Ökumenischen Rat an.[432]

Als Flüchtlingssekretär in London

Bis zur endgültigen Berufung als Flüchtlingssekretär dauerte es dann freilich doch noch fast zwei Monate. Der Hohe Flüchtlingskommissar des Völkerbunds, Sir Herbert Emerson, äußerte Bedenken, ob es sinnvoll wäre, einen Deutschen mit dieser heiklen Aufgabe zu betrauen. Auch Visser't Hooft kamen Zweifel, ob Freudenberg der geeignete Mann sei, d. h. ob er überhaupt im Besitz eines »valid passport« [gültiger Paß] war. Nachdem für ihn Deutschland in Zukunft verschlossen blieb, wäre es jedenfalls günstig gewesen, wenn er wenigstens nach Frankreich, in die Niederlande, die Schweiz und in die skandinavischen Länder hätte reisen können.[433] Ohne Paß war das nicht möglich. Man dachte deshalb daran, Freudenberg einem Nichtdeutschen zu unterstellen. Im Gespräch waren mehrere Personen, zwei Niederländer, der Leiter der Emigrationsabteilung des Protestantischen Hilfskomitees in Holland, Baron Jonkheer Baud, und der Sohn des holländischen Erziehungsministers, Dr. M. C. Slotemaker de Bruine, wie auch der in Paris ansässige frühere Präsident des Nansen-Amtes, Judge Hansson.[434] Am Ende kam keiner von allen in Frage, vielmehr übernahm Ende März 1939 Freudenberg allein die Verantwortung. Sein Büro war im berühmten Bloomsbury House in London untergebracht, dem Sitz einer Vielzahl von Flüchtlingsorganisationen.[435]
Adolf Freudenberg genoß allseits Vertrauen. Heinrich Grüber, der anfangs Bedenken gegen Freudenbergs Berufung hatte, schrieb am 30. Mai 1939 an Visser't Hooft:

Adolf Freudenberg, Sekretär des in London 1939 eingerichteten Ökumenischen Flüchtlingsdienstes, zusammen mit Rev. Otto Nothochsberger

»Nach meiner [zweiten] Englandreise halte ich es für meine Pflicht, Ihnen doch mitzuteilen, daß ich die Bedenken, die ich s. Zt. gegen Freudenberg geäußert habe, zurückstellen muß. Ich habe den denkbar besten Eindruck von ihm und seiner Arbeit bekommen und glaube auch, daß, wenn sich ein zweiter Sekretär nicht findet, Freudenberg doch allein die Arbeit machen kann.«[436]

Der ganze Vorgang zeigt, wie sensibel dieses Arbeitsfeld war, aber auch, daß man nun doch endlich zu einer praktischen Lösung gekommen war.
Freudenbergs Tätigkeit stand unter der Aufsicht von Bischof Bell als Vorsitzendem des »International Christian Committee for Refugees«. Er war unmittelbar den beiden Generalsekretären des Weltkirchenrats, Paton (London) und Visser't Hooft (Genf) verantwortlich. Freudenbergs Gehalt wurde teils durch den Weltkirchenrat, teils aus einem britischen Sonderfonds bestritten.[437] Man teilte die Verantwortung wie auch die Lasten.

Die Aufgaben des Ökumenischen Flüchtlingsdienstes in London

Die Aufgaben, um die es ging, hat Freudenberg in einem Rechenschaftsbericht vom April 1940 so beschrieben:

☐ Koordination der verschiedenen kirchlichen Flüchtlingskomitees,
☐ Vermittlung neuer Existenzmöglichkeiten für Flüchtlinge,
☐ Werbung für die Flüchtlingshilfe bei den Kirchen,
☐ Erschließung von Resourcen,
☐ Betreuung der Flüchtlinge in ihrer seelischen Not,
☐ besondere Fürsorge für die »nichtarischen« Pfarrer, die mit Unterstützung von Bischof Bell nach England gekommen waren.

Zunächst gab es für Freudenberg vier vordringliche Arbeitsschwerpunkte:

1. Er hatte für das Fortkommen der 31 deutschen Theologen mit zu sorgen. Freudenberg übernahm diese Aufgabe von Franz Hilde-

brandt.[438] Es führte zu Korrespondenzen mit Kirchen in der ganzen Welt (vgl. Kap. 23).

2. Er war bei der Vermittlung von vier Stipendien durch das britische kirchliche Flüchtlingswerk beteiligt, das Prof. Hans Ehrenberg, Prof. Gerhard Leibholz, Prof. Simon Frank und Dr. Carl G. Schweitzer befristet auf drei Jahre zuerkannt wurde. Sie sollten durch die Bearbeitung bestimmter Themen – unter Wahrung ihrer eigenen Studieninteressen – der Studienabteilung des Ökumenischen Rats zuarbeiten (vgl. Kap. 23).

3. Die Haupttätigkeit Freudenbergs bestand jedoch in der Beratung und Betreuung von Emigranten aus Deutschland. Er hatte die Kontakte zwischen dem »Büro Pfarrer Grüber« und einzelnen Hilfsorganisationen in Großbritannien aufrecht zu erhalten. In diesem Zusammenhang hatte die Bekennende Kirche den gerade ordinierten Hilfsgeistlichen gleichzeitig als Prediger an die deutsche lutherische St. Georgskirche in London abgesandt. Dort liefen damals die Fäden für die Auswanderung der aus Deutschland vertriebenen protestantischen »Nichtarier« zusammen.[439]

4. Als besondere Aufgabe war Freudenberg die Koordination mit katholischen und anderen Flüchtlingsorganisationen aufgetragen. Darauf drängte mit Nachdruck Heinrich Grüber.[440]

Die Anfänge interkonfessioneller Zusammenarbeit

Am 26. Mai 1939 kam es in Freudenbergs Büro, im Bloomsbury House in London, unter Vorsitz von Bischof Bell zu einer ersten interkonfessionellen Begegnung auf höchster Ebene. Anwesend waren Prof. J. Schmutzer, der Vorsitzende des »International Catholic Office for Refugee Affairs« mit Sitz in Utrecht, und dessen Generalsekretär E. Baumgarten, Vertreter der britischen katholischen und protestantischen Flüchtlingsorganisationen wie auch der Stellvertretende Hochkommissar für Flüchtlinge des Völkerbunds, G. Kullmann, neben W. Paton und A. Freudenberg. Man vereinbarte ständige Kontakte und künftige Zusammenarbeit.[441] Eine für August 1939 in Utrecht geplante große ökumenische Flüchtlingskonferenz kam wegen des sich abzeichnenden Krieges allerdings nicht mehr zustande (vgl. Bd. 3/2, Kap. 44).

WORLD COUNCIL OF CHURCHES
(In process of formation)

PROVISIONAL COMMITTE
*(Constituted by the World Conference
on Faith and Order and the Universal
Christian Council for Life and Work)*

Chairman of Provisional Committee:
THE ARCHBISHOP OF YORK

Chairman of the Administrative Committee:
M. LE PASTEUR MARC BOEGNER

General Secretaries:
DR. W. A. VISSER 'T HOOFT
REV. WILLIAM PATON

OFFICE FOR REFUGEE WORK
Secretary: DR. A. FREUDENBERG,
BLOOMSBURY HOUSE (Room 203)
BLOOMSBURY STREET,
LONDON, W.C.1
Telephone: MUSEUM 3518

Briefkopf Adolf Freudenberg in London

Bloomsbury House London

Was in Deutschland kaum vorstellbar war, das gab es in Großbritannien: Die meisten jüdischen und nichtjüdischen Flüchtlingshilfsorganisationen saßen buchstäblich unter einem Dach. Die Adresse, auf die unzählige Flüchtlinge ihre Hoffnungen richteten, lautete Bloomsbury House, 21 Bloomsbury Street, London W. C. 1.[442] Seit dem Frühjahr 1939 waren in dem vierstöckigen, schon etwas heruntergekommenen ehemaligen Hotelgebäude die wichtigsten Flüchtlingsorganisationen beisammen. Alles in allem waren mehr als 600 Mitarbeiterinnen und Mitarbeiter beschäftigt. Zusammen mit der oft noch größeren Zahl an Ratsuchenden ergibt sich das Bild eines Bienenhauses. Im Parterre und 2. Stock war die größte Organisation, das German Jewish Aid Committee, ab Sommer 1939 in Jewish Refugees Committee umbenannt, untergebracht. Der 1. Stock beherbergte das interkonfessionelle Movement for the Care of Children – später Refugee Children's Movement –, das elternlose Kinder betreute. Im 3. und 4. Stock waren die übrigen weltanschaulich und nicht weltanschaulich gebundenen Organisationen zu finden wie das Germany Emergency Committee der Society of Friends (Quäker),

Das Bloomsbury-House in London war der Sitz verschiedener Hilfswerke für verfolgte Juden. Im 2. Stock, Zimmer 203, hatte auch der Sekretär des Ökumenischen Flüchtlingsdienstes, Adolf Freudenberg, bis Kriegsbeginn sein Büro.

der Christian Council for Refugees from Germany and Central Europe, das Catholic Committee for Refugees from Germany, das Church of England Committee for Non-Aryan Christians, ebenso berufsbezogene Organisationen wie das Musicans Refugee Committee oder auch die Jewish Blind Society. Die Abstimmung zwischen den Organisationen erfolgte über das Coordinating Committee for Refugees, über das die Außenkontakte zur Regierung liefen und das auch im 2. Stock eine ständige Hauskonferenz, das Central Office for Refugees, eingerichtet hatte. Ihr unterstanden unmittelbar weitere Büros, die sich vor allem der Arbeitsvermittlung widmeten wie das Domestic Employment Bureau (für Hausangestellte), das Medical Commitee (für Ärzte und Zahnärzte), das Nursing Department (für Krankenschwestern und Hebammen) und das Agricultural Committee (für Landarbeiter). Mitten in diesem Gewühle, in Zimmer 203, hatte auch das Flüchtlingsbüro des Ökumenischen Rats mit Adolf Freudenberg eine Unterkunft gefunden.

Vom Heidelberger Pfarrer Hermann Maas gibt es einen Brief vom Juli 1939 an eine ihm befreundete Christin jüdischer Abstammung, Cläre von Mettenheim, in der er einen lebendigen Eindruck von einem gerade beendeten Besuch im Bloomsbury House vermittelt. Der Brief ist nur noch in einem verkürzten Auszug durch die Gestapo, allerdings mit Anmerkungen des Untersuchungsführers, vorhanden. Maas schreibt:

»Drüben (gemeint ist Blooms-Bury-House in London. D. U. [= Zusatz des vernehmenden Untersuchungsführers]) ging mir, trotzdem ich allerhand ›Erata‹ (?) mitbrachte, doch mit Schrecken auf, daß alle am Ende der Kraft, der Mittel und des Rats sind. Tag und Nacht verfolgen mich die Bilder, die ich sah, dieser tausendfache Andrang in den Räumen des Komitees (Pro-Palästina-Komitees. D. U.), ein nach Heimat suchendes Volk, in engen Gängen, Treppen und überfüllten, von Weh und Ach, Schelten, Zürnen erfüllten Büros, die z. T. von ungeeigneten, lieblosen Menschen zu Infernos gemacht wurden. Entsetzlich! Ich habe wohl in den 24 Büros gearbeitet, z. T. sehr ernste Gespräche gehabt, von den Quäkern aufs Liebenswürdigste empfangen. Aber wo ist noch eine Türe auf? Welch' eine grausame Not und welch dämonischer Sadismus, rücksichtslos weiter zu bedrohen, auszuweisen. O Gott', was muß geschehen! Ich zittere vor dem Gottesgericht, das sich grausam in diesen Tagen zusammenzieht über uns, Europa und am Ende der ganzen Welt. Und das Alles um Einer Idee (?) willen. (Fragezeichen im Original. D.U)«[443]

Umzug nach Genf

Die von Freudenberg in London so hoffnungsvoll begonnene Arbeit wurde durch den Ausbruch des Krieges jäh unterbrochen. Freudenberg befand sich am 1. September mit seiner Familie in deren Schweizer Feriendomizil in Champex (Wallis). Eine Rückkehr nach England war nicht ratsam. Großbritannien war ja nun selbst Kriegspartei. Als Deutscher mußte Freudenberg damit rechnen, interniert zu werden. Visser't Hooft hatte darum mit seinem Vorschlag Erfolg, das Sekretariat des Ökumenischen Flüchtlingsdienstes nach Genf zu verlegen. Da Freudenberg relativ rasch – nicht zuletzt durch den Einsatz seines theologischen Lehrers Karl Barth – für sich und seine Familie die Aufenthaltserlaubnis für die Schweiz erhielt, konnte er die begonnene Arbeit alsbald von Champex und später von Genf aus fortsetzen[444] (vgl. Bd. 3/2, Kap. 38).

23. Die Rettung »nichtarischer« Pfarrer und ihrer Familien

Briefe können lebensrettend sein. Am 15. Dezember 1938 erhielten zwischen dreißig und vierzig »nichtarische« Pfarrer in Deutschland mit ihren Familien, so auch Bruno Benfey in Wernigerode, von Barbara Murray aus England einen ihr weiteres Leben verändernden Brief:

»Ich freue mich, Ihnen mitteilen zu können, daß das Englische Home Office [Innenministerium] versprochen hat, ein Visum für das Vereinigte Königreich für Sie und Ihre Ehefrau und Kinder zu gewähren.
Dieses Visum wird durch das Britische Paßkontrollamt in Berlin erteilt werden, sobald die Mitteilung des Home Office dort eingegangen sein wird und sobald Sie in der Lage sein werden, vor dem Beamten des Paßkontrollamts in Berlin, Tiergartenstraße 17, persönlich zu erscheinen.«[445]

Barbara Murray war die ehrenamtlich arbeitende Geschäftsführerin des »Christian Churches Committee for Non-Aryan Christians« in London. Dieser und ähnliche Briefe waren Teil einer beispiellosen Hilfsaktion, die unmittelbar nach der Pogromnacht Bischof George Bell von Chichester in die Wege geleitet hatte. Das Londoner Komitee zog im Rückblick in einem Bericht vom Dezember 1939 mit einer gewissen Genugtuung das Resümee:

»Einunddreißig nichtarische deutsche Pfarrer sind vor der Nazi-Verfolgung gerettet worden, nachdem sie die vom Bischof von Chichester an Weihnachten 1938 ausgesprochene Einladung in dieses Land angenommen haben. Diese einunddreißig Pfarrer (und vier weitere, die noch dazugekommen sind) ergeben zusammen mit ihren Ehefrauen und Kindern neunzig Personen. Von ihnen feiern in diesem Jahr achtzig das Weihnachtsfest in England, zehn haben das Land in andere Richtungen schon wieder verlassen.«[446]

Eine Mitarbeiterin des »Church of England Committee for Non-Aryan Christians«, Miss R. E. Cleeve, erinnerte sich, mit welchem Engagement George Bell die Hilfsaktion in Angriff nahm, als er seinen Entschluß im November 1938 dem Komitee mitgeteilt hat:

»Die Nachricht vom Judenpogrom in Deutschland war gerade bekannt geworden. Ruhig berichtete der Bischof uns von einem Besuch im Home Office. Er werde persönlich die Bürgschaft und Unterstützung für zwanzig BK-Pfarrer mit ihren Frauen und Kindern übernehmen, sofern das Innenministerium die Erlaubnis zur Einreise nach England erteilt. Das Komitee hatte praktisch keine Mittel zur Verfügung. Es bestand nur aus einem Stab freiwilliger Mitarbeiter. Bis dahin war der einzige Erfolg, einige nichtarische Kinder herüberzubringen und für sie Bürgen sowie den unentgeltlichen Schulbesuch zu garantieren. Den Mitgliedern – um es milde auszudrücken – hat es die Sprache verschlagen; doch die Worte des Bischofs wirkten wie eine Explosion. Einmütig machten sich alle ans Werk, um ihm zu helfen.«[447]

Zur Vorgeschichte der Bellschen Rettungsaktion

Schon Monate vor der Pogromnacht wurde beim Weltrat der Kirchen in Genf diskutiert, wie den immer stärker in Bedrängnis geratenen »nichtarischen« Pfarrern in Deutschland geholfen werden könnte. Anfang August 1938 meldete sich beim Generalsekretär des Weltbundes für internationale Freundschaftsarbeit der Kirchen in Genf, Henry Henriod, ein zwangsentlassener deutscher Landgerichtsdirektor, Dr. Heinz Golzen, mit einem ausführlichen Bericht zur »Lage der nichtarischen deutschen Theologen« und mit Vorschlägen, wie ihnen zu helfen wäre. Golzen gehörte selbst zum Kreis der Betroffenen. Er hatte nach seiner Entlassung aus dem Staatsdienst von Lörrach aus an der Basler Universität Theologie studiert und beide theologischen Examina abgelegt. Jetzt erhoffte er sich eine Anstellung beim Ökumenischen Rat mit dem Auftrag der Betreuung »der dreißig bis vierzig evangelischen Theologen, die in Deutschland aus dem Kirchendienst ausscheiden« müßten.[448] Eine Beschäftigung für den noch nicht ordinierten Theologen aus Deutschland gab es in Genf freilich nicht. Der zu Rate gezogene Leiter der »Europäischen Zentralstelle für kirchliche Hilfsaktionen«, Prof. Adolf Keller, empfahl vielmehr, das schon bestehende »International Christian Committee for Non-Aryan Christians« in London wiederzubeleben und mit einem solchen Auftrag zu betrauen.[449] Anders Weltbundgeneralsekretär Henriod, der interessiert auf Golzens konkrete Vorschläge einging. Kurze Zeit später unterbreitete er sie der Ende August 1938 in Larvik/Norwegen versammelten Konferenz des Weltbundes für internationale Freundschaftsarbeit der Kirchen (vgl. Bd. 2/2, Kap. 39). In einem dort verabschiedeten Aufruf heißt es dann auch:

»Das traurige Geschick derer, die nach den Nürnberger Gesetzen als ›Juden‹ gelten, trifft in vollem Maße auch alle nichtarischen Theologen und Pfarrer, sowohl solche, die selbst irgend einen Prozentsatz nichtarischen Blutes in sich tragen, als auch solche, die verheiratet oder verlobt sind mit nichtarischen Frauen oder Mischlingen. In Deutschland kann ihnen keine Kirche, auch keine Missionsgesellschaft oder andere christliche Einrichtung einen Platz sichern. [...] Schon haben manche Kirchen, so vor allem in der Schweiz und in Nordamerika einer Anzahl dieser Verkünder des Evangeliums ihre Tore geöffnet. Wir müssen das hier dankbar erwähnen. Noch sind etwa fünfzig solcher Männer in größter Not und Sorge, was mit ihnen in der allernächsten Zeit geschehen soll.«[450]

Dem Aufruf folgten konkrete Schritte (vgl. Kap. 22). So hatte Franz Hildebrandt bei der Neuordnung der Ökumenischen Flüchtlingshilfe am 22. September 1938 den Auftrag erhalten, sich von London aus speziell der verfolgten »nichtarischen« Pfarrer, die Deutschland verlassen wollten, anzunehmen. Visser't Hooft und sein Stab in

---

Brief an Pfarrer Ernst Lewek, wie ihn alle »nichtarischen« Pfarrer, die an der Rettungsaktion von Bischof Bell beteiligt waren, erhalten haben (vgl. Kap. 24).

From
The Rev. C.C. Griffiths.

The Rectory,

St. Leonards-on-Sea,

Sussex,

England.

3. Februar 1939.

Lieber Pastor *dewch*!

Ich schreibe Ihnen um Sie einzuladen so bald Sie können, nach England zu kommen. Meine Freunde und ich haben, wie Ihnen wohl bekannt sein wird, den ernsthaften Wunsch Sie hier willkommen zu heissen, und Ihnen unsere Gastfreundschaft anzubieten. Und wenn Sie in England sind, können wir gemeinsam weitere Pläne machen.

Das Home Office in London hat uns informiert, dass Visas unter folgenden Namen bestätigt worden sind:

für Sie *Thmas dewch*

für Ihre Frau *Dorothea dewch*

für Ihre Kinder *Kurt* *Christa*
Ingemarie *Isabeth*
Kurt *Angela*
Christfried

Der Brief des Home Office datiert vom 30. Januar 1939.

Ich nehme an dass das Britische Passamt in Berlin allgemeine Anordnungen erhalten hat. Der Home Office Beamte teilte mir mit, dass Sie sich an das <u>Ihnen nächste Passamt</u> wenden können, wo man Ihnen das Visa aushändigen wird.

Sollten noch irgendwelche Zweifel bestehen wird

Pastor Grüber, Berlin-Kaulsdorf

Ihnen gern die notwendige Auskunft erteilen. Der Leiter des Britischen Passamtes in Berlin ist ebenfalls bereit Ihnen zu helfen.

Bitte lassen Sie mich wissen, dass Sie diesen Brief erhalten haben. Ich bin der Sekretär des Kirchen-Gast-

freundschafts-Committee und mache alle notwendigen Anordnungen. Lassen Sie mich bitte ebenfalls wissen, was Sie an eigenen Sachen mitbringen.

Wir alle wollen unser Bestes tun um Sie glücklich zu machen und heissen Sie von Herzen willkommen. Wir grüssen Sie als Mitchristen und sind froh Ihnen helfen zu können.

In namen Christi!

C.C. Griffiths

Genf wollten mit den Kirchen möglicher Aufnahmeländer Fühlung halten. Als Kontaktmann in Deutschland dachte man an den Heidelberger Pfarrer Hermann Maas, den die Bekennende Kirche ursprünglich als Leiter der geplanten Hilfsstelle für »nichtarische« Christen vorgesehen hatte (vgl. Bd. 2/2, 258f.). Ihn sollte Hildebrandt um eine Liste der zur Auswanderung entschlossenen Pfarrer bitten. Das war jetzt das wichtigste.

Die Ereignisse in Deutschland im Herbst 1938, verbunden mit dem Hilferuf aus Genf, weckten in verschiedenen europäischen Kirchen verstärkt die Aufmerksamkeit. Die Reiseberichte der Genfer Mitarbeiter Henriod, Schönfeld und Keller Anfang Dezember 1938 sprechen jedenfalls von einer wachsenden Bereitschaft, gefährdeten protestantischen Pfarrern in Deutschland beizustehen (vgl. Kap. 22). In Dänemark war man bemüht, drei Pfarrer auf dem Missionsfeld unterzubringen. Die Holländer hatten eine gerade freigewordene Stelle bei der Utrechter Stadtmission für diesen Zweck bereit gestellt. Sie boten an, einen Vertreter nach Deutschland zu schicken zur Verhandlung mit den Behörden, um auf diese Weise die im Konzentrationslager befindlichen »nichtarischen« Pfarrer Paul Leo und Hans Ehrenberg frei zu bekommen. Die Kirche von Schottland bot die Übernahme von sechs jüngeren Pfarrern an. Ähnliches verlautete von den Lutherischen Kirchen Amerikas, wo man einer größeren Zahl von »nichtarischen« Pfarrern die Möglichkeit der Umschulung in theologischen Seminaren anbieten wollte. Die schwedische Bischofskonferenz wollte sich bei ihrer Jahrestagung am 23./24. Januar 1939 ausführlich mit der Frage der Unterbringung von »nichtarischen« Pfarrern befassen.

Das stärkste Echo kam aus England. Henriod berichtete von erfolgreichen Bemühungen Bischof Bells und dem Angebot eines Blockvisums für vierzig »nichtarische« Pfarrer mit deren Familien.[451]

Am 10. Dezember 1938 hatte sich Hans Schönfeld noch einmal mit Hermann Maas in Heidelberg getroffen. Er konnte ihm versichern, daß man von England aus an die deutsche Polizei herantreten wird, um Ausreisebewilligungen für die zur Emigration Entschlossenen zu erwirken. Darum sollte Maas eine Liste mit den genauen Personaldaten der betreffenden Pfarrer und ihrer Familienangehörigen erstellen und diese so rasch als möglich sowohl nach London als auch nach Genf weiterleiten.[452] Am 15. Dezember war es dann so weit,

Im Gebäude 20 Gordon Square, London, W.C. 1, wurde am 8. November 1937 die erste Sitzung des Church of England Committee for Non-Aryan Christians abgehalten.

daß die ersten Einladungsschreiben von London an die Emigranten-Pfarrer in Deutschland verschickt werden konnten.
Die ökumenische Rettungsaktion für »nichtarische« Pfarrer verlief fast generalstabsmäßig. Für diesen überschaubaren Kreis waren die Voraussetzungen für eine rasche Flucht äußerst günstig. Mit Recht wies darum Hermann Maas in seinem Gespräch mit Hans Schönfeld am 10. Dezember darauf hin, daß auch »die Not der nichtarischen christlichen Laien inzwischen immer größer geworden sei«. Er erzählte »von einem nichtarischen christlichen Landwirt, der zunächst ins Konzentrationslager geholt, dann entlassen wurde mit der Weisung, daß er innerhalb drei Wochen Deutschland zu verlassen habe, ansonsten würde er wieder ins Konzentrationslager kommen«. Könnte man nicht, so – nach Schönfelds vertraulichem Protokoll – die Anfrage von Hermann Maas, »in einer ähnlichen Weise wie für die nichtarischen Pfarrer ein Sammelvisum oder eine Garantie für eine bestimmte Gesamtzahl von etwa 100–200 oder auch mehr Laien beschaffen, die etwa später nach Australien weitergehen könnten«?[453]

Hindernisse im »Auswandererland«

Mit der Zustellung des Visums waren bei weitem nicht alle Hürden genommen. Ängste machten sich breit. Brachte das Stigma des »Juden« – kenntlich am »J« im Paß – nicht noch in letzter Stunde Schwierigkeiten an der Grenze? Sodann: Die zur Auswanderung entschlossenen Pfarrer waren Beamte. Wie verhielten sich die einzelnen kirchlichen Behörden zu den Auswanderungsabsichten? Wie viele der Betroffenen konnten wie Paul Leo (vgl. Kap. 26) auch nach der Ausreise ihren Anspruch auf Ruhegehalt noch geltend machen? Selbst ein noch so kleiner Betrag würde das Weiterkommen in der Fremde erleichtern? Wie sah es mit der Versorgung der in Deutschland verbleibenden Kinder aus? In den meisten Fällen handelte es sich um Kinder aus einer »Mischehe«, die damit weniger gefährdet waren als ihre Eltern. Dennoch: Hatten sie eine berufliche Zukunft bei wachsendem Antisemitismus?
Heinrich Grüber hat solche Sorgen der auswandernden Pfarrer rasch erkannt. Am 16. Dezember 1938 schrieb er darum an Reichskir-

chenminister Kerrl und bat ihn, »die betreffenden Reichsstellen zu ersuchen, daß den auswandernden Pfarrern, die ja nie mehr nach Deutschland zurückkommen können, den Eindruck des ›J‹ in den Paß und die Annahme des Zusatznamens ›Israel‹ bzw. ›Sarah‹ erlassen wird. Das würde ihrem Weiterkommen in der Welt keine unnötigen Schwierigkeiten verursachen.«[454] Trotz intensiver Vorsprachen blieb Grüber der Erfolg versagt; gegen die »Auswanderung« als solche hatte das Reichskirchenministerium natürlich keine Bedenken.[455] Die Finanzabteilung des Evang. Oberkirchenrats in Berlin hielt »Auswanderung von nichtarischen Geistlichen [sogar] für erwünscht«.[456]

Regelung der Ruhegehaltsansprüche

Auch in der Frage der Weitergewährung der Bezüge bzw. einer angemessenen Abfindung führte das Büro Pfarrer Grüber Verhandlungen mit dem Berliner Oberkirchenrat. Der von Grüber beauftragte Rechtsvertreter für die Betroffenen, »Konsulent« Dr. Friedrich Wilhelm Arnold, nannte dem Oberkirchenrat gegenüber drei »unerläßliche« Forderungen:

☐ Gewährung des Höchstsatzes der Umzugsentschädigung,

☐ einen Vorschuß auf das Wartegeld bzw. das Ruhegehalt für einen Zeitraum von 6 bis 36 Monaten zur Bestreitung der Umzugskosten, Beschaffung von Kleidung, Fahrkarten und dem sonstigen Bedarf für die Auswanderung,

☐ wohlwollende Behandlung in der Anrechnung und Tilgung des Vorschusses. Arnold ging davon aus, daß die Fortzahlung der Ruhegehälter rechtlich möglich ist und insbesondere den zurückbleibenden Familienangehörigen zugute kommt.[457]

Eine dem Oberkirchenrat vorgelegte Liste enthielt sechzehn Namen von Pfarrern, für die Arnold vorstellig wurde.[458]
Es scheint, daß die Kirchenbehörden im Rahmen der staatlichen Beamtengesetzgebung Ruhegehälter bezahlt haben. Von Hans Ehren-

berg wissen wir, daß ihm – entsprechend der Forderung von Dr. Arnold – ein Vorschuß auf sein Ruhegehalt für sechs Monate gewährt wurde. Allerdings wurde das Ruhegehalt von »Nichtariern« nach der 7. Verordnung zum Reichsbürgergesetz vom 5. Dezember 1938 auf den Stand vom 31. Dezember 1935 eingefroren.[459] Die laufenden Versorgungsbezüge wurden für Ehrenberg auf ein Sperrkonto bei einer deutschen Devisenbank überwiesen. Über sie konnte der Inhaber nur im Rahmen der jeweils geltenden Devisenbestimmungen frei verfügen. Die Finanzabteilung beim Evangelischen Oberkirchenrat in Berlin wollte »den Antrag auf Gewährung einer sich in mäßigen Grenzen haltenden Umzugskostenbeihilfe [...] wohlwollend prüfen und beschleunigt erledigen«. Sie stellte Hans Ehrenberg Ersatz »für den Transport des Umzugsgutes von Bochum bis zur Reichsgrenze« in Aussicht.[460] Voraussetzung für die Gewähr der ermäßigten Ruhestandsbezüge war die Genehmigung der Auswanderung durch die kirchlichen und staatlichen Behörden. Im Jahre 1939 gab es dafür kaum Schwierigkeiten; noch lag die »Auswanderung« von »Nichtariern« im Interesse der staatlichen Judenpolitik.[461]

Soweit Zahlungen geleistet wurden, endeten diese mit Inkrafttreten der 9. Verordnung zum Reichsbürgergesetz vom 25. November 1941. Danach verloren Juden, die im Ausland lebten, die deutsche Staatsangehörigkeit. Ihr Vermögen fiel an den Staat.[462]

Die Bekennende Kirche nimmt Abschied

Die Vorläufige Leitung der DEK, in deren Auftrag das Büro Pfarrer Grüber die Emigranten begleitete, verabschiedete jeden Pfarrer mit einem besonderen Schreiben. In ihm kam nicht nur die Verbundenheit der Bekennenden Kirche mit den Betroffenen zum Ausdruck; der Brief konnte bei den gastgebenden Kirchen im Ausland durchaus die Bedeutung eines Sendschreibens erlangen und auch in beruflicher Hinsicht Türen öffnen.

Das Leitungsmitglied der Bekennenden Kirche, Superintendent Martin Albertz, schrieb im Januar 1939 an mehrere ausreisende Pfarrer den folgenden Brief:

»Wie uns bekannt geworden ist, werden Sie in Kürze unser deutsches Reich verlassen und irgendwo in der Ferne eine neue Heimat suchen. Da ist es der Vorläufigen Leitung der Deutschen Evangelischen Kirche ein dringendes Anliegen, Ihnen zunächst für allen guten Dienst von ganzem Herzen Dank zu sagen, den Sie als Diener des Wortes Gottes innerhalb unserer Deutschen Evangelischen Kirche geleistet haben. Gott weiß, was wir nicht wissen. ER sieht das Herz an und alles, was Sie in IHM getan haben, bringt unter SEINEM Segen seine Frucht. Wenn Ihre heimatliche Kirchenregierung Ihnen diesen Dank verweigern sollte, so dürfen wir stellvertretend für sie eintreten und Ihnen sagen: Sie sind und bleiben unser Bruder im Herrn und mit uns Diener an seinem göttlichen Wort.
Es ist uns ein tiefer Schmerz, daß Sie unter diesen Umständen von uns gehen. Wir bitten Sie, daß Sie alle Bitterkeit über die Vorgänge der letzten Jahre dahinten lassen und bitten für Sie, daß unser Herr Jesus Christus Ihnen die Freudigkeit schenke, die ER seinen Bekennern gibt. ER lasse einen ganz großen Segen wachsen aus dem Leid, das auf Ihnen liegt, für Sie selbst, für die Ihrigen, für die Menschen Ihres Blutes und für die deutsche Heimat, die Ihnen und uns die Heimat ist und bleibt.
Der Befehl, den Abraham einst empfangen hat, geht nun an Sie und all die vielen Pilgerworte und Pilgerlieder des Alten und Neuen Testaments bekommen für Sie eine unerhörte Aktualität. Gott geleite Sie freundlich. ER nehme Sie in allen Wirrsalen und Nöten fest an seine Hand, daß Sie auf dem Weg nicht straucheln. ER schenke Ihnen mit den Ihren eine neue paroikia [Aufenthalt in der Fremde, 1. Pt 1,17] in dem doppelten Sinn, daß Sie als die Fremdlinge wieder Haus und Heim finden und, wenn Gott Gnade gibt, auch einen Pfarrsprengel, daß es Ihnen aber vor allem gewiß werde, wie wir auf dem Wege sind zu dem Jerusalem droben, der freien [Stadt], die unser aller Mutter ist.
Sagen Sie auch bitte den christlichen Brüdern und Schwestern, die Sie irgendwo in der weiten Welt aufnehmen, unsern herzlichen Dank. Die Brüder tun, was wir leider nicht mehr tun können. Aber wir gehören ja mit der Christenheit der Welt zusam-

men in der Einen Heiligen Allgemeinen Christlichen Kirche, die eine Gemeinschaft derer ist, die auf dem Wege zu ihrem HERRN ist.
Gott segne Sie und behüte Sie. ER segne unser deutsches Volk und die Völker, die unsere Brüder aufnehmen. ER segne Seine Kirche in aller Welt.

> Für die Vorläufige Leitung der
> Deutschen Evangelischen Kirche
>
> gez. Albertz.«[463]

Das Schreiben klingt recht feierlich, geradezu liturgisch. Immerhin mußte jetzt auf einen Schlag eine größere Zahl aktiver Pfarrer endgültig Deutschland verlassen, ohne daß für jeden ein Abschiedsgottesdienst oder ähnliches möglich gewesen wäre. Die Worte von Sup. Martin Albertz kamen von Herzen. Mehr war in der gegebenen Situation nicht möglich. Die Mitglieder der Vorläufigen Leitung, für die Martin Albertz sprach, waren ja in jenen Tagen in äußerster Bedrängnis. Sie hatten alle im Zusammenhang der Gebetsliturgie Disziplinarverfahren oder Schlimmeres zu gewärtigen.
Daß die Adressaten sich verstanden fühlten, zeigt ein erhaltener Antwortbrief von Paul Leo. Er schrieb am Tag vor seiner Abreise nach England – zwei Monate Konzentrationslager lagen gerade hinter ihm – am 6. Februar 1939, an die »hochverehrten, lieben Herren und Brüder« der Vorläufigen Leitung:

»Die Briefe, die Sie an mich und meine Angehörigen richteten, waren ein Teil der Fülle von Bezeugungen der Solidarität und christlichen Liebe, wie sie mir in dieser Zeit von Amtsbrüdern und Gemeindegliedern zuteil geworden sind. Diese Erfahrungen sind mit das Schönste, was diese Zeit mir gebracht hat und gehören zu dem, um dessentwillen ich jetzt oft an das Wort denken muß: Wenn ich mitten in der Angst wandle, so erquickst du mich (Ps. 138,7).
Es ist mir ein besonders Anliegen, in dieser Stunde, wo ich auf das, was mir die letzten Jahre gebracht haben, an einem Wendepunkt

meines Lebens zurückblicke, Ihnen, als den Brüdern, die für die Leitung eines großen Teils der deutschen evangelischen Christenheit verantwortlich sind, es auszusprechen, daß nach meinem Empfinden wir nichtarischen Pfarrer der Bekennenden Kirche großen und dauernden Dank schulden. Sie hat den Arierparagraphen standhaft abgelehnt und tut es heute noch; sie hat die Amtsbrüder jüdischer Abstammung, einen jeden an seiner Stelle, gehalten, so lange es irgend ging; und sie tut nun, was sie kann, uns im Ausland neue Wirkungsmöglichkeiten und das tägliche Brot zu verschaffen, wobei ihr die evangelischen Kirchen des Auslandes in einer Weise helfen, die ebenfalls des höchsten Dankes würdig ist. Mögen im einzelnen in dieser Sache Mißgriffe vorgekommen sein – aufs Ganze gesehen dürfen wir Pfarrer jüdischer Abstammung Deutschland mit dem Gefühl verlassen, daß die Bekennende Kirche uns die Treue gehalten hat.

Ich sprach schon in meinem anderen Brief aus, daß ich auch meinerseits in der kommenden Zeit diese Treue von ganzem Herzen halten will. Gott segne die Bekennende Kirche!

<blockquote>
In unveränderlicher brüderlicher Verbundenheit
bin ich Ihr Paul Leo«[464]
</blockquote>

Regelung der BK für die Auswanderung von »nichtarischen« Pfarrern

Die Verantwortung, die die Vorläufige Leitung übernommen hatte, indem sie die Not der »nichtarischen« Pfarrer zu ihrer eigenen machte, lastete schwer auf ihr. Dies zeigte sich schließlich auch an einer »Ordnung betreffend die Auswanderung nichtarischer Pfarrer«, zu der die Vorläufige Leitung sich im Juni 1939 genötigt sah. Mit ihr drängte sie die »Vollnichtarier« »mit aller Kraft« zur Emigration. So sehr hatten sich die Dinge zugespitzt. Und sie riet jenen zur Besonnenheit, die nicht so bedroht schienen. Die vollmächtige Weisung war zu verantworten, solange die Vorläufige Leitung sich vom Büro Pfarrer Grüber mit den vielen freiwilligen Mitarbeiterinnen und Mitarbeitern wie auch von den Christen in den Kirchen der Ökumene getragen wußte:

»Ordnung, betreffend die Auswanderung der nichtarischen oder nichtarisch versippten Pfarrer, Hilfsprediger und in der Ausbildung begriffenen Theologen.

1.) Die Auswanderung der Brüder, bei denen vier oder drei Großelternteile nichtarisch sind, ist, sofern sie nicht bereits geschehen, mit aller Kraft zu fördern.

2.) Die Brüder, bei denen zwei oder ein Großelternteil nichtarisch ist, und die nichtarisch versippten Brüder haben ihren kirchlichen Dienst in Deutschland weiter zu versehen oder, wo sie noch in der Ausbildung begriffen sind, diese weiter zu betreiben. Ergeben sich Schwierigkeiten bei der Ausübung ihres Dienstes, so ist es Sache des zuständigen bekenntnisgebundenen Kirchenregimentes, für die bedrängten Brüder einzutreten. Versagt diese Hilfe, so sind die Brüder gebeten, sich an uns zu wenden. Jeder einzelne Fall wird von uns sorgfältig geprüft. Infolgedessen sind Gutachten von seiten der zuständigen bekenntnisgebundenen Kirchenregierung und der betreffenden Gemeinde vorzulegen. Erscheint auch uns die Auswanderung notwendig, so wird von uns die kirchliche Ausreiseerlaubnis erteilt. Den ausländischen Kirchen wird empfohlen, nur solche Brüder in ihr geistliches Amt zu übernehmen, die von uns die Bescheinigung beibringen, daß wir ihre Auswanderung für erforderlich erachten.

3.) Das Büro Grüber, Berlin C 2, An der Stechbahn 3–4 und seine Landesstellen sind gern bereit, nach Kräften Rat und Hilfe zu erteilen.

Berlin, den 16. Juni 1939

        Die Vorläufige Leitung
    Der Deutschen Evangelischen Kirche

             gez. Albertz«[465]

Sonderprogramm für Theologen und Juristen

Auf der Sitzung des Exekutivkomitees des Weltrats der Kirchen in Zeist/Holland am 21./22. Juli 1939 berichtete der beigeordnete Generalsekretär William Paton über ein erfolgreich verlaufendes Sonderprogramm für vier aus Deutschland emigrierte Wissenschaftler. Den Vorschlag dazu hatte der nie um eine Idee verlegene Bischof von Chichester auf der zweiten Vollsitzung des Weltrats der Kirchen in St. Germain-en-Laye Ende Januar 1939 eingebracht[466] (vgl. Kap. 22). Ziel war es, mehreren »nichtarischen« Theologen und Juristen, die auf der Bellschen Emigrantenliste standen – Experten in ihrem Fach –, ein Stipendium zu verschaffen und auf diese Weise deren Kompetenz für die Arbeit der Studienabteilung des Ökumenischen Rats sinnvoll zu nutzen.

Unter den vielen Hilfskomitees, die es um jene Zeit in England gab, war auch die Society for the Protection of Science and Learning. Sie unterstützte Flüchtlinge mit akademischer Vorbildung.

Am 3. April 1939 hatte George Bell die Namen von fünf Wissenschaftlern, die für eine Zusammenarbeit mit dem Ökumenischen Rat in Frage kamen, an den Sekretär der Society for Protection of Science and Learning, Walter Adams, weitergegeben: Prof. Dr. Gerhard Leibholz, Dr. Simon Frank, Pfarrer Dr. Hans Ehrenberg, Sup. D. Carl G. Schweitzer und Lic. habil. Werner Wiesner. Bell nannte bei dieser Gelegenheit auch noch Namen für zwei weitere wissenschaftliche Arbeitsfelder. Für eine Dozentur an einer theologischen Hochschule oder einer Erziehungseinrichtung empfahl er Pfarrer Dr. Peter Katz, den Septuaginta-Forscher, und Dr. R. Kroner, vormals Philosophieprofessor in Kiel, wie auch Pastor Paul Leo, Spezialist für die Theologie von »Faith and Order«. Für das Arbeitsgebiet Archäologie und Kunst nannte Bell Dr. Otto Demus und Dr. Erich Swoboda.[467]

Am 24. April – so unkompliziert rasch wurde gehandelt – konnte Bell an Visser't Hooft melden, das »Christian Council for Refugees« hätte in Verbindung mit der Gesellschaft zur Unterstützung von Wissenschaftlern vier Stipendien in Höhe von jährlich 250 Pfund für drei Jahre genehmigt. Bell blieb jetzt die Qual der Wahl. Berücksichtigt wurden Leibholz, Schweitzer, Ehrenberg und Frank. Studieninspektor Wiesner, der noch in Deutschland war, mußte zurücktreten.[468] Die Entscheidung für die ersten drei fiel leicht. Gerhard Leibholz, Schwager von Dietrich Bonhoeffer, war bis zu seiner Emigration angesehener Professor für Staatsrecht an der Universität Göttingen gewesen (vgl. Bd. 1, Kap. 14). Hans Ehrenberg und Carl G. Schweitzer hatten sich durch ihre bisherigen Tätigkeiten und Veröffentlichungen zur Genüge qualifiziert (vgl. Bd. 1, Kap. 15; Bd. 2/2, Kap. 28 und 40). Dies galt auch für Prof. Simon Frank. Er war bis 1922 Professor der Philosophie an der Universität Moskau. Danach leitete er das Russische Institut für Wissenschaften an der Universität Berlin. Nach seiner zweiten Flucht war er Professor für Philosophie am Institut für russische Theologie in Paris, von wo er angesichts der Kriegsgefahr jetzt noch einmal fliehen wollte. Ein gewisses Problem für Bell war der Umstand, daß die Stipendien eigentlich für deutsche Emigranten bestimmt waren. Doch bei einem so qualifizierten Bewerber wie Frank, der in seinem Leben gleich zweimal schweren Verfolgungen ausgesetzt war, plädierte Bell für eine Ausnahme.[469] Nachdem Visser't Hooft für jeden der Stipendiaten thematische Vorschläge für Forschungsarbeiten unterbreitet hatte, konnte Bell bereits am 20. Mai 1939 das Interesse aller vier an der alsbaldigen Aufnahme der Arbeit nach Genf melden.[470]

Selbst wenn der Ertrag der mit viel Engagement begonnenen Studienarbeit für den ÖRK am Ende doch nicht so groß gewesen sein mag, allein der Versuch machte Sinn. Mehr als unmittelbar greifbare Ergebnisse zählte die Zuversicht, die die Emigranten dadurch gewannen. Die Aufträge waren bewußt weit gefaßt und ließen genügend Spielraum zur Fortsetzung der eigenen, bisher verfolgten Forschungsinteressen.

Hans Ehrenberg und Gerhard Leibholz als Beispiele

Von Hans Ehrenberg wissen wir, daß er noch weit über Kriegsbeginn hinaus engen Kontakt mit Genf hielt. Nach Jahresfrist konnte er zwei umfangreiche Manuskripte an die Zentrale des Ökumenischen Rats absenden, ein weiteres war in Arbeit. Nach der Besetzung Frankreichs durch die Deutschen im Mai/Juni 1940 waren die Fäden nach Genf jedoch praktisch abgeschnitten.

Ehrenberg hatte im September 1939 in einem abgelegenen Dorf in

Bischof George Bell, engagierter Ökumeniker und Freund Dietrich Bonhoeffers. Mit unendlicher Phantasie rief Bell immer neue Aktionen zur Rettung verfolgter Juden ins Leben.

Mittelengland eine Unterkunft für sich und seine Familie gefunden. Der Weg zu großen Bibliotheken war damit für ihn sehr erschwert. Zweimal traf er sich noch mit Visser't Hooft, ein erstes Mal im Sommer 1939 in der Schweiz, ein zweites Mal zusammen mit Gerhard Leibholz und anderen während Visser't Hoofts Englandreise am 7./8. März 1940 in London.[471]
Im April 1940 lag von Ehrenberg eine vergleichende Studie zum deutschen Kirchenkampf »The Churches under the Cross and the Churches in the Western countries« in Genf vor, die Visser't Hooft voll in eine geplante Stellungnahme zur gegenwärtigen Lage für die leitenden Persönlichkeiten der ökumenischen Bewegung aufnehmen wollte.
Parallel dazu hatte Carl G. Schweitzer einen ähnlichen Auftrag übernommen; auch er sollte – mit anderem Akzent – eine Analyse des Kirchenkampfes vorlegen.[472]
Ehrenbergs zweiter Beitrag war dem ökumenischen Thema der Interkommunion gewidmet. Emigranten erlebten die Mauern zwischen den Kirchen hautnah. Ihr Blick war geschärft durch recht praktische Erfahrungen beim Übertritt in eine andere Kirchengemeinschaft. Neben den Fragen »Kirchen im Verhältnis zur Welt«, so schrieb Ehrenberg im Januar 1940 an Visser't Hooft, wolle er sich jetzt auch dem Thema der »*innerkirchlichen* Ethik«, der Frage der »Bruderschaft«, im Grunde der »Summe des Kirchenkampfes« zuwenden.[473] Eine in Teilen vorliegende Arbeit über die Bedeutung des Marxismus gelangte vermutlich nicht mehr in die Hände des ökumenischen Rates.
Am 23. Mai 1940 schreibt Ehrenberg an Visser't Hooft, dessen Heimatland Holland inzwischen besetzt war, mit spürbarer Resignation:

»Was können wir jetzt noch machen? Ich weiß nicht, ob die Sendung Sie noch erreicht, oder ob sie erst einmal in London liegen bleibt. Ich habe an Sie wegen all dessen oft gedacht, was über Ihre Heimat gekommen ist. Aber es ist jetzt jedes Ende aller Dinge in Europa. Wir hoffen sehr, daß England Widerstand leistet, aber ein wirkliches Leben Europas wird solange auch dann unmöglich, als das Dritte Reich seinen Platz in der Welt behauptet. [...] Sie können sich denken, daß ich kaum noch weiß, was ich in bezug auf

Bei der Einreise nach England erhielten alle Emigranten mit gültigem Visum einen neuen Paß, so auch Pfarrer Willy Ölsner und seine Frau.

meine eigene Vergangenheit denken soll: Hat man denn immer nur einen Wahn gelebt, als man ein Deutscher war?«[474]

Ein gutes Jahr später brachte Ehrenberg in einem Rundbrief an seine Schweizer Freunde den Schmerz über die aufgezwungene Trennung von der Ökumenischen Zentrale zum Ausdruck:

»Ich lechze sehr nach Mitteilungen, Briefen, Nachrichten, besonders auch von unseren Genfer Brüdern. Nichts seit mehr als einem Jahre ist an mich gekommen. Auch die Schweizer Kirchenkorrespondenz, die noch ins Land kommt, ist mir seit Monaten nicht gefolgt. Dagegen kam das Losungsbüchlein, lieber Wilhelm [Vischer], gut an und seine Empfängerin läßt sehr herzlich dafür danken. Was mögt Ihr von Martin [Niemöller] wissen? Daß unser Freund aus Holland [Visser't Hooft] seine Heimat besuchen konnte, habe ich gehört; möge es ihm eine Erquickung gewesen sein, trotz aller großen Trauer. Ich und die Meinen leben hier in der stillen Landschaft von Shropshire, ja sozusagen im inneren Zirkel des Welttaifuns. Jeder lebt die Dinge heute wieder so anders. Es wird gar nicht leicht sein, bei einem, doch immer noch gehofften, ersten Wiedersehen sich ganz zu verstehen. [...] Wo schmachtet unser Freund Grüber, der auch für mich so viel getan hat?«[475]

In ähnlicher Weise wie Ehrenberg hatte auch Gerhard Leibholz im April 1940 ein umfangreiches Memorandum an das Study Department des ÖRK geschickt. Wie er im Begleitschreiben erläuterte, ging es um ein ganzes Bündel an Themen: »Deutschland und der Nationalsozialismus, Der politisch-soziale Charakter der nationalsozialistischen Revolution, Das christlich-kulturelle Erbe und die nationalsozialistische Revolution, Propaganda und Taktik des Nationalsozialismus, Deutschland zwischen West und Ost, Nationalsozialismus und Preußentum, Der Charakter des gegenwärtigen Konflikts, Der Strukturwandel allgemeiner politischer Prinzipien, Die Möglichkeiten einer internationalen Ordnung, Der Völkerbund und die gegenwärtige Lage, Kommunismus und internationale Ordnung, die Kirche und die künftige internationale Ordnung. Wie schon in früheren Schreiben bat Leibholz, »daß das Manuskript nicht in Hände gelangt, die möglicherweise mit dem Nationalsozialismus sympathi-

sieren«. Er mußte darauf bedacht sein, daß »etwaige Weiterungen gegen Familienmitglieder meiner Frau vermieden werden«.[476]
Wenn auch durch die Kriegsereignisse die Verbindung nach Genf fast zum Erliegen kam, die ökumenische Gemeinschaft blieb für die auf Einladung von George Bell nach England emigrierten Theologen und Juristen dennoch lebendig. Dies zeigen die oft recht unterschiedlichen Schicksale (vgl. Kap. 26). Carl G. Schweitzer fand ab Herbst 1943 – wieder durch Bells Vermittlung – im neu gegründeten ökumenischen Ausbildungszentrum Wistow eine sinnvolle Aufgabe. An dieser Ausbildung nahm auch Hans Ehrenberg teil (vgl. Bd. 4). Gerhard Leibholz bekam einen Lehrauftrag am Magdalene College in Oxford und wurde zu einem wichtigen politischen Ratgeber von Bischof Bell, der seit 1938 einen Sitz im englischen Oberhaus hatte. Bells gelegentliche Stellungnahmen decken sich teilweise bis in die Themenformulierungen hinein mit Entwürfen von Leibholz.[477]
Alle drei genannten Wissenschaftler kehrten nach dem Krieg nach Deutschland zurück. Hans Ehrenberg stellte sich im Januar 1947 wieder seiner Kirche in Westfalen zur Verfügung. 1948 zog er – 65jährig – nach Heidelberg, wo er vor seiner Pfarrertätigkeit bis 1924 als Professor für Philosophie gewirkt hatte.[478] Carl G. Schweitzer wurde zum Leiter der Sozialakademie Friedewald berufen. Gerhard Leibholz übernahm eine Professur in Göttingen und war seit 1951 Richter am neu geschaffenen Bundesverfassungsgericht in Karlsruhe.

24. Ein »nichtarischer« Pfarrer schlägt sein Englandvisum aus: Pfarrer Ernst Lewek

Ähnlich wie andere »nichtarische« Theologen (vgl. Kap. 23) so erhielt auch der BK-Pfarrer Ernst Lewek, Leipzig, am 3. Februar 1939 die Bestätigung, daß seinem über das Büro Pfarrer Grüber gestellten Antrag auf Ausreise für ihn und seine neunköpfige Familie stattgegeben wurde. Pfarrer Canon C. Griffiths von der Pfarrgemeinde St. Leonards-on-Sea, Sussex, der im Auftrag von Bischof Bell und dem kirchlichen Flüchtlings-Hilfswerk handelte, ermutigte Ernst Lewek in einem sehr persönlich gehaltenen Brief angesichts des trotz allem nicht leichten Schrittes:

»Ich schreibe Ihnen, um Sie einzuladen, so bald Sie können, nach England zu kommen. Meine Freunde und ich haben, wie Ihnen wohl bekannt sein wird, den ernsthaften Wunsch, Sie hier willkommen zu heißen und Ihnen unsere Gastfreundschaft anzubieten. Und wenn Sie in England sind, können wir gemeinsam weitere Pläne machen.«

Nach verschiedenen praktischen Hinweisen versicherte Griffiths den Adressaten nocheinmal:

»Wir alle wollen unser Bestes tun, um Sie glücklich zu machen und heißen Sie von Herzen willkommen. Wir grüßen Sie als Mitchristen und sind froh, Ihnen helfen zu können.
Im Namen Christi!«[479]

Ernst Lewek war – obwohl nur »Mischling ersten Grades« – vom Präsidenten des Evangelisch-lutherischen Landeskirchenamtes Sachsens, Johannes Klotsche, im Februar 1938 vom Amt als 3. Pfarrer an St. Nicolai in Leipzig suspendiert worden. Nach der Pogromnacht hatte man ihn bis zum 16. Dezember 1938 in »Schutzhaft« genommen.[480] Es war nicht das erste Mal, daß man Ernst Lewek inhaftiert hatte. Trotzdem hat er das Angebot aus England nicht angenommen. Der älteste Sohn Kurt war Ende 1938 zur Wehrmacht eingezogen worden und bekam keine Genehmigung zur Auswanderung. Darum blieb Lewek mit seiner Familie dann doch in Deutschland.

Wer war Ernst Lewek?

Ernst Lewek wurde 1893 als Sohn eines jüdischen Juweliers in Leipzig geboren.[481] Seine Mutter war »arischer« Herkunft und Christin. Ernst Lewek wurde darum schon als Säugling getauft. In der Sprache der Nazis war er darum »Mischling ersten Grades«. Der Schüler der berühmten Thomasschule in Leipzig und der nicht minder berühmten Kreuzschule in Dresden meldete sich 1914 als Kriegsfreiwilliger. Das ein Jahr zuvor in Heidelberg begonnene Studium der Theologie mußte er darum unterbrechen. Schon als Sekundaner hatte Lewek »aus innerer Neigung den Entschluß gefaßt, evangelische Theologie zu studieren«. Im Mai 1915 war für ihn der Krieg zu Ende. Bei einem Sturmangriff in Frankreich wurde er schwer verwundet und behielt davon für sein ganzes Leben eine starke Behinderung. So folgten 1916 die Fortsetzung des Theologiestudiums in Leipzig, ein recht gutes Examen 1918, danach die Anstellung als Hilfsgeistlicher in Radeberg bei Dresden und seit 1920 als selbstständiger Pfarrer in Plauen im Vogtland. Dort begegnete Ernst Lewek zum ersten Mal dem aus Plauen stammenden späteren NS-Gauleiter und Reichsstatthalter von Sachsen, Martin Mutschmann, der in seinem Leben noch eine wenig erfreuliche Rolle spielen sollte.

Seit 1926 war Ernst Lewek Pfarrer an der Nicolaikirche in Leipzig. In Gemeindevorträgen und in der Seelsorge zeigte er sich aufgeschlossen für die Fragen moderner Menschen. Ein von seinen Kriegserlebnissen geprägter Mann »von schlichtem und feinem Wesen«, haben andere ihn beschrieben. Ernst Lewek gehörte dem Martin-Luther-Bund als Vertrauensmann an und war zugleich offen für die Religiösen Sozialisten; andererseits war er Mitglied des Pfarrergebetsbundes und hielt Kontakt zu den landeskirchlichen Gemeinschaften. Alles in allem »mit Leib und Seele evangelischer Pfarrer«, wie er später dem württembergischen Landesbischof Theophil Wurm schrieb.

Zwei Monate Polizeihaft und KZ für das Mitglied der Bekennenden Kirche

Lewek gehörte von Anfang an dem Pfarrernotbund und der Bekennenden Kirche an. Er zählte zu jenen Pfarrern, die im Juni und Juli 1933 vom sächsischen Landesbischof Friedrich Coch, einem Deutschen Christen, vom Dienst suspendiert wurden. Dies konnte Lewek jedoch nicht einschüchtern. Zwei Jahre später, am Sonntag Lätare, 31. März 1935, verlas er – entsprechend einer Weisung des sächsischen BK-Bruderrats – eine Kanzelabkündigung gegen die Glaubensbewegung Deutsche Christen ähnlich dem bekannten Wort der preußischen BK gegen das »Neuheidentum«[482]. Damit verbunden war die Fürbitte für hessische Pfarrer, die ins KZ Dachau verbracht worden waren. Nun kam Ernst Lewek – zusammen mit achtzehn anderen sächsischen Pfarrern und einem Laien – aus diesem Grund selbst für drei Wochen in Polizeihaft und anschließend weitere sechs Wochen lang in das Konzentrationslager Sachsenburg. Bis ins Ausland erregte es damals Aufsehen, daß der sächsische Gauleiter und Reichsstatthalter Mutschmann mit solcher Härte gegen Pfarrer vorgegangen war. Man hatte den Schutzhäftlingen sogar die Haare kurz geschoren und ihre Zivilkleider mit Sträflingskitteln vertauscht (vgl. Bd. 2/1, 155). Wie die andern Häftlinge hatte auch Lewek die für ihn ungewohnte schwere körperliche Arbeit zu verrichten. Mutschmann suchte von den renitenten Pfarrern ein Geständnis ihres Fehlverhaltens zu erpressen. Eigens begab er sich deswegen am 6. Mai 1935 in das Konzentrationslager Sachsenburg.[483] In plumpem Ton forderte er von den Pfarrern eine Erklärung und Entscheidung für die nationalsozialistische und gegen die jüdisch-christlich-bolschewistische Weltanschauung. Vergeblich. Auch Ernst Lewek, der als »Jude« ganz besonders gefährdet war, blieb standhaft. Jeder von ihnen war lediglich bereit, dem Lagerkommandanten gegenüber eine persönlich formulierte Erklärung unbedingter Staatsloyalität abzugeben. Leweks Erklärung vom 12. Mai lautete:

»Ich bedaure es auf das schmerzlichste, daß ich mich am 31. 3. 1935 in der Nicolaikirche zu Leipzig gegen eine behördliche Anordnung vergangen habe. Ich befand mich damals in einem sehr schwe-

Pfarrer Ernst Lewek in typischer Amtstracht.

ren Gewissenskonflikt. Wenn ich der kirchlichen Anordnung gefolgt bin, so tat ich es nur darum, weil es sich bei der Kanzelabkündigung und Fürbitte um einen kirchlichen Akt handelte. Ich bezeuge vor Gott, daß es mir völlig fern gelegen hat, durch dieses kirchliche Handeln die Staatsautorität und die Volksgemeinschaft zu gefährden oder mich gar gegen den Staat aufzulehnen. [...]
Es ist mir aber aus ernstesten Gründen des Glaubens und des Gewissens nicht möglich, mich einer DC-Kirchenbehörde zu unterstellen. Doch handelt es sich hierbei um jene innerkirchlichen Auseinandersetzungen, die z. Zt. noch nicht geklärt sind und in denen der Staat bisher auch noch keine Entscheidung herbeigeführt hat. Ich kann daher nur bitten, mich in dieser Sache nicht unter Zwang stellen zu wollen.«[484]

Sichtlich enttäuscht lud Gauleiter Mutschmann nun den Vorsitzenden des Landesbruderrats von Sachsen, den Dresdner Superintendenten Hugo Hahn, zu einem Gespräch. Dies war um so überraschender, als gegen Hahn seit Dezember 1934 ein Dienststrafverfahren anhängig war, das am 16. Mai 1935 zu dessen endgültiger Entlassung geführt hatte. Mutschmann erwartete von Hahn nicht weniger, als daß er ins Konzentrationslager Sachsenburg fahre und die renitenten Pfarrer gefügig mache.
So schwer es Hahn im Blick auf die mitbetroffenen Familien auch fiel, er lehnte schließlich ab. Es wäre ein Verrat an der gemeinsamen Sache gewesen. Bei dieser Gelegenheit wurde ihm freilich deutlich, wie groß der Haß des Gauleiters gegen den ihm von Plauen her bekannten Pfarrer Lewek war. »Wie können Sie sich von dem Juden Lewek bestimmen lassen?« hielt Mutschmann dem Vorsitzenden des Landesbruderrats vor. Der berufliche Eifer dieses Mannes sei nichts anderes »als jüdische Geschäftstüchtigkeit«. Schließlich verstieg der politisch mächtigste Mann in Sachsen sich zu der unsinnigen Behauptung, Lewek sei der eigentlich Schuldige am ganzen sächsischen Kirchenstreit: »Dieser Jude Lewek ist der eigentliche Macher dabei; er hat es verstanden, all die andern in den Sack zu stecken.« Nichts von alledem war wahr. Vergebens versuchten Hugo Hahn und der ihn begleitende Pfarrer Karl Fischer zu bekunden, wie still und bescheiden Ernst Lewek tatsächlich war. Mutschmann blieb dabei. In seinem Rassenwahn schleuderte er den

beiden entgegen: »Sie irren sich, Sie merken gar nicht, wie Sie von Lewek am Gängelband geführt werden.«

Ernst Lewek wurde am 26. Mai 1935 – früher als die andern Pfarrer – aus dem Konzentrationslager entlassen. Er bekam drei Tage Sonderurlaub zur Geburt des siebten Kindes der Familie. Die Intervention eines Leipziger Pfarrerkollegen direkt beim Reichsstatthalter hatte erstaunlicherweise Erfolg. Da seine Frau den seelischen Anforderungen nicht mehr gewachsen war, mußte Lewek auch danach nicht mehr ins Lager zurück.

Zwei Wochen später wurden auch die übrigen Pfarrer entlassen, allerdings bedurfte es dazu einer unmittelbaren Weisung von Reichsinnenminister Frick an Gauleiter und Reichsstatthalter Mutschmann.[485] Rücksichten auf die bevorstehende Reichsbekenntnissynode in Augsburg spielten dabei aller Wahrscheinlichkeit nach eine Rolle (vgl. Bd. 1, Kap. 28).

Alle gemaßregelten Pfarrer waren vorläufig vom Dienst suspendiert. Erst Ende November 1935 wurden ihre Beurlaubungen durch den inzwischen zur »Befriedung« des Kirchenstreits eingesetzten Landeskirchenausschuß wieder aufgehoben, ausgenommen die Leweks.[486]

Um seine Pfarramtstätigkeit an der Nicolaikirche wieder aufnehmen zu können, sah Lewek sich gezwungen, sich am 1. Februar 1936 an das Sächsische Ministerium des Innern zu wenden, das eigentlich mit der Angelegenheit nichts zu tun hatte. Er suchte Rechtsauskunft in der Erwartung, daß man ihm als »Mischling ersten Grades« und kriegsbeschädigten Frontkämpfer mit Auszeichnungen bescheinigen würde, er könne nach Recht und Gesetz weiterhin Beamter sein. Sein nicht unbegründeter Verdacht war, daß es immer wieder nur Mutschmann war, der seine Wiederverwendung massiv hintertrieb. Lewek nannte darum klar Roß und Reiter:

»Meine Wiedereinsetzung in mein Amt als 3. Pfarrer an der Nicolaikirche zu Leipzig, die der Landeskirchenausschuß unsrer sächsischen Landeskirche ebenfalls sofort bei Beginn seiner Tätigkeit ins Auge gefaßt hatte, ist bisher noch nicht möglich gewesen, weil, wie ich höre, der Herr Reichsstatthalter von Sachsen dagegen die lebhaftesten Bedenken erhoben hat. Diese Bedenken haben ihren Grund in meiner nichtarischen Abstammung.«

Keine Frage, Lewek hatte die Rechtslage auf seiner Seite; und auch hinsichtlich der »rechten inneren Gesinnung und Haltung, die der heutige Staat von denen verlangt, die im öffentlichen Wirken stehen«, könne man ihm nichts vorwerfen. So schrieb er an das Innenministerium:

»In den 18 Jahren meiner bisherigen Wirksamkeit habe ich mein geistliches Amt rein instinktiv und meinem eigenen Wesen entsprechend gerade so geführt, wie es die heutige Staatsführung von den Dienern der Kirche wiederholt gefordert hat, nämlich unpolitisch, volksnah und wahrhaft seelsorgerlich.«

Unerschrocken bat Ernst Lewek das Innenministerium, den Reichsstatthalter eines besseren zu belehren, so daß er fernerhin seine »ganze und beste Kraft« einsetzen könne »in den Dienst meiner evangelischen Kirche und des deutschen Volkes, für das ich mich mit Leib und Leben eingesetzt habe und immer wieder einsetzen werde«[487].

Was immer dazu geführt hat, Ernst Lewek konnte am 22. März 1936 seine Amtsgeschäfte an der Nicolaikirche wieder aufnehmen. Dies währte freilich nicht länger als zwei Jahre.

Erneute Suspendierung vom Amt – obwohl nur »Halbjude«

Hätte Ernst Lewek in einer andern Landeskirche gelebt, vielleicht hätte er wie Alfred Goetze in Braunschweig einige Monate länger in seiner Gemeinde Dienst tun können (vgl. Kap. 25). Doch in der Evangelisch-Lutherischen Landeskirche Sachsens hatte seit dem Sturz des Landeskirchenausschußes Mitte August 1937 mit Oberkirchenrat Johannes Klotsche ein radikaler Antisemit die Leitung des Landeskirchenamtes übernommen.[488] Klotsche trug das Goldene Parteiabzeichen. Er war aus dem mittleren Verwaltungsdienst hervorgegangen und avancierte 1933 zum »Adjutanten« des DC-Bischofs Friedrich Coch.[489] 1938 untersagte Klotsche den Leipziger Pfarrern rundweg Judentaufen.[490] Er gehörte zu jenen fünf deutschchristlichen »Kirchenleitern«, die im Februar 1939 durch Kirchengesetz »evangelische Juden« aus ihren Kirchen ausschlossen (vgl. Bd.

3/2, Kap. 27). In für ihn typischen Alleingängen verfolgte Klotsche hartnäckig das Ziel, kirchliche Gebäude von jüdisch-alttestamentlichen Symbolen zu »reinigen« (vgl. Bd. 3/2, Kap. 30).
Am 2. Februar 1938 schickte das Landeskirchenamt Ernst Lewek mit 44 Jahren endgültig in den Ruhestand. Man machte ihm das Angebot, seine derzeitigen Bezüge in voller Höhe weiterzubezahlen, wenn er sich fügte. Der Erlaß im Wortlaut:

»Auf Grund der Feststellung der Reichsstelle für Sippenforschung vom 20. Februar 1936 sehe ich mich veranlaßt, auf alle Dienstleistungen Ihrerseits für den Bereich der Ev.-luth. Landeskirche Sachsens in vollem Umfange zu verzichten. Im Hinblick darauf, daß Sie Kriegsfreiwilliger und Frontkämpfer sind, sollen Ihnen irgendwelche wirtschaftlichen Nachteile aus vorstehender Entschließung nicht erwachsen und Sie die Ihnen zustehenden Bezüge mit Zustimmung der Finanzabteilung in voller Höhe weiter erhalten, solange nicht eine generelle Neuregelung etwa von reichswegen erfolgt. Selbstverständliche Voraussetzung für die Gewährung des vorbezeichneten Entgegenkommens ist, daß Sie nicht, entgegen dem eingangs ausgesprochenen Verzicht auf alle Dienstleistungen Ihrerseits, gleichwohl in Ihrer bisherigen Gemeinde oder sonst im Bereiche der Ev.-luth. Landeskirche Sachsens amtieren.
Vorstehende Verfügung tritt mit sofortiger Wirkung in Kraft.

gez. Klotsche«[491]

Hinfort durfte Ernst Lewek in seiner Gemeinde keinerlei Dienst mehr übernehmen. Er widmete sich jetzt einer judenchristlichen Gemeinschaft, die sich bis zur Auflösung des Institutum Judaicum Delitzschianum in deren Räumen in der Kleinen Fleischergasse 2 in Leipzig regelmäßig versammelte (vgl. Bd. 1, 297–301). Auf das Angebot, Sonderpfarrer ausschließlich für Judenchristen zu werden, wollte Lewek nicht eingehen. Er glaubte immer noch daran, unter Berufung auf das staatliche Beamtenrecht ein zweites Mal rehabilitiert zu werden. Die von Klotsche erwähnte »generelle Neuregelung von reichswegen« stand ja noch aus. Auch dies könnte Lewek bestärkt haben, vom Emigrationsangebot aus England Abstand zu nehmen. Doch am Ende hatte er gegenüber dem Landeskirchenamt und der Kirchenkanzlei die ungünstigere Position. In Berlin dachte niemand daran, wegen der wenigen »Nichtarier«-Fälle eine grundsätzliche Regelung zu treffen; dies konnte eine nicht abzuschätzende Unruhe mit sich bringen. Wie sich gerade am Fall von Ernst Lewek zeigen läßt, setzte die Kirchenkanzlei auf unspektakuläre regionale Lösungen, die »auf dem Verwaltungsweg« erledigt werden sollten. Die Zeit arbeitete ohnehin gegen die Juden.

Keine wirkliche Unterstützung von der kirchlichen »Mitte«

Nach der Reichspogromnacht wurde Ernst Lewek für fünf Wochen in Leipzig in Untersuchungshaft genommen. Wieder entlassen, entschloß er sich, ein letztes Mal um seine Wiedereinstellung zu kämpfen. Wer konnte ihm dabei helfen?
Lewek vertraute sich – was nahe lag – seinem älteren Amtskollegen an der Nicolaikirche, Oskar Bruhns, an. Dieser war Schriftführer des Leitungskreises der sächsischen Pfarrbruderschaft, ein Mann der Mitte also. 1936 war Bruhns in auswegloser Situation zum Vorsitzenden des damals gebildeten Vertrauensrates der sächsischen Pfarrerschaft gewählt worden und hatte gewiß gute Verbindungen zu den Kirchenleitungen in Dresden und in Berlin. In einem langen Schreiben vom 28. November 1938 an den »Amtsbruder« Bruhns legte Lewek alle rechtlichen und politischen Gesichtspunkte, die gegen seine Suspendierung sprachen, auf den Tisch. Die beiden hatten des öfteren schon darüber gesprochen. Nach dem allgemeinen Beamtenrecht dürfte man einem »deutsch-jüdischen Mischling ersten Grades« und »Frontkämpfer« keinesfalls in seinen Rechten als Pfarrer beschränken. Alle politischen Bedenken gegen ihn müßten doch gegenstandslos geworden sein – so meinte Lewek –, seitdem er am 28. April 1938 »in vorschriftsmäßiger Weise« den von der deutschen Pfarrerschaft abverlangten »Führereid« geleistet hatte.
Spürbar entnervt ging Lewek auf die gegen ihn ins Feld geführten völkischen Argumente ein:

»Hier sagt man: Es ist doch einfach unmöglich, daß ein Neger oder ein Chinese oder eben auch ein Rassejude der Seelsorger deutscher Menschen oder der religiöse Erzieher deutscher Kinder sein kann, ebenso wenig wie etwa auf dem Gebiete der Diaspora ein tschechischer Pfarrer in einer sudetendeutschen Gemeinde oder ein Lette unter Deutschbalten tragbar sei. Diese Auffassung ist zweifellos richtig, nur – sie stößt ins Leere. Denn wo befindet sich ein Neger oder Chinese und, von ganz verschwindenden Ausnahmen abgesehen, ein Rassejude in einem deutschen evangelischen Pfarramt? Vollends ist diese ganze Argumentation gegenstandslos im Blick auf meine eigene Angelegenheit.«

War Ernst Lewek sich nicht bewußt, wie sehr er mit dem Argument – ich bin nur »Halbjude« und darum als »Deutscher« zu behandeln – sich bereits zum Gefangenen der Nazilogik gemacht hatte? So notiert er für seinen Kollegen Bruhns auch die folgenden Sätze:

»Ich habe Ihnen, sehr geehrter Herr Amtsbruder, wiederholt erklärt und erkläre es hiermit nocheinmal ausdrücklich und feierlich, daß ich, wenn ich Rassejude wäre, auf jeden Fall, und wenn ich Mischling ohne Frontkämpfereigenschaft wäre, höchstwahrscheinlich, die Konsequenzen aus dem Reichsbeamtengesetz gezogen und auf ein Pfarramt verzichtet hätte. Aber in der gleichen Konsequenz liegen bei mir die Dinge doch gerade umgekehrt. [...]
Ich bin nicht nur deutscher Frontkämpfer, ich bin auch Kriegsfreiwilliger von 1914, Träger des E.K. und vor allem Kriegsopfer, ich leide noch heute an den Folgen meiner schweren Verwundung und werde den Leibesschaden mit ins Grab nehmen.«[492]

Pfarrer Bruhns übergab Leweks Verteidigungsschrift an Präsident Klotsche; er war dazu vom Verfasser ausdrücklich autorisiert worden. Hin- und hergerissen zwischen persönlicher Zuneigung zu seinem Amtskollegen Lewek und grundsätzlichen Überlegungen, sah Bruhns sich nicht in der Lage, dem Landeskirchenamt gegenüber einen »brauchbaren Vorschlag« zu machen, um »den ›Fall Lewek‹ zum Abschluß zu bringen«, wie er sich ausdrückte.[493] Wie gering Leweks Chancen auf Rehabilitierung waren, sieht man an der Position seines Kollegen Bruhns, auf den Lewek alles gesetzt hatte. Oskar Bruhns stammte aus Estland. 1915 wurde er nach Sibirien verschleppt. Seine geistige Heimat war der Gustav-Adolf-Verein.[494] Für ihn waren völkische Gegensätze, wie er sie in seiner

Heimat erlebt hatte, Gegebenheiten, die trotz 1. Korinther 12,13 auch innerhalb der Kirche Jesu Christi zu respektieren waren. Im Juli 1937 hatte Bruhns sich schon einmal in erschreckender Weise für den Leitungskreis der Sächsischen Pfarrbruderschaft gegenüber dem Landeskirchenausschuß zum Arierparagraphen geäußert:

»Bei der Frage der Anwendung des Arierparagraphen auf die Pfarrerschaft handelt es sich nicht um ein Werturteil oder um eine Zerspaltung des einen Leibes Christi, sondern einzig und allein um die Frage, ob ein andersvölkischer Pastor unter allen Umständen genau ebensogut einer Gemeinde dienen kann, wie ein Geistlicher gleichen Blutes und Stammes. Das ist aber keine dogmatische Frage, sondern kann nur aus der Erfahrung heraus beurteilt werden. Diese Erfahrungen bietet die Diaspora. [...] Die von allen Seiten als richtig anerkannten Erfahrungen zwingen zu einer Revision der kirchlichen Einstellungen zum Arierparagraphen. Daß weite Kreise der Gemeinde heute ein ausgesprochenes Mißtrauen gegen Nichtarier haben, kann nicht übersehen werden. Dieses Mißtrauen ist nicht eine Folge der persönlichen Eigenschaften, sondern ist rein völkisch bedingt und deshalb unter gewissen Voraussetzungen nicht zu bannen, wenn nämlich das Mißtrauen zu Widerwillen oder völkischem Haß wird, wie das schon vielfach der Fall ist. Wie bei jedem völkischen Gegensatz spielt auch bei der Ablehnung der Nichtarier durch deutsche Gemeindeglieder die Frage nach der tatsächlichen Berechtigung dieser Ablehnung keine Rolle, da es sich um elementare Gefühlsurteile handelt, die aber doch zum Hindernis werden, das Evangelium aufzunehmen. Daß im Verhältnis der Gemeinde zum Pfarrer die Gemeinde und die Arbeit an ihr vor dem persönlichen Interesse des Pfarrers steht, kann keiner Diskussion unterliegen. Wo der Pfarrer nicht mehr viel der Gemeinde dienen kann, muß er um des Evangeliums willen weichen. Aus diesen Gründen ist es irrig, die Anwendung des Arierparagraphen auf die Kirche a limine abzulehnen. Es muß vielmehr von Fall zu Fall durch die Aufsichtsbehörde festgestellt werden, ob die im Amt befindlichen Nichtarier durch das erwachte völkische Empfinden ihrer Gemeindeglieder ihr Vertrauen eingebüßt haben, oder ob sie es noch in dem Maße besitzen, daß ihre Weiterverwendung die Wortverkündigung und Seelsorge nicht stört.«[495]

Diese Sätze schrieb kein Deutscher Christ, sondern ein führender Mann der kirchlichen »Mitte«.

Der aussichtslose Kampf mit Präsident Klotsche

Präsident Klotsche hatte Leweks Verteidigungsschrift umgehend an das Reichskirchenministerium weitergereicht. Von dort bekam er die Bestätigung, man sei mit seinem Vorgehen im »Fall Lewek« einverstanden, ergänzt mit der Bemerkung, »daß jetzt die Mehrzahl aller jüdischen Pfarrer auszuwandern beabsichtigen«.[496]
Was aber sollte mit Lewek geschehen, der nicht auswanderte? Da man sich in Berlin mit Hinhalten zufrieden gab, war Präsident Klotsche entschlossen, selbst zu handeln. Am 6. April 1939 ließ er die »Verordnung über die Versetzung von Geistlichen aus dienstlichen Gründen« veröffentlichen, die die Möglichkeit bot, einen Pfarrer in den Wartestand zu versetzen, sobald »ihm eine gedeihliche Führung seines Pfarramtes in seiner Gemeinde nicht mehr möglich ist«.[497] Dies war eine »Lex Lewek«, wie es seit 1937 in Hannover eine »Lex Benfey« (vgl. Bd. 2/2, 29) gab und im Dezember 1939 in Braunschweig eine »Lex Goetze« folgte (vgl. Kap. 25). Folgerichtig teilte das Landeskirchenamt Ernst Lewek am 22. Mai 1939 mit, man beabsichtige, ihn auf Grund der neu geschaffenen Verordnung auf 31. Juli 1939 in den Wartestand zu versetzen. Sein erneuter Einspruch nützte nichts mehr; es regierten Rechtswillkür und selbstherrliche Amtsgewalt.
Vergeblich wies Lewek zum wiederholten Male darauf hin, »das Recht einer einzelnen Landeskirche« könne doch nicht »über das Reichsrecht hinausgehen«. Er habe doch nach wie vor das Vertrauen seiner Gemeinde, wenn auch durch die anhaltende Abwesenheit langsam eine gewisse Entfremdung einträte. Es nützte ihm nichts, daß er auf die ihm drohende wirtschaftliche Not bei einer Familie mit sieben nicht erwerbstätigen Kindern aufmerksam machte. So würde der Verlust der Dienstwohnung bei 90 Mark Wohnungsgeld im Wartestand sich katastrophal für ihn auswirken. »Ohne jedes schuldhafte Verhalten in ein solches Schicksal gestossen zu werden und das noch in den Jahren der besten Schaffenskraft, ist unendlich bitter«, appellierte Lewek an die Behördenvertreter.[498]

Präsident Klotsche war weder durch das eine noch durch das andere Argument zu beeindrucken. Hatte er doch Rückendeckung durch die Kirchenkanzlei, die es bewußt vermied, eine reichseinheitliche Regelung zu schaffen, gleichzeitig es aber durchaus offen ließ, »auf dem Verwaltungsweg« im Einzelfall zu entscheiden. Nach dem Deutschen Beamtengesetz, so heißt es in einem abschließenden Erlaß der Kirchenkanzlei vom 18. Dezember 1939 zum »Fall Lewek«, dürfe Pfarrer Lewek zwar »nicht wegen seiner nichtdeutschblütigen Abstammung aus dem Dienst entlassen oder in den Ruhestand oder in den Wartestand versetzt werden«. Jedoch »nach der staatlichen Verwaltungspraxis« habe »ein nichtdeutschblütiger Beamter in einem gleichliegenden Fall keinen Anspruch darauf, in einem Amt mit Leitungsbefugnissen oder das mit einer in die Öffentlichkeit hervortretenden Wirksamkeit verbunden ist, beschäftigt zu werden«.

Die Schlußfolgerung entsprach dem, was Klotsche bereits im Februar 1938 angeboten hatte:

»Pfarrer Lewek muß sich gefallen lassen, daß ihm die Befugnisse zu allen Dienstleistungen als Pfarrer – mit Ausnahme derjenigen gegenüber Nichtariern – genommen wird, und daß er darauf beschränkt wird, nach Möglichkeit im Innendienst der Kirche (etwa bei Aufgaben der kirchlichen Archivpflege, der kirchlichen Statistik oder in der sonstigen kirchlichen Verwaltung) oder in der Arbeit der freien kirchlichen Verbände tätig zu sein.

Andrerseits behält Pfarrer Lewek – ebenso wie alle nichtdeutschblütigen Staatsbeamten und Kirchenbeamten in gleichliegenden Fällen – seinen bisherigen Anspruch auf Dienstbezüge, Versorgung und Amtsbezeichnung in vollem bisherigen Umfang.«[499]

Auch das von Ernst Lewek vorgetragene Argument, daß die Nicolaikirchengemeinde doch hinter ihm stünde, was offensichtlich nicht zu bestreiten war, hatte das Landeskirchenamt in Dresden nicht in Verlegenheit gebracht. Im Beschluß zur Versetzung Leweks in den Wartestand heißt es dazu:

»Die Bestimmung [erg. § 1 VO. über die Versetzung von Geistlichen aus dienstlichen Gründen], daß ein Geistlicher in den Wartestand versetzt werden kann, wenn ihm eine gedeihliche Führung seines Pfarramtes in seiner Gemeinde nicht mehr möglich ist, [...] war im vorliegenden Fall anzuwenden, weil es nationalsozialistischem Rechtsempfinden widerspricht, daß ein nichtarischer geistlicher Amtsträger arische deutsche Volksgenossen seelsorgerlich betreut.«[500]

Auch gegen diese Begründung hatte die Kirchenkanzlei in Berlin keine Einwände zu erheben.
Ernst Lewek blieb suspendiert. Da man ihn rechtlich nicht entlassen konnte, wurde Lewek 1940 auf die freie 2. Pfarrstelle beim Kirchgemeindeverband Leipzig versetzt, jedoch ohne die Möglichkeit irgendeiner amtlichen Tätigkeit.[501]

Vergeblicher Versuch, in Württemberg unterzukommen

Anfang Juli 1939 macht Ernst Lewek den – allerdings vergeblichen – Versuch, in der »intakten« württembergischen Landeskirche unterzukommen. Vielleicht hatte dabei der Vorsitzende des Sächsischen Bruderrats, Superintendent Hugo Hahn, die Hand im Spiel. Hahn war im Mai 1938 aus dem Freistaat Sachsen ausgewiesen worden. Sein ältester Sohn war Pfarrer in Württemberg. Hugo Hahn konnte im Oktober 1939 in Stuttgart-Hedelfingen selbst eine Pfarramtsvertretung übernehmen.[502]
Wie Lewek am 8. Juli 1939 in einem persönlichen Brief an Landesbischof Wurm schrieb, war er zu jeder ihm möglichen Tätigkeit bereit:

»Ich bin seit zwanzig Jahren mit Leib und Seele evangelischer Pfarrer im Sinne von 1. Kor. 2,2 und Augustana V und VII und würde wohl am liebsten in solchem Amte bleiben. Wenn aber diesem Wunsche auch in Ihrer Landeskirche z.Zt. unüberwindliche Schwierigkeiten entgegen stehen, so ist ein jeder anderer kirchlicher Dienst mir gleich lieb und wert.«

Lewek dachte an biblisch-kirchlichen Unterricht, an ein Organistenamt, Arbeit an Taubstummen oder auch kirchliche Verwaltungs-

arbeit. Wichtig war ihm nur, daß er mit seiner großen Familie eine geeignete Wohnung finden würde. Finanziell hätte die württembergische Landeskirche nur den Unterschiedsbetrag zwischen dem Lewek zustehenden Wartegeld bzw. einem späteren Ruhegehalt und dem Gehalt eines aktiven Pfarrers aufbringen müssen.[503]
Doch aus Stuttgart kam schon am 13. Juli 1939 eine unzweideutige Absage. Für »Nichtarier« war keine Verwendung. Erst während des Krieges hat man in Württemberg mehreren Theologen jüdischer Abstammung Kriegsstellvertretungen angeboten.[504] Lewek erhielt die knappe Antwort:

»Es ist dem Ev. Oberkirchenrat zu seinem Bedauern nicht möglich, Sie in den württ. Kirchendienst zu übernehmen. Wir haben in letzter Zeit einem Amtsbruder, der nicht arisch verheiratet ist, wegen aufgekommener Schwierigkeiten den Rat geben müssen, sich um eine Auslandsstelle zu bewerben. Die Vermittlung einer Stelle in der Inneren Mission in Württemberg erscheint uns nach Erfahrungen, die wir in letzter Zeit mit württembergischen Bewerbern gemacht haben, ebenfalls nicht aussichtsreich zu sein.«[505]

Zunehmende Vereinsamung

Je länger je mehr fühlte sich Ernst Lewek allein gelassen. Besonders schmerzlich für ihn war die eingetretene Distanz zur Bekennenden Kirche in Sachsen. So hatte das Ehepaar Lewek den dringenden Wunsch, der Vorsitzende des Landesbruderrats, Superintendent Hugo Hahn, möge die Taufpatenschaft für ihr unter so schweren Umständen geborenes siebtes Kind übernehmen. Der Dresdner Landesbruderrat hielt ein solches öffentliches Zeichen der Solidarität mit einem »Nichtarier« angesichts der kirchenpolitischen Lage nicht für opportun und empfahl eine Absage. Für die Bittsteller war dies eine bittere Enttäuschung.[506]
Wie viele seiner Leidensgefährten wurde Ernst Lewek gegen Ende des Krieges, am 8. November 1944, erneut verhaftet und in das Zwangsarbeitslager Osterode im Harz eingeliefert. Dort hatte er schwerste Stein- und Erdarbeiten zu verrichten. Amerikanische Truppen befreiten das Lager am 15. Februar 1945.

Im Mai 1945 wurde der jetzt 51jährige nach sieben Jahren Zwangspensionierung zum kommissarischen, später zum ständigen Pfarrer an der Johanneskirche in Leipzig berufen. Ernst Lewek starb 1953 – mit 60 Jahren – an den Folgen eines Herzleidens, das er sich im Konzentrationslager zugezogen hatte.[507]

25. Alfred Goetze – ein »nichtarischer« Pfarrer kämpft um sein Recht

Am 10. November 1938 wurde dem 2. Pfarrer der St. Pauli-Gemeinde in Braunschweig, Alfred Goetze, durch fernmündliche Anweisung des Vorsitzenden der Finanzabteilung beim braunschweigischen Landeskirchenamt das weitere »Amtieren untersagt, weil die Befürchtung bestand, daß dadurch, daß ein Halbarier sein Amt ausübe, Kirchengebäude gefährdet sein könnten«.[508] Dies war nun wirklich eine Begründung, die ihresgleichen sucht. Der Vorsitzende der Finanzabteilung, dem dieser zynische Einfall kam, war ein 32jähriger Oberregierungsrat namens Ludwig Hoffmeister. Ihm schien jedes Mittel erlaubt zu sein, um die verhaßten »Juden« – selbst gegen Ordnung und Recht – in den Zwangsruhestand zu schicken.

Die braunschweigische Landeskirche unter deutschchristlicher und staatlicher Herrschaft

Daß eine so kaltschnäuzige Begründung gerade in der Braunschweigischen evangelisch-lutherischen Landeskirche geäußert wurde, war kein Zufall. Die braunschweigische Landeskirche zählte wie die thüringische und sächsische zu den im besonderen Maße »zerstörten« Landeskirchen. Ein Drittel der braunschweigischen Pfarrer waren 1933 Mitglied der NSDAP. Nach den Juliwahlen wurde die Kirchenregierung komplett ausgetauscht. Die jetzt berufenen leitenden Theologen und Juristen gehörten ausnahmslos der Partei und der Glaubensbewegung Deutsche Christen an. Der neu eingesetzte, 30jährige Bischof Wilhelm Beye trieb die Dinge auf die Spitze und ließ sich eine Bischofskette mit Kreuz und Hakenkreuz schmieden.[509] Als sei es selbstverständlich, führte die braunschweigische Landeskirche unter Beyes Führung am 12. September 1933 den Arierparagraphen ein.[510] Es war ohne Bedeutung, daß es in der Landeskirche überhaupt keinen Pfarrer gab, auf den dieses Gesetz

im strengen Sinne angewandt werden konnte. Auch Alfred Goetze war nicht betroffen, da er nur »Mischling ersten Grades« und schon vor dem 1. August 1914 beamteter Pfarrer war.[511]
Nun war Wilhelm Beye schon nach halbjähriger Amtszeit von Helmut Johnsen als Landesbischof abgelöst worden; man warf Beye Unregelmäßigkeiten in der Führung seiner vorhergehenden Pfarrstelle vor. Unnötig zu sagen, daß auch Beyes Nachfolger Mitglied der NSDAP, ein sog. »Maiblümchen«, und Gauleiter der Deutschen Christen war.[512] Johnsen suchte kirchenpolitisch einen Vermittlungsweg zu gehen. Nach einem halben Jahr Amtszeit ließ er bewußt seine Mitgliedschaft bei der Glaubensbewegung Deutsche Christen ruhen und nahm später zum Ausgleich einen der Bekennenden Kirche nahestehenden Pfarrer in die Kirchenregierung auf. Im Herzen weiterhin Deutscher Christ mit der damit verbundenen antisemitischen Grundhaltung unterschied Johnsen sich allerdings von dem mitamtierenden Leiter der Finanzabteilung, Ludwig Hoffmeister, durch eine weniger radikale Art des Umgangs mit dem leidigen »Nichtarierproblem«. Im Gegensatz zu Hoffmeister zeigte Johnsen sich in seiner Amtsführung unentschlossen und nachgiebig, meist beugte er sich den unabwendbar erscheinenden Entwicklungen. Typisch dafür war eine recht zwiespältige Beteuerung, die Johnsen und sein Stellvertreter, Oberlandeskirchenrat Röpke, zur Beurlaubung Goetzes damals abgegeben haben: »*Wir* haben Sie nicht beurlaubt und hätten Sie nie beurlaubt; *wir* haben nur Ihre Vertretung geordnet; beurlaubt hat Sie der Leiter der Finanzabteilung.«[513]
Ein um so kompromißloserer Nationalsozialist war Johnsens Gegenspieler Hoffmeister, sowohl der Gesinnung nach als auch im Willen zu deren Umsetzung. Braunschweig ist ein Musterbeispiel dafür, wie eine verhältnismäßig kleine Landeskirche[514] innerhalb kurzer Zeit über die von Reichskirchenminister Kerrl eingeführten Finanzabteilungen fest in staatliche Hand kommen konnte. Damit war dann auch der Lebensraum für die beamteten »Nichtarier« innerhalb der Kirche aufs äußerste bedroht.
Ludwig Hoffmeister hatte im Juni die Leitung der Finanzabteilung der Braunschweigischen evangelisch-lutherischen Landeskirche übernommen. Obwohl er weiterhin als Haushalts- und Personalreferent im Range eines Oberregierungsrats im braunschweigischen Staatsministerium tätig blieb, unterstellte Hoffmeister sich – nach

völliger Umstrukturierung des Landeskirchenamtes – 41 der 46 dort tätigen Mitarbeiter. Neben der Finanzabteilung, die jetzt in allem das Sagen hatte, bestand nur noch die Pfarrabteilung; ihr gehörten neben dem Landesbischof zwei Theologen, ein Registrator und eine Sekretärin an. Ein grotesker Zustand. Dabei war der »versteckte Staatskommissar«, der mit eiserner Hand über eine ganze Landeskirche regierte, inzwischen aus der Kirche ausgetreten. Anfang Oktober 1938 ließ Hoffmeister alle Kirchengemeinderäte auf ihre politische Zuverläßigkeit überprüfen. Wer »die Gewähr nicht bot, sich jederzeit für den nationalsozialistischen Staat einzusetzen«, wurde kurzerhand seines Amtes enthoben.[515]

Mut zum Widerstehen

Diesem Mann zu widerstehen, erforderte Mut und Ausdauer. Alfred Goetze war dazu entschlossen. Am 22. Dezember 1938 erhob er gegen die ihn gefällte Entscheidung der Finanzabteilung Einspruch. Das Recht hatte er in jedem Fall auf seiner Seite. Wäre er nicht Kirchen-, sondern Staatsbeamter gewesen – so argumentierte Goetze mit Überzeugung – hätte er als »Mischling ersten Grades« unbeanstandet seinen Beruf weiter ausüben können. Was nach dem Beamtengesetz von 1937 für Staatsbeamte rechtens war, müßte für Kirchenbeamte noch weit mehr billig sein:

»Es darf als unbestreitbar hingestellt werden, daß die Deutsche Evangelische Kirche, in deren Verfassung es bis heute keinen Arierparagraphen gibt, gegen die Mischlinge unter ihren Beamten nicht rigoroser vorgehen kann, als es der konsequent rassenpolitisch ausgerichtete Staat für notwendig hält.«

Das gängige Argument, die Beurlaubung sei »zum eigenen Schutz« vor Übergriffen aus der Gemeinde erfolgt, sei sowohl dem Kirchenvorstand wie kirchentreuen Kreisen der Gemeinde unbegreiflich.[516] Noch war Alfred Goetze zuversichtlich, daß er in seinem Fall von Rechts wegen Gehör fände. Als es nicht mehr anders ging, war er sogar zu einem Prozeß vor einem ordentlichen Gericht gegen seine Landeskirche entschlossen.

Wer war Alfred Goetze?

Alfred Goetze wurde am 28. Juli 1880 in Berlin geboren. Väterlicherseits entstammte er – so Goetze in einer Verteidigungsschrift – »aus einer in Franken und Thüringen ansässigen, reinarischen und urdeutschen Waid- und Schönfärberfamilie«.[517] Der Vater zog in den Siebzigerjahren nach Berlin und gründete dort eine gutgehende Färbereifabrik. Er heiratete die Tochter eines jüdischen Kaufmanns, die jedoch nach ihrer Eheschließung zur evangelischen Kirche übertrat und sich taufen ließ. Auch Sohn Alfred wurde als Säugling getauft.

Nach dem Studium der Theologie und der nachfolgenden Ausbildungszeit wurde Goetze Pfarrer in Küstrin und ab 1915 zweiter Pfarrer an der St. Pauli-Gemeinde in Braunschweig. Im Weltkrieg meldete Goetze sich freiwillig für den nebenamtlichen Dienst als Lazarettpfarrer. Vom aktiven Wehrdienst war er wegen eines Hüftleidens befreit. Von 1917 bis 1922 unterrichtete Goetze mit vier Wochenstunden als Religionslehrer am Wilhelms-Gymnasium in Braunschweig. Er war national gesinnt. Als Goetze sich 1939 verteidigen mußte, verwies er auf einen Vorfall im Jahre 1922. Damals hatte ihm die Regierung des Freistaates Braunschweig nach einer Auseinandersetzung mit dem kommunistischen Kultusminister Sieveking den Unterichtsauftrag am Gymnasium entzogen.

Alfred Goetze war seit 1911 verheiratet, der Ehe entstammen zwei Kinder: Der Sohn Helmut, geb. 1911, studierte Theologie und bereitete sich 1936 auf das 2. Examen vor. Die Tochter Ingeborg, geb. 1914, mußte viele Jahre im Haushalt mitarbeiten und die schwerkranke, an den Rollstuhl gefesselte Mutter betreuen. Im Juni 1935 starb Goetzes zwei Jahre jüngere Ehefrau Elise, geb. Kleine. Alfred Goetze war 55 Jahre alt.

Erste Angriffe auf den »Nichtarier«

Die Suspendierung Alfred Goetzes vom Dienst nach der Pogromnacht war nicht die erste Attacke auf ihn als »Nichtarier«. Er teilte das Los aller andern Schicksalsgenossen im Pfarramt. Sobald einmal bekannt war, daß eine »nichtarische« Abstammung vorlag, gab es

immer Fanatiker in der Gemeinde, die Unfrieden schürten und auf Vertreibung aus dem Amt drängten. So regte sich im Oktober 1936 in den Reihen der braunschweigischen NSDAP-Ortsgruppe Unruhe gegen den BK-Pfarrer. Es war aufgefallen, daß Goetze auf der Straße stets den Hitlergruß vermied. Am Reformationstag 1936 marschierte ein SA-Musikkorps vor der Kirche auf und störte gezielt den Abendgottesdienst. Nach massiven Drohungen mußte Alfred Goetze am nächsten Tag den Gottesdienst vorsorglich ausfallen lassen.[518]
Am 17. April 1937 gingen die Nationalsozialisten aufs ganze, um den »Halbjuden« los zu werden. Ein Mitglied des Kirchenvorstands forderte in einem Schreiben an Staatsrat Kurt Betram, den stellvertretenden Justizminister und Vorsitzenden der braunschweigischen Kirchenregierung, das sofortige »Verschwinden« von Pastor Goetze. In rüdem Ton schrieb er:

»Wie ich Ihnen bereits mündlich mitteilte, ist in der Pauligemeinde der Pastor Goetze als Pfarrer seit längeren Jahren angestellt. Goetze, der als Aussenseiter genügend bekannt ist und dessen politische Einstellung mehr wie unzuverlässig ist, und der schon vor längerer Zeit durch Äusserungen von der Kanzel gegen das Dritte Reich sehr unliebsam aufgefallen ist, hat jetzt erneut das Mißfallen innerhalb der Gemeinde hervorgerufen. Es hat sich herausgestellt, daß dieser Pfarrer Halbjude ist. Nachdem dies bekannt ist, kann man sich ja seine Einstellung dem Dritten Reich gegenüber erklären.
Ich bin seiner Zeit von der Partei in den Kirchenvorstand der Pauligemeinde eingesetzt worden. Ich bitte Sie, mit allen Mitteln zu versuchen, daß dieser Pfarrer seines Postens enthoben wird.
Oder soll durch solche Sachen, wie Besetzung der Pfarrstellen durch Juden und Halbjuden die Deutsche evangelische Kirche sich selbst zersetzen? Die Erbitterung der nationalsozialistischen Gemeindeglieder über Goetze ist selbstverständlich groß.
Ebenfalls bedaure ich, Ihnen mitteilen zu müssen, daß ich mir von Pastor Goetze, der Vorsitzender des Kirchenvorstandes ist, keinerlei Vorschriften mehr machen lasse, denn es geht wohl nicht an, daß ich als Nationalsozialist und politischer Leiter mir von einem Halbjuden irgendwelche Vorschriften machen lasse, bzw. diesen Herrn als Führer eines Vorstandes anerkennen kann.
Im Interesse der nationalsozialistischen Kirchenmitglieder bitte ich

nochmals veranlassen zu wollen, daß Pastor Goetze von seinem Posten in einer deutsch-evangelischen Gemeinde verschwindet.«[519]

Sohn Helmut Goetze wird vom Vikariat ausgeschlossen

Nicht nur Alfred Goetze, sondern auch sein Sohn Helmut war von der Ausgrenzung betroffen. Da er nur »Mischling zweiten Grades« war, war dies noch weniger verständlich. Helmut Goetze hatte im Herbst 1936 das erste und im Dezember 1938 das zweite theologische Examen vor dem braunschweigischen Landeskirchenamt jeweils mit »gut« abgelegt.[520] Dennoch konnte er seine Vikarszeit in der braunschweigischen Landeskirche nicht beenden. Daran änderte auch nichts, daß der Reichskirchenausschuß auf eine entsprechende Anfrage des Landeskirchenamts in Wolfenbüttel im September 1936 ausdrücklich bestätigt hatte, daß »gegen die Aufnahme des cand. theol. Goetze in Braunschweig in den Vorbereitungsdienst der Landeskirche angesichts der augenblicklichen Rechtslage auf staatlichem und kirchlichem Gebiet keine Bedenken« bestehen[521]. Die Lage hatte sich nach der Pogromnacht auch für ihn grundlegend verändert. Vorübergehend fand Helmut Goetze bei der Berliner Stadtmission eine Anstellung, die er bereits von einem halbjährigen Einsatz zwischen den beiden Examina kannte. Der Zugang zum ständigen Pfarramt blieb ihm jedoch verwehrt. Weder die braunschweigische, noch die hannoversche, noch eine Provinzialkirche der altpreußischen Union waren bereit, Helmut Goetze zu ordinieren. Der Grund war »die Tatsache eines nichtarischen Großelternteils«, wie Helmut Goetze in einem für die württembergische Landeskirche bestimmten Lebenslauf schreibt. »Dabei ist mir von den genannten amtlichen Stellen immer wieder persönlich bezeugt worden, daß meine Erscheinung ausgesprochen deutsch sei.«[522] In Württemberg tat sich für ihn wie für seinen Vater schließlich eine Tür auf.

Verweigerung der Heiratserlaubnis für Alfred Goetze

1936, ein Jahr nach dem Tod seiner Frau, faßte der jetzt 56jährige Alfred Goetze seine Wiederverheiratung ins Auge. Für einen

»Mischling ersten Grades« war dies jedoch rechtlich nur möglich, wenn er eine Jüdin heiratete. Die Eheschließung mit einer Nichtjüdin – und dies beabsichtigte Alfred Goetze – bedurfte der ausdrücklichen Genehmigung durch den Reichsminister des Innern im Einvernehmen mit dem Stellvertreter des Führers, ein langwieriges Verfahren, das kaum einmal zum Erfolg führte (vgl. Bd. 2/1, Kap. 2).

Die Frau, die Alfred Goetze liebte, war eine 45 Jahre alte Volksschullehrerin in Braunschweig mit den Fächern Erdkunde und evangelische Religion, Aenne Löhnefinke. Die beiden kannten sich aus der Gemeindearbeit. Aenne war seit Jahren Helferin im Kindergottesdienst an der Paulikirche. Am 23. Mai 1936 hatten Alfred Goetze und Aenne Löhnefinke zum ersten Mal ein Gesuch auf Erlaubnis der Eheschließung beim Reichsministerium des Innern eingereicht.[523] Danach mußten sie sich einer entwürdigenden und zermürbenden Rechtfertigungsprozedur unterziehen, wie sie die Nazis für »Mischehen« festgelegt hatten. Im Juni fuhr Goetze eigens nach Berlin, um die Sache voranzutreiben. Im September schickte er dem Ministerium einen Stapel Abstammungsurkunden: Taufscheine des Urgroßvaters und der Urgroßmutter väterlicher- und mütterlicherseits, auch solche des Großvaters und der Großmutter. Was immer Goetze ausfindig machen konnte, legte er vor. Mühsam suchte er auch seine positive politische Gesinnung zu belegen. Er kopierte Ansprachen, die er am Volkstrauertag 1934 und 1936 gehalten hatte. Ein Aufsatz aus der Braunschweigischen Tageszeitung vom Dezember 1932 »Ist das Deutschtum in der Literatur endgültig tot?« mußte herhalten, um die Entscheidung über die Heiratserlaubnis günstig zu beeinflussen.[524] Den Eingaben folgten Monate quälenden Wartens. Anfang März 1937 kam aus Berlin die Ablehnung des Gesuchs. Gegen aufkommende Zweifel suchten die beiden sich in Briefen gegenseitig zu stärken. Am 2. April 1937 schrieb Alfred Goetze an seine Aenne:

»Aus Zweifeln und Selbstanklagen entringt sich ein ›Dennoch‹. Hätte ich mein Herz und meine Sehnsucht in Fesseln geschlagen, so wäre dieses letzte Jahr für mich noch einsamer und freudloser

verlaufen. So hat es mir dagegen das erhebende und tief beglückkende Wissen um Deine Liebe gebracht; das könnte mir auch eine ungünstige Entscheidung in unserer Sache nicht nehmen. Aber ich rechne nicht mit einem schlimmen, sondern glaube an einen guten Ausgang. [...]
Wenn wir nun, liebe Aenne, noch vier Wochen oder ein wenig mehr Geduld haben müssen: den Gedanken darfst Du nicht aufkommen lassen, unsere Zuneigung sei ein Unrecht. Und auch um mich sorgen darfst Du Dich nicht zuviel, so dankbar ich Dir auch für Dein stilles, treues, fürbittendes Meingedenken bin. Ich kann mit Wallenstein sagen: ›Mich schuf aus gröberem Stoffe die Natur ...‹, aus gröberem, als daß mich Widerstände und Kämpfe schwach sehen und zum kampflosen Weichen bringen könnten. Und ich glaube und hoffe, auch meine Kinder werden ihren Weg gehen – unverbittert, nicht in Schwierigkeiten – aber wem bleiben sie erspart? – sich schließlich auch gegenüber Vorurteilen durchsetzend.«[525]

Aus den vermuteten »vier Wochen oder noch ein wenig mehr« geduldigen Wartens wurden am Ende acht Jahre. Alfred Goetze und Aenne Löhnefinke konnten erst nach der Nazityrannei eine rechtmäßige Ehe eingehen.

Ablehnung der Ehepläne selbst aus der eigenen Familie

Dabei kamen die Widerstände gegen ihre Verbindung nicht nur von offizieller Seite. Je länger desto mehr mußten beide erkennen, wie riskant der Weg war, auf den sie sich eingelassen hatten. Was für sie innige Liebe bedeutete, das war selbst in der nahen Verwandtschaft »Rassenschande«. Aenne Löhnefinke lebte in Wohngemeinschaft mit drei jüngeren, unverheirateten Schwestern, die den Heiratsplan entschieden mißbilligten. War ihnen das Ausbrechen aus der gewachsenen engen Geschwistergemeinschaft schon unerträglich, dann noch mehr der Gedanke, daß sie nun durch die Verbindung ihrer Schwester mit einem »Juden« in Verruf kamen. Hinzu traten

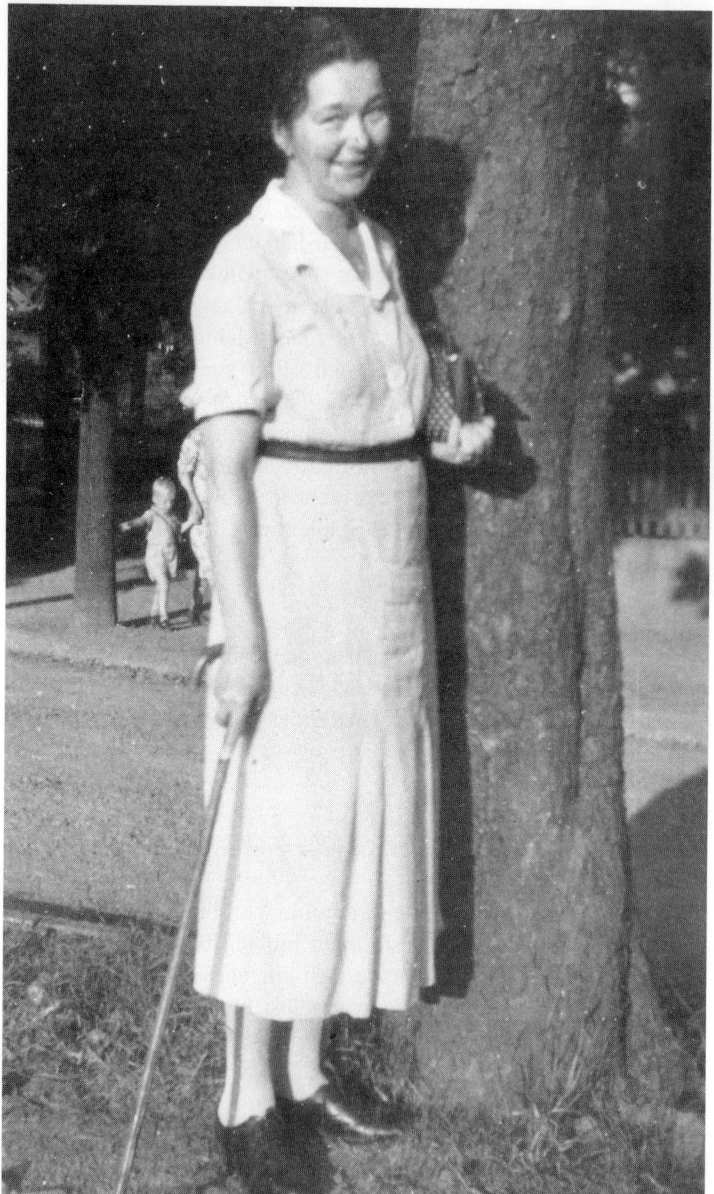

ernstzunehmende wirtschaftliche Überlegungen. Aenne trug mit ihrem Lehrergehalt wesentlich zum Lebensunterhalt der Geschwister bei. Durfte sie wegen einer »Liebesaffäre« mit einem »Juden« leichtfertig ihre Stellung als Beamtin aufs Spiel setzen? Nach dem Beamtengesetz gab es für eine ausscheidende Beamtin, die eine Ehe mit einer »nichtarischen Person« einging, keine Abfindung. Alfred Goetze sah sich darum Anfang März 1937 gezwungen, die besorgten Schwestern durch die Versicherung zu beruhigen, er werde von der beabsichtigten Heirat vorläufig Abstand nehmen. Noch gab er sich der Illusionen hin, die Heiratsgenehmigung werde bald erteilt und Aenne könnte dann ihre Beamtenstellung behalten.

Als der Druck durch die Geschwister immer unerträglicher wurde, wagten die Brautleute sich nur noch an geheimen Orten und »wie zufällig« auf Bahnhöfen zu treffen. Der umfangreiche Briefwechsel lief über eine Freundin; die Schwestern sollten davon nichts mehr erfahren.

Auch keine Unterstützung von seiten der Amtskirche

Von der braunschweigischen Kirchenleitung konnte Alfred Goetze in seiner Sache am wenigsten Unterstützung erwarten. Im Gegenteil, nicht zu unrecht befürchtete Goetze, er könne mit dem Wunsch nach Wiederverheiratung so viel Staub aufwirbeln, daß er damit seinen Sohn als angehenden Theologen belastete. Ende April 1936 wurde Alfred Goetze durch Landesbischof Johnsen gemaßregelt. Er habe der Kirchenleitung seine »nichtarische Abstammung verheimlicht«. Das Landeskirchenamt hätte von diesem Tatbestand erst durch den

Die Lehrerin Aenne Löhnefinke in Braunschweig konnte wegen der unmenschlichen Nürnberger Gesetze ihren Verlobten Alfred Goetze erst nach dem zweiten Weltkrieg – nach zehn Jahren Wartezeit – heiraten.

Braunschweigischen Minister für Volksbildung erfahren. Johnsen fährt dann fort:

»Es wäre Ihre Pflicht gewesen, bei der Meldung Ihres Sohnes zur ersten theologischen Prüfung auf diese Tatsache hinzuweisen, da wir ja den arischen Nachweis – wie Ihnen bekannt ist – für unseren theologischen Nachwuchs verlangen.
Wir beanstanden ferner, daß Sie uns gegenüber den Plan Ihrer Wiederverheiratung verheimlicht haben, daß wir vielmehr erst vom Braunschweigischen Staatsministerium von dieser Ihrer Absicht Kenntnis erhielten. Wir tragen gegen Ihre Wiederverheiratung die schwersten Bedenken.«[526]

Der Kampf Alfred Goetzes um Recht und Würde

Welche Chancen hatte ein Pfarrer »nichtarischer Herkunft« im Jahre 1939, bei deutschen Kirchenbehörden Rechtsschutz zu bekommen? Welche Aussicht hatte er, in seiner Würde unverletzt zu bleiben? Darum ging es Alfred Goetze, als er zusammen mit seinem Sohn Helmut am 16. Januar 1939 den Referenten für »Nichtarierfragen« der Kirchenkanzlei der DEK in Berlin, Oberkonsistorialrat Heinz Brunotte, besuchte.[527] Goetze wollte in drei Fragen Klarheit bekommen:

☐ War »nach den geltenden kirchlichen Bestimmungen seine Beurlaubung bzw. Versetzung in den Ruhestand zulässig«?
☐ Mußte sein Sohn tatsächlich »nach den geltenden Bestimmungen von der Anstellung ausgeschlossen« werden?
☐ War »eine kirchengesetzliche Regelung betreffend die Verhältnisse der nichtarischen Pfarrer demnächst zu erwarten«?

Goetze – das war klar – wollte von der höchsten kirchlichen Verwaltungsstelle feststellen lassen, daß sowohl ihm wie seinem Sohn Unrecht geschah. Der Kirchenjurist Brunotte konnte bestätigen – wie er dies auch in anderen Fällen tat –, »daß eine kirchengesetzliche Regelung [noch] nicht vorliege«. Eine möglicherweise demnächst erfolgende Regelung würde sich »an die Bestimmungen des Deutschen Beamtengesetzes vom 26. Januar 1937 anschliessen«. Freilich wollte Brunotte auch keinen Zweifel aufkommen lassen, daß die Alltagswirklichkeit anders aussah. Nach seiner Kenntnis sei es »in allen Landeskirchen schon jetzt Verwaltungspraxis, die nichtarischen Pfarrer in den Ruhestand zu versetzen oder zu beurlauben, mindestens dann, wenn Schwierigkeiten in den Gemeinden auftreten. Insofern sei sein Fall z. Zt. kein ungewöhnlicher.«

Die weitere Entwicklung war von einer auffallenden Scheu der Verantwortlichen der Kirchenkanzlei gekennzeichnet, sich mit einem eindeutigen Nichtariergesetz festzulegen. So grotesk es klingt: Hätte eine kirchliche Regelung nach dem Muster des Deutschen Beamtengesetzes (DBG) vorgelegen, wäre der Kirchenbehörde keine andere Wahl geblieben, als zugunsten von Goetze zu entscheiden. Dies hätte gewiß radikale Deutsche Christen noch mehr aufgebracht. Andererseits rührte sich in den kirchlichen Amtsstuben auch niemand, wenn in der Grauzone der »Verwaltungspraxis« »Nichtarier« – welchen Grades auch immer – ihrer Rechte beraubt wurden. Die Betroffenen wurden dadurch zum Spielball hin- und herpendelnder, schwer greifbarer Verwaltungsakte. Der Fall Goetze war ein Musterbeispiel für den von der Bekennenden Kirche beklagten Freiheitsverlust der Kirche durch die Unterwerfung unter staatliche Finanzabteilungen. Auf der Reichsbekenntnissynode in Dahlem hatte man bezeugt, »daß Gestalt, Ordnung und Recht der Kirche allein an den Auftrag ihres Herrn gebunden sind«.[528] Zu Recht forderte Goetze von Brunotte, in den Verhandlungen mit dem Reichskirchenministerium, den unhaltbaren Zustand anzumahnen, nach dem ihm durch die Finanzabteilung in Braunschweig »jegliche Ausübung amtlicher Geschäfte« und damit »die Rechte des geistlichen Standes« entzogen wurden.[529]

Die Kirchenkanzlei war sich des Bekenntnisstreites durchaus bewußt. In einem nicht anders als doppelbödig zu bezeichnenden Vorgehen gab sie im Mai 1939 den obersten Behörden der deutschen evangelischen Landeskirchen die Weisung, gegenüber »nichtarischen« Geistlichen und Kirchenbeamten »auch jetzt schon sinngemäß« nach dem Maßstab des Deutschen Beamtengesetzes (DBG) zu verfahren. »Ein Hinausgehen über die einschlägigen Vorschriften des DBG ist jedoch nicht zulässig.« Demnach hätte Alfred Goetze im Amt bleiben müssen, vor allem aber hätte seinem Sohn Helmut der Zugang zum Pfarramt nicht verwehrt werden dürfen. Gleichzeitig erläuterte der Präsident der Kirchenkanzlei, Werner, dem Reichskirchenministerium gegenüber sein Rundschreiben mit den Worten:

»Eine besondere Regelung dieser Angelegenheit durch Verordnung scheint mir z. Zt. nicht erforderlich zu sein, weil mir bekannt ist, daß schon jetzt sämtliche Landeskirchen praktisch bei der Anstellung von Pfarrern nach den Grundsätzen des DBG verfahren. Die übrigen Fälle sind, wie sich immer mehr herausstellt, zahlenmäßig so gering, daß auch sie sich im Wege der Verwaltungspraxis regeln lassen werden. Auf diese Weise würde das Ziel erreicht werden, ohne eine unnötige theologische Debatte dieser Fragen in der Öffentlichkeit hervorzurufen.«[530]

An einer solchen Debatte konnte das Reichskirchenministerium – das wußte Werner ganz genau – nicht interessiert sein, solange Hanns Kerrl sich immer neu um die Einigung der Deutschen Evangelischen Kirche bemühte.

In den einstweiligen Ruhestand nach einer Lex Goetze

Alfred Goetzes Kampf um sein Recht bekam mit Ausbruch des Zweiten Weltkriegs eine neue Qualität. Plötzlich herrschte ein akuter Pfarrermangel. Der Kirchenvorstand von St. Pauli bat darum Landesbischof Johnsen einmütig, »in Anbetracht der derzeitigen besonderen Umstände Pastor Goetze zu beauftragen, sofort seine dienstliche Tätigkeit als Geistlicher in der St. Pauligemeinde wieder aufzunehmen«.[531] Johnsens Stellvertreter, Oberlandeskirchenrat Röpke, ein Mann von geringer Entschlußkraft, gab den Antrag zur Entscheidung an die Kirchenkanzlei weiter. Auch dort wollte man sich nicht festlegen. Die Kirchenkanzlei stellte lediglich fest, »der allenthalben aufgetretene Pfarrermangel bietet u. E. keine ausreichende Begründung für das Wiederaufgreifen des Falles«; wenn man in Wolfenbüttel jedoch darauf bestehe, möge man die Angelegenheit unmittelbar den Reichskirchenminister entscheiden lassen.[532] Das Ministerium schließlich begnügte sich – nach bewährtem Muster –

am 24. Oktober 1939 mit einem dilatorischen Hinweis; man werde »die Angelegenheit im Verwaltungswege regeln und zu gegebener Zeit von dem Veranlaßten Nachricht geben«.[533]
Dessen ungeachtet schritt der Vorsitzende der Finanzabteilung in Wolfenbüttel zur Tat. Auf sein und seines Stellvertreters Betreiben verabschiedete die Kirchenregierung der braunschweigischen Landeskirche am 8. Dezember 1939 ein »Kirchengesetz über die Versetzung eines Geistlichen in den einstweiligen Ruhestand«, eine Art »Lex Goetze«. Es wurde am 29. Dezember im Amtsblatt verkündet. In ihm waren unschwer die Formulierungen der hannoverschen »Verordnung über die Versetzung eines Geistlichen in den einstweiligen Ruhestand« vom 6. März 1937 zu erkennen. Nach dieser hatte die Nachbarkirche im Juni 1937 Pfarrer Bruno Benfey und im August 1938 Pfarrer Paul Leo in den vorzeitigen Ruhestand geschickt (vgl. Kap. 26 und Bd. 2/2, Kap. 27). Nicht von ungefähr war der geistige Vater jener Verordnung, der Vorsitzende der Finanzabteilung beim Landeskirchenamt Hannover, Rechtsanwalt Georg Cölle. Cölle war in Personalunion stellvertretender Vorsitzender der Finanzabteilung beim braunschweigischen Landeskirchenamt in Wolfenbüttel. Ab 1943 avancierte er zum einflußreichen Vorsitzenden der Finanzabteilung bei der DEKK in Berlin.[534]

Zwei Gründe nannte das braunschweigische Ruhestandsgesetz, deretwegen ein Geistlicher ohne große Umstände in den einstweiligen Ruhestand geschickt werden konnte:

»1. wenn eine gedeihliche Fortführung des Pfarramtes in seiner Gemeinde nicht möglich ist,
2. wenn es das Wohl der Gesamtkirche erfordert.«[535]

Im Fall von Bruno Benfey hatte die hannoversche Landeskirche das erste Argument herangezogen. Jetzt, bei Alfred Goetze, konnten die Braunschweiger allenfalls den zweiten Grund ins Feld führen.
Das Gesetz war noch keine vierzehn Tage in Kraft, als Alfred Goetze am 10. Januar 1940 in den einstweiligen Ruhestand versetzt wurde. Erneut stand der Kirchenvorstand von St. Pauli hinter seinem Seelsorger. Postwendend wollte er von der Kirchenregierung in Wolfenbüttel sehr genau die näheren Gründe erfahren:

»Uns ist nicht bekannt geworden, was einer ersprießlichen Arbeit Pastor Goetzes in unserer Gemeinde entgegensteht. Wir bitten insbesondere um Auskunft, ob etwa die nicht rein arische Abstammung von Pastor Goetze die oben erwähnte Maßnahme veranlaßt.«[536]

Der Rückhalt, den Alfred Goetze in der Gemeinde erfuhr, bestärkte ihn darin, gegen die Entscheidung Rechtsmittel einzulegen. Er zweifelte das Recht des Vorsitzenden des Finanzausschusses an, ihn überhaupt und mit so fadenscheinigen Gründen auf Dauer beurlauben zu können. Goetze konnte sich dabei auf Aussagen des Landesbischof-Stellvertreters Röpke berufen, der sich seinerzeit geäußert hatte: »*Wir* haben Sie nicht beurlaubt und hätten Sie nie beurlaubt; *wir* haben nur Ihre Vertretung geordnet; beurlaubt hat Sie der Leiter der Finanzabteilung.«[537] Goetzes Position schien darum nicht aussichtslos zu sein. Der juristische Referent der Kirchenkanzlei der DEK, Oberkirchenrat Dr. Merzyn, bekräftigte in einem persönlichen Schreiben an Goetze dessen Rechtsauffassung, daß er »nicht wegen seiner nichtdeutschblütigen Abstammung aus dem Dienst entlassen oder in den Ruhestand oder in den Wartestand versetzt werden« durfte. Auch das neue braunschweigische Kirchengesetz gebe das nicht her. Solange es keine einheitliche kirchengesetzliche Regelung für »nichtarische« Pfarrer gebe, behalte Goetze in jedem Falle den Anspruch auf volle Dienstbezüge. Nach staatlicher Verwaltungspraxis könne er allenfalls von Leitungsbefugnissen entbunden und ihm eventuell eine Tätigkeit im kirchlichen Innendienst zugemutet werden.[538]

Ein endloser Rechtsstreit

Da es – entgegen der Erwartung der braunschweigischen Kirchenregierung – zu keiner reichskirchengesetzlichen Regelung kam, zog sich Goetzes Rechtsstreit mit der braunschweigischen Kirche endlos hin. Im Grunde war klar, wer am Ende der Verlierer sein würde. Aenne Löhnefinke hatte schon im März 1939 zum Rückzug geraten: »Laß die Klage fallen«, schrieb sie an Alfred Goetze. »Ich habe das Gefühl, daß Du für einen geringeren Gewinn Größeres – frühere Pensionierung, oder noch Schlimmeres – aufs Spiel setzen wirst.

Nach meinem Herzen ist's, Du verhältst Dich ganz neutral und rührst Dich garnicht.« Sie machte gar den Vorschlag, sie sollten ihre Verbindungen nach den USA nutzen und gemeinsam emigrieren.[539]

Doch dies war nicht nach Goetzes Art. Er wollte nicht glauben, daß in der Kirche das Recht nicht mehr gilt. Immerhin protestierte der Braunschweigische Pfarrer-Verein in Schreiben an den Landesbischof wie auch öffentlich in den »Amtsbrüderlichen Mitteilungen« gegen das neu geschaffene Kirchengesetz.[540] Gegenüber dem bisher geltenden »Gesetz über die Rechtsverhältnisse der Geistlichen« vom Jahre 1922 sei jetzt der »Führergedanke überspannt«, es gebe »keinerlei Mitwirkung der betroffenen Gemeinde« mehr, »keinerlei Beschwerde- oder Berufungsinstanz« und für den Betroffenen »keinerlei Möglichkeit, gegen etwaige Willkür sich zur Wehr zu setzen«. Unter Berufung auf das Augsburger Bekenntnis und Luther – im ganzen Streit endlich ein theologisches Argument! – wurde vom Pfarr-Verein das Recht der Gemeinde, »Lehrer zu berufen, ein- und abzusetzen«, eingeklagt.

Doch auch der Pfarr-Verein konnte nichts bewegen. Als öffentlich bekannt wurde, daß Goetze weiterhin Amtshandlungen in seiner Gemeinde vornahm, gelegentlich Trauungen und Beerdigungen abhielt, versetzte der amtierende Landesbischof, Oberlandeskirchenrat Friedrich Wilhelm Röpke, Alfred Goetze auf 31. März 1941 endgültig in den »einstweiligen Ruhestand« gemäß der »Lex Goetze«:

»Es ist Ihnen bekannt, daß Ihnen seit dem 10. November 1938 wegen Ihrer nicht rein arischen Abstammung – Sie haben einen jüdischen Elternteil – die Ausübung des Dienstes untersagt ist. Das Wohl der Gesamtkirche erfordert bei dieser Sachlage, daß Sie künftig nicht mehr ein öffentliches Pfarramt der Braunschweigischen Landeskirche bekleiden.«[541]

Jetzt blieb Alfred Goetze nur noch der Gang vor die Zivilkammer des Landgerichts Braunschweig. Auch diesen Weg ging er. Beraten durch einen erfahrenen Rechtsanwalt stellte Goetze nicht nur die Rechtmäßigkeit der amtierenden Kirchenregierung in Wolfenbüttel und damit auch das Kirchengesetz vom 8. Dezember 1939 in Frage, er konnte auch auf anders lautende Entscheidungen zum Beispiel des evangelisch-lutherischen Landeskirchenamtes Dresden im Falle von Pfarrer Ernst Lewek – wie Goetze »Mischling ersten Grades« – verweisen. Dieser blieb »Geistlicher mit vollem Gehalt einschließlich Wohnungsgeld«, wenn auch nicht mehr als Gemeindepfarrer[542] (vgl. Kap. 24).

Die Beschlußstelle in Rechtsangelegenheiten zieht das Verfahren an sich

Die auf 21. Oktober 1941, 10 Uhr 30 in Braunschweig angesetzte Verhandlung im »Fall Goetze« fand nicht statt. Denn inzwischen hatte die dem Reichskirchenminister unterstellte »Beschlußstelle in Rechtsangelegenheiten der Evangelischen Kirche«[543] das Verfahren an sich gezogen und am 17. April 1942 letztinstanzlich die Zurruhesetzung von Pastor Goetze für rechtens erklärt.
Die Entscheidung der Beschlußstelle konnte niemand mehr überraschen. Das von Nationalsozialisten beherrschte Ministerium bejahte die Rechtmäßigkeit des braunschweigischen Ruhestandsgesetzes vom Dezember 1939 wie auch die konkrete Maßnahme gegen Pastor Goetze mit der lapidaren Begründung, daß »einer deutschen evangelischen Kirchengemeinde die seelsorgerliche Betreuung durch einen nicht rein deutschblütigen Pfarrer nicht zugemutet werden kann.«[544]

Württemberg als Fluchtburg

Als die »Beschlußstelle in Rechtsangelegenheiten« Mitte März 1942 über die Klage von Alfred Goetze endlich entschied und sie zurückwies, hatte dieser bereits seit 1. April 1942 als Kriegsstellvertreter eine Pfarrstelle im württembergischen Allmersbach im Tal übernommen. Es war die Pfarrstelle seines im Krieg befindlichen Sohnes Helmut. Für Sohn und Vater war die Evangelische Landeskirche in Württemberg, eine »intakte« Landeskirche, zur Fluchtburg geworden.
Es gibt dazu eine längere, erfreuliche Vorgeschichte.[545] Im Juni 1939 war Alfred Goetze im Hospiz »Harzfriede« in Wernigerode

dem Juristen im württembergischen Oberkirchenrat, Dr. Hans Ostmann, einem gebürtigen Braunschweiger, wie dessen Frau, einer Tochter von Generalsuperintendent Dibelius, begegnet. Auch Helmut Goetze war da. Inzwischen arbeitslos, fungierte Helmut Goetze während der Saison als Hausgeistlicher in diesem Erholungsheim. Dem Kontakt mit Ostmann war es zu verdanken, daß Helmut Goetze ab Dezember 1939 für vier Monate in mehreren Schwarzwaldgemeinden als unständiger Pfarrer tätig sein konnte.[546] Es folgte Helmut Goetzes Kriegsdienst. Und wieder war es Hans Ostmann, der ihn im Januar 1941 während eines Heimaturlaubs ermuntert hat, sich schon jetzt – aus dem Feld – um eine feste Pfarrstelle in Württemberg zu bewerben. Ein Jahr später, am 16. Januar 1942 – gerade auf Heimaturlaub von der Ostfront –, wurde Helmut Goetze als Gemeindepfarrer von Allmersbach im Tal in das Amt eingeführt.

Für den Vater Alfred Goetze ergab sich jetzt die Gelegenheit, in die kleine württembergische Landgemeinde umzusiedeln und bis zur Rückkehr des Sohnes ihn als Amtsverweser zu vertreten. Seine Heimatkirche stimmte dieser Regelung offensichtlich zu. Am Tag seines offiziellen Amtsantritts in Allmersbach im Tal, am 1. April 1942, erhält Alfred einen Brief von Aenne: »Ich bin dankbar, daß Du endlich wieder den Dir so lieben Beruf ausüben kannst, in der Hoffnung, daß die Freude des Amtes die Bitternis der letzten Jahre verwischt.« Und Alfred schreibt ihr zurück: »Die Gottesdienste machen mir eine reine Freude, denn hier ist die Kirche wirklich noch eine – ja sogar *die* das Denken und Leben am tiefsten bestimmende Macht. Wie herzig klingt das: ›Grüß Gott, Herr Pfarrer‹ – auch auf der Dorfstraße.«[547]

Mit dem Vater zog auch die Tochter Ingeborg zusammen mit der einundvierteljährigen Enkeltochter Ute nach Allmersbach im Tal um. Ingeborgs Verlobter war als Fliegerfeldwebel im Mai 1940 über Holland abgestürzt und befand sich in englischer Kriegsgefangenschaft in Kanada. Nach vielen Anstrengungen hatte die Tochter für sich eine Heiratsgenehmigung erhalten, die dem Vater als »Mischling ersten Grades« versagt blieb. Sie verehelichte sich über eine Ferntrauung mit ihrem in der Gefangenschaft lebenden, kranken Ehemann. Alfred Goetze schrieb am 2. August 1941 an Aenne Löhnefinke:

»Mein gestriger Reisetag in Berlin stand unter der Losung: ›Sei nun wieder zufrieden meine Seele; denn der Herr tut Dir Gutes.‹ Gleich im Oberkommando der Luftwaffe wurde mir mitgeteilt, daß die Heiratsgenehmigung erteilt sei. [...] Auch wurde mir die Urkunde mit der eigenhändigen Unterschrift des Führers gezeigt. Du kannst Dir denken, was für ein Stein mir vom Herzen fiel. Denn durch diese Entscheidung der höchsten Stelle ist natürlich meinem Schwiegersohn seine spätere Übernahme in den Beamtendienst gesichert.«[548]

Im Sommer 1942 war auch Aenne Löhnefinke für einige Tage in Allmersbach zu Gast. Da die Schwestern auch diesmal nicht einverstanden waren, mußte der Besuch heimlich vonstatten gehen. Der besonderen Umstände wegen konnten die beiden sich während des ganzen Krieges nur noch ein oder zwei Mal persönlich begegnen. Um so wichtiger wurde für sie der regelmäßige Briefwechsel.

Wolfenbüttel fordert Studienbeihilfe und Ausbildungskosten zurück

Nicht nur in seiner eigenen Angelegenheit hatte Alfred Goetze sich gegen die Finanzabteilung beim Landeskirchenamt in Wolfenbüttel zu wehren. Im Dezember 1940 setzte ihn die Finanzabteilung auch wegen seines Sohnes massiv unter Druck. Der Vater sollte Stipendien, die der Sohn Helmut Goetze in den Jahren 1930 bis 1934 gewährt worden waren, sowie die gesamten Ausbildungskosten, die während dessen Vikarszeit angefallen waren, mit Zins und Zinseszinsen zurückbezahlen. Die angebliche Schuld belief sich bereits auf RM 1 386,–. Dies war nun der Gipfel antisemitischer Gehäßigkeit von seiten einer Kirchenbehörde. Helmut Goetze war seit April 1940 Soldat. »Mein Sohn steht in der Kampffront, z.Zt. auf sowjetischrussischem Boden, und kann darum beim besten Willen seine Interessen nicht selbst wahrnehmen«, schreibt Alfred Goetze im Juni 1941, sichtlich empört, der in regelmäßigen Zeitabständen mahnenden Finanzabteilung. Im Gefühl, das Recht auf seiner Seite zu haben, fährt er fort:

»Ich bedaure, Ihrer Bitte nicht nachkommen zu können: auf meinen Sohn dahin einzuwirken, daß er sich aus dem Felde zur Zahlung

Pfarrer Helmut Goetze, Sohn von Alfred Goetze, als Soldat

eines Betrages von 1386 RM zuzüglich Zinsen verpflichten soll. Denn ich bin auf Grund eigener Überlegungen und der Rücksprache mit mehreren im kirchlichen Verwaltungsdienst stehenden Juristen zu der Überzeugung gelangt, daß in diesem besonders gelagerten Falle die Voraussetzung für eine Rückzahlungsforderung nicht vorliegt.«[549]

Jeder einigermaßen rechtlich Denkende mußte die Forderung der Finanzabteilung als Skandal bewerten. Nach den Stipendienbedingungen der Braunschweigischen Landeskirche hatte nur derjenige das Stipendium zurückzuzahlen, der sein Studium aufgab oder nicht gewillt war, für wenigstens fünf Jahre in den Dienst der braunschweigischen Landeskirche zu treten. Ähnlich verhielt es sich mit den Ansprüchen der Landeskirche aus den aufgewandten Ausbildungskosten – Wohnung und Verpflegung – für ihre Lehrvikare und Predigerseminarkollegiaten. In den Bestimmungen über den Vorbereitungsdienst heißt es:

»Verläßt ein Kandidat die Landeskirche oder wird er durch Disziplinarmaßnahmen der Landeskirche von der Kandidatenliste gestrichen, so hat er für jeden Monat seiner Ausbildung als Lehrvikar oder Kollegiat den Betrag von 60 RM als Ersatz zu entrichten.«[550]

Helmut Goetze hatte keineswegs von sich aus die Landeskirche verlassen. Er war bereit, den Dienst als Pfarrer der braunschweigischen Landeskirche anzutreten. Es gab auch kein gegen ihn geführtes Disziplinarverfahren. Allein der Umstand, daß man ihm *einen* jüdischen Großelternteil nachweisen konnte, veranlaßte die Finanzabteilung, ihm die Anstellung zu verweigern und ihn für die Kosten seiner Ausbildung regreßpflichtig zu machen. Die Beamten der Finanzabteilung beeindruckte noch nicht einmal, daß ein »Mischling zweiten Grades« ganz selbstverständlich Kriegsdienst zu leisten hatte und dazu noch – wie Helmut Goetze – als Soldat befördert wurde (vgl. Bd. 3/2, Kap. 35). Ebenso wenig kümmerte sie, daß es keinerlei kirchliche Rechtsgrundlage gab, einen »Mischling zweiten Grades« in irgendeiner Form zu benachteiligen.

Da der Betroffene unerreichbar an der Front in Rußland war – Helmut Goetze hatte während des Jahres 1942 nur einmal zwei Wochen

Pfarrer Alfred Goetze zusammen mit seiner Verlobten, Aenne Löhnefinke, seinem Enkelkind und einem Kindermädchen in Allmersbach im Tal (Wttbg.).

Heimaturlaub erhalten – und sein Vater die Forderungen entschieden zurückwies, suchten die Beamten der Finanzabteilung in Wolfenbüttel nach einem Ausweg. Sie baten den Evangelischen Oberkirchenrat in Stuttgart, bei dem Helmut Goetze inzwischen Versorgungsbezüge erhielt, um Amtshilfe. Einer Aktennotiz der württembergischen Kirchenleitung von Mitte April 1942 ist zu entnehmen, wie eng der Spielraum auch einer »intakten« Landeskirche war.[551] Natürlich empfand man in Stuttgart die angedrohte »Pfändung« »gegen einen an der Ostfront stehenden Geistlichen« »nicht in Ordnung«. Doch es gab Rücksichten auf die insgesamt bedrohliche finanzielle Situation der württembergischen Landeskirche. Abhängigkeiten vom Staat wie von der DEK spielten eine Rolle. Man empfahl darum Goetze, sich mit Wolfenbüttel auf einen Kompromiß zu verständigen. Der Stuttgarter Oberkirchenrat wollte im Hintergrund bleiben. Die Gründe sind aufschlußreich. Stuttgart scheute den möglichen Ärger mit dem »neuerdings zum Mitglied der Finanzabteilung der DEKK berufenen« Vorsitzenden der braunschweigischen Finanzabteilung, Oberregierungsrat Ludwig Hoffmeister. Euphemistisch wurde in der erwähnten Aktennotiz die besondere Situation, mit der man es bei Helmut Goetze zu tun hatte, umschrieben: »Die Lage des Goetze ist aus den bekannten Gründen eine etwas prekäre.« Offensichtlich: Man tat sich schwer, für einen »Juden« Partei zu ergreifen, selbst wenn er eindeutig im Recht war. Vor allem aber befürchteten die Referenten im Oberkirchenrat Rückwirkungen auf das zu jener Zeit ohnehin gespannte Verhältnis zum württembergischen Kultministerium. Die für Außenstehende nicht leicht zu durchschauende Argumentation lautete:

»Würde sich die Finanzabteilung in Wolfenbüttel bei weiterer Ablehnung der Beantwortung ihrer Anfrage [durch den Stuttgarter Oberkirchenrat. D.V.] über den Reichskirchenminister an den Württ. Kultminister wenden, so ist damit zu rechnen, daß dieser, nachdem Goetze von der Wehrmacht zurück sein wird, die Staatsleistungen für die Pfarrei Allmersbach streicht.«

Der ernstzunehmende Hintergrund war die vierzehn Tage zurückliegende Ankündigung von Reichsstatthalter Murr, die Staatsleistungen für die evangelische Kirche um jährlich 1,9 Millionen RM zu kürzen. Die tatsächlich dann – trotz Einsprüchen – erfolgte Kürzung entsprach einem Fünftel aller Pfarrergehälter. Die Höhe der auf alten Rechtstiteln beruhenden Zahlungsverpflichtung des Staates hing unter anderem von der Zahl und der Art der Besetzung der Pfarrstellen ab; sie war zwischen Staat und Kirche strittig geworden.[552] Man kann verstehen, daß bei solchen Größenordnungen der Referent in der Stuttgarter Kirchenleitung »es nicht für richtig« hielt, »Goetze das Rückgrat gegen die Finanzabteilung in Wolfenbüttel noch weiter zu versteifen«. Die Sache ruhte dann schließlich »wenigstens während der Kriegsdauer«, wie Alfred Goetze im Februar 1943 erleichtert Aenne Löhnefinke schrieb.[553] Der Vorgang zeigt, wie selbst ein »Mischling zweiten Grades« im Dunst antisemitischer Hysterie immer einmal wieder allein auf sich gestellt war. Dabei war die finanzielle Seite in diesem Streit das geringste; sowohl Helmut als auch Alfred Goetze waren versorgt und hätten die Rückzahlung durchaus nach und nach leisten können. Schmerzlicher war das Gefühl, der Willkür von Antisemiten wie Hoffmeister einfach ausgeliefert zu sein. »Meine Heimatkirche begegnet mir«, so schrieb Alfred Goetze im Sommer 1942 in einer Lagebeschreibung, »wie eine seelenlose Bürokratie«.[554]

Tod des Sohnes – Heimkehr des Schwiegersohnes

Abgesehen von den Rechtsstreitigkeiten mit der Kirchenbehörde in Wolfenbüttel und der endgültigen Zurruhesetzung in Braunschweig hatte Alfred Goetze mit der neuen Tätigkeit in Württemberg – so hätte man denken können – nun wieder ein erfülltes Leben geschenkt bekommen. Wenn da nicht die Sorge um Sohn und Schwiegersohn gewesen wäre. Es war ja Krieg.
Die Nachrichten, die Helmut Goetze von der Ostfront schickte, waren immer beängstigender. Im Dezember 1942 hatte er für vierzehn Tage Heimaturlaub bekommen. Nun konnte er zum ersten Mal seine Gemeinde näher kennenlernen. Zwei Tage vor Heiligabend mußte Helmut Goetze wieder nach Rußland zurück. Er sollte nie mehr wiederkehren. Am 12. März 1943 erfuhr Alfred Goetze, daß sein Sohn am 3. Februar in Rußland gefallen war. Am selben Tag schreibt er Aenne:

»Daß mich kein schwererer Schlag treffen konnte als dieser, wirst Du mir glauben. Denn Helmut war ja nicht nur mein Sohn, sondern mein bester männlicher Freund. Auch hatte er eine überschwere Jugend durch die Krankheit und Pflege seiner Mutter, dann der Kampf um Raum und Recht im Dienst der Kirche. So ist er jetzt, wie wir zuversichtlich annehmen dürfen ›ein selig Gotteskind worden‹.«[555]

Die württembergische Landeskirche nahm Anteil an der Trauer des Vaters. Dem 63jährigen wurde jetzt auf Dauer die Versorgung der Pfarrstelle Allmersbach übertragen. Erleichtert war dies durch den Umstand, daß Alfred Goetze von seiner Heimatkirche in Braunschweig weiterhin Ruhestandsbezüge erhielt, die württembergische Kirche ihm darum nur den Ausgleich zu zahlen hatte.
Noch vor Jahresende 1943 wurde Goetzes Schwiegersohn Martin Lücke aus Gesundheitsgründen aus englischer Kriegsgefangenschaft entlassen und kehrte in die Heimat zurück. Gemeinsam konnte die ganze Familie in Allmersbach Weihnachten feiern.

Nach zehn Jahren Wartezeit endlich die Heirat

Nach Kriegsende, am 6. Juni 1945, bot eine neue Kirchenregierung in Wolfenbüttel Alfred Goetze die Übernahme seiner alten Gemeinde St. Pauli in Braunschweig an. Er lehnte ab. Ende des Jahres lösten Alfred Goetze und Aenne Löhnefinke nach fast zehnjähriger Wartezeit das alte Eheversprechen ein. Am 13. Dezember 1945 fand in der Kirche von Allmersbach im Tal ihre Trauung statt. 1953 ging der 73jährige endgültig in den Ruhestand. Bis dahin hatte er in der ihm inzwischen sehr ans Herz gewachsenen Gemeinde den Dienst versehen. Im Mai 1955, als endlich die zeitweiligen Mieter das eigene Haus in Braunschweig geräumt hatten, kehrten die beiden in ihre alte Heimat zurück. Dort ist Alfred Goetze am 24. Juli 1960 verstorben.[556]

26. Übersicht: Das Schicksal der »nichtarischen« Pfarrer

»In solcher Verpflichtung bezeuge ich, daß eine Verletzung des Bekenntnisstandes mit der Anwendung des Arierparagraphen im Raum der Kirche Christi geschaffen ist«, so lautete die Selbstverpflichtung des Pfarrernotbundes, die bis zum Jahresende 1933 nahezu jeder zweite evangelische Pfarrer in Deutschland unterschrieben hatte. Am Widerstand gegen die Einführung des staatlichen Arierparagraphen in den preußischen Landeskirchen entstand die Bekennende Kirche (vgl. Bd. 1, Kap. 17f.). Was ist davon nach der Pogromnacht geblieben? Obwohl es nie zu einer reichskirchlichen Regelung kam und auch nur wenige Landeskirchen den Arierparagraphen im Pfarrerdienstrecht verankert haben, waren nach sechs Jahren Nazi-Herrschaft fast alle Pfarrer jüdischer Abstammung aus ihrem Amt vertrieben. Dies galt nicht nur für die sogenannten »Volljuden«, sondern in gleicher Weise für viele »Mischlinge ersten und zweiten Grades«, oft sogar für »jüdisch Versippte«, also Pfarrer, die durch Ehepartner jüdischer Herkunft »belastet« waren.
Eine vollständige Übersicht ist nicht möglich. Vieles ist damals nicht bekannt geworden. Mancher will heute noch nicht darüber sprechen. Es müssen darum Beispiele für das Ganze stehen.

Kein »volljüdischer« Pfarrer mehr im bisherigen Amt

Von den rund ein Dutzend »volljüdischen« ständigen evangelischen Pfarrern und freikirchlichen Predigern war am 1. Januar 1939 kein einziger mehr im bisher bekleideten Amt.
Friedrich Forell, Breslau, war schon Ende 1933 in den Zwangsruhestand geschickt worden. Er war der erste, der 1934 im Alter von 46 Jahren emigrierte. Forell fand in Wien als Mitarbeiter der Schwedischen Israelmission ein neues Betätigungsfeld. Nach der Besetzung Österreichs durch die Deutschen im März 1938 floh Forell über Schweden nach Frankreich und 1940 von dort in die USA (vgl. Bd.

3/2, Kap. 39). *Ernst Flatow* hatte gleich in den ersten Monaten des Dritten Reiches den Dienst als Krankenhausseelsorger in Köln quittieren müssen – »dienstunfähig infolge jüdischer Abstammung«. Da man ihm die Trennung von seiner Frau anlastete, blieb er stellungslos und lebte nur noch von einer kärglichen Rente. Flatow hat die ihm angebotene Möglichkeit der Emigration – buchstäblich im letzten Augenblick – ausgeschlagen. Er saß im Frühjahr 1939 bereits im Zug in Richtung England, kehrte aber an der Grenze in Aachen wieder um. Er konnte sich von der Heimat, von Deutschland, nicht trennen. Ernst Flatow blieb der einzige »volljüdische« evangelische Pfarrer, der gewaltsam umgekommen ist. Er starb 1942 im Warschauer Getto (vgl. Bd. 1, Kap. 19).

*Vier »volljüdische« Pfarrer vorübergehend
im Konzentrationslager gefangen*

Nach der Pogromnacht wurden allein vier »volljüdische« Pfarrer in ein Konzentrationslager eingeliefert. *Bruno Benfey*, 1937 in Göttingen zwangspensioniert, wurde in das Konzentrationslager Buchenwald verschleppt. Er erkrankte schwer. Ende des Jahres entließ man ihn. Am 5. Januar 1939 floh Benfey zusammen mit seiner Frau nach Holland. Durch Vermittlung von Heinrich Grüber bot die Reformierte Kirche Hollands ihm die Stelle eines Flüchtlingspfarrers für deutsche Emigranten an[557] (vgl. Kap. 44 und Bd. 2/2, Kap. 27).

Heinz Helmuth Arnold, bis 31. Mai 1938 Pfarrer in Polkwitz/Schlesien, war mit 46 Jahren in den Ruhestand versetzt worden. Nach der Pogromnacht wurde er für vier Wochen in das Konzentrationslager Sachsenhausen verschleppt. Anfang Januar 1939 konnte Arnold zusammen mit seiner Frau nach England emigrieren (vgl. Bd. 2/1, 109–112).

Hans Ehrenberg, der an Pfingsten 1937 Abschied von seiner Gemeinde in Bochum-Altstadt hatte nehmen müssen, wurde vier Monate lang ebenfalls im Konzentrationslager Sachsenhausen festgehalten. Nach einer schweren Zeit als Leichenträger konnte auch er Ende März 1939 nach England ausreisen[558] (vgl. Bd. 1, Kap. 15; Bd. 2/2, Kap. 28).

Der vierte »volljüdische« Pfarrer, der am 10. November 1938 ins

Konzentrationslager kam, war *Paul Leo*. Man hatte ihn im Schlafanzug in seiner Wohnung in Osnabrück verhaftet und in entwürdigender Weise für sechs Wochen nach Buchenwald transportiert. Leo war schon 1933 als staatlich besoldeter Seelsorger am Gefängnis und an einer Heil- und Pflegeanstalt entlassen worden. Die hannoversche Landeskirche übertrug ihm daraufhin die Betreuung der kleinen Gemeinden Haste und Hellern bei Osnabrück. Im August 1938 gab das Landeskirchenamt dem Druck staatlicher Behörden und örtlicher Parteistellen nach und versetzte Leo in den einstweiligen Ruhestand.[559]

»Jud Leo vereinnahmt Kirchensteuer«

Die bescheidenen Ruhestandsbezüge, auf die Paul Leo jetzt Anspruch hatte, wurden während dessen KZ-Haft zum Anstoß für die SS-Zeitung »Schwarzes Korps«. Am 19. Januar 1939 kam das Organ der Reichsführung SS mit dem provozierenden Aufmacher heraus: »Jud Leo vereinnahmt Kirchensteuer«. Der Artikel war nicht nur abgrundtief gehässig, er strotzte auch von Halbwahrheiten:

»Unter den Juden, die ihrer staatsfeindlichen Umtriebe wegen Aufenthalt in einem Konzentrationslager genommen haben, befindet sich auch der 48jährige Jude Paul Leo aus Göttingen. [...] Die nationalsozialistische Erhebung fand ihn auf dem wohldotierten Pöstchen eines Anstaltspfarrers in staatlichen Anstalten zu Osnabrück.
Nachdem er aus diesem Schlupfwinkel vertrieben war, zeigte ihm die Evangelische Kirche nicht etwa die kalte Schulter, sondern – sie übertrug ihm einen Seelsorgebezirk in Haste, einem Vorort von Kassel [tatsächlich von Osnabrück!]. Erst als auch bei der dortigen Bevölkerung seine rassische Zugehörigkeit ruchbar wurde und sie sich dagegen auflehnte, von einem Volljuden ›seelsorgerisch‹ betreut zu werden, bequemten sich die kirchlichen Oberen dazu, dieses Prunkstück in den Ruhestand zu schicken.
Wohlbemerkt: in den Ruhestand. Das hat zur Folge, daß an jedem Monatsersten an der Pforte des Konzentrationslagers der Geldbriefträger erscheint, um diesem rüstigen und arbeitsfähigen Juden ein ›Ruhegehalt‹ von sage und schreibe 400 RM auszuzahlen, das ihm

die Evangelische Landeskirche der Provinz Hannover treu und brav aus den Mitteln der Kirchensteuerzahler überweist. [...]
Nichts spricht deutlicher für die geradezu unmögliche Stellung der Kirche in der Volksgemeinschaft als dieser symbolische Zustand: Der Staat sperrt einen verbrecherischen Juden ein, die Kirche bedenkt den gleichen Juden mit Geschenken aus Mitteln, die sie mit Hilfe des Staates eintreibt.«[560]

Vor einem derart unsachlichen Angriff sah sich selbst der Leiter der Finanzabteilung beim Landeskirchenamt Hannover, Dr. Georg Cölle, genötigt, die Landeskirche in Schutz zu nehmen: »Daß zurzeit eine rechtliche Verpflichtung zur Zahlung der Pension besteht, kann nicht bezweifelt werden«, schrieb Cölle am 8. Februar 1939 an den Reichskirchenminister. Um allerdings hinzuzufügen: »Ich halte es [jedoch] nicht für tragbar, daß [...] staatliche und Kirchensteuermittel für die im Ausland befindlichen jüdischen Geistlichen noch weiterhin aufgewendet werden.«[561] Tags zuvor war Paul Leo zusammen mit seiner Tochter nach Holland abgereist.[562]
Zwei Monate später, am 13. April, griff »Das Schwarze Korps« das Thema erneut auf. Spottend ging die Zeitung auf den Hinweis des Leiters der Finanzabteilung ein, die Zahlungen an Leo seien »einstweilen eingestellt«. Sie seien ja wohl »nur *einstweilen* eingestellt«. Danach bestünde für Leo »die wohlbegründete Hoffnung, daß man sie wieder aufnehmen wird, wenn es dem Judenpastor erst gefallen hat, seine neue Anschrift mitzuteilen«. Das Schwarze Korps fährt fort:

»Es liegt nicht an uns, der hannoverschen Landeskirche Vorschriften über die Verwendung von Kirchensteuergeldern zu machen. Wir stellen nur fest, daß sie in ihrer ›Erwiderung‹ mit keinem Wörtlein von ihrem Leibjuden abrückt und daß sie die Finanzierung jüdischer Konzentrationslagerinsassen aus Kirchensteuermitteln für gut und richtig hält. Sie selbst muß wissen, was sie ihren Steuerzahlern zumuten darf.«[563]

Tatsächlich haben deutsche Kirchenbehörden mit Zustimmung staatlicher Stellen bis Ende 1941 die Ruhegehälter mehrerer im Ausland lebender »nichtarischer« Pfarrer auf ein Devisensperrkonto überwie-

lfd. Nr.	Vor- und Zuname	letzte Pfarrstelle	Landes- kirche	Bemerkungen
1	Arnold, Heinz Helmuth	Polkwitz, Schles.	Altpr.Un.	
2	Benfey, Bruno	Göttingen	Hannover	
3	Bergmann, Hellmuth	Hailstadt, Oberdonau	Oesterreich	arisch; Ehefrau nichtar.
4	Ehrenberg, Philipp	Bochum	Altpr.Un.	noch im Konz. Lager
5	Freund-Zinnbauer, Alfred	Wien	Oesterreich	Mischling I.
6	Karle, Wilhelm	Tennenborn (Schwarzwald)	Baden	arisch; Ehefrau nichtar.
7	Lehmann, Kurt	Durlach	Baden	Mischling I.
8	Leo, Paul	Osnabrück	Altpr.Un.	noch im Konz. Lager
9	Oelsner, Willi	Berlin	Altpr.Un.	
10	Süssbach, Willi	Berlin-Blankenburg	Altpr.Un.	Mischling I.
11	Schwanecke, Otto	Giffhorn	Hannover	Mischling I.
12	Schweitzer, Karl	Wustermark	Altpr.Un.	
13	Sylten, Werner	Gotha	Thüringen	Mischling I.
14	Platow, Ernst	Köln	Altpr.Un.	
15	Katz, Peter	?	Baden	
16	Iwand	Dortmund	Altpr.Un.	arisch; Ehefrau Mischling I.

Eine vom Büro Pfarrer Grüber in Berlin bis zum 21. Dezember 1938 in größter Eile zusammengestellte, teilweise noch fehlerhafte Liste mit Namen von »nichtarischen« Pfarrern, die ein Visum nach England erhalten sollten.

sen. Soweit Kinder und andere Versorgungsberechtigte in Deutschland verblieben waren, kamen so wenigstens diese in den Genuß einer – wenn auch geringen – Unterstützung.

Zwei »volljüdische« Pfarrer vorübergehend untergetaucht und dann emigriert

Zwei »volljüdische« Pfarrer entgingen dem Konzentrationslager, weil sie vorübergehend untergetaucht waren. So befand sich *Willy Oelsner* nach einer Operation in einem Berliner Krankenhaus und konnte sich sicher fühlen. Bald genesen, arbeitete er beim Aufbau des Büros Pfarrer Grüber mit. Nach der offiziellen vorzeitigen Zurruhesetzung auf 1. Januar 1939 verließ Oelsner mit 42 Jahren Deutschland in Richtung England (vgl. Bd. 2/2, Kap. 30).
Carl G. Schweitzer war im Frühjahr 1937 mit 47 Jahren als Superintendent von Wustermark in den Zwangsruhestand getreten. Nach der Pogromnacht versteckte er sich in der evangelischen Diakonissenanstalt in München, Heßstraße, einem auch sonst bekannten Zufluchtsort für »nichtarische« Christen, und entging so der Verhaftung. Er emigrierte im März 1939 ebenfalls nach England (vgl. Bd. 2/2, Kap. 40 und Bd. 4).

Drei »volljüdische« Pfarrer im vorzeitigen Ruhestand bei vollem Gehalt

Von drei »volljüdischen« Pfarrern wissen wir, daß sie, obwohl frühzeitig aus ihrem Amt vertrieben, mehrere Jahre noch ein volles Gehalt bezogen haben. So unterschiedlich konnten die Verhältnisse sein. So wurde *Walter Auerbach*, seit 1913 Pfarrer in Altenkrempe/ Ostholstein, nach verschiedenen öffentlichen Diskriminierungen durch Kirchenälteste auf 31. März 1936, mit 54 Jahren, wegen seiner »blutsfremden Rasse« in den Ruhestand versetzt. Das Landeskirchenamt Kiel bezahlte ihm jedoch – mit Wissen des Reichskirchenministeriums – während der ganzen Zeit des Dritten Reiches sein volles Pfarrergehalt weiter. Die Familie Auerbach scheint aufgrund persönlicher Beziehungen unter dem besonderen Schutz des deutschchristlich gesinnten Präsidenten des Landeskirchenamts von Schleswig-Holstein, Christian Kinder, gestanden zu haben. Walter Auerbach bekam den besonderen »Auftrag zur geistlichen Betreuung der christlichen Juden« in der schleswig-holsteinischen Kirche übertragen und hat Deutschland nie verlassen.[564]

Ähnlich hatte auch *Peter Katz*, obwohl bereits im Oktober 1933 als Pfarrer von Hechingen/Hohenzollern beurlaubt und im März 1934 mit 46 Jahren in den einstweiligen Ruhestand versetzt, von 1936 bis zur Emigration nach England im April 1939 volle Bezüge erhalten. Der Kirchenausschuß der altpreußischen Union hatte den anerkannten Gräzisten mit der Erforschung der Septuaginta, des griechischen Alten Testaments, betraut.[565]

Der sächsische Pfarrer *Heinrich Gottlieb*, obwohl »Volljude« paradoxerweise dennoch ein überzeugter Deutscher Christ, wurde Ostern 1938 mit 50 Jahren von seinem Amt an der Dresdner Trinitatiskirche suspendiert. Er erhielt jedoch weiterhin volle Bezüge. Superintendent Johannes Ficker, Dresden, vermittelte ihm gelegentlich kleinere Arbeiten.[566]

»Volljüdische« Judenmissionare

Bei den verschiedenen Judenmissionsgesellschaften waren im Jahr 1938 noch fünf Pfarrer und Prediger »volljüdischer« Abstammung beschäftigt. Durch ihre exponierte Tätigkeit waren sie besonders gefährdet. Pfarrer *Arnold Frank* von der irisch-presbyterianischen Judenmissionsgesellschaft in Hamburg emigrierte nach der Schließung des Missionshauses durch die Gestapo und einer kurzfristigen Haft mit 79 Jahren 1938 nach Belfast (vgl. Bd. 1, 303–310).

Zur selben Zeit verließ auch Franks engster Mitarbeiter, Pfarrer *Ernst Moser*, ebenfalls »Volljude«, das Land. Der 57jährige Moser übernahm die Leitung der englisch-presbyterianischen Juden-Mission in London.[567]

Der Kölner Judenmissionar *Moritz Weisenstein* arbeitete nach dem Verbot des Westdeutschen Vereins für Israel im Jahre 1935 im Untergrund weiter. Er wurde Mitarbeiter der Vertrauensstelle des Büros Pfarrer Grüber in Köln. Weisenstein starb am 7. Oktober

1944 mit 68 Jahren in einem Arbeitslager für Juden in Köln (vgl. Kap. 8 und Bd. 1, Kap. 25).
Otto Samuel, Prediger der Freien Evangelischen Gemeinde in Halle/ Saale und Gelsenkirchen, mußte 1936 sein Amt aufgeben. Er emigrierte 1939 im Alter von 52 Jahren über das Büro Pfarrer Grüber nach Belgien, wo er »nichtarische« Flüchtlinge betreute. Nach einem Lageraufenthalt in Gurs/Südfrankeich gelang ihm, mit Unterstützung einer Judenmissionsgesellschaft in die USA zu fliehen. Er verstarb 1960 in Brooklyn/USA (vgl. Bd. 3/2, Kap. 44).
Heinrich (Henry) Poms leitete seit 1929 das Haus der englischen Judenmissionsgesellschaft »The Hebrew Christian Testimony to Israel« in Berlin, Oranienburgerstraße 20. Der Kaufmannssohn aus Würzburg hatte sich 1923, 22jährig, von Pastor Arnold Frank in Hamburg taufen lassen. Mit dessen Unterstützung studierte Poms Theologie. Nach Poms Emigration nach England übernahm das Büro Pfarrer Grüber an Weihnachten 1938 das Gebäude Oranienburgerstraße 20 (vgl. Kap. 6). Nach dem Krieg stand Poms im Dienst der Schweizer Israel-Mission in Basel. Er starb 1973 in der Schweiz.[568]

Auch »Mischlinge ersten Grades« werden entlassen

Ein größerer Teil »nichtarischer« Pfarrer war – schreckliche Nazisprache! – sog. »Mischling ersten oder zweiten Grades« (vgl. Bd. 2/1, Kap. 2). Nach geltendem Recht hätten – selbst in Landeskirchen, die den Arierparagraphen eingeführt hatten – alle »Mischlinge« im Amt bleiben müssen. Dennoch wurde die Mehrzahl von ihnen früher oder später zum Eintritt in den vorzeitigen Ruhestand gezwungen. Es gab Unterschiede je nach Landeskirche. Soweit Kirchengemeinden sich mit ihrem Pfarrer solidarisierten, konnte dies ein Schutz sein.
Bereits im Juli 1935 – noch vor Verkündung der Nürnberger Gesetze – stand Pfarrer *Kurt Lehmann* in Karlsruhe-Durlach auf der Straße. Er ist der einzige Pfarrer halbjüdischer Abstammung im ständigen Amt, der den Weg in die Emigration gewählt hat. Lehmann kehrte nach der Pogromnacht von einer Vortragsreise in die Schweiz nicht mehr nach Deutschland zurück (vgl. Bd. 1, Kap. 22).

Ebenfalls noch vor der Pogromnacht wurden *Ernst Lewek* (Evang.-lutherische Landeskirche von Sachsen) und *Werner Sylten* (Thüringer evangelische Kirche) suspendiert. Während Ernst Lewek nach seiner vorzeitigen Entlassung im Februar 1938 es ablehnte, als Pfarrer ausschließlich für Judenchristen eingesetzt zu werden (vgl. Kap. 24), wurde Werner Sylten Mitarbeiter des Büros Pfarrer Grüber. Er bezahlte seinen Einsatz mit dem Leben. Nach Schließung des Büros Grüber Anfang 1941 wurde Werner Sylten wie Heinrich Grüber verhaftet und in das Konzentrationslager verbracht, wo er starb (vgl. Bd. 3/2, Kap. 48).

In ähnlicher Weise übernahmen die Pfarrer *Johannes Zwanzger* und *Werner Jordan* Anfang 1939 je die Leitung einer Vertrauensstelle des Büros Pfarrer Grüber in München und Nürnberg. Zwanzger war bis 1938 Pfarrer in Thüngen/Unterfranken gewesen. Jordan hatte Schwierigkeiten bei der Bewerbung um eine Pfarrstelle, da ihm der Ariernachweis fehlte (vgl. Kap. 8).

Hannover entläßt Pfarrer nach der »Lex Benfey«

Die hannoversche Landeskirche, eine sogenannte »intakte« Landeskirche, hatte die beiden »volljüdischen« Pfarrer Bruno Benfey und Paul Leo bereits im Juni 1937 und im August 1938 suspendiert. Jetzt versetzte sie die beiden ihr noch verbliebenen »halbarischen« Pfarrer *Gustav Oehlert*, Rinteln, und *Rudolf Gurland*, Meine, auf 1. Juni 1939 in den Ruhestand. In allen vier Fällen hatte der Landeskirchenrat die »Lex Benfey« angewandt, jene landeskirchliche Verordnung vom 8. März 1937, nach der festangestellte Geistliche, die vorher praktisch unkündbar waren, in den einstweiligen Ruhestand versetzt werden konnten, sobald »die gedeihliche Fortführung des Pfarrdienstes in einer Gemeinde nicht [mehr] möglich« schien (vgl. Bd. 2/2, 29f.). An Denunzianten, die »Beweise« dafür erbrachten, fehlte es nie.

Im Falle Oehlerts stellte das Reichskirchenministerium im Februar 1939 aufgrund solch zugetragener Berichte fest, es habe im Konfirmandenunterricht von Pfarrer Oehlert »Schwierigkeiten« gegeben. Der Kirchenvorstand von Rinteln war allerdings anderer Meinung. Am 6. März 1939 bescheinigte er Gustav Oehlert, dem Inhaber der 1. Pfarstelle:

»Weder von Seiten der Konfirmanden noch von Seiten der Eltern sind solche Schwierigkeiten bekannt geworden. Der Kirchenvorstand hat im Gegenteil den Eindruck, daß die Konfirmanden Herrn Pastor Oehlert willig folgen und daß er nicht die geringsten Disziplinschwierigkeiten hat, sondern daß er auch die von Haus aus dem christlichen Glauben und der Kirche fernerstehenden Kinder im Laufe des Konfirmandenjahres für den Glauben, soweit sich das menschlich erkennen läßt, zu gewinnen versteht.«

Auch das Landeskirchenamt konnte nicht anders, als Oehlert das beste Zeugnis auszustellen.
Ähnlich verhielt es sich im Fall von *Rudolf Gurland*.[569] Der Kreisleiter von Gifhorn hatte den Organisten von Meine und fünf Mitglieder des Kirchenvorstands, die Parteimitglieder waren, aufgefordert, dem »Juden« Gurland die Zusammenarbeit aufzukündigen. Bei Weigerung drohe ihnen ein Parteiausschlußverfahren. Die betreffenden Kirchenvorsteher wollten lieber ihr Amt aufgeben, als sich an der Vertreibung des von ihnen geachteten Pfarrers zu beteiligen. Gurland wurde darum vom gesamten Kirchenvorstand ausdrücklich gebeten, in Meine zu bleiben. Anders das Landeskirchenamt. Am 14. April 1939 wurde Gurland eröffnet, die Finanzabteilung wolle sein Gehalt sperren. Um wenigstens ein Wartegeld zu retten, solle er »freiwillig« der Versetzung in den Ruhestand zustimmen. Der Pfarrerausschuß der hannoverschen Landeskirche, der zu den von Oehlert und Gurland gleichzeitig gestellten Anträgen auf Zurruhesetzung gehört werden mußte, verfaßte am 28. April 1939 ein denkwürdiges Gutachten, das die andern Beteiligten beschämen mußte:

»Der Vorsitzende eröffnet mit Bibellesung und Gebet. Als erster Punkt werden die Briefe von Pastor Gurland/Meine und Pastor Oehlert/Rinteln verlesen. Beide erklären sich freiwillig bereit, obwohl ihnen die Gemeindearbeit durchaus nicht unmöglich gemacht ist, ihrer Versetzung in den einstweiligen Ruhestand zuzustimmen. Es wird vom Pfarrerausschuß folgendes Gutachten abgegeben:
Wir haben davon Kenntnis genommen, daß die Amtsbrüder Gurland und Oehlert von sich aus ihrer Versetzung in den einstweiligen Ruhestand zugestimmt haben.
Wir haben eine tiefe Achtung davor, daß beide Amtsbrüder ganz

selbstverständlich ihre Person in den Hintergrund gestellt haben und sich allein durch die Rücksicht haben leiten lassen, daß durch ihr weiteres Verbleiben im Amt künftig ihren Gemeinden und der Landeskirche Schwierigkeiten entstehen könnten.

Dafür aber haben wir kein Verständnis, daß beide Amtsbrüder die von der Gemeinde in ihrer überwiegenden Mehrheit mit Vertrauen getragen werden und außerdem in Krieg und Verfolgungszeit als deutsche Männer sich anerkannt hervorragend bewährt haben, in ihrer Gemeinde nicht mehr tragbar sein sollen.

Deshalb glauben wir, daß der untadelige Charakter und die Amtsführung beider Amtsbrüder eine nochmalige Bitte des Landeskirchenamtes an den Herrn Reichsminister für Kirchliche Angelegenheiten rechtfertigt, in den beiden Fällen Gurland und Oehlert ausnahmsweise ihre weitere Tätigkeit in ihren Gemeinden zu genehmigen.«[570]

Obwohl die beiden Pfarrer ja nur »Halbjuden« waren und dem Buchstaben nach ja keineswegs unter den Arierparagraphen fielen, ging ein solches Schreiben inzwischen völlig ins Leere. Die Kirchenkanzlei in Berlin gab das Gutachten noch nicht einmal an das Reichskirchenministerium weiter, sondern nahm es einfach zu den Akten.[571]

Im Zusammenhang von Oehlerts Bemühungen, für sich eine Zukunftsperspektive zu gewinnen, zeigte sich erneut, wie zurückhaltend man in Hannover hinsichtlich der Unterstützung verfolgter und verzweifelter »Nichtarier« war (vgl. Kap. 20). Oehlert hatte sich über das Büro Pfarrer Grüber nach seinen Chancen für die Emigration nach England erkundigt. Kam er dafür überhaupt in Frage? Nach den Regeln, die der Bruderrat der Bekennenden Kirche aufgestellt hatte, wurden im Normalfall nur Amtsentlassene, denen vier oder drei »nichtarische« Großelternteile zur Last gelegt wurden, bei der Auswanderung unterstützt (vgl. Kap. 23). Entsprechend teilte Adolf Freudenberg, der Leiter des Ökumenischen Flüchtlingsdienstes, von London aus am 21. Juni Oehlert mit, gegenwärtig könne er nur weiterhelfen, »wenn durch kirchliches Zeugnis festgestellt ist, daß irgendeine Tätigkeit im Rahmen der angestammten Kirche, der Inneren Mission etc. in Deutschland nicht mehr in Frage kommt.« Und er fügte noch hinzu:

»Für Ihren Fall bedeutet dies, daß Sie sich zunächst mit Ihrer Kirchenleitung in Verbindung setzen und versuchen müßten, irgend eine Tätigkeit vermittelt zu bekommen, die nicht so exponiert ist wie das Pfarramt. Stellt sich dies als unmöglich heraus, so wäre Ihre Kirchenleitung um ein Gutachten zu bitten, aus dem sich ergibt, daß die Auswanderung die einzige Möglickeit zur Ausübung eines kirchlichen Dienstes darstellt. Dieses Gutachten wäre dann dem Büro Pfarrer Grüber und Herrn Pastor Sylten, Berlin C 2, An der Stechbahn 3-4, mit der Bitte um weitere Veranlassung vorzulegen. Pastor Sylten ist in dieser Angelegenheit zu jeder Beratung und Auskunft gern bereit.«[572]

Im Landeskirchenamt in Hannover machte man sich in dieser Hinsicht keine weiteren Gedanken. Ohne lange Umschweife erhielt Oehlert am 26. Juni 1939 die gewünschte Bestätigung – so einfach schien die Sache:

»Pastor Oehlert, bisher in Rinteln, ist, nachdem ihm nahegelegt [worden] war, mit Rücksicht auf seine Abstammung die Versetzung in den einstweiligen Ruhestand zu beantragen, auf seinen Antrag aufgrund der Verordnung über die Versetzung eines Geistlichen in den einstweiligen Ruhestand vom 6. März 1937 zum 1. Juni d. Js. in den einstweiligen Ruhestand versetzt. Nach Lage der Dinge ist es ausgeschlossen, ihm in der ev.-luth. Landeskirche Hannovers irgendeine andere Beschäftigung zuzuweisen, so daß die Auswanderung die einzige Möglichkeit zur Ausübung eines kirchlichen Dienstes darstellt. Wir würden es begrüßen, wenn es ihm ermöglicht werden könnte, ihm im Auslande eine Stellung zu vermitteln, in der er die ihm verliehenen Gaben zum Bau des Reiches Gottes nutzen kann.«[573]

Zynischer – selbst wenn es nicht so gemeint war – hätte die Antwort aus einer »intakten« Landeskirche nicht ausfallen können.
Den gewiß außergewöhnlichen Brief gab das Büro Pfarrer Grüber an die Vorläufige Leitung der DEK weiter. Superintendent Albertz als zuständiger Referent schrieb – sichtlich enttäuscht – »Seiner Hochwürden Herrn Landesbischof D. Marahrens« am 6. Juli 1939 persönlich:

»Pfarrer Oehlert ist vom Landeskirchenamt in den einstweiligen Ruhestand versetzt. Wir bitten seinen zuständigen Landesbischof um Mitteilung, ob es auch nach seiner Meinung ausgeschlossen ist, ihm in Ihrer Kirche irgendeine andere Beschäftigung zuzuweisen, so daß seine Auswanderung die einzige Möglichkeit bietet, ihn dem kirchlichen Dienst zu erhalten.«[574]

Albertz rechnete kaum mit einer positiven Antwort. Noch am selben Tag schrieb er darum an den Landesbruderrat der Bekennenden Kirche in Nassau-Hessen in Frankfurt/Main: »Pfarrer Oehlert hat die Absicht am 1. August d. Js. nach Frankfurt/Main zu ziehen. Wir bitten den Landesbruderrat, den Bruder nicht nur freundlich aufzunehmen, sondern ihm – er steht im besten Alter – Arbeit zu verschaffen.«[575] Oehlert zog nach Frankfurt, wo er aufgewachsen war. Er arbeitete dort für kurze Zeit für Prof. Martin Rade in der Redaktion der Christlichen Welt, danach als Anstaltsseelsorger der Diakonissenanstalt und ab 1944 bis Kriegsende als Predigtvertreter im Kirchenkreis Biedenkopf.[576] Es gab also bei gutem Willen durchaus die Möglichkeit, einem Pfarrer, der »Mischling ersten Grades« war, eine sinnvolle Anstellung zu verschaffen.
Die Antwort, die der Judenreferent der Vorläufigen Leitung der DEK von Landesbischof Marahrens auf seine Anfrage schon nach einem Tag erhielt, konnte nicht knapper ausfallen:

»Wie die Dinge hier liegen, sehe ich im Augenblick keine Möglichkeit, Herrn Amtsbruder Oehlert, bisher Rinteln, eine neue Beschäftigung zuzuweisen.«[577]

Der zweite hannoversche Pfarrer im ständigen Pfarrdienst halbjüdischer Abstammung, *Rudolf Gurland*, fand seit 1941 bei der Hermannsburger Mission eine Tätigkeit als Bibliothekar und Archivar.[578]

Damit hatte sich die Evangelisch-lutherische Landeskirche Hannovers von der »Last« aller ihrer »nichtarischen« Pfarrer befreit.
Denn für junge Theologen jüdischer Abstammung gab es – wie der Fall Otto Schwannecke noch zeigt – ohnehin keinen Zugang zum Pfarramt mehr.

*Zwei Braunschweiger Pfarrer am Tag nach der Pogromnacht
von jedem Dienst suspendiert: Albert Niemann und Alfred Goetze*

Unmittelbar nach der Pogromnacht wurden zwei Braunschweiger Pfarrer in den vorzeitigen Ruhestand versetzt. *Albert Niemann,* von 1923 bis 1933 Mitglied der Kirchenleitung und Direktor des Predigerseminars, wurde am 10. November 1938 als »Halbarier« jede kirchliche Amtshandlung untersagt. Niemann hatte mit 66 Jahren bereits die Altersgrenze erreicht und starb kurz danach.[579] Mit derselben Verfügung sollte auch Pfarrer Alfred Goetze, 58jährig, in den vorzeitigen Ruhestand geschickt werden. Er wehrte sich mit allen ihm zur Verfügung stehenden Rechtsmitteln. Doch am Ende blieb er der Verlierer. Die Beschlußstelle für Rechtsangelegenheiten bestätigte im April 1942 die gegen ihn als »Halbjuden« getroffenen Maßnahmen als rechtmäßig (vgl. Kap. 25).

Zwei weitere Entlassungen in Bayern und Sachsen

Weitere zwei ständige Pfarrer wurden aufgrund ihrer halbjüdischen Abstammung im Lauf des Jahres 1939 aus dem Amt gedrängt. In Bayern entließ man am 1. Januar 1939 den 45jährigen *Julius Steinmetz,* der seit 1929 Pfarrer in Atzendorf war.[580] In der Kirchenprovinz Sachsen wurde *Martin Lasso*n, seit 1930 Pfarrer in Rotta, am 1. Juni 1939 mit 40 Jahren in den Wartestand geschickt. Lasson ist im März 1941 als Soldat gefallen.[581]

*Einige wenige »Mischlinge ersten Grades« konnten sich
in ihrer Pfarrstelle halten*

Von den bekannt gewordenen »Nichtariern« ersten Grades, die 1933 ständig in einem Pfarramt waren, konnten einige wenige sich darin halten, allerdings auch nur unter Schikanen. So blieb *Theodor Maas* bis zu seinem Tod im März 1943 – er war erst 61 Jahre alt – Pfarrer der Gemeinde Altenkirchen (Westerwald). Maas war in Altenkirchen seit 1921 tätig gewesen. Als man den BK-Pfarrer zu Grabe trug, warfen seine Gegner, die ihm schon jahrelang das Leben schwer gemacht hatten, Steine auf seinen Sarg und zerstörten mutwillig einige Kirchenfenster.[582]

Zwei Pfarrer der Evangelischen Landeskirche Nassau-Hessen, *Hans von Lengerke* in Miehlen[583] und *Heinrich Lebrecht* in Großzimmern, konnten ebenfalls in ihren Gemeinden bleiben. Wie viele jüdische »Mischlinge« wurden beide Ende 1944 zum Arbeitseinsatz innerhalb der Organisation Todt gezwungen (vgl. Bd. 4). Lebrecht verstarb dabei auf eine nicht aufgeklärte Weise (vgl. Bd. 2/2, Kap. 29).

Selbst »Mischlinge zweiten Grades« waren gefährdet

Pfarrer und Theologen, die zu den »Mischlingen zweiten Grades« gerechnet wurden, gab es vermutlich weit mehr, als wir heute wissen. Manchen von ihnen wurde erst im Laufe ihres Lebens bewußt, daß eines der Großeltern einmal zur jüdischen Gemeinde gehört hatte. Auch wenn die meisten von ihnen im Amt bleiben konnten, vor Anfeindungen blieb kaum einer verschont.

Ein besonders krasser Fall war *Paul Mendelson*, der – obwohl nur »Viertelsjude« – als Pfarrer der Dankesgemeinde in Berlin-Wedding bereits im Oktober 1933 mit 60 Jahren förmlich seines Amtes enthoben wurde. Ähnlich erging es seinem um vier Jahre jüngeren Bruder *Ernst Mendelson*, der 1936 zwangspensioniert wurde und daraufhin den Freitod wählte (vgl. Bd. 1, Kap. 21).

Gerhard Jacobi, 4. Pfarrer an der Kaiser-Wilhelm-Gedächtniskirche in Berlin-Charlottenburg, Präses der Bekenntnissynode Berlin und Mitglied des Reichsbruderrats, konnte sich während der ganzen Nazizeit trotz einer deutschchristlichen Mehrheit im Gemeindekirchenrat in seinem Pfarramt halten.[584] Seine Feinde schonten ihn freilich nicht. Im Dezember 1935 hetzte »Der Stürmer« gegen ihn unter der Schlagzeile »Jüdisches Blut im Priesterkleid«. Als Jacobi sich davon nicht einschüchtern ließ, griff ihn zwei Monate später der »Völkische Beobachter« als »Judenstämmling« an. Äußerer Anlaß dazu war eine Ansprache Jacobis am 11. Dezember 1935 bei der Feier zum 100. Geburtstag von Adolf Stoecker bei der Berliner Stadtmission, deren Gründer Stoecker war (vgl. Bd. 2/1, Kap. 4). Obwohl die Berliner Stadtmission wie überhaupt weite Teile der

Bekennenden Kirche nach wie vor Stoeckers Abneigung gegenüber dem Judentum teilten[585], distanzierten sie sich doch vom abgrundtiefen Judenhaß der Parteipresse. Unerschrocken, ja geradezu provokativ stellte darum Gerhard Jacobi in seiner Festtagsrede fest, »daß Stoecker in dem kirchlichen Kampf nicht neutral sein«, sondern »in den Reihen der Bekennenden Kirche stehen würde«.[586] Für den Völkischen Beobachter waren solch feine Differenzierungen uninteressant; er nahm Anstoß, daß ein »Viertelsjude« überhaupt es wagte, die Deutschen Christen und die Partei öffentlich anzugreifen. 1936 verlieh die Theologische Fakultät der Universität Eden in St. Louis/USA Gerhard Jacobi zusammen mit Martin Niemöller demonstrativ den Grad eines Ehrendoktors der Theologie. Mit Kriegsbeginn meldete sich Jacobi freiwillig zur Wehrmacht, weil er sich davon Schutz versprach. Als er im November 1940 ins Pfarramt zurückkehrte, war er erneut gefährdet. Jetzt war er zusätzlich als Mitglied der illegalen Prüfungskommission der BK in Prozesse verwickelt.

Ebenfalls im Amt geblieben sind die Brüder Achtnich. Beide scheinen sich äußerste Zurückhaltung auferlegt zu haben. *Karl-Theodor Achtnich* war Pfarrer in Weinheim. *Max-Theodor Achtnich* war Pfarrer in Pforzheim. Im September 1938 wurde jedoch beiden vom badischen Kultusministerium die Befähigung zur Erteilung des Religionsunterrichts an öffentlichen Schulen entzogen.[587]

Ein tragisches Ende nahm Pfarrer *Theodor Noa*, Pfarrer der Evangelisch-Reformierten Kirchengemeinde in Siegen. Noa gehörte zu den Gründern des »Vereins der Bibelkreise unter Schülern höherer Lehranstalten Westfalens (B.K.)« und war durch viele Schülerbibel-Freizeiten im Land bekannt. Die Anfeindungen wegen seiner jüdischen Abstammung scheinen ihm sehr nahe gegangen zu sein. Er verließ am 2. Dezember 1937 ohne Abschied seine Familie. Drei Monate später zog man seine Leiche aus dem Landwehrkanal bei Spandau, nachdem er vermutlich Selbstmord begangen hatte.[588]

»Jüdisch-Versippte«

Auch jene Pfarrer, die mit Frauen jüdischer Abstammung verheiratet waren, mußten mit Verfolgung rechnen. Zwar galten Ehen, in denen der Mann Arier war, seit Ende 1938 als »privilegiert«, sie genossen

gewisse Vorteile (vgl. Bd. 3/2, Kap. 34). Doch die Zeit arbeitete gegen sie, so daß man verstehen kann, daß auch einige von ihnen sich für die Emigration entschieden.
Zu den »Jüdisch-Versippten« – so die amtliche Kennzeichnung –, die nach der Pogromnacht emigrierten, zählte *Adolf Freudenberg*, der Sekretär des Ökumenischen Flüchtlingsdienstes (vgl. Kap. 22). Etwa um dieselbe Zeit floh auch der Freund Jochen Kleppers, Pfarrer *Kurt Meschke,* mit seiner Familie nach Schweden. Meschkes Frau war – wie Kleppers Frau – jüdischer Abstammung. Meschke war deswegen gleich nach dem Beginn der Naziherrschaft 1933 vom Freistadtverein für Innere Mission in Danzig als Sozial- und Studentenpfarrer und Inspektor des Knabenalumnats »Paulinum« entlassen worden.[589] Ein halbes Jahr später wurde er Pfarrer in Schillersdorf, Synode Garz a. O., in der Kirchenprovinz Pommern. Die kleine Gemeinde stand zwar hinter ihm, doch die Belästigungen durch Parteiinstanzen hörten nicht auf. Kurt Meschke stand darum auf der Emigrantenliste von Bischof Bell. Statt nach England zu gehen, zog er es jedoch vor, im Frühjahr 1939 mit 38 Jahren das Angebot einer in Quäkertradition stehenden privaten Heimschule in Viggbyholm/Schweden anzunehmen. Er wurde dort Heimerzieher und Lehrer und blieb auch nach dem Krieg in Schweden. Der Schritt in die Emigration ist Kurt Meschke nicht leicht gefallen. Am 29. April 1939 schrieb Jochen Klepper darüber in sein Tagebuch:

»Nun glaube ich, Meschkes Entschluß, von ihnen noch wohl als Schuld empfunden, ist zu Recht gefaßt. Die Sonderstellung der Pastoren gegenüber den anderen Beamten hört auf. Kurt wäre mit aller Wahrscheinlichkeit so frühe pensioniert worden. Punkt um Punkt weicht die Kirche zurück. Wahrhaftig, ein Gericht über dem Haus Gottes hat angefangen. Die Kirche fürchtet sich vor dem Staat, nicht vor Gott. Das sage nun ich mit meiner mir so oft zum Vorwurf gemachten ›Obrigkeitsmystik‹.«[590]

Wolfgang Büsing war Schüler Dietrich Bonhoeffers im zweiten Finkenwalder Prediger-Kurs. Er war mit einer Frau jüdischer Abstammung verlobt.[591] Da beide keine Eheerlaubnis bekamen, wandte sich Büsing durch Vermittlung von Bonhoeffer im März 1937 an Bischof Bell, ob dieser nicht vom Ausland aus Druck ausüben könnte.⁵⁹² Bekannte Persönlichkeiten sollten sich an den Stellvertreter des Führers, Rudolf Heß, und an Staatssekretär Wilhelm Stuckart wenden, die für die Genehmigung zuständig waren. Wie wir heute wissen, war ein solches Unterfangen aussichtslos. Büsing emigrierte darum alsbald nach England.

Nicht in die Emigration gingen die Pfarrer *Hans Joachim Iwand* und *Adolf Kurtz*. Beide waren mit Frauen jüdischer Abstammung verheiratet. Iwand, der von 1935 bis 1937 das Predigerseminar der ostpreußischen Bekenntnissynode in Blöstau leitete und danach Pfarrer in Dortmund war, stand bereits auf der Englandliste des Büros Pfarrer Grüber.⁵⁹³ Er nahm seinen Platz dann aber doch nicht in Anspruch. Auch Adolf Kurtz, Pfarrer an der Zwölf-Apostel-Kirche in Berlin-Schöneberg, blieb mit seiner Familie in Deutschland. Er beteiligte sich aktiv an der Betreuung »nichtarischer« Christen. Bei der Gestapo hieß sein Pfarrhaus die »Synagoge am Nollendorfplatz«. Kurtz begleitete nach der Pogromnacht Kindertransporte nach England und war maßgeblich bei der Einrichtung der »Familienschule« des Büros Pfarrer Grüber in der Oranienburger Straße beteiligt (vgl. Bd. 3/2, Kap. 36 und 37). Die Chefsekretärin und Vertraute Wilhelm Furtwänglers, Berta Geissmar, die als Jüdin bereits 1935 nach England emigriert war, hatte Ende 1938 schon Vorkehrungen für die Übersiedlung der Familie Kurtz getroffen. Doch es kam nicht dazu.⁵⁹⁴

Junge Theologen »jüdischer« Abstammung meist ohne Perspektive in Deutschland: Walter Mannweiler und Hans-Ludwig Wagner

Junge Theologen, ob »Halb- oder Vierteljuden«, hatten kaum mehr eine Chance, sich um ein ständiges Pfarramt in Deutschland zu bewerben, sobald ihre Abstammung bekannt war. Selbst die Ablegung theologischer Prüfungen wurde für sie schwierig. Da sie meist unverheiratet waren, konnten sie sich leichter zur Emigration entschließen.

Der pfälzische Pfarrverweser *Walter Mannweiler* – von der Großmutter mütterlicherseits her war er jüdischer Abstammung – versuchte 1934 vergeblich, in der pfälzischen Landeskirche sich um ein Pfarramt zu bewerben.⁵⁹⁵ Nicht einmal der spätere Landesbischof

Ludwig Diehl, ein Deutscher Christ, konnte sich innerhalb der Kirchenregierung zugunsten von Mannweiler durchsetzen. Dabei war Walter Mannweiler in der pfälzischen Kirche der einzige Theologe jüdischer Abstammung überhaupt. So blieb dem 22jährigen nur noch die Emigration in die Schweiz. Und er hatte Glück. Mit Unterstützung von Freunden bekam der in der kirchlichen Jugendarbeit Erfahrene in Kapellen bei Aarberg/Schweiz sehr bald eine Pfarrstelle übertragen.

In Hamburg stellte der Theologiestudent *Johann Ludwig Wagner* im Juli 1936 den Antrag auf Zulassung zum ersten theologischen Examen. Da Wagner »Volljude« war, suchte Landesbischof Franz Tügel Rückendeckung beim Reichskirchenausschuß. Dieser hatte gegen die Prüfung keine Bedenken, »wenn Wagner schriftlich erklärt, daß er auf eine Anstellung nicht rechnet.«[596] Ein Jahr später emigrierte Hans-Ludwig Wagner, 24jährig, nach Kanada und wurde Pfarrer in verschiedenen Gemeinden Kanadas und den USA. Nach seiner Zurruhesetzung war er von 1981 bis 1984 Pfarrer an der Versöhnungskirche auf dem Gelände der KZ-Gedenkstätte Dachau.[597]

Ein »Nichtarier« als Geschäftsführer des Pfarrernotbundes: Franz Hildebrandt

Wie bewegt das Schicksal von jungen Theologen sein konnte, sieht man an drei Vikaren aus Berlin-Brandenburg, die Dietrich Bonhoeffer nahestanden: Franz Hildebrandt, Heinrich Gordon und Willi Süßbach. Alle drei mußten emigrieren.
Franz Hildebrandt, promovierter Theologe und seit 1929 engster Freund Dietrich Bonhoeffers, wurde Ende Januar 1934 Martin Niemöllers Mitarbeiter in Dahlem als Geschäftsführer des Pfarrernotbundes.[598] Ein deutlicheres Zeichen konnte der Pfarrernotbund nicht setzen, als daß er an verantwortlicher Stelle einen jungen Theologen halbjüdischer Abstammung in den Dienst nahm. Hildebrandt war es, der die Bekennende Kirche immer wieder an ihr Thema erinnerte, sei es während der Preußensynode in Steglitz (vgl. Bd. 2/1, Kap. 3), sei es als Mitglied des Theologischen Ausschusses (vgl. Bd. 2/1, Kap. 22). Als Martin Niemöller am 1. Juli 1937 ver-

haftet wurde, übernahm Hildebrandt den Dahlemer Gottesdienst und wurde anschließend ebenfalls festgenommen. Nach vier Wochen Haft emigrierte er auf Anraten seiner Freunde nach London und wurde zunächst Hilfsprediger bei Pfarrer Rieger an der St. Georgskirche in London. Hildebrandt war jetzt 28 Jahre alt. Er wurde zum engen Berater von Bischof Bell. Während des Krieges war er Flüchtlingspfarrer in Cambridge. 1946 trat Hildebrandt zur methodistischen Kirche über. Von 1953 bis 1967 war er Theologieprofessor an der Drew University in Madison, New Jersey. Er starb am 25. November 1985 in Edinburgh.[599]

Häufiger Wechsel »auf Grund meiner nichtarischen Herkunft«: Heinrich Gordon

Heinrich Gordon, ein junger Berliner Theologe, unterstellte sich nach seiner zweiten theologischen Dienstprüfung 1934 dem Berliner Bruderrat.[600] Im Dezember 1934 wurde er, der im Sinne der Nürnberger Gesetze »Volljude« war, von Pfarrer Gerhard Jacobi ordiniert. Es folgten verschiedene Tätigkeiten im Dienst der Bekennenden Kirche als Prädikant und Pastor in Landsberger Hollander/Grenzmark, in Schönwalde und Freienwalde/Niederlausitz, in Schneidemühl und Umgebung, als Mitarbeiter in der Kanzlei des Präses der Bekennenden Kirche der Grenzmark, als Sekretär von Otto Dibelius und eine Lehrtätigkeit an der Volkshochschule des Paulusbundes in Berlin (vgl. Bd. 2/2, 230). Gordon wurde verschiedentlich durch Parteiorgane bedroht, auch einmal verhaftet, so daß der Bruderrat ihn immer wieder zurückziehen mußte. Im August 1937 wurde er ein zweites Mal vor der Christuskirche in Berlin-Dahlem verhaftet und eine Woche lang im Polizeigefängnis am Alexanderplatz festgehalten. Der Bruderrat legte ihm jetzt die Emigration nahe. Heinrich Gordon versuchte es noch einmal mit einer Bewerbung in Bethel bei Bodelschwingh, um dort unterzutauchen. Fast entschuldigend schreibt er in einem Lebenslauf:

»Lediglich auf Grund meiner nichtarischen Herkunft ist es in sämtlichen Orten meiner Tätigkeit seit 1934 zu Konflikten gekommen, die ich jedesmal durch meinen – von der Kirchenleitung [der BK] gebil-

London, 20.10.1938
1 Ulundi Rd, SE 3

Lieber Bruder Visser't Hooft,

vielen Dank für Ihren Brief. Den Fall Lutz kenne ich gut aus Berlin und bearbeite ihn direkt; den andern, Schwannecke, nehme ich hier in die Liste auf. Er gehört in die mir heute gerade von Conrad Hoffmann übergebenen Fälle (und ist tollerweise als Nichtarier in Hannover nicht ordiniert worden, was ich mir noch, um Marahrens zu stellen, von ihm bestätigen lassen will). Auf Maas' Liste warte ich wie Sie; Gelbke-Bonstetten (Zürich) war bei ihm und versprach, dass sie alsbald kommen würde.

Gute Reise nach Madras und herzliche Grüsse! Ih. Hildebrandt

POST CARD
THE ADDRESS TO BE WRITTEN ON THIS SIDE

Dr. Visser't Hooft

41 Avenue de Champel

G e n e v a

SWITZERLAND

Der 1937 nach England emigrierte Pfarrer und Freund Dietrich Bonhoeffers Franz Hildebrandt koordinierte von London aus die Rettungsaktion für »nichtarische« Pfarrer aus Deutschland, ehe Adolf Freudenberg diese Aufgabe übernahm. Pfarrer Hermann Maas, Heidelberg erstellte im Auftrag der BK und des ÖRK die erste Liste betroffener Pfarrer (vgl. Kap. 23). Pfarrer Gelpke arbeitete für das Schweizerische Hilfswerk für die Bekennende Kirche in Deutschland.

ligten – freiwilligen Weggang zu beenden mich gezwungen sah. Daraus erklärt sich der häufige Wechsel in meiner Arbeit.«[601]

Bodelschwingh sah keine Möglichkeit, ihn als Theologen in Bethel aufzunehmen. Es müsse »leider mit Sicherheit erwartet werden, daß auch hier dieselben Hemmungen spürbar werden«, die ihm bisher in der Gemeindearbeit begegnet sind. Darum entschloß sich Gordon, 28jährig, zusammen mit seiner Frau zur Flucht. Bis Ende 1938 hielt er sich in der Schweiz auf. Das Schweizerische Hilfswerk vermittelte ihm kurzfristige Pfarrvertretungen. Es gelang ihm, einen der von Bischof Bell vermittelten Visaplätze zu bekommen. Gordon traf im Januar 1939 in London ein. In England absolvierte er ein Aufbaustudium und wurde Pfarrer der englischen Kirche.

»Hat völlig mittellos Deutschland verlassen«: Willi Süßbach

Willi Süßbach war Hilfsprediger in Blankenburg im Nordosten Berlins. Der zuständige Superintendent Paul Fritsch von Berlin-Pankow gehörte der BK an und hatte in seinem Bezirk noch einen zweiten »Nichtarier«, Paul Mendelson, angestellt.[602] Der 32jährige Süßbach war am 1. Mai 1936 in der Gemeinde Brielow/Brandenburg, wo er damals tätig war, von einem SA-Trupp als Judenpastor beschimpft und mit Faustschlägen und Fußtritten übel zugerichtet worden.[603] Friedrich Weißler, der Bürovorsteher der VKL, dem Süßbach gelegentlich Zuarbeit leistete, nahm diesen Vorfall zum Anlaß, ihn als ein Paradebeispiel in die Anlage der gerade entstehenden berühmten Denkschrift der BK an Adolf Hitler aufzunehmen (vgl. Bd. 2/1, 159f.). Auch Süßbach kam auf die Bellsche Emigrantenliste und verließ Deutschland im Januar 1939.
Zuguterletzt verweigerte dem völlig mittellosen Hilfsprediger die Finanzabteilung beim Evangelischen Konsistorium der Mark Brandenburg eine erbetene Unterstützung. Um seine Kleider und »eine im Erbgang ihm zugefallene goldene Uhr« über die Grenze bringen zu können, benötigte er einen Betrag von 300 bis 500 RM. So hoch war die ihm als jüdischem Auswanderer auferlegte Auslösungssteuer. Sich selbst entlarvend schrieb der Vorsitzende der Finanzabteilung des Berliner Konsistoriums an den EOK:

»Gegen die Auszahlung der dem Hilfsprediger Süßbach zur Ermöglichung der Auswanderung [bereits] bewilligten Beihilfe von 500.- RM haben wir die allerschwersten Bedenken. So sehr an sich die Auswanderung von nichtarischen Personen aus Deutschland zu begrüßen ist und so sehr es auch wünschenswert erscheint, daß insbesondere nichtarische evangelische Geistliche Deutschland verlassen, so halten wir es doch nicht für angängig, die Auswanderung solcher Personen durch Gewährung von Beihilfen aus öffentlichen Mitteln zu finanzieren.«[604]

Die Bezahlung der Beihilfe unterblieb. »Süßbach hat also völlig mittellos Deutschland verlassen«, stellte der Berichterstatter der Finanzabteilung des Konsistoriums, Konsistorialrat Dr. Engelhard, im Nachgang nüchtern fest.
Süßbach trat in den Dienst der Presbyterian Jewish Mission in Glasgow; er war von 1946 bis 1956 Pfarrer auf Ceylon. Danach kehrte er nach Berlin zurück und war bis zum Eintritt in den Ruhestand 1963 Pfarrer an Berufsschulen.[605]

»Marahrens muß gestellt werden«: Der Fall Otto Schwannecke

Der aus Gifhorn stammende *Otto Schwannecke* war von der Mutter her »Mischling ersten Grades«. Er hatte – wie er in einem Brief vom Januar 1938 an Sup. Albertz bei der VKL darlegte –, nach dem Theologiestudium in seiner hannoverschen Landeskirche 1934 das erste und nach zweieinhalbjährigem Ausbildungsvikariat auch das zweite theologische Examen abgelegt. Da man ihn in Hannover seiner jüdischen Abstammung wegen nicht anstellen wollte, hoffte er bei der Bekennenden Kirche in Brandenburg auf eine Verwendung. Sichtlich erzürnt über das Verhalten der »intakten« hannoverschen Landeskirche forderte Wilhelm Niesel als Mitglied des Rats der Evangelischen Kirche der altpreußischen Union (BK) die Aufnahme von Verhandlungen. Er war der Meinung, »daß Landesbischof Marahrens gestellt werden muß«.[606] Die persönliche Antwort von Marahrens an die VKL war hart wie bei den andern schon genannten Fällen. Man habe Schwannecke sowohl vor dem ersten als auch vor dem zweiten Examen darauf hingewiesen, »daß bei den besonderen Verhältnissen, die bei uns vorlägen, irgendwelche Verpflichtungen für eine Anstellung nicht übernommen werden könnten«. Lapidar schließt der Brief:

»Alle Bemühungen, den Kandidaten Schwannecke in einer anderen Arbeit als der des landeskirchlichen Pfarramts unterzubringen, sind, wie er weiß, leider fehlgeschlagen. Auch er wird überzeugt sein, daß wir seine besondere Lage ehrlich bedauern.«[607]

Mit dieser ausweichenden Antwort gab sich allerdings Franz Hildebrandt nicht zufrieden. Seit Sommer 1938 in London mit der Organisation der Emigration deutscher Pfarrer betraut (vgl. Kap. 23), bekam er auch die Unterlagen von Otto Schwannecke in die Hand. Spontan schrieb er am 27. Oktober 1938 an Marahrens, ohne freilich darauf je eine Antwort erhalten zu haben:

»In seinem Lebenslauf sowohl wie in einem beigefügten Schreiben seines Amtskollegen E.A. findet sich die Bemerkung, daß O[tto] S[chwannecke] wegen seiner nicht arischen Abstammung in der ev.-luth. Landeskirche Hannovers nach bestandenem Examen nicht ordiniert worden und daß ihm aus dem gleichen Grunde auch die Übertragung eines Pastorats in einer Gemeinde, die ihn haben wollte, sowie Vakanzverwaltung der Pfarrstelle in G[ifhorn], um die die Kirchenvorsteher ihn baten, vom Landeskirchenamt abgeschlagen worden ist. Die Begründung lautet einmal, daß die kirchliche Behörde sich nicht in einen Konflikt mit dem staatlichen Arierparagraphen setzen, zum anderen, daß sie den Landesbischof vor entstehenden Schwierigkeiten bewahren wollte. Pastor A. berichtet, daß in einer Besprechung mit dem Landesbischof dessen Urteil über S. gelautet habe: ›Ich weiß, daß er ein tüchtiger Kerl ist‹.
Hochverehrter Herr Landesbischof! Ist das ein Greuelmärchen? Dann sollte gegen diese beiden Amtsbrüder das Disziplinarverfahren eröffnet werden. Aber steht es anders – was können wir dann gegenüber den Auslandskirchen tun als unser Haupt verhüllen? Wozu hat es dann diese fünf Jahre Kampf und Not in der Kirche des Evangeliums und des Bekenntnisses unserer Väter gegeben?
Ich darf Sie von Herzen bitten, mich auf diese Frage, die ganz allein von mir kommt und durch keinerlei Wort oder Wink in dem Bericht

der beiden Brüder veranlaßt ist, nicht ohne Antwort lassen. Es ist zu viel, was davon abhängt.
Verzeihen Sie mir die Offenheit meiner Sprache und den neuen Kummer, den ich Ihnen womöglich bereite. Mich treibt nichts anderes, als was in den Bekenntnisschriften unserer Lutherischen Kirche über die Ordination und Nicht-Ordination ›tüchtiger Kirchendiener‹ steht.«[608]

Otto Schwannecke emigrierte im Januar 1939 mit einem von Bischof Bell vermittelten Visum nach England. Nachdem sich Pläne einer Auswanderung in die USA mit Hilfe des Lutherischen Weltkonvents nicht mehr realisieren ließen, kehrte er überraschenderweise bei Kriegsbeginn nach Deutschland zurück und meldete sich freiwillig zur Wehrmacht. Nach dem Frankreichfeldzug wurde er aus der Wehrmacht ausgestoßen. Auch jetzt bekam Otto Schwannecke keine feste kirchliche Anstellung, nur sporadisch predigte er. 1944 erneut eingezogen, jetzt zur Organisation Todt, fiel Schwannecke am 3. März 1945 bei den Kämpfen um Düsseldorf.[609]

Nur wenige junge Theologen erhalten in Deutschland eine feste Anstellung

Einige junge Theologen bekamen trotz ihrer jüdischen Abstammung noch während des Dritten Reiches eine kirchliche Anstellung. Dem 30jährigen *Helmut Goetze hatte* die Braunschweigische Landeskirche – obwohl nur »Mischling zweiten Grades« – die Beendigung seiner Ausbildungszeit nach dem zweiten Examen verweigert. Nach zweijähriger Tätigkeit bei der Berliner Stadtmission hatte Goetze auch in Brandenburg vergeblich um die Ordination nachgesucht. Nur in Württemberg fand er eine endgültige Anstellung, ab Januar 1940 als Vikar und ab Januar 1942 als ständiger Pfarrer von Allmersbach im Tal. Da Helmut Goetze seit April 1940 Soldat sein mußte, konnte seine Investitur nur während eines kurzen Heimaturlaubs vollzogen werden. Helmut Goetze ist im Februar 1943 in Rußland gefallen. Seine Gemeinde hat er nur bei zwei kurzen Heimaturlauben kennengelernt (vgl. Kap. 25).
Die württembergische Landeskirche hat seit dem Jahre 1943 minde-

stens noch drei weitere »nichtarische« Theologen in ihren Dienst gestellt[610] (vgl. Bd. 4).

Es blieb oft nur der Weg in einen »weltlichen« Beruf

Soweit junge Theologen weder eine Pfarrstelle fanden, noch an die Flucht ins Ausland dachten, blieb ihnen nach Abschluß ihrer Ausbildung nur eine Tätigkeit in einem anderen Beruf. »Mischlinge ersten Grades« waren zudem seit dem Hitlerbefehl vom April 1940 und endgültig durch einen Geheimerlaß vom 16. Juli 1941 vom Wehrdienst ausgeschlossen (vgl. Bd. 3/2, Kap. 35). Drei Beispiele von Theologen, die in Württemberg keine Aufnahme in den Kirchendienst fanden, sind aufschlußreich.[611] Alle drei waren »Mischlinge ersten Grades«.

Hansrudolf Hauth hatte im Frühjahr 1935 die erste theologische Dienstprüfung in Württemberg mit Erfolg abgelegt. Er hatte sogar ein Stipendium im angesehenen Tübinger Stift erhalten (vgl. Bd. 2/1, Kap. 25). Zu seiner Überraschung wurde er mit dem Hinweis auf eine leichte körperliche Behinderung nicht zum Vikariat zugelassen. Ihm war klar, daß der wahre Grund seine »nichtarische« Abstammung war. Die Kirchenleitung empfahl ihm, sich bei einer diakonischen Einrichtung um eine praktische Arbeit zu bemühen. Nach zwei Jahren Tätigkeit als Pfleger in der Heilanstalt Stetten/Remstal versuchte Hauth es mit der Bewerbung um eine Stelle als Religionslehrer. Dies scheiterte am Einspruch des Kultministeriums. Es folgten wechselnde Anstellungen als Bürohilfskraft bei einem kirchlichen Verlag, bei zwei Kirchenpflegen und schließlich bei der Firma Bosch. Hauth konnte erst nach der Naziherrschaft die zweite Phase seiner Ausbildung aufnehmen und ist dann Pfarrer geworden.

Fritz Majer-Leonhard stammte aus Hessen und hatte 1937 an der Theologischen Fakultät der Universität Tübingen das erste theologische Examen abgelegt. Er absolvierte anschließend den Reichsarbeitsdienst und den Militärdienst und wurde 1940 als »Mischling ersten Grades« aus der Wehrmacht ausgestoßen. Auch er versuchte vergeblich, in Württemberg ins Vikariat zu kommen. Statt dessen fand Majer-Leonhard Arbeit als kaufmännischer Angestellter bei der Firma Lechler, deren Eigentümer treue Kirchenglieder waren.

Arthur Schaller, der 1939 die erste theologische Dienstprüfung in Württemberg abgelegt hatte, ging es ähnlich. Auch ihm war der württembergische Kirchendienst verschlossen. Er arbeitete bei der Kirchenpflege in Heilbronn und später in Stuttgart-Untertürkheim. Wie zermürbend auf Dauer solche Tätigkeiten nach abgeschlossenem Theologiestudium sein mußten, kann man verstehen. Am 10. September 1940 schrieb Arthur Schaller an den Central-Ausschuß für die Innere Mission:

»Da mich die reinen Rechengeschäfte meiner letzten Stelle nicht recht befriedigen konnten, möchte ich nun eine Arbeit suchen, die etwas mehr mit meinem eigentlichen Bildungsgang und Berufsziel in Beziehung steht. Ich erwäge schon längere Zeit, ob es nicht im Rahmen der Inneren Mission eine geeignete Verwendungsmöglichkeit geben könnte.«

Im CA wußte man keinen Rat; man gab die Anfrage an das Büro Pfarrer Grüber weiter, das in solchen Fällen selbst der Unterstützung durch kirchliche Stellen oder kirchlich gesinnte Arbeitgeber bedurfte.[612]

Emigranten, die zuvor Juristen oder Lehrer waren

Auf den erhalten gebliebenen Listen mit Namen von Emigranten, die über Bischof Bell Anfang 1939 eine Einladung nach England erhielten, sind auch Juristen und Lehrer aufgeführt, die an ihre erste Ausbildung ein Theologiestudium angeschlossen hatten.[613] Fast alle haben eine Zeit lang in Basel studiert und waren Schüler von Karl Barth. Zu ihnen gehörte *Adolf Freudenberg*, der 1935 seiner »nichtarischen« Frau wegen den Dienst als Diplomat quittiert hatte. Freudenberg wurde Leiter des Ökumenischen Flüchtlingsdienstes (vgl. Kap. 22). *Dr. Arnold Ehrhardt*, ein Schwager von Hans Joachim Iwand, war Privatdozent und hatte an der Universität Frankfurt eine Jura-Lehrstuhlvertretung übernommen. Nachdem über ihn ein Vorlesungsverbot verhängt worden war, studierte er von 1936 bis 1939 in Basel Theologie und schloß das Studium im Frühjahr 1939 im Alter von 36 Jahren mit dem Examen ab. Er wurde Pfarrer in England.[614]

Dr. Kurt Emmerich war bis 1933 Rechtsanwalt in Karlsruhe. Da er wegen seiner jüdischen Abstammung seinen Beruf nicht mehr ausüben konnte, studierte er von 1936 bis 1939 in Basel Theologie. Zusammen mit seiner Frau, ebenfalls einer Theologin, emigrierte er 1939, 36jährig, nach England. Er war dort an einem entlegenen theologischen College als Dozent tätig. 1949 kehrte er nach Deutschland zurück und übernahm das Amt eines Landgerichtsdirektors in Karlsruhe.[615]

Obwohl in der DEK und in vielen deutschen Landeskirchen der Arierparagraph nie offiziell eingeführt wurde, war doch Ende 1940 kein »Volljude« und waren auch die meisten »Mischlinge« nicht mehr im Amt. Im Vergleich zu andern Berufsgruppen fanden »nichtarische« Pfarrer doch immer wieder erstaunlich viel Unterstützung. Dank der Hilfe der Ökumene konnte ein großer Teil von ihnen mit ihren Familien emigrieren. Soweit sie in Deutschland blieben, fanden sie in oder außerhalb der Kirche die eine oder andere untergeordnete Tätigkeit, so daß die meisten einigermaßen versorgt überleben konnten.

Noch war freilich im Jahr 1941 nicht klar, ob nicht auch »Mischlinge«, zu denen die Mehrzahl der »nichtarischen« Pfarrer zu zählen waren, oder vielleicht sogar die »privilegierten Mischehen« in die »Endlösungs«maßnahmen einbezogen werden sollten (vgl. Bd. 4).

Anmerkungen

1 Vgl. Wurm (1953), 148.
2 Zu weiteren möglichen Gründen vgl. Döscher (1988), 11.
3 Zum Folgenden vgl. Adam (1979), 204–208; Benz (1988), 499–544; Döscher (1988); Graml (1988), 9–37; Pehle (1988); Thalmann/Feinermann (1988).
4 In Baden, Württemberg und Hohenzollern z. B. wurden von 151 bis dahin benutzten Synagogengebäuden 60 niedergebrannt, völlig zerstört und kurz darauf beseitigt. 70 sind schwer demoliert bzw. geplündert worden. Nur 14 Synagogen und Betsäle blieben unversehrt. Bis zum Beginn der Deportation fanden die Gottesdienste der verbliebenen Bewohner überwiegend in Privathäusern statt. Vgl. Hahn (1988), 46.
5 Der Chef der Sicherheitspolizei an Generalfeldmarschall Göring (11.11.1938). IMT Bd. XXXII, Dok. 3058-PS. Der Prozeß (1948), Bd. 8, 1f. – Das Oberste Parteigericht nannte in einem Bericht vom 13.2.1939 91 »Tötungen«. Vgl. IMT Bd. XXV, Dok. 3063-PS. Der Prozeß (1948), Bd. 8, 28.
6 Vgl. Protokoll der Besprechung im RLM am 12.11.1938. IMT Bd. XXVIII, Dok. 1816-PS. Der Prozeß (1948), Bd. 4, 508.
7 Vgl. Sauer (1969), 420 f.
8 Vgl. Benz (1988), 511 ff.
9 BA Koblenz: ZSg. 102/13. Zit. nach: Benz (1988), 515.
10 Vgl. Bericht des Obersten Parteigerichts der NSDAP über die Vorgänge und parteigerichtlichen Verfahren, die im Zusammenhang mit den antisemitischen Kundgebungen vom 9. November 1938 stehen (13.2.1939). IMT Bd. XXV, Dok. 3063-PS. Der Prozeß (1948), Bd. 8, 27.
11 Zum Ablauf der Ereignisse am Abend und in der Nacht vgl. Pehle (1988), 76–80.
12 Vgl. Bericht des Obersten Parteigerichts der NSDAP (13.2.1939). IMT Bd. XXV, Dok. 3063-PS. Der Prozeß (1948), Bd. 8, 21.
13 Vgl. Fernschreiben an Stapostellen (9.11./10.11.1938). Döscher (1988), 86–89.
14 Vgl. Pehle (1988), 79.
15 Vgl. Adam (1979), 205.

16 Mitschrift Pressekonferenz des RMfVuP (7.11.1938). Zit. nach: Benz (1988), 506.
17 Vgl. Thalmann (1988), 124.
18 Zum Scheitern des Goebbelsschen Machtstrebens vgl. Adam (1979), 206f.; Hilberg (1982), 33–39.
19 Vgl. Klepper (1956), 674f.
20 Vgl. Monatsbericht des Regierungspräsidenten von Niederbayern und der Oberpfalz (8.12.1938). In: Broszat (1977), 473. Zit. nach: Pehle (1988), 49f.
21 Vgl. Deutschland-Berichte (1980), 5. Jg. 1938, 1204f.
22 Vgl. Die ZEIT Nr. 45, 4.11.1988.
23 Vgl. VO über den Waffenbesitz von Juden (11.11.1938). RGBl I, S. 1573.
24 Vgl., auch für das Folgende, die stenographische Niederschrift der Besprechung über die Judenfrage (12.11.1938). IMT Bd. XXVIII, Dok. 1816-PS. Der Prozeß (1948), Bd. 4, 499ff.
An der Besprechung nahmen u. a. teil: Goebbels (Reichspropagandaminister), Frick (Reichsinnenminister), Gürtner (Reichsjustizminister), v. Krosigk (Reichsfinanzminister), Funk (Reichswirtschaftsminister), Kerrl (Reichsminister für kirchliche Angelegenheiten), Stuckart (Staatssekretär im RMdI), Heydrich (Chef der Sicherheitspolizei und des SD), Daluege (Chef der Ordnungspolizei), Woermann (Unterstaatssekretär im Auswärtigen Amt), Bürckel (Gauleiter und Reichsstatthalter in Wien), Fischböck (österreichischer Minister für Wirtschaft, Arbeit und Finanzen), Blessing (Mitglied des Reichsbankdirektoriums), Hilgard (Repräsentant der Versicherungswirtschaft).
25 Vgl. VO über eine Sühneleistung der Juden deutscher Staatsangehörigkeit (12.11.1938). RGBl I (14.11.1938), S. 1579.
26 Vgl. VO zur Wiederherstellung des Straßenbildes bei jüdischen Gewerbebetrieben (12.11.1938). RGBl I (14.11.1938), S. 1581.
27 Vgl. 1. DVO zur VO über die Sühneleistung der Juden (21.11.1938). RGBl I, S. 1638–1640, wie auch die 2. DVO (19.10.1939). RGBl I, 2059. – Vgl. auch Kwiet (1988), 562.
28 Wie an der Ausplünderung im Gau Franken gezeigt werden kann, bekamen Juden beim Verkauf ihrer Häuser nur noch etwa 30%, beim Verkauf unbebauter Grundstücke nur noch etwa 10% des Verkehrswertes vergütet. Vgl. Kwiet (1988), 571.
29 Vgl., auch zum Folgenden, Barkai (1987), 126 ff.
30 Vgl. VO über die Anmeldung des Vermögens von Juden (26.4.1938). RGBl I, 414f.
31 Vgl. Hilberg (1982), 100–104. – Barkai schätzt das jüdische Vermö-

gen 1933 auf 10–12 Milliarden RM. Im April 1938 sei es auf weniger als die Hälfte zusammengeschrumpft. Die Summe der vorenthaltenen Versicherungsgelder wird von ihm mit 225 Millionen RM angegeben. Vgl. Barkai (1987), 125.151.

32 Vgl. Vermerk Woermann über Vortrag Görings vor dem Reichsverteidigungsrat (18.11.1938). IMT Bd. XXXII, Dok. 3575-PS. Der Prozeß Bd. 8 (1948), 411–415.
33 Vgl. VO zur Ausschaltung der Juden aus dem deutschen Wirtschaftsleben. RGBl I, S. 1580.
34 Vgl. 4. und 5. VO zum Reichsbürgergesetz. RGBl I, S. 969f bzw. 1403–1406. Vgl. außerdem Barkai (1987) 122ff; Kwiet (1988), 547; Pehle (1988), 104.
35 Vgl. Protokoll der Besprechung im RLM (12.11.1938). IMT Bd. XXVIII, 1816 PS. Der Prozeß (1948), Bd. 4, 532.
36 Vgl. Göring an RMdI (24.1.1939). Eckert (1985), 253. Am 11.2.1939 hatte Heydrich die Obersten Reichsbehörden über die Bildung der Reichszentrale informiert. Vgl. a. a. O. und Krausnick (1979, 2.A.), 228.
37 Vgl. 10. VO zum Reichsbürgergesetz (4.7.1939). RGBl I, S. 1097–1099. Vgl. auch Eckert (1985), 259f.
38 Vgl. RdErl des RMWiss (15.11.1938). Sauer Bd. 1 (1966b), 259f.
39 Vgl. RdErl AA (25.1.1939). IMT Bd. XXXII, Dok. Nr. 3358-PS. Der Prozeß (1948), Bd. 8, 237f.
40 Vgl. Domarus, Bd. 2 (1963), 1058.
41 Vgl. Bethge (1967), 684; Bethge (1986), 229.
42 Vgl. Aufruf des Thüringischen Landeskirchenrates zum Bußtag (12.11.1938). In: Der Deutsche Christ, 6.1938, Nr. 48.
43 Vgl. Sasse (1938) und Ginzel (1985), 207.
44 Vgl. Rede beim Staatsbegräbnis von Ernst Eduard vom Rath von Bischof Friedrich Peter (17.11.1938). In: Der Deutsche Christ, 6.1938, Nr. 48, 377.
45 Vgl. Universität Tübingen. Verordnungsblatt des Studentenführers 1938. Uni-Bibliothek Tübingen: L XV 249 1 E. Zit. nach: Sauer (1966c), 29.
46 Vgl. Flammenzeichen Nr. 52/Dezember 1938. LKA Stuttgart: Altreg. 355 (1924–1950).
47 Vgl. Wurm (1953), 148. – Die nicht weiter belegte Behauptung von Otto L. Elias, daß Hermann Diem Landesbischof Wurm »zu einem offenen Protest von den Pfarrkanzeln Württembergs herab« ersucht habe, konnte nicht verifiziert werden. Vgl. Elias (1961), 217. Bekannt ist freilich, daß Diem im Dezember 1941 Wurm aufgefor-

dert hatte, eine Predigtmeditation oder eine ausgeführte Predigt für die Pfarrer herauszugeben, in der »die heilsgeschichtliche Bedeutung Israels aufgezeigt« wird. Vgl. Diem an Wurm (5.12.1941). LKA Bielefeld: 5,1–673, Fasc. 2.

Diem hatte außerdem 1943 den sog. »Münchner Laienbrief« an Wurm geschickt in der Erwartung, ihn zur Grundlage einer Kanzelerklärung zu machen. Vgl. Schäfer/Fischer (1968), 165 und Diem (1974), 130.

48 Vgl. Geheimbericht des Sicherheitsdienstes Reichsführer-SS Unterabschnitt Württemberg-Hohenzollern für das 4. Vierteljahr 1938 (1.2.1939). BA Koblenz: FA 49/Bd. 38a/173/g/10/10/24. Zit. nach: Sauer (1966c), 53–58, bes. 55f.

Autor der Schrift »Das Heil kommt von den Juden« war nicht Karl Barth, sondern Wilhelm Vischer. Vgl., auch zur kirchlich-theologischen Sozietät, Bd. 2/1, Kap. 22 und Widmann (1993), bes. 166–172.

49 Vgl. Klappert (1980), 282. – Allerdings scheint zwischen der Erinnerung von Albertz und einer erhalten gebliebenen Gottesdienstordnung in der Handschrift von Karl Immer für den Gottesdienst am Sonntag 13. November 1938, 10 Uhr, in Gemarke »eine bisher nicht auflösbare Spannung« zu bestehen. Vgl. dazu Klappert (1989), 24–33.119–126, bes. Anm. S. 126.

50 Vgl. Klappert (1980), XII.

51 Vgl. Klepper (1956), 685.

52 Vgl. Predigt Heinrich Brinkmann (13.11.1938). Zit. nach Diestelkamp (1993), 197.

53 Die Konferenz der Landesbruderräte [Kodlab] entstand, nachdem Mitte 1937 der Reichsbruderrat funktionsuntüchtig geworden war; die Lutherratskirchen hatten ihre Vertreter zurückgezogen. Die Kodlab war das einzige Gremium, in dem Vertreter der Bruderräte – sowohl der zerstörten als auch der intakten Landeskirchen – sich noch trafen. Vgl. Thierfelder (1975), 26.

54 Vgl. Gottesdienstordnung für den Buß- und Bettag 1938. Kopie im Besitz d. Verf. – Der Text wurde vermutlich durch einen am 25. Oktober 1938 gebildeten Ausschuß erarbeitet. Im Protokoll heißt es stark verschlüsselt: »Zur Erörterung einer wichtigen Frage wird ein Ausschuß eingesetzt, dem folgende Mitglieder angehören sollen: Asmussen, Harder-Fehrbellin, Held, Hildebrandt-Goldap und Jacobi.

Jacobi wird gebeten, den Ausschuß einzuberufen; den Mitgliedern und Mitarbeitern des altpreußischen Rates steht die Teilnahme an den Sitzungen jederzeit offen.« Vgl. Protokoll der Konferenz der Landesbruderräte (25.10.1938), Ziff. 8. EZA: 50/615, Bl. 144.

55 Vgl. Niesel (1978), 189. – Entgegen der gelegentlich geäußerten Auffassung, die Formel »in unserer Mitte« deute auf eine Beschränkung auf getaufte Juden hin, zeigt der Ausdruck »in Sonderheit«, daß Niesels Interpretation zutreffend ist.
Offen bleibt, in wie vielen Gemeinden das Wort tatsächlich verlesen wurde. Präses Karl Koch hat jedenfalls am 29.11.1938 die Anfrage von Sup. D. Schumann von der Thomaskirche in Leipzig-Stadt, ob »die Evangelische Kirche Westfalens oder die Pfarrerschaft sich zu den jüngsten Ereignissen, die sich an die Ermordung des Herrn vom Rath angeschlossen haben, geäußert habe«, klar verneint: »Bis zu meiner Abreise am 27. November war in der von Ihnen bezeichneten Richtung nichts geschehen. Ich nehme auch nicht an, daß sich das in den letzten zwei Tagen geändert hat.« Vgl. Schumann an Koch (28.11.1938) und Koch an Schumann (29.11.1938). LKA Bielefeld: 5,1–38, Fasc. 1.
56 Karl Barth hatte am 19.9.1938 an Hromádka angesichts des drohenden Einmarsches der Deutschen in die Tschechoslowakei geschrieben, »daß jetzt jeder tschechische Soldat nicht nur für die Freiheit Europas, sondern auch für die christliche Kirche stehen und fallen wird«. Die Presse diffamierte daraufhin Karl Barth und seine Freunde in der BK als »Kriegshetzer«. Die sichtlich irritierte Leitung der BK distanzierte sich von Barth in einem »förmlichen Verweisbrief«. Vgl. Busch (1978), 302.
57 Der Text der Liturgie ist abgedruckt in: KJB 1933–1944 (1976, 2.A.), 256–266. Vgl. außerdem zur Gebetsliturgie Niemöller (1950/51), 175–189; Brakelmann (1979), 45–75; Röhm/Thierfelder (1990, 4.A.), 112.
58 Vgl. Das Schwarze Korps (27.10.1938). Zit. nach: Brakelmann (1979), 51.
59 Vgl. Niemöller (1950/51), 177.
60 Vgl. Bericht der BK [Oktober/November 1938]. In: KJB 1933–1944 (1976, 2.A.), 261.
Klaus Scholder verweist darauf, die »Liturgie erhalte ihr volles Gewicht erst, wenn man bedenkt, daß die Wehrmachtsführung für den Fall des dann von Hitler zu verantwortenden Kriegsausbruches einen Staatsstreich geplant hatte. Hier lag zweifellos eine Art kirchlicher Legitimierung dieser Pläne vor.« Vgl. Scholder (1988), 210.
61 Vgl. Schäfer Bd. 6 (1986), 319.
62 Vgl. RKM Kerrl an SS-Gruppenführer Heydrich (9.11.1938). BA Koblenz: R 43/II/169, Bl. 207–210.
63 Vgl. Niemöller (1950/51), 179.

64 Vgl. Marahrens, Meiser und Wurm an RKM Kerrl. (18.11.1938). BA Potsdam: 51.01/23707, Bl. 129f. Schäfer 6 (1986), 344f. Am 11. September 1940 erklärten Wurm und Meiser im Reichskirchenministerium, daß sie sich an ihre Erklärung vom 29.10.1938 nicht mehr gebunden fühlten. Vgl. Hermelink (1950), 457.
65 Vgl. Fürbittenliste (10.12.1938). LKA Stuttgart: Sammelstelle. – Neben den drei Genannten, wurde nach der Pogromnacht auch der »nichtarische« Pfarrer Bruno Benfey in ein KZ verbracht. Vgl. Kap. 26.
66 Vgl. Wurm (1953), 145f.
67 Als Beispiel kann die Predigt von Kurt Wagner, Vikar beim Vorsitzenden der württembergischen Kirchlich-Theologischen Sozietät, Hermann Diem, vom 13.11.1938 in Waldhausen/Wttbg. dienen. Wagner informierte die Gemeinde mit einem ausführlichen Pressezitat vom Freitag, 11.11.1938, über Kerrls Disziplinierungsmaßnahmen gegen die Mitglieder der VKL. Außerdem berichtete er äußerst kritisch über die Stellungnahme der Bischöfe Meiser, Wurm und Kühlewein gegenüber Kerrl mit den Worten: »Wir hören, daß sie das Rundschreiben aus religiösen und vaterländischen Gründen nicht billigen und ... sich von den verantwortlichen Persönlichkeiten trennen ... Wir können nicht verstehen, wieso man aus religiösen Gründen ein christliches Gebet verwerfen kann. Aus falscher Vorsorge, aus Angst und Leidensscheu, mit jenen Männern zusammen den ungerechten Vorwurf der Staatsfeindschaft und des Landesverrats tragen zu müssen?? Oder warum???---«
Diese harte, innerhalb einer Predigt vorgetragene Kritik am eigenen Landesbischof hatte zur Folge, daß Vikar Wagner nicht zum 2. theologischen Examen zugelassen wurde. An Mut zu konkreten Aussagen zum Zeitgeschehen mangelte es dieser Predigt also keineswegs. Um so auffallender ist, daß in ihr kein Wort zum Pogrom gegen die Juden zu finden ist. – Vgl. Predigt in Waldhausen (13.11.1938) und erläuternder Brief von Kurt Wagner an Günther Harder (23.10.1965). EZA: 50/608/69.
68 Vgl., auch zum Folgenden, Dipper (1966), 269–271.
69 Vgl. Wort an die Gemeinden (Kirchentag der BK in Berlin-Steglitz, 10.–12.12.1938). In: KJB 1933–1944 (1976, 2.A.), 267 f.
Das Wort wurde alsbald im Schweizerischen E.P.D., Zürich, 29.12. 1938, Nr. 25, Bl. 4, veröffentlicht. Vgl. Die Evangelische Kirche in Deutschland und die Judenfrage (1945), 162–164. Ebenso EZA: 50/180, Bl. 69.
70 Vgl., auch zum Folgenden, Widmann (1993).
71 Vgl. Barth (1985, 3.A.), 90. Vgl. auch Busch (1978), 304.

72 Vgl. Schäfer 6 (1986), 322–325, 352–354, 359–366.
73 Vgl. Bonhoeffer, GS, Bd. 2 (1959), 544. Vgl. dazu auch Bethge (1967), 684f: Bethge (1989), 1–7.
74 Vgl. Ogiermann (1983, 4.A.), 125.
75 Vgl. Rundschreiben ÖRK (16.11.1938). AÖR: Germany 1. – Zum vollen Wortlaut des Briefes vgl. Kap. 22.
76 Vgl., auch zum Folgenden, Harry Richard Loewenberg: Heimatlos im Exil. Tage der Verfolgung Herbst und Winter 1938/39. Meiner lieben Tochter Barbara, Weihnachten 1939. Abschrift den Verf. dankenswerter Weise überlassen von Gerhard Schäberle.
77 Vgl., auch zum Folgenden, Gollwitzer (1951/52), 145–151.
78 Vgl. Graff (1982), 93.
79 Elisabeth Schmitz an Pfarrer Gollwitzer (24.11.1938). In: Graff (1982), 90f.
80 Vgl. »Augenzeugenbericht des unerhörten Vorfalls am Freitag, dem 25.11.1938, in Oberlenningen«. Unterzeichnet von Gottlieb Schott, Gottlob Sailer, Johannes Huber, Friedrich Gabler, Johanna Hermann. Kopie im Besitz d. Vf.
81 Vgl. Julius von Jan: »Im Dienste des Gekreuzigten. Erinnerungen« (1939), 8f. Kopie dank freundlichem Entgegenkommen des Sohnes, Richard von Jan, im Besitz d. Verf. – *Halbbatzenkollekte:* Eine regelmäßige Spende für die Basler Missionsgesellschaft. – *Hahnsche Gemeinschaft:* Landeskirchliche pietistische Gemeinschaft in Württemberg, die sich auf Philipp Matthäus Hahn (1739–90) beruft.
82 Vgl. Augenzeugenbericht des Vorfalls am 25.11.1938. Kopie im Besitz d. Verf.
83 Vgl. Otto Mörike: Kurzes Lebensbild des Julius von Jan. Ms. im Besitz d. Verf.
84 Vgl. Eduard Mildenberger: Zum Gedenken an Julius von Jan (o.D., 1988). Ms. im Besitz d. Vf.
85 Vgl. Wortlaut der Predigt, in: Dipper (1966), 263–265; ebenso: entwurf – Religionspädagogische Mitteilungen 3/88, 12f.
86 Vgl. Schäfer 6 (1986), 322. – In der Entschließung heißt es: »Wir sind schmerzlich betroffen darüber, daß die Brüder von der VKL in einer Erklärung an den Reichskirchenminister von den Bischöfen preisgegeben wurden. Wir können in dem Entwurf der VKL zu einem Gebetsgottesdienst nichts erblicken, was uns zu einer Scheidung berechtigen würde, sondern sehen darin ein im Wort Gottes begründetes Zeugnis. [...] Wir bitten unseren Landesbischof herzlich und dringend, jene Erklärung zurückzunehmen und damit die Voraussetzung zu schaffen, daß die Bekennende Kirche in dieser schweren

Lage den ihr gemeinsam verordneten Kampf in neuer Einigkeit unter Gottes Verheißung führen kann.«

87 Vgl. Urteil des Sondergerichts Stuttgart in der Strafsache Julius von Jan (15.11.1939): »Nach Schluß der Predigt verlas der Angeklagte, wie fast jeden Sonntag, eine ›Fürbittenliste‹ von eingesperrten, mit Redeverbot und Landesverweisung belegten Pfarrern.« LKA Stuttgart: D 1, 102; Schäfer 6 (1986), 134.

88 Vgl. Schweizerischer evangelischer Pressedienst Ne. 24, Bl. 3f. AÖR: Germany 2, Akte General Reports 1940/41.

89 Der Name von Jan ist z. B. zu finden: Fürbittenlisten vom 18.11.1938 und von Anfang Januar 1939. LKA Bielefeld: 5,1/112, Fasc. 1; vom 1.10.1939, in: Röhm/Thierfelder (1990, 4.A.), 99.

90 Vgl. Anklageschrift gegen Julius von Jan (23.5.1939). Schäfer 6 (1986), 126–131.

91 Vgl. Beschluß des Sondergerichts Stuttgart zur Verwerfung der Haftbeschwerde (12.12.1938). Schäfer 6 (1986), 125. – Die von Senatspräsident Hermann Cuhorst zitierte Lutherschrift: »Von den Juden und ihren Lügen« (1543).

92 Vgl. Strafanzeige wegen Landfriedensbruch (2.12.1938). Schäfer 6 (1986), 120–123.

93 Vgl. Wurm an Reichjustizminister Gürtner (6.12.1938). Schäfer 6 (1986), 116–118.

94 Micha 6, Vers 8: »Es ist dir gesagt, Mensch, was gut ist, und was der Herr von dir fordert, nämlich Gottes Wort halten und Liebe üben und demütig sein vor deinem Gott.«

95 Vgl. Runderlaß des OKR Stuttgart an alle Dekanatämter (6.12.1938). Schäfer 6 (1986), 113–115.

96 Vgl. Dipper (1966), 269.

97 Vgl. Pf. Heinrich Lang an Vikar Friedrich Elsäßer (3.12.1938) und Friedrich Elsäßer an Heinrich Lang (3.12.1938). Kopie dank freundlichem Entgegenkommen von Pf. Friedrich Elsäßer im Besitz d. Verf.

98 Vgl. Julius von Jan an Landesbischof Wurm (persönliches Schreiben, 16.1.1939). OKR Stuttgart: PA Julius von Jan (G).

99 Vgl., auch zum Folgenden, Schwester Johanna Hermann an den Leiter des Herrenberger Mutterhauses, Pfarrer Dr. Hans Kramer (9.12.1938). Archiv des Evang. Diakonissenmutterhauses Herrenberg.

100 Vgl. zum Folgenden von Jan (1957).

101 Pfarrer Paul Schneider war im Oktober 1937 trotz Ausweisung durch die Polizei auf ausdrücklichen Wunsch seiner Gemeinde nach Dickenschied/Hunsrück zurückgekehrt. Er wurde sofort verhaftet und befand sich seither im Konzentrationslager Buchenwald. Pfarrer von

Jan hatte seiner regelmäßig in der gottesdienstlichen Fürbitte gedacht. Schneider ist drei Monate nach von Jans Ausweisung aus Württemberg-Hohenzollern am 18.7.1939 im Konzentrationslager Buchenwald ermordet worden. Vgl. von Jan (1957). Zu Schneider vgl. Wentorf (1967).

102 Nicht bekannt ist, ob von Jan Kenntnis erhielt von der kurz vor seinem Eintreffen in Ortenburg erfolgten Abweisung »nichtarischer« Christen. Die Diakonissenanstalt Augsburg schrieb am 17.2.1939 an den Landesverein für Innere Mission in München, daß »eine Unterbringung nichtarischer Evangelischer im Freizeitheim Ortenburg [...] um der Gäste willen [...] nicht möglich erscheint. Der Betrieb [dürfe] nicht belastet und gefährdet werden.« Vgl. Landeskirchliches Archiv Nürnberg (1988), 161.

103 Vgl. Urteil des Sondergerichts für den Oberlandesgerichtsbezirk Stuttgart (SM Nr. 102/1939; SG Nr. 1103/1938) in der Strafsache gegen Pfarrer Julius von Jan (15.11.1939). LKA Stuttgart: D 1, 102; Schäfer 6 (1986), 131–139.
§ 3 der VO »zur Abwehr heimtückischer Angriffe gegen die Regierung der nationalen Erhebung« vom 21.3.1933 lautete:
»(1) Wer vorsätzlich eine unwahre oder gröblich entstellte Behauptung tatsächlicher Art aufstellt oder verbreitet, die geeignet ist, das Wohl des Reiches oder eines Landes oder das Ansehen der Reichsregierung oder einer Landesregierung oder der hinter diesen Regierungen stehenden Parteien und Verbänden schwer zu schädigen, [...] wird mit Gefängnis bis zu zwei Jahren und, wenn er die Behauptung öffentlich aufstellt oder verbreitet, mit Gefängnis nicht unter drei Monaten bestraft.
(2) Ist durch die Tat ein schwerer Schaden für das Reich oder ein Land entstanden, so kann auf Zuchthausstrafe erkannt werden.« Bergschicker (1981), 48.
Der Kanzelparagraph (§ 130a StGB) lautete:
»Ein Geistlicher oder anderer Relgionslehrer, welcher in Ausübung oder in Veranlassung seines Berufes öffentlich vor einer Menschenmenge, oder welcher in einer Kirche oder an einem anderen zu religiösen Versammlungen bestimmten Orte vor Mehreren Angelegenheiten des Staates in einer den öffentlichen Frieden gefährdenden Weise zum Gegenstand einer Verkündigung oder Erörterung macht, wird mit Gefängnis oder Festungshaft bis zu zwei Jahren bestraft.«

104 Vgl. Wurm an Himmler (22.11.1939), an Gürtner (28.11.1939), sowie Gnadengesuch beim Reichsjustizminister von Rechtsanwalt Schulze zur Wiesche für von Jan (27.11.1939). Schäfer 6 (1986),

143–148; Wurm an Himmler (13.1.1940) und Himmler an Wurm (16.2.1940). LKA Stuttgart: D 1/ 103.
105 Vgl. Julius von Jan an OKR Stuttgart (12.6.1940 und 7.2.1941 mit Randnotizen). OKR Stuttgart: PA Julius von Jan (G).
106 Der Evangelische Pfarrverein in Württemberg hatte bei Reichsstatthalter Murr wie auch bei Reichsjustizminister Gürtner im Namen der Pfarrerschaft Protest gegen das Vorgehen gegen ihren Kollegen von Jan eingelegt. Dem Vorsitzenden, Pfarrer Adolf Schnaufer, wurde in der Reichsstatthalterei versichert, Murr habe die Willkürakte mißbilligt und das weitere Ankleben von Zetteln mit der Aufschrift »Judenknecht« unterbunden. Der Pfarrverein übernahm später die Hälfte der Prozeßkosten für Julius von Jan. Vgl. Ehmer (1991), 81. Ebenso: Evang. Pfarrverein an Reichsjustizminister Gürtner (1.12.1939). OKR Stuttgart: PA Julius von Jan (G).
107 OKR Stuttgart an Ev. Dekanatamt Kirchheim (29.6.1940). Dekanatsarchiv Kirchheim/Teck. Den Hinweis verdanken die Verf. Pfarrer Wilhelm Kern. Vgl. Kern (1978).
108 Vgl. OKR Stuttgart an Ev. Dekanatamt Kirchheim (29.6.1940). Dekanatsarchiv Kirchheim/Teck.
109 Vgl. Urteil in der Strafsache gegen Julius von Jan (15.11.1939). Schäfer 6 (1986), 134.
110 Vgl. Eduard Mildenberger: Zum Gedenken an Julius von Jan. Ms. (o.J.), 12; Urteil gegen Julius von Jan (15.11.1939). Schäfer 6 (1986), 134f.
111 Vgl. Julius von Jan: Im Dienste des Gekreuzigten. Erinnerungen (1939). Ms. S. 5f.
112 Vgl. Anklageschrift gegen Julius von Jan (23.5.1939). Schäfer 6 (1986), 126–131, bes. 129.
113 Vgl. Anklageschrift gegen Pfarrer von Jan (23.5.1939). In: Schäfer 6 (1986), 130.
114 Vgl. von Jan (1957). – Nachdem Bathseba, die Frau des Hethiters Uria, von König David ein Kind erwartete, gab dieser seinem Nebenbuhler einen verschlossenen Brief für den Feldherrn Joab mit ins Feld und befahl darin:»Stellt Uria vornehin, wo der Kampf am härtesten ist, und zieht euch hinter ihm zurück, daß er erschlagen werde und sterbe.« Tatsächlich fiel Uria auf diese Weise bei der Belagerung von Rabba im Land der Ammoniter (2. Samuel 11, Vers 17).
115 Vgl. zum Folgenden Braune (1983), Nowak (1990).
116 Im Zuge der Ablösung des seit Januar 1933 amtierenden CA-Präsidenten Emil Karow wurden am 18.10.1933 die Deutschen Christen

Pfarrer Karl Themel zum Präsidenten und Pfarrer Horst Schirmacher zum geschäftsführenden Direktor des CA ernannt. Die beiden waren bereits am 24.6.1933 von Staatskommissar August Jäger mit der kommissarischen Leitung des CA beauftragt worden, nachdem ein Trupp von SA-Leuten die Dahlemer Büroräume besetzt hatte. Ebenfalls am 18.10.1933 wurden die Pfarrer Paul Braune/Lobetal, Kurt Halbach/Nürnberg und Adolf Wendelin/Dresden zu Vizepräsidenten des CA bestimmt. Vgl. Kaiser (1989b), 257f.271f.

117 Vgl. Meier Bd. 3 (1984), 182 und 187.

118 Braunes Haft dauerte vom 12.8. bis 31.10.1940. Vgl. Braune (1983), 74–80.

119 Vgl. Grüber an v. Bodelschwingh (12.11.1938), Telegramm Grüber an v. Bodelschwingh (13.11.1938), Grüber an v. Bodelschwingh (14.11.1938), v. Bodelschwingh an Grüber (14.11.1938). HBA: 2/38–150.

120 Vgl. Notiz »Besprechung mit Pastor v. Bodelschwingh am 16. November 1938«. AHA Lobetal: Akte »Nichtarische Christen« [Abkürzung: NAC], Bl. 1–4. Ludwig (1988), 84 und auch Nowak (1990), 213 schreiben die Notiz irrtümlicherweise Paul Braune zu. Es handelt sich jedoch um eine »Niederschrift« von Heinrich Grüber. Braune war an dem Gespräch nicht beteiligt. Vgl. dazu Braune an Bodelschwingh (19.11.1938). A. a. O.

121 Vgl. Braune an Bodelschwingh (1.12.1938), Bodelschwingh an Pastor Meyer, Bethel (6.12.1938), Bodelschwingh und Braune an Reichsminister und Chef der Reichskanzlei (7.12.1938). HBA Bethel: 2/38–150. – Von allen einflußreichen Persönlichkeiten der Bekennenden Kirche scheint der stets auf Ausgleich bedachte Friedrich von Bodelschwingh am längsten den Kontakt zu Reichskirchenminister Kerrl gesucht und gefunden zu haben. Vgl. Schneider (1994), 343.

122 Vgl. Braune an Reichsminister und Chef der Reichskanzlei [= »Denkschrift«] (7.12.1938): Erstfassung mit handschr. Korrektur Bodelschwinghs (30.11.1938). AHA Lobetal: Akte NAC, Bl. 27–37; Letztfassung mit Unterschrift »Braune« und Einlieferungsschein an RMdI (7.12.1938). AHA Lobetal: Akte NAC, Bl. 38–49; Abschrift der Letztfassung (7.12.1938). ADW: CA 1947/91. Dasselbe in: Funke (1979), 17–23. – Vgl. auch Verbesserungsvorschläge durch Bodelschwingh: Bodelschwingh an Braune (5.12.1938). AHA Lobetal: Akte NAC, Bl. 23–26. – Lammers bestätigte den Eingang der Denkschrift, die er an das RMdI weiterreichte. Lammers an Braune (23.12.1938). AHA Lobetal: Akte NAC, Bl. 63 und HBA Bethel: 2/38–150.

123 Vgl. Erl. RMdI »Mißstände in Krankenanstalten« in: Walk (1981), II/491.
124 Vgl. Braune an Superint. Diestel (7.2.1939). AHA Lobetal: Akte NAC, Bl. 172–174; Braune an Pf. Dietrich/Eckardtsheim (13.3.1939). HBA Bethel: 2/38–150; Braune an Pastor Krause/Breslau (21.12.1938). AHA Lobetal: Akte NAC, Bl. 59.
125 Vgl., auch zum Folgenden, Grüber (1968), 103–145, bes. 107.
126 Vgl. Rundbrief der Kirchlichen Hilfsstelle für evang. Nichtarier (19.12.1938). AHA Lobetal: Akte NAC, Bl. 56.
127 Vgl. Albertz (1961, 2.A.). – Adolf Kurtz wurde 1891 in der Nähe des jüdischen Scheunenviertels in Berlin geboren. Er war von 1922 bis 1948 Pfarrer an der Zwölf-Apostel-Kirche in Berlin-Schöneberg. Danach war er Pfarrer der deutschen evangelischen Gemeinde in Oxford. Adolf Kurtz starb 1975 in England.
Seine Frau, Eva Kurtz, geb. Borchardt, ist eine Tochter des Berliner Chirurgen Professor Moritz Borchardt, der als »Nichtarier« 1936 nach Argentinien emigrierte. Vgl. Ludwig (1987), 9 und Kindel (1988), 89.
128 Vgl. Albertz (1961, 2.A.), 59.
129 Vgl. einen Bericht von Adolf Kurtz (24.6.1960). EZA: 50/785, Bl. 49–52.
130 Vgl. Ludwig (1988), 214f., bes. auch Anm. 46; außerdem Grüber (1968).
131 Vgl. allgemein zu den Mitarbeitern des Büros Pfarrer Grüber: Ludwig (1988), 147 ff.
132 Vgl. Grüber an EOK (10.2.1939). EZA: 7/1952; Grüber an Finanzabteilung der Kirchenkanzlei (21.2.1939). EZA: 1/171, Bl. 218; Bericht über die Arbeit des Büro Grüber (24.7.1939). EZA: 14/958, Bl. 35, ebenso LKA Stuttgart: Bd. 153 I, Altreg.
133 Vgl. Werner Sylten an Pf. Kropatschek/Elgersburg (22.12.1939). In: Köhler (1978), 56; Grüber an CA für die IM (13.2.1940). ADW: CA 1947/91 bzw. AHA Lobetal: Akte NAC, Bl. 336 f.
134 Vgl. Büro Pfarrer Grüber an den Vorsitzenden der Finanzabteilung beim Ev. Kons. Berlin (1.6.1939). EZA: 14/958, Bl. 11.
135 Vgl. Geschäftsplan des Büro Pfarrer Grüber (o.D.). LKA Nürnberg: KKE Nr. 71 bzw. Vereine II/14, Nr. 4.
136 Zu Grüber vgl. Bd. 2/2, 259–263.
137 Vgl. Grübers Reisepaß. GStA Berlin: Rep I/92 Grüber, Karton 45, Heft 6. – Grübers Auslandsreisetermine: 18.–20.12.1938: Holland, 2.–6.1.1939: Holland/England; 13.–16.1.1939: Schweiz; 10.2.1939: Wien; 11.–20.4.1939: Schweiz; 22.–25.5.1939: Holland/England;

22.–24.6.1939: unbekanntes Ziel, Ausreise und Einreise über Flughafen Tempelhof; 30.7.–4.8.1939: Holland/Belgien/England; 25.–30.3.1940: Schweiz.

138 Vgl. Bescheinigung der Reichsstelle für das Auswanderungswesen für Pfarrer Grüber (29.12.1938). GStA Berlin: Rep I/92 Grüber, Karton 21 bzw. 45. – Die Reichsstelle für das Auswanderungswesen war bis zur Gründung der Reichszentrale für jüdische Auswanderung am 24.1.1939 (vgl. Kap. 2, 12) die allein zuständige Behörde für Auswanderungsfragen.

139 Vgl. dazu Grüber (1968), 129f.

140 Vgl. Sylten an Pf. Kropatschek (22.12.1939). In: Köhler (1978), 57.

141 Vgl. die Kurzbiographien bei Ludwig (1988), 147–188.

142 Vgl. Rundbrief Büro Grüber (3.10.1939). LKA Nürnberg: Vereine II/14, Nr. 4.

143 Vgl. Livingstone (1961), 42.

144 Zu Mendelson vgl. Bd. 1, Kap. 21.

145 Vgl. Grüber an Braune (3.11.1939). AHA Lobetal: Akte NAC, Bl. 263.

146 Vgl. Niemöller (1956), 387.

147 Dr. Franziska Willer an Dekan Lindner (10.12.1938). LKA Nürnberg: D.W. Rep. Nr. 24/1552. Alle im folgenden zitierten Briefe a.a.O. – Vgl. auch Landeskirchliches Archiv Nürnberg (1988), 168–172.

148 Vgl. Arbeitsbericht des Hilfsvereins der Juden in Deutschland 1936–1937. In: Eckert (1985), 181. – Zur Aktion Kinderverschickung vgl. Kap.13.

149 Auskunft der israelitischen Kultusgemeinde Würzburg über Evang.-Luth. Dekanat Würzburg (21.10.1994).

150 Vgl. den Bericht Pfarrer Jordan an Landeskirchenrat München (4.12.1940). LKA Nürnberg: KKE Nr. 71. – Vgl. auch Landeskirchliches Archiv Nürnberg (1988), 156.

151 Vgl. Grüber an Landesbischof Wurm (26.9.1938). LKA Stuttgart: 153 I, 1894–1948, Altreg. Ein gleichlautendes Schreiben ging auch an Landesbischof Meiser/München. LKA Nürnberg: LKR XIV, 1624b.
Vgl. zu den Hilfsstellen Nürnberg und München insgesamt: Baier (1979), 227–236; Landeskirchliches Archiv Nürnberg (1988), 151–166; Zwanzger (1988); Balzer (1990).

152 Vgl. Schwöbel (1990), 31ff.; Erhart (1991), 180–183.

153 Encke war Mitglied des rheinischen Bruderrats. Vgl. Niemöller (1956), 128.

154 Vgl. Meiser an Grüber (1.10.1938). LKA Nürnberg: LKR 1624b.
155 Johannes Zwanzger an LKR München (3.11.1939). LKA Nürnberg: KKE Nr. 71.
156 Vgl. Hans Werner Jordan an LKR München: Bericht über Notwendigkeit und Möglichkeiten der Arbeit an notleidenden Glaubensbrüdern. (2.11.1939). LKA Nürnberg: Diakonisches Werk, Nr. 111.
157 Vgl. Beschluß der Vollsitzung des Landeskirchenrats München (16.11.1939). LKA Nürnberg: Landeskirchenrat XIV, 1624 b.
158 Vgl. Zwanzger (1988), 12.
159 Vgl. Johannes Zwanzger an LKR München (25.8.1945). LKA Nürnberg: Gen.Reg. Abt. XIV, Nr. 1624b. Dasselbe in: Schmid (1947), 387–393, bes. 392.
160 Vgl. Aktennotiz auf Schreiben von Grüber an OKR Schaal/Stuttgart (2.10.1938). LKA Stuttgart: Bd. 153 I, Altreg. – Am 30.9.1938 hatte OKR Schaal an Grüber geschrieben:»Vielleicht ist es Ihnen möglich, in Eisenach bälder abzuschließen und nach hierher zu kommen, wo an Ort und Stelle das für unser württembergisches Kirchengebiet Nötige und Mögliche durchgesprochen werden kann.« LKA Stuttgart: Bd. 153 I, Altreg.
Grüber sah sich zu dem Besuch nicht in der Lage, wie er im erwähnten Schreiben vom 2.10.1938 feststellte:»Wenn ich auch grundsätzlich gern zu Ihnen herunterkomme, so bin ich doch gerade in den nächsten Wochen so stark in Anspruch genommen, daß ich möglichst mit meiner Zeit haushalten muß.«
161 Vgl. Erlaß des Evang. Oberkirchenrats Stuttgart Nr. A. 11897 (21.12.1938). LKA Stuttgart: Gen. 153 II, Altreg.
162 Vgl. Hans Gustav Treblin/Frankfurt/M.: Verhalten des Ev. Vereins für Innere Mission gegenüber jüdischen Mitbürgern (1985). Ms. im Besitz der Verf.
163 Vgl. Kuessner (1981), 121.
164 Vgl., auch zum Folgenden, Ludwig (1988), 94f. – Der spätere Pfarrer Walter Feurich berichtet in seinen Lebenserinnerungen:»In deutlicher Erinnerung ist mir eine von Martin Richter geleitete Helferversammlung geblieben, auf der Pastor Heinrich Grüber über die kirchliche Hilfsarbeit für bedrängte und verfolgte jüdische Menschen berichtete. Grüber sagte während seiner Ausführungen, in Deutschland gäbe es keine Männer mehr, sondern nur noch Träger männlicher Vornamen.« Vgl. Feurich (1982), 45.
165 Vgl. Klemm (1986), 347.
166 Vgl. zum Folgenden Ludwig (1993).
167 Vgl. Röhm/Thierfelder (1990, 4.A.), 132.

168 Vgl. dazu Protokoll Wohlfahrtsamt der Synagogengemeinde Köln (31.10.1939). AHA Lobetal: Akte NAC, Bl. 280.
169 Vgl. Gestapoakte 3911 (G. Hötzel). Hauptstaatsarchiv Düsseldorf. Zit. nach: Ludwig (1993), 48.
170 Vgl. Zeugnis des Superintendenten des Kirchenkreises Köln (Encke) für Fräulein Ina Gschlössl (19.3.1946). Kopie, vermittelt durch Frau Ilse Härter, im Besitz d. Verf. – Vgl. auch Härter (1988), 608.
171 Vgl. Tagebuch von Hans Balke. Nachlaß bei Frau Adelheid Balke, Kassel. Zit. nach Ludwig (1993), 52.
172 Vgl. Ludwig (1988), 99f. – Listen der Beratungs- bzw. Vertrauensstellen sind zu finden: 1.12.1938: HAB Bethel: 2/38–150; 18.1.1939: EZA: 5/141, Bl. 247 und Gen V/312, Bd.1; 7.2.1939: EZA: 7/Gen V/312, Bd. 1; 24.3.1939: DAB Berlin: I/1–95, dasselbe: LKA Stuttgart: Gen 153 I, Altreg.; 17.5.1939: EZA: EOK Gen XII/46 II, dasselbe in: Meier (1968), 110f. und Röhm/Thierfelder (1990, 4. A.), 132.
173 Vgl. dazu Ludwig (1993), 35f.
174 Der umfangreichste Bestand an Rundbriefen liegt im LKA Nürnberg. Die verfügbaren Rundbriefe sollen in Bälde veröffentlicht werden von Helmut Baier und den Verfassern.
175 Vgl. Ludwig (1988), 97, der ein holländisches Quäkermemorandum vom Dezember 1938 zitiert.
176 Vgl. Braune an Bodelschwingh (1.12.1938). AHA Lobetal: Akte NAC, Bl.21f.; ebenso HBA Bethel: 2/38–150; ebenso ADW: CA 1947/91.
177 Vgl. Braune an v. Bodelschwingh (1.12.1938). HBA Bethel: 2/38–150.
178 Vgl. Protokoll Grübers über die Besprechung am 29.11.1938 mit Anlagen zur »Ehescheidung« und »Fürsorgemaßnahmen«. HBA: 2/38–150.
179 Vgl. Bericht über die Vertrauensleuteversammlung am 9.3.1939 in Berlin von Pastor Walter Kohlschmidt, Christuskirche/Hamburg (20.3.1939). LKA Hamburg: B XVI a 249. Zit. nach: Gerlach (1987), 262–264.
180 Vgl. Rundbrief Büro Grüber (30.1.1940). AHA Lobetal: Akte NAC, Bl. 316.
181 Notiz v. 1.10.40. LKA Nürnberg: Vereine II/14.
182 Prof. Martin Rade an Friedrich v. Bodelschwingh (23.10.1937). HBA Bethel: 2/38–150.
183 Vgl. Bodelschwingh an Pastor Theodor Wenzel/Berlin, Mitglied des CA, (8.11.1937). HBA Bethel: 2/38–150.

Bodelschwingh war der Meinung, wenn es besonderer Einrichtungen bedürfte, dann wäre dies Sache der Nichtarier-Selbsthilfeorganisationen, gegebenenfalls mit Unterstützung durch die IM.

184 Vgl. Protokoll der Geschäftsführerkonferenz des CA (16.6.1937). ADW: CA 761 XIX. – Zu Schirmacher vgl. Kaiser (1987b).

185 Verf. Rmdi (22.6.1938). Walk (1981), II/490. Wortlaut in: Anlage zum Brief an Braune (5.12.1938). HBA Bethel: 2/38–150. Ebenfalls wörtlich zitiert in Erl. Regierungspräsident von Minden (7.7.1938). HBA: 2/38–150.

186 Vgl. Bürgermeister von Gadderbaum an Anstalt Bethel betr. Durchführung der Anmeldung des Vermögens von Juden auf Grund der VO v. 26.4.1938 (30.8.1938 und 15.11.1938) und Anstalt Bethel an Bürgermeister von Gadderbaum (25.11.1938), wie auch Rundschreiben Hauptkanzlei Bethel an verschiedene Anstaltsverwaltungen betr. Änderung der Familiennamen (26.11.1938). HBA Bethel: 2/38–155.

187 Vgl. Wilhelm Philipps/Ev. Johannesstift an Vorstand des CA für IM (21.10.1938). ADW: CA 1947/91. – Vgl. auch Bd. 2/2, 137f.

188 Vgl. Schirmacher an Kirchenkanzlei der DEK (26.11.1938). EZA: 1/C3/171, Bl. 187.

189 Vgl. Protokoll des CA für die IM (13.12.1938). ADW: CA 1947/91.

190 Vgl. Braune an den Chef der Reichskanzlei (Denkschrift) (7.12.1938). AHA Lobetal: Akte NAC, Bl. 38–49, bes. 46f.

191 Vgl. Prälat Kreutz an RMdI (7.12.1939). ADC: R 611 I, Hilfsa. Kreutz erhielt bereits am 24.1.1939 von Ministerialrat Ruppert im RMdI eine positive Antwort. Vgl. Kreutz an Deutschen Caritas-Verband Freiburg (24.1.1939). ADC: R 611 I, Hilfsa.

192 Vgl. Runderlaß des Reichsministers der Finanzen (15.7.1939). HAB Bethel: 2/38–150 bzw. DAB: I/1–93.

193 Vgl. Anstalt Bethel an Bürgermeister von Gadderbaum (25.11.1938). HBA Bethel: 2/38–155 und Braune an Bodelschwingh (19.5.1939). HBA Bethel: 2/33–156A.

194 Vgl. Bodelschwingh an Braune (4.1.1939). AHA: Akte NAC, Bl. 81f.

195 Vgl. Zilz an Dr. Fichtner,CA für IM,(7.1.1939). AHA Lobetal: Akte NAC, Bl. 160–162. – Noch am 11.7.1939 schrieb der Generalsekretär des St. Raphaels-Vereins, Dr. Größer, an den Auswandererberater beim Deutschen Caritasverband in Freiburg, Bernauer: »Die Protestanten beabsichtigen ein oder zwei Altersheime zu errichten und denken an Schlesien und den Westen.« Vgl. Größer an Bernauer (11.7.1939). ADC: 389 + 101, Fasc. 2.

196 Vgl. Bodelschwingh an Braune (22.5.1939), Bodelschwingh an Pfarrer Dietrich (23.5.1939 und 21.6.1939). HAB Bethel: 2/36–150.

197 Vgl. Braune an Bodelschwingh (19.5.1939). HAB Bethel: 2/33–156A.

198 Vgl. Kirchenrat Langenfaß an Dekanat München (10.1.1939). LKA Nürnberg: Landeskirchenrat XIV, 1624 b.

199 Vgl. Grüber an Braune (14.2.1939). AHA Lobetal: Akte NAC, Bl. 187.

200 Vgl. Braune an Bodelschwingh (19.5.1939). HBA Bethel: 2/33–156A bzw. 2/38–150.

201 Vgl. Gesetz zur Ordnung der Krankenpflege und Erste bis Dritte Verordnung über die berufsmäßige Ausübung der Krankenpflege und die Errichtung von Krankenpflegeschulen (Krankenpflegeverordnung) (28.9.1938). RGBl I, 1938, 1309–1320.

202 Vgl. 1. VO zum Gesetz zur Ordnung der Krankenpflege (28.9.1938) § 5, 1, Satz 1 und 2. RGBl I 1938, 1311.

203 Vgl. 1. VO zum Gesetz zur Ordnung der Krankenpflege (28.9.1938) § 20,1. RGBl I, 1938, 1313.

204 Die wenigen, von Liselotte Katscher genannten Fälle, geben keineswegs ein umfassendes Bild. Vgl. Katscher (1990), 187–194.

205 Zit. nach: Meier (1968), 11f. – Die von Meier sehr ungenau angegebene Fundstelle im EZA (1/C 3/170–173) konnten wir nicht verifizieren.

206 Vgl. Reichsvereinigung Abteilung Berufsausbildung an Bodelschwingh (8.1.1940) und Leo Baeck an Bodelschwingh (11.1.1940). HBA: 2/38–150.

207 Vgl. hierzu den Brief Bodelschwinghs an Leo Baeck (2.2.1940). HBA: 2/38–150.

208 Vgl., auch zum Folgenden, die Berichte der Plenarkonferenzen am 24./26.8.1937, 17./19.8.1938, 22./24.8.1939, 20./22.8.1940. Volk Bd. IV (1981), 326–329. 501. 667; Volk Bd. V (1983), 107f. – Vgl. außerdem Bd. 1, 332–336.

209 Vgl. Bericht Generalsekretär Größer (31.3.1938). Volk Bd. IV (1981), 440–443, bes. 441.

210 Vgl. Protokollauszug der Plenarkonferenz der deutschen Bischöfe in Fulda (17.–19.8.1938). EBA Freiburg: B2–28/12; ebenso: Volk Bd. IV (1981), 501.

211 Vgl. Bericht über die Tätigkeit des Hilfsausschusses für katholische Nichtarier (August 1937–August 1938). DAB: I/1–94 und I/1–95; ebenso in: Volk Bd. IV (1981), 484–486. – Vgl. auch Notiz über »New York Committee for Catholic Refugees from Germany. DAB: I/1–89.

212 Vgl. Reutter (1971), 105.

213 Vgl., auch zum Folgenden, Referat [Wizinger] vor dem Zentralrat des Deutschen Caritasverbandes in Hildesheim (26.4.1939). DAB: I/1–95.
214 Zu den Personen, wie zum Ganzen, vgl. Knauft (1988), bes. 12–20.
215 Vgl. Aktenvermerk über das Gespräch am 24.8.1938 im bischöflichen Ordinariat Berlin. DAB: I/1–95.
216 Vgl. Reichsstelle für das Auswanderungswesen an St. Raphaelsverein (28.4.1938). DAB: I/1–95.
217 Nach einem nach dem Krieg verfaßten, nicht datierten Bericht von Pater Wilhelm Nathem S.A.C., der von 1928 bis 1941 Mitarbeiter beim St. Raphaelsverein in Hamburg war, kam der Anstoß zu Pacellis Initiative weder von Pater Größer, noch von Bischof Berning, sondern vermutlich von der Freiburger Caritas. Bericht Wilhelm Nathem: Die Raphaelsfürsorge für die katholischen Nichtarier. ADC: 389 + 284.01, Fasc. 1.
218 Vgl. Kardinal Pacelli an die Bischöfe (9.1.1939). EBA Freiburg: B2–28/12.
219 Vgl. Aktennotiz ohne Datum [vermutlich Anfang Januar 1939] mit 11 Besprechungspunkten des Bischöfl. Hilfswerks Berlin [Wizinger?]. Unter Ziffer 6 heißt es: »Es besteht Aussicht, daß Brasilien 4700 Auswandernde aufnimmt, davon 80% aufs Land. Die Bestimmungen sind in nächster Zeit zu erwarten. Pater Größer unterhält mit dem Hamburger Brasilianischen Konsulat gute Beziehungen, daß die katholischen Nichtarier unter diese Quote kommen. DAB: I/1–94.
220 Vgl. Bericht Bischof Berning über den Hilfsausschuß für katholische Nichtarier vor der Deutschen Bischofskonferenz: »Kirchliche Arbeit für die katholischen Nichtarier von 1938–1939« (24.8.1939). EBA Freiburg: B2–28/12; ebenso in: Volk Bd. IV (1981), 685–688.
221 Vgl. Bericht [Wizinger] vor dem Zentralrat des DCV (26.4.1939). DAB: I/1–87 und I/1–95.
222 Vgl. Referat Bischof Berning vor der Fuldaer Bischofskonferenz (24.8.1939). Volk Bd. IV (1981), 685–688.
223 »Hika« Abkürzung für Hilfskasse gemeinnütziger Wohlfahrtseinrichtungen Deutschlands. Vgl. Bericht »Betreuung und Auswanderungsberatung katholischer Nichtarier in Berlin« (2.4.1939). DAB: I/1–94.
224 Vgl. Knauft (1988), 15.
225 Vgl. Reutter (1971), 233, Anm. 10.
226 Vgl. Püschel an Caritas Beuthen (1.6.1939). DAB: I/1–95.
227 Vgl. Grüber an v. Bodelschwingh (4.1.1939). HBA Bethel: 2/38–150.
228 Vgl. Braune an Bodelschwingh (9.1.1939). HBA Bethel: 2/38–150.
229 Vgl. Satzungen des »Hilfswerks für evangelische Juden«. HBA

Bethel: 2/38–150. – Vgl. Zur Übereinstimmung mit Bodelschwingh und Grüber: Bodelschwingh an Braune (18.1.1939). AHA Lobetal, Akte NAC, Bl. 100f. Vermerk von Braune (»Grüber teilt meine Meinung«) auf Schr. Braune an Bodelschwingh (13.1.1939). HBA Bethel: 2/38–150.

230 Vgl. Büro Pfarrer Grüber an EOK Berlin (10.2.1939). EZA: 7/1952. Vgl. auch Grüber an Braune (14.2.1939): »Wie Sie wohl auch inzwischen erfahren haben, wird in den allernächsten Tagen ein Judenreferat hier eingerichtet werden, in dem alle Arbeit zusammengefaßt wird, und in dem wir auch wohl irgendwie vertreten sind.« AHA Lobetal: Akte NAC, Bl. 187f.
Reg.rat Lischka wiederholte am 10.5.1939 Grüber gegenüber seine Einschätzung, daß der Eintragung des Büros Grüber als Verein nichts entgegenstünde. Vgl. Bericht über eine Besprechung mit Reg.rat Lischka (10.5.1939). AHA Lobetal: Akte NAC, Bl. 244f.

231 Goldmann blieb nicht nur zeitlebens ein geradezu fanatischer Nationalist, sondern bekannte sich in seiner Autobiographie – 84jährig – noch voll zu seiner Mitarbeit beim SD. Es berührt schon merkwürdig, wenn der ehemalige Leiter der Stuttgarter »Hilfsstelle für nichtarische Christen« 1975 schreibt: »Ich muß gestehen, daß ich, trotz des persönlichen Schicksals [...], einen Teil der völkisch bedingten Maßnahmen [gegen die Juden] als unvermeidlich um Deutschlands willen anerkennen mußte.«
Goldmann wurde nach 1945 von Entnazifizierungskammern zuerst als Hauptschuldiger, später als Belasteter eingestuft und verbrachte drei Jahre im Gefängnis und in Internierungslagern. Vgl. zum Ganzen Goldmann (1975), bes. 194.

232 Vgl. Meldung der Associated Press vom 4.2.1939.

233 Vgl. Grüber und Größer an Gestapo Berlin (14.2.1939). AHA Lobetal: Akte NAC, Bl. 189–192.

234 Vgl. Büro Pfarrer Grüber und St. Raphaels-Verein an den Chef der Sicherheitspolizei (23.3.1939). DAB: I/1–95 und LKA Stuttgart: Altreg. Gen 153 I.

235 Vgl. Niederschrift über die 1. Arbeitsbesprechung des Ausschusses der Reichszentrale für die jüdische Auswanderung (11.2.1939). Ekkert (1985), 254.

236 So das geschäftsführende Vorstandsmitglied der Reichsvereinigung, Otto Hirsch, am 11.7.1939 im Jüdischen Nachrichtenblatt. Zit. nach Plum (1988), 71.

237 Am 28.3.1938 hatten die Synagogengemeinden den Status einer Körperschaft öffentlichen Rechts verloren. Vgl. Walk (1981), II/441.

238 Vgl., auch zum Folgenden, Fabian (1970); Adler-Rudel (1974), 197f.; Hilberg (1982), 135; Eckert (1985), 253–260; Plum (1988), 66–74.
239 Nach dem Arbeitsbericht der Reichsvereinigung für das Jahr 1939 sind bis Mitte 1939 109 jüdische Gemeinden aufgelöst worden. Die Zahl der bis Januar 1943 in die Reichsvereinigung eingegliederten jüdischen Gemeinden belief sich auf rund 1650, die der jüdischen Organisationen und Einrichtungen etwa 1600. Das am 10.1.1943 beschlagnahmte Vermögen wird mit über 144 Millionen Reichsmark angegeben. Vgl. Fabian (1970), 172 und Anm. 24.
240 Vgl. Rundschreiben der RV, Abt. Fürsorge Nr. 453 und 454 (2.2. und 3.2.1939), sowie Jüdisches Nachrichtenblatt Nr. 14 (17.2.1939): »Die Umbildung der Reichsvertretung in die Reichsvereinigung der Juden in Deutschland ist nunmehr vollzogen.« Zit. bei Fabian (1970), 174–176.
241 Vgl. RdErl RFSSuCdDP (25.2.1939). Walk (1981), III/150.
242 Vgl. Eckert (1985), 258.
243 Vgl. Grüber an Braune (24.3.1939). AHA Lobetal: Akte NA, Bl. 225.
244 Vgl. Größer an Dr. Püschel (9.5.1939) mit Memorandum für die Gestapo »Kirchliche Arbeit für die Auswanderung der Juden und Mischlinge katholischer Konfession«. DAB: I/1–87.
Die dort erwähnten »geschätzten Erfolge der kirchlichen Arbeit« für die Jahre 1934–1939 sind im Blick auf den Adressaten vielleicht überhöht: Z. B. Beratungen für Nichtarier 1937: 14 000, 1938: 30 000, 1939: 28 000; Personen in der Vorbereitung der Auswanderung: 1937: 1 400, 1938: 2 000, 1939: 7 100; aufgewandte Gelder für Auswanderung und Sozialhilfe 1937: 51 000.–, 1938: 90 000.–, 1939: 180 000.–; zur Auswanderung gebracht: 1937: 1 900; 1938: 1 850, 1939: 2 000; in Stellen im Ausland untergebracht: 1937: 300, 1938: 350, 1939: 830.
245 Vgl. Bericht Grübers über die Besprechung mit Regierungsrat Lischka (10.5.1939). AHA Lobetal: Akte NAC, Bl. 244; Aktenvermerk Engelhardt über Besprechung mit Pfarrer Grüber und Ministerialrat Heinitz im Büro Pfarrer Grüber (11.5.1939). DAB: I/1–90.
246 Vgl., auch zum Folgenden, 10. VO zum Reichsbürgergesetz (4.7.1939). RGBl. I, 1939, 1097; Walk (1981), III/211; Satzung der Reichsvereinigung v. 4.7.1939. LKA Nürnberg: Vereine II/14, Nr. 3.
247 Vgl. Otto Hirsch: Die Reichsvereinigung der Juden in Deutschland. In: Jüdisches Nachrichtenblatt, Nr. 55, 11. Juli 1939. Zit. nach Fabian (1970), 171.
248 Vgl. Aktennotiz über die Besprechung am 20.6.1939 bei der Reichs-

vertretung der Juden in Deutschland. DAB: I/1–87; Niederschrift von P. Größer über die Besprechung der Reichsvertretung, des Büros Grüber und des Raphaels-Vereins (20.6.1939). ADC: R 611 I, Hilfsa.; Neueste Vereinbarungen über Auswandererbeihilfen zwischen der Reichsvertretung der Juden und den Hilfswerken der beiden Kirchen für christliche Nichtarier (30.6.1939). DAB: I/1–87; Aktenvermerk Püschel [5.7.1939]. DAB: I/1–90.
Dem Personenausschuß gehörten an: Bischof Wienken, P. Größer, Pf. Grüber, Mr. Carter (für die Quäker) und ein Vertreter der Reichsvertretung.
Dem Passage-Bewilligungsausschuß gehörten an: P. Größer (Vertretung: W. Nathem), Dr. Püschel (Vertretung: Dr. Engelhardt), Dr. Kobrak, Frl. Jacobson, ein Vertreter der Quäker und ein Vertreter der Reichsvereinigung, letzterer allerdings ohne Stimm-, jedoch mit Vetorecht.

249   Vgl. Aktennotiz über die Besprechung in der Reichsvereinigung der Juden (20.7.1939). DAB: I/1–87 und I/1–91 und ADC: 389 + 101, Fasc. 2. – Zu den Vorstandsmitgliedern und Mitarbeitern der Reichsvereinigung vgl. Hilberg (1982), 136.
250   Vgl. dazu Größer an RV (2.9.1939). DAB: I/1–90.
251   Vgl. Protokoll der Vereinbarung zwischen dem Wohlfahrtsamt der Synagogengemeinde Köln und der Vertrauensstelle des Büros Pfarrer Grüber Köln (31.10.1939). AHA Lobetal: Akte NAC, Bl. 280.
252   Vgl. Rechtsprechung zum Wiedergutmachungsrecht, München, 5. Jg., 1954, 3. Heft, S. 65f., Nr. 3. Zit. nach: Fabian (1970), 165f.
Bei der Entscheidung des Court of Restitution Appeals, Nürnberg, (Vorinstanz OLG München) ging es ausschließlich um die Frage der Haftung bzw. um die Entschädigungsverpflichtung für das von der Reichsvereinigung auf behördliche Anordnung zwangsweise eingezogene jüdische Vermögen. Hierfür hatte selbstverständlich der Rechtsnachfolger des Deutschen Reiches zu haften.
253   Vgl. Fabian (1970), 166.
254   Vgl. Völkischer Beobachter, Südd. Ausgabe, Nr. 188, 52. Jg. (7.7.1939). Zit. nach Fabian (1970), 177f.
255   Vgl. Hilberg (1982), 136.
256   Vgl. Abschrift eines Briefes von Eva an ihre Mutter (20.12.1938). DAB: I/1–96.
257   Vgl., auch zum Folgenden, Adler-Rudel (1979), 97–102. 217f.; Eckert (1985), 155–164; Jolles (1989), 44–46.
258   Vgl. Jüdisches Nachrichtenblatt (24.2.1939). DAB: I/1–91. – Die Abteilung Kinderauswanderung wurde am 27.2.1939 errichtet.

259 Vgl. Jolles (1989), 44, die sich auf einen Bericht des Refugee Children's Movement bezieht.
260 Vgl. Winke, 15. Folge, Nr. 37 (9.12.1938). DAB: I/1–96. – Zum Plan, »nichtarische Schulen« einzurichten, vgl. Kap. 37.
261 Vgl. Rundbrief an Vertrauensleute des Büro Grüber (ohne Datum, vermutlich Mitte Dezember 1938). AHA Lobetal: Akte NAC, Bl. 57.
262 Vgl. »Niederschrift« Dr. Heinrich Spiero und J. Roger Carter (22.12.1938). LKA Nürnberg: Vereine II/14 Nr. 2/1 bzw. Nr. 2/4, dasselbe DAB: I/1–96.
263 Vgl. Carter an Wizinger (1.1.1939). DAB: I/1–96.
264 Vgl. Ludwig (1988), 168f.
265 Vgl. Carter an Wizinger (1.1.1939). DAB: I/1–96.
266 Vgl. J. Roger Carter an Büro Pfarrer Grüber, Dr. Spiero, Dr. Wizinger (18.1.1939). DAB: I/1–96.
267 Vgl. Reichsvertretung der Juden, Abt. Kinderauswanderung an Caritas-Verband Berlin (23.3.1939). DAB: I/1–96.
268 Vgl. Spiero an Carter mit »Aufstellung über die Meldungen zu den Kindertransporten« (13.3.1939). DAB: I/1–96.
269 Vgl. Abschrift des Erlasses des Reichsführers SS (31.12.1938) betr. »Transport jüdischer Kinder nach dem europäischen Ausland« in: Rundschreiben Reichsstelle für das Auswanderungswesen (3.1.1939). DAB: I/1–96.
270 Vgl. Carter an Wizinger (21.3.1939). DAB: I/1–96.
271 Vgl. Bericht Wizinger über Londoner Reise (25.4.1939). DAB: I/1–96.
Das Movement for the Care of Children hielt Kontakt mit den konfessionellen Komitees, z. B. dem »Catholic Comittee for Refugees from Germany« unter Leitung von Mr. P.V.A. Reid, seit April 1939 auch mit Pfarrer Adolf Freudenberg vom Ökumenischen Flüchtlingsdienst. Vgl. Kap. 22 und Bd. 3/2, Kap. 38.
272 Vgl. die Aufzeichnung über die Besprechung im Büro Grüber (30.5.1939). DAB: I/1–96.
273 Vgl. Winke, 16. Folge, Nr. 49 (26.6.1939). DAB: I/1–96.
274 Vgl. Tätigkeitsbericht HBOB vom 1.4. bis 31.8.1939. DAB: I/1–94.
275 Vgl. Tätigkeitsbericht HBOB vom 1.4.1940 bis 30.3.1941, S. 6f. DAB: I/1–94.
276 Vgl. Tätigkeitsbericht des HBOB vom 1.4.1939 bis 30.3.1940, S. 12f. DAB: I/1–94.
277 Vgl. Winke, 16. Folge, Nr. 88 und 89 (15.11.1939). DAB: I/1–96.
278 Vgl. Gertrud Linn an Bodelschwingh (22.8.1933). HBA Bethel: 2/38–152.

279 Frau Blau war »Arierin«. Nur wenn das Ehepaar Blau Kinder gehabt hätte, wäre Albert Blau bis zu einem gewissen Grade geschützt gewesen.

280 Vgl. dazu, wie auch zum Folgenden, Albert Blau an Bodelschwingh (25.8.1933), Lebensdaten des Dr. A. Blau und Verzeichnis bisheriger Veröffentlichungen. HBA Bethel: 2/38–152.
Vgl. außerdem Otto (1990), 38ff.,sowie Frömelt (1967) und Erinnerungsbericht von Dr. Hans-Joachim Kautschke, Görlitz 1985.
Für die Vermittlung dieser Materialien danken die Vf. Bischof Dr. Dr. Joachim Rogge und Frau Waltraud Blätterlein, Görlitz.

281 Am 8.3.1933 wurde die Oberin des Krankenhauses, M. Xaveria, vom Internisten des Hauses darüber informiert, daß dieser von der Regierung zum Leitenden Arzt berufen worden war. Dr. Blau und ein weiterer »nichtarischer« Arzt hätten die Klinik zu verlassen. Bei einer Unterredung in Anwesenheit des Kreisleiters wurde Dr. Blau so behandelt, daß er »danach als Nichtarier verurteilt aus dem Haus wankte«. Der Fürsprache einflußreicher Persönlichkeiten war es wohl zu verdanken, daß Blau am 30.4. seine alte Stellung wieder einnehmen konnte. Als jedoch bekannt wurde, daß er am 1. Juli in ein KZ eingeliefert, die Oberin in einem Sanatorium in Haft genommen und die Klinik liquidiert werden sollte, allein weil sie »nichtarische« Ärzte beschäftigte, legte Blau das Amt des Chefarztes »zugunsten des Hauses« von sich aus nieder. Mit ihm verließen zwei weitere »belastete« Ärzte »gezwungenermaßen« die Klinik. »Die freundschaftlichen Beziehungen zwischen Dr. Blau und dem Carolus-Krankenhaus waren nicht gestört.« Vgl. den Bericht, den Chefarzt Dr. Hausmann aufgrund der Chronik des St. Carolus-Krankenhauses dankenswerterweise am 7.12.1992 den Verf. zur Verfügung gestellt hat.

282 Ein aus Görlitz stammender »halbjüdischer« Mediziner erinnert sich: »Nach dem Studium arbeitete ich als Assistenzarzt bei dem bekannten Internisten Prof. Ercklentz, Chefarzt des Allerheiligen Hospitals in Breslau, mußte jedoch 1933 wegen des Berufsbeamtengesetzes aufhören. In Görlitz nahm mich der berühmte HNO-Arzt Dr. Albert Blau als Helfer auf, welcher eine gute Praxis führte.« Erinnerungsbericht von Dr. Hans-Joachim Kautschke (7.3.1985). Kopie im Besitz der Verf.

283 Die Stiftungen Bethel, Sarepta und Nazareth, die sich 1921 zu den von Bodelschwinghschen Anstalten zusammengeschlossen hatten, unterstanden nach preußischem Stiftungsrecht der staatlichen Aufsicht, die durch den Regierungspräsidenten ausgeübt wurde. Diese

Aufsicht umfaßte u. a. die Mitwirkung bei der Anstellung von leitenden Mitarbeitern, insbesondere von Ärzten. Für diese Mitarbeiter galten auch die Bestimmungen des »Gesetzes zur Wiederherstellung des Berufsbeamtentums«. Der »Arierparagraph« hatte in gleicher Weise Geltung für »Beamte von Körperschaften des öffentlichen Rechts sowie diesen gleichgestellten Einrichtungen und Unternehmungen« (§ 1,2).

Die Neueinstellung eines »nichtarischen« Arztes, auch wenn dieser unter die Ausnahmeregelung für Frontkämpfer fiel, war darum offensichtlich nicht möglich.

Vgl. dazu das Schreiben von Bodelschwinghs an den Leitenden Arzt der Anstalt Bethel, Prof. Dr. Villinger (6.3.1934). HBA Bethel: 2/38–148:

»Pastor Dietrich und ich haben vor einigen Monaten diese Frage einmal mit dem Regierungspräsidenten [Freiherr v. Oeynhausen] und dem Landeshauptmann [Kolbow] besprochen. Es wurde dabei erwogen ob uns eine kommissarische Beschäftigung solcher Herren wenigstens für eine gewisse Frist gestattet werden könnte. Damals führte allerdings Pastor Dietrich diese Verhandlung in der Annahme, daß wir die an jenem Zeitpunkt drohenden Lücken durch arisch einwandfreie Leute nicht ausfüllen könnten. Die Herren schienen geneigt, sich unter dieser Voraussetzung mit einer ausnahmsweisen und vorübergehenden Beschäftigung einverstanden zu erklären. Doch merkte man deutlich, daß es ihnen ein sehr unbehaglicher Gedanke war...«

Für den Hinweis auf die vorstehenden Angaben danken die Verfasser Herrn Wolf Kätzner vom HBA Bethel.

Vgl. auch den Fall einer Ärztin, die – obwohl »Mischling zweiten Grades« – zunächst als Volontärärztin und ab 1.7.1938 sogar als Oberärztin in Sarepta eingestellt worden war. Dazu: Thierfelder (1990), 226–239, besonders 229 und Bd. 1, 258.

284 Vgl. Bodelschwingh an A. Blau (8.9.1933). HAB Bethel: 2/38–152.
285 Vgl. Lebensdaten des Dr. A. Blau. HBA Bethel: 2/38–152. Vgl. außerdem Otto (1990), 38.
286 Vgl. 4. VO zum Reichsbürgergesetz. RGBl I, S. 969f. Walk (1981), II/510.
287 Vgl. Heydrichs Blitzfernschreiben an alle Stapoleit- und Stapostellen (10.11.1938, 1 Uhr 20). Döscher (1988), 86–88. Vgl. auch Kap. 1.
288 Vgl. Otto (1990), 55.
289 Vgl. Frömelt (1967).
290 Vgl. dazu, wie auch zum Folgenden, Bodelschwingh an H. Grüber

(29.12.1938). HAB Bethel: 2/38–152. – Frau Dr. Elisabeth Bornkamm, Heidelberg, bestätigte den Verfassern am 20.9.1992, daß das Ehepaar Blau einige Wochen bei ihnen in Bethel gewohnt hatten. Dies mußte unter großer Geheimhaltung geschehen. Frau Blau sei dies nur schwer zu vermitteln gewesen. Sie wollte – in Verkennung des Ernstes der Lage – wie vor der Pogromnacht auch weiterhin am gesellschaftlichen Leben teilnehmen.

291 Vgl. dazu Bodelschwingh an Hauptpastor Emil Ohly/Stockholm (22.3.1939). HBA Bethel: 2/38–152. – Schon der Vater von Günther Bornkamm, der Görlitzer Pfarrer Georg Bornkamm, hatte guten Kontakt zum Ehepaar Blau. Auskunft von Frau Marie Luise Palm, Darmstadt, am 1.10.1992.

292 Für die Informationen, die den Herrnhuter Aufenthalt von Familie Blau betreffen, danken die Verf. Frau I. Baldauf, Archiv der Brüder-Unität Herrnhut, Herrn Heino Merian, Herrnhut, und Frau Luise Marx, Königsfeld.

293 A. Blau an G. Bornkamm (13.3.1939). Vgl. auch G. Bornkamm an Bodelschwingh (16.3.1939). HBA Bethel: 2/38–152.

294 Vgl. Bengt-Gustav Aurelius, Norköpping, an Heino Merian, Herrnhut (28.1.1993). Kopie im Besitz d. Verf.

295 Vgl. A. Blau an G. Bornkamm (13.3.1939). HBA Bethel: 2/38–152.

296 Vgl., auch zum Folgenden, A. Blau an Bodelschwingh (1.1.1939). HAB Bethel: 2/38–152.

297 Vgl. van Roon (1983), 104 und Bd. 1, 283.

298 Grüber an Bodelschwingh (4.1.1939). HBA Bethel: 2/38–152.

299 Bodelschwingh an Grüber (6.1.1939). HBA Bethel: 2/38–152.

300 Vgl. A. Blau an Bodelschwingh (5.3.1939). HBA Bethel: 2/38–152.

301 Zu Birger Forell vgl. vor allem Koenigswald (1962), 143–161 wie auch Ludwig (1988), 138f.

302 Vgl. Bodelschwingh an G. Bornkamm (9.3.1939). HBA Bethel: 2/38–152.

303 Vgl. G. Bornkamm an B. Forell (16.3.1939). LKA Bielefeld: 5,1–696, Fasc. 1.

304 Vgl. Bodelschwingh an E. Ohly/Stockholm (22.3.1939). HBA Bethel: 2/38–152.

305 E. Ohly an Bodelschwingh (30.3.1939). HBA Bethel: 2/38–152.

306 Pfarrer Erik Perwe war zusammen mit Birger Forell an der schwedischen Auslandsgemeinde in Berlin tätig. Vgl. dazu Edverdsson (1976), 179; zu Forell vgl. Koenigswald (1962), bes. 146–156.

307 Vgl. G. Bornkamm an Bodelschwingh (18.3.1939). HBA Bethel: 2/38–152.

308 Bodelschwingh an A. Blau (12.4.1939). HBA Bethel: 2/38–150.
309 A. Blau an G. Bornkamm (13.3.1939). HBA Bethel: 2/38–152.
310 Vgl. Bengt-Gustav Aurelius an Heino Merian (28.1.1993). Im Besitz der Verf. – Blau nahm nach diesem Schreiben an einer schwedischen Ambulanz im Zusammenhang des finnisch-russischen Winterkriegs 1939/40 teil.
311 Vgl. A. Blau an Bodelschwingh (11.6.1939). HBA Bethel: 2/38–152.
312 Vgl. Aktennotiz von Bodelschwingh (29.6.1940). Vgl. auch Bodelschwingh an Frau E. Bornkamm (26.6.1940). HBA Bethel: 2/38–152.
313 Vgl. Todesanzeige für Albert Blau (8.4.1941). HBA Bethel: 2/38–152.
314 Bodelschwingh an M. Blau (23.4.1941). HBA Bethel: 2/38–152.
315 Vgl. Adam (1979), 310.
316 Mitte 1941 scheint Hitler den Entschluß gefaßt zu haben, daß »möglichst bald das Altreich und das Protektorat von Westen nach Osten von Juden geleert und befreit werde«. Vgl. Adam (1979), 309.
317 Vgl. die von uns zitierten Beispiele einzelner Hilferufe an Bodelschwingh: Sanitätsrat Dr. Martin S. (Bd. 1, 255), Kaufmann Richard O. (Bd. 1, 255f.), kaufmännischer Angestellter Martin Frieland (Bd. 2/2, 157) und Pfarrer Hans Ehrenberg (Bd. 1, 188f.; Bd. 2/2, 54f.). Dem widerspricht nicht, daß sich Bodelschwingh auch verweigern konnte; dies geschah vor allem, wenn eine Sache über seine Kräfte ging. So hat Bodelschwingh im November 1934 die Bitte von Charlotte Friedenthal, Marga Meusel und Martin Albertz abgeschlagen, die Schirmherrschaft über den »Liebesdienst« für »nichtarische« Christen in Berlin-Zehlendorf zu übernehmen (Bd. 1, 326ff.). Auch auf die Bitte von Heinrich Grüber im Oktober 1938, Schirmherr des neu gegründeten »Büros Pfarrer Grüber« zu werden, ging Bodelschwingh nicht ein (Bd. 2/2, 272ff.).
318 Vgl. allgemeiner Brief Nr. 19. St. Raphaelsverein Hamburg (Mitte Februar 1939). DAB: I/1–87.
319 Vgl. zum Folgenden Reutter (1971), 178f.; Wetzel (1988), 475ff.
320 Vgl. Eckert (1985), 272.
321 Vgl. Winke Nr. 84 (13.9.1939). DAB: I/1–87.
322 Das 1917 gegründete Reichswanderungsamt, 1924 in die Reichsstelle für das Auswanderungswesen umgewandelt, unterhielt eine größere Zahl von amtlich anerkannten, gemeinnützigen Auswanderungsberatungsstellen. Diese erhielten für ihre Arbeit staatliche Zuschüsse. Die amtliche Tätigkeit erstreckte sich vor allem auf die Ausstellung von Devisengutachten, von Paßbescheinigungen und Gutachten an Wehrbehörden.

Im Mai 1938 wurde die Zahl der anerkannten Auswanderungsberatungsstellen drastisch reduziert. So wurden auf evangelischer Seite von 45 Nebenstellen des Evangelischen Vereins für Ansiedler und Auswanderer e.V. 43 gestrichen. (Vgl. zu diesem Verein Bd. 2/2, 227) Auf katholischer Seite wurden 28 Nebenstellen des St. Raphaelsvereins die Anerkennung abgesprochen, es blieben noch 15 anerkannt.

Die reine Beratungstätigkeit war davon nicht betroffen. So blieb z. B. in Freiburg auch nach dem Verlust der staatlichen Anerkennung die Nebenstelle des St. Raphaelsvereins mit dem Auftrag der Beratung bestehen.

Vgl. Bericht des Leiters der Auswanderungsberatungsstelle bei der Zentrale des Deutschen Caritasverbandes in Freiburg, Josef Bernauer »Raphaelsarbeit an der Zentrale des Deutschen Caritasverbandes« (o.D.). ADC: 389.2, Fasc. 3; Generalsekretär Größer an Präsident Benedikt Kreutz, Deutscher Caritasverband (7.4.1938). ADC: 389 + 101, Fasc. 2.

323 Vgl. zum Folgenden Reutter (1971), 122–125. Ebenso: Niederschrift P. Größer über Besprechung mit RV, Büro Grüber und Raphaelsverein (20.6.1939). ADC: R 611 I, Hilfsa.; Vereinbarung zur Gründung des Bewilligungsausschusses (30.6.1939). DAB: I/1–87; Aktenvermerk Püschel über die 1. Sitzung des Passagebewilligungsauschusses (5.7.1939). DAB: I/1–90; Besprechungsprotokoll Vertreter Büro Grüber, St. Raphaelsverein, Reichsvereinigung der Juden, Quäker (20.7.1939). DAB: I/1–91 und ADC: 389 + 101, Fasc. 2; Protokoll Passagebewilligungsausschuß (7.11.1939). DAB: I/1–90.

324 Vgl. zum Folgenden Gilbert (1982), 23; Eckert (1985), 249.284.294. 303; Wetzel (1988), 481–484 und Bd. 1, 319.

325 Vgl. zum Folgenden Reutter (1971), 133, der sich auf Rundschreiben der Reichsstelle für das Auswanderungswesen bezieht.

326 In den Jahresberichten der Freiburger Zweigstelle des St. Raphaelsvereins wurden für das Jahr 1938 als Zielländer angegeben (in Klammern die Zahl der Anfragen): USA (245), Brasilien (70), Frankreich (66), Argentinien (56), England (55), Italien (51), Schweiz (42), Australien (40), Niederlande (29), Palästina (21), Südafrika (18), Belgien (16), Peru (16), Spanien (16), Chile (14), Kanada (13), Deutsch-Ostafrika (12), Uruguay (11).
Für das Jahr 1939: Brasilien (269), England (178), Niederlande (170), Belgien (126), USA (117), Schweiz (60), Australien (52), Frankreich (42), Polen (31), Argentinien (24), Spanien (17), Italien (15), Chile (11), Luxemburg (11).

Vgl. Statistik der Zweigstelle des St. Raphaelsvereins Freiburg für 1938 (7.2.1939) und Jahresbericht der Zweigstelle des St. Raphaelsvereins Freiburg (10.1.1941). EBA Freiburg: B2–55–127 Raph.

327 Vgl. Reutter (1971), 139; Eckert (1985), 294; Wetzel (1988), 495–497.

328 Vgl. Rundbrief Büro Pfarrer Grüber (18.1.1939). LKA Nürnberg: Rep. Nr. 24/1553.

329 Vgl. Grüber an Wienken (25.1.1939). DAB: I/1–95. – Auf evangelischer Seite hielt der Holländer M.C. Slotemaker de Bruine Kontakt mit dem Büro Grüber. Auf katholischer Seite ging die Initiative von Prof. Schmutzer aus. Slotemaker de Bruine hatte in der niederländischen Botschaft in Berlin ein eigenes Büro unter dem Namen »Hilfsstelle für Juden und Nichtarier«. Er arbeitete dort von Ende 1938 bis zum Sommer 1939. Vgl. Roon (1983), 108.

Grüber war vom 2. bis 5.1.1939 auf einer Reise nach England mit Zwischenaufenthalt in den Niederlanden. Vgl. Kap. 6.

330 Vgl. Winke (30.12.1938). Zit. nach Reutter (1971), 133.

331 Vgl. Rundbrief St. Raphaelsverein (12.1.1939). DAB: I/1–96.

332 Vgl. Aktenvermerk HBOB Besprechung mit Pater Größer am 14.6.1939. DAB: I/1–86. – Vgl. außerdem Reutter (1971), 141–180.

333 Vgl. Rundschreiben der Zweigstelle des St. Rhaphaelsvereins Freiburg (21.7.1939). EBA Freiburg: B2–55–127 Raph.

334 Vgl. Reutter (1971), 172.

335 Vgl. Reutter (1971), 154f.

336 Vgl., auch zum Folgenden, undatiertes Manuskript Pater Wilhelm Nathem S.A.C.; Walter Knoblich: Kampf und Hilfe des St. Raphaelsvereins für die aus religiösen, politischen und rassischen Gründen Verfolgten (Ms.); Walter Knoblich: Die Tätigkeit des St. Raphaelsvereins für die Auswanderung der Verfolgten des Dritten Reiches (Ms.); Studienreisen des Generalsekretärs und anderer Angestellten des St. Raphaelsvereins, Hamburg (Ms.). ADC: 389 +284.01, Fasc. 1. Johann Friedrich: Meine Erinnerungen an den St. Raphaelsverein. ADC: 389 + 101, Fasc. 2.

337 Vgl. Kurze Niederschrift über die Unterredung Dr. Hecht mit Untersturmbannführer Dannecker (21.3.1940). ADC: 389 + 284.01., Fasc. 1.

338 Vgl. Hilberg (1982), 150.

339 Vgl. Alex Menningen: Bericht über meine Bemühungen in Rom, die Erteilung der Brasilvisa für katholische Nichtarier in Deutschland in Gang zu bringen (10.7.1940). ADC: 389 + 284.01, Fasc.1.

340 Vgl. Generalsekretär Menningen an Bischof Berning (5.8.1940). ADC: 389 + 284.01, Fasc. 1.

341 Vgl. Grüber an Freudenberg (11.11.1940). AÖR: Freudenberg Files, Box 2, Akte 16.
342 Vgl. Reutter (1971), 164.
343 Vgl. Pfarrer Jordan an Büro Pfarrer Grüber (13.12.1939). LKA Nürnberg: Bestand Diakonisches Werk, Nr. 1552. – Vgl. auch Landeskirchl. Archiv Nürnberg (1988), 173–175.
344 Vgl. Georg Lindenstädt an Pfarrer Jordan/Nürnberg (27.12.1939). LKA Nürnberg: Bestand Diak. Werk, Nr. 1552.
345 Vgl. Vollnhals (1988), 408.
346 Vgl. VO über die öffentliche Fürsorge für Juden (19.11.1938). RGBl. I, 1938, 1649.
347 Vgl. Vollnhals (1988), 411.
348 Vgl. Erl. Reichsminister der Finanzen (15.7.1939). DAB: I/1–93 und HBA Bethel: 2/38–150.
349 Vgl., auch zum Folgenden, Regierungspräs. a.D. Hans Elfgen an Caritas Freiburg (28.2.1940) und Hans Elfgen an Chefarzt Dr. Butzengeiger (28.2.1940). ADC: R 611 I, Hilfsa.
350 Vgl. Caritasverband Augsburg an Caritas-Reichsstelle für nichtarische Katholiken Berlin (23.11.1939). DAB: I/2–92.
351 Vgl. Richtlinien des Reichsbeauftragten für das WHW (12.1936). Sauer Bd. 1 (1966b), 96. Vgl. außerdem Bd. 2/2, 110–120.
352 Vgl. Rundschreiben der Jüdischen Winterhilfe der Jüdischen Gemeinde zu Berlin [November 1939]. DAB: I/1–93.
353 Im Winter 1939/40 waren die Regelleistungen: Für Kohlen für 1–3 Personen monatlich 1.50 RM, für 4 und mehr Personen 3.– RM, für Zusatzkohlen auf Grund ärztlichen Attestes weitere 1.50 RM. Für Lebensmittel monatlich für die Einzelperson bzw. den Haushaltungsvorstand 2.– RM, für jede weitere Person im Haushalt 1.50 RM. An Kartoffeln, die in Berlin ins Haus gebracht wurden, standen für einen Winter zur Verfügung: Für eine Person ein Zentner, für zwei und drei Personen zwei Zentner, für vier und fünf Personen drei Zentner, für sechs und mehr Personen vier Zentner. Vgl. Rundschreiben Nr. 2 der Jüdischen Winterhilfe Berlin (14.11.1939). DAB: I/1–93.
354 Vgl. Zeitungsausschnitt »Schuhreparaturen« (24.1.1941). DAB: I/1–93. – Im Mai 1939 lebten in der Stadt Berlin 82–457 Volljuden, davon 75344 Glaubensjuden. Die Zahl der Glaubensjuden in Deutschland insgesamt hat sich von Mai 1939 bis Mai 1941 um etwa 20% verringert. Vgl. Statistik des Deutschen Reichs, Berlin 1944, Band 552,4, S. 6; Benz (1988), 733.
355 Vgl. Vermerk über die Besprechung [Dr. Kobrak mit der Jüdischen Wohlfahrts- und Jugendpflegestelle und der Jüdischen Winterhilfe

der Jüdischen Gemeinde zu Berlin] über die fürsorgerische Betreuung evangelischer Vollnichtarier (9.10.1939). AHA Lobetal: Akte NAC, Bl. 279 und DAB: I/1–95.

356 Vgl. Rundschreiben des HBOB betr. Winterhilfe (November 1939). DAB: I/1–93.

357 Vgl. Rundschreiben Büro Grüber (Februar 1940 und 6.2.1940). AHA Lobetal: Akte NAC, Bl. 338 und 330.

358 Bereits 1933 wurden in Berlin sechs Notstandsküchen gegründet, die nach dem langjährigen Schatzmeister des American Joint Distribution Committee (Joint), Paul Bärwald, benannt waren. Vgl. Adler-Rudel (1974), 168.

359 Vgl. Adler-Rudel (1974), 168.

360 Vgl. Caritas-Reichsstelle für nichtarische Katholiken Berlin an St. Raphaelsverein Zweigstelle Freiburg/Brsg. (19.1.1940). DAB: I/1–92. Vgl. auch Aktenvermerk Dr. Engelhardt über Besprechung mit Assessor Brasch und Präsident Stahl von der Jüdischen Gemeinde Berlin. DAB: I/1–93.

361 Vgl. Büro Grüber an Finanzabteilung der KK (21.2.1939). EZA: 1/C3/171, Bl. 218.

362 Vgl. Braune an Bodelschwingh (19.5.1939). HBA Bethel: 2/38–150.

363 Vgl. Grüber-Rundbrief (1.12.1938). HBA Bethel: 2/38–150.

364 Vgl. Sitzung des LKR München (16.11.1939). LKA Nürnberg: Landeskirchenrat XIV, 1624b. Zit. in: Landeskirchl. Archiv Nürnberg (1988), 152.

365 Vgl. CA an Grüber (16.12.1940) und Landesverein für IM Nürnberg an CA (1.2.1941). ADW: CA 1947/91. Vgl. dazu auch Schr. v. 31.1.1940, 9.4.1940 und 21.11.1940. LKA Nürnberg: LKR XIV, 1624b, zit nach: Balzer (1990), Anm. 122.

366 Vgl. Aktenvermerk OKR Stuttgart betr. »Betreuung nichtarischer Christen« (18.3.1939 und 23.12.1940). LKA Stuttgart: Bd. 153, Altreg. – Da so gut wie alle Akten der Vertrauensstelle in Stuttgart verloren gingen, ist ein genaues Bild nicht zu gewinnen. Dr. Erwin Goldmann war beim Landesverband der Inneren Mission angestellt. Dies geschah jedoch verdeckt. Einem Brief Goldmanns vom Februar 1939 zufolge wurden Zuwendungen für ihn an eine Deckadresse überwiesen, »damit mein Name möglichst wenig in den Büchern auftaucht«. Vgl. Goldmann an »Lieber Freund« (24.2.1939 u. 28.2.1939) und Rechenschaftsbericht von Goldmann (Ende November 1939), sowie Gedächtnisprotokoll einer ehemaligen Sekretärin, E. Frasch, betr. »Hilfsstelle für nichtarische Christen beim Landesverband der IM in Stuttgart« (10.2.1964). LKA Stuttgart: Gen 153 II, Altreg.

367 Vgl. Brunotte (1953/54).
368 Vgl. Thierfelder (1975), 10f.
369 Vgl. Stadtsynodalverband an KK (9.1.1939). EZA: 1/C3/171, Bl. 200.
370 Vgl. Büro Grüber an Finanzabteilung der KK der DEK (21.2.1939). EZA: 1/C3/171, Bl. 218. – Nach einer später hergestellten Abrechnung für die Monate Februar bis April 1939 lag der Voranschlag um etwa 15% zu niedrig. Vgl. Aufstellung der Verwaltungskosten des Büros Pfarrer Grüber (1.6.1939). EZA: 14/958, Bl. 10.
371 Vgl. Finanzabteilung der KK an Grüber (13.3.1939). EZA: 1/C3/171, Bl. 219.
372 Vgl. Reichsstelle für das Auswanderungswesen an Büro Grüber (22.3.1939). EZA: 1/C3/171, Bl. 224.
373 Vgl. Randnotiz Dr. Merzyn für OKR Dr. Engelmann (4.4.1939) auf Schreiben Grüber an Finanzabt. der KK (27.3.1939). EZA: 1/C3/171, Bl. 223. – Die KK wollte sich die Hälfte des Betrags von der Ev. Kirche der altpreuß. Union ersetzen lassen.
374 Vgl. Randnotiz (gez. Kro./8.5.1939) auf Erlaßentwurf KK an Grüber (Mai 1939): »Herr Präsident hat entschieden, daß es bei der Ablehnung bleiben soll.« EZA: 1/C3/171, Bl. 225. Vgl. die Bestätigung dieses Sachverhalts bei Brunotte (1967/68), 158.
375 Vgl. Grüber an Evang. Kons. der Mark Brandenburg (30.3.1939) mit handschr. Notiz Gruhl (31.3.1939). EZA: 14/958, Bl. 3.
376 Vgl. Büro Grüber an Finanzabt. des Ev. Kons. Berlin (6.5.1939). EZA: 14/958, Bl. 5.
377 Vgl. Büro Grüber an Vors. der Finanzabt. des Kons. Berlin mit Aufstellung über Verwaltungskosten und Besucherzahlen (1.6.1939). EZA: 14/958, Bl. 8–11.
378 Vgl. Grüber an Vors. der Finanzabt. des Kons. Berlin (1.6.1939). EZA: 14/958, Bl. 8.
379 Vgl. EOK an Kons. Berlin (25.11.1939). EZA: 14/958, Bl. 14.
380 Vgl. Büro Pfarrer Grüber an CA für die I. M. (13.2.1940). ADW: CA 1947/91.
381 Grüber verkaufte u. a. einen größeren Posten Aktien. Vgl. Bestätigung der Deutschen Bank Berlin in einem Entschädigungsverfahren (5.4.1951). GStA Berlin: Rep. 92/Grüber, Karton 23.
Am 11.11.1939 hatte Rechtsanwalt Friedrich Wilhelm Arnold sich sorgenvoll wegen Grüber an Braune gewandt: »Es kann und darf nicht geschehen, daß er [Grüber] oder seine Familie durch irgendwelche wirtschaftlichen Rückschläge zu den Opfern, die er an Zeit, Kraft und Gesundheit auf sich genommen hat, auch noch wirtschaftliche

Nachteile erleidet. [...] An der Möglichkeit, ein privates Konsortium, das etwa eine Bürgschaft für ihn übernehmen würde, zusammenzubringen, muß ich leider zweifeln oder ja verzweifeln. [...] Ich zweifle auch an einer Bürgschaft von kirchlicher Seite oder von seiten der Inneren Mission.« Arnold an Braune (11.11.1939). AHA Lobetal: Akte NAC, Bl. 264f.

382 Vgl. Grüber an Visser't Hooft (12.10.1939). AÖR: WCC Gen. Corr., Box 44.
383 Vgl. CA für die IM an Büro Grüber (3.8.1940). AHA Lobetal: Akte NAC, Bl. 402. – Vgl. auch Auszüge aus Protokollen der Vorstandssitzung des CA (7.3.1940 und 27.6.1940). ADW: CA 1947/91.
384 Vgl. Grüber an Braune (13.8.1940). AHA Lobetal: Akte NAC, Bl. 401.
385 Vgl., auch zum Folgenden, Nowak (1990), bes. 222f.
386 Vgl. Büro Grüber (Sylten) an Provinzialausschuß der IM in Brandenburg (9.12.1939). ADW: BP 307.
387 Vgl. Grüber an Finanzabt. Kons. Berlin (1.6.1939). EZA: 14/958, Bl. 8.
388 Vgl. Vermerk EOK Berlin (13.1.1941). EZA: 7/3688.
Nach einem Voranschlag über Einnahmen und Ausgaben des Büros Pfarrer Grüber für das Kalenderjahr 1940 – ohne Berücksichtigung der Ein- und Ausgaben für die Winterhilfe – rechnete man mit Verwaltungskosten in Höhe von 87 100 RM jährlich (monatlich 7 250 RM). Die Ausgaben für Emigrantenpassagen wurden zusätzlich mit 8 400 RM, für Wohlfahrtsunterstützung mit 6 000 RM jährlich angesetzt. Als Ersätze wurden veranschlagt: Von der Reichsvereinigung bzw. vom Jüdischen Hilfsverein etwa 71 000 RM, von kirchlicher Seite für Gehälter knapp 5 000 RM, an weiteren Spenden etwa 20 000 RM jährlich. Bei den Ausgaben für Emigrantenpassagen und Wohlfahrtsunterstützung rechnete man mit einem anteiligen Ersatz durch die Reichsvereinigung in Höhe von 2 400 bzw. 1 200 RM jährlich. Nach der gegenseitigen Vereinbarung (vgl. Kap. 12 und 15) hatten – ähnlich wie bei der Winterhilfe – bei »Mischehen« die Kosten für die »arischen« Partner nicht die Reichsvereinigung, sondern die kirchlichen Hilfsstellen aus eigenen Mitteln zu übernehmen. Vgl. Voranschlag 1.1.–31.12.1940 des Büros Grüber. AHA Lobetal: Akte NAC, Bl. 323f.
389 Vgl. Aktenvermerk Engelmann/CA (14.3.1939). ADW: CA 1947/91.
390 Vgl. Heyne an Engelmann (18.3.1939). ADW: CA 1947/91.
391 Vgl. RKM an CA für IM (3.6.1939). ADW: CA 1947/91.
392 Vgl. Depuhl an Braune (25.3.1939). AHA Lobetal: Akte NAC, Bl. 234.

393 Vgl. Landesverband der IM Hannover an CA (12.7.1939, 18.7.1939 und 10.11.1939) sowie CA an Landesverband der IM Hannover (13.7.1939 und 11.11.1939). ADW: CA 1947/91.
394 Vgl. Sitzung des Geistl. Vertrauensrats (18.1.1940). LKA Hannover: E II 128a. Zit. nach: Lindemann (1987), 167.
395 Vgl. Marahrens an den Präsidenten des CA für die IM (10.2.1940). ADW: CA 1947/91.
396 Vgl. Depuhl an CA für die IM (14.8.1940). ADW: CA 1947/91.
397 Zu Haugg vgl. Boberach (1992), 322.
398 Vgl. Vermerk Brunotte (25.1.1939). EZA: 1/C3/171, Bl. 198.
399 Vgl. Brunotte (1967/68), 156.
400 Vgl. Bd. 2/2, 263–266, bes. 265.
401 Vgl. Boyens, Bd. 2 (1973), 47f.
402 Vgl. Grüber (1968), 123f. – Wurm war nur Sprecher des Lutherrats, gleichrangig mit August Marahrens und Thomas Breit. Den Vorsitz führte der bayerische Landesbischof Hans Meiser. Vgl. Thierfelder (1975), 25.49.
403 Vgl. Grüber (1968), 128f.
404 Mit dem Wort »Refugiés« spielt Grüber auf die hugenottischen Flüchtlinge an, die seit der Aufhebung des Edikts von Nantes (1685) vor allem nach Brandenburg gekommen waren und viel zur Entwicklung des späteren Preußens beigetragen haben.
405 Vgl. Heinrich Grüber: Die nichtarischen Christen. AHA Lobetal: Akte NAC, Bl. 202–205. Das gleiche Papier findet sich in Abschrift, aber ohne Angabe des Verfassers, auch in den Akten HBOB. DAB: I/1–89.
Im innerkirchlichen Streit um die »Judenfrage« trat Grüber ebenso unerschrocken für das Recht der »nichtarischen« Christen ein und forderte sogar den Bruch der Tauf- und Abendmahlsgemeinschaft mit den Deutschen Christen nationalkirchlicher Richtung, nachdem diese durch Kirchengesetze getaufte Juden innerhalb der evangelischen Kirche ausgegrenzt hatten. Vgl. dazu Grüber an Visser't Hooft (14.4.1939). AÖR: WCC Gen. Corr., Box 44. Vgl. dazu Bd. 3/2, Kap. 27.
406 Zwei Monate nach seinem Auftritt als Zeuge im Eichmannprozeß in Jerusalem trat Grüber dafür ein, daß erstmals auf einem Deutschen Evangelischen Kirchentag – im Juli 1961 in Berlin – auch Juden als Referenten zugelassen worden. Im Anschluß daran wurde die »Arbeitsgemeinschaft Juden und Christen beim DEKT« gebildet. Vgl. Weckerling (1985), 8.

407 Vgl. »Konsulent« Dr. F. W. »Israel« Arnold an Paul Braune (11.1.1939). AHA Lobetal: Akte NAC, Bl. 93f., zugleich: HBA Bethel: 2/38–150. Friedrich Wilhelm Arnold war ein jüngerer Bruder von Pfarrer Heinz Helmuth Arnold. Dieser war im Mai 1938 mit 46 Jahren von seiner Kirche zwangsweise in den Ruhestand versetzt worden. Nach vierwöchigem KZ-Aufenthalt konnte er im Dezember 1938 zusammen mit seiner Familie nach England emigrieren. Zu Heinz Helmuth Arnold vgl. Neß (1990), bes. 57f., 87–89 und Bd. 2/1,109–112.

408 Vgl., auch zum Folgenden, Braune an F.W. Arnold (13.1.1939). AHA Lobetal: Akte NAC, Bl. 95–97, ebenso: HBA Bethel: 2/38–150.

409 Vgl. Bodelschwingh an Braune (18.1.1939). AHA Lobetal: Akte NAC, Bl. 100f., ebenso: HBA Bethel: 2/38–150.
Zum Gespräch v. Bodelschwinghs mit Minister Kerrl am 24.1.1938 vgl. Kap. 6.

410 Vgl. Braune an F. W. Arnold (13.1.1939). AHA Lobetal: Akte NAC, Bl. 95–97, ebenso: HBA Bethel: 2/38–150.

411 Vgl. F. W. Arnold an Braune (19.1.1939). AHA Lobetal: Akte NAC, Bl. 118.

412 Vgl. Niemöller (1956), 387.

413 Vgl. Bethge (1967), 838f., 879f. Vgl. auch Bd. 4.

414 Vgl., auch zum Folgenden, Ökumenischer Ausschuß für Flüchtlingshilfe (1944); Freudenberg (1969); Freudenberg (1985).

415 Vgl. Conrad Hoffmann Jr.: A plan for German Refugee relief (15.10.1938) und Rundbrief des International Committee on the Christian approach to the Jew / Conrad Hoffmann (15.10.1938). AÖR: IMCA 1/26.12.26/1 und IMCA 1/26.12.01/9.

416 Vgl., auch zum Folgenden, Visser't Hooft (1958), 395ff.; Visser't Hooft (1974, 2.A.), 98–106; Boyens Bd. 1 (1973), 17–19.

417 Vgl. Aide Memoire, verfaßt von Henriod (22.9.1938). AÖR: Life and Work Study Department, Box 108. – Zu Hildebrandt vgl. Bethge (1967), 656f und Bd. 2/1, 294–298.

418 Das International Christian Committee for Non-Aryan Christians bestand seit November 1937 als Nachfolgeorganisation des im Januar 1936 gegründeten International Christian Commitee for German Refugees (ICC). Geschäftsführerin war Barbara Murray, die in Personalunion das Church of England Committee for Non-Aryan Christians betreute. Vgl. Bd. 2/1, 113–126 und Winkler-Nehls (1991), 118.

419 Vgl. zum Folgenden Visser't Hooft an H.S. Leiper (13.10.1938). AÖR: WCC Gen. Corr. Box 69, Akte 1938–1939.

420 Die Initiative in der Flüchtlingsarbeit ging praktisch von der Spitze des Weltbundes auf die des Ökumenischen Rates über. Im Juni 1940 stellte das Generalsekretariat des Weltbundes für Freundschaftsarbeit der Kirchen in Genf »mit Rücksicht auf die politischen Ereignisse« seine Tätigkeit ein. Vgl. Kristeligt Pressebureau, Kopenhagen (12.6.1940). EZA: 5/82.
Vergeblich hatte Friedrich Siegmund-Schultze versucht, Generalsekretär Henriod, der ja sowohl im Dienst des Weltbundes wie des im Aufbau sich befindenden ÖRK stand, zu einer Belebung der Weltbundarbeit zu bewegen. Vgl. Vermerk Kirchl. Außenamt über ein Gespräch mit Weltbund-Präsident Bischof Irenäus von Novi Sad (26.10.1940). EZA: 5/82.

421 Visser't Hooft (1974, 2.A.), 114.

422 Rundschreiben ÖRK (16.11.1938). AÖR: Germany 1. Der englische Text: AÖR: WAIFC/212.015 und 261.1 (The Jewish Question/General).

423 Vgl. zum Folgenden Aide Memoire Geneva Oecumenical Committee on Aid to Non-Aryan Christians (6.12./8.12.1938/Henriod). AÖR: 261.1; Vertraulicher Bericht Schönfelds über Besprechung mit Pfarrer Maas/Heidelberg am 10.12.1938. AÖR: ÖRPC, Box 108; Vorlage für die Sitzung des Ökum. Hilfskomitees am 11.1.1939 und Aide Memoire der Sitzung (11.1.1939/Ehrenström). AÖR: ÖRPC, Box 108, dasselbe in: 261.1, The Jewish Question General.

424 Vgl. Visser't Hooft an Erzbischof Temple (17.11.1938). AÖR: WCC Gen.Corr., Box 108. Visser't Hooft schrieb: »I have found a very nice place for our meeting in January, namely the Pavillon Henri IV at St. Germain-en-Laye. We will probably meet in the room in which Louis XIV was born, and you will preside vis-à-vis of a portrait of Richelieu.«

425 Protokoll der Sitzung des Provisorischen Ausschusses des ÖRK (28. bis 30.1.1939). AÖR: WCC in proc., Box VI.

426 Hilberg beziffert für Ende 1939 die jüdische Bevölkerung in Frankreich mit 270 000, allein in Paris lebten 200 000 Juden. Nach Gilbert hat Frankreich zwischen 1933 und 1938 nur 30 000 jüdische Flüchtlinge aufgenommen. Nach Rosh/Jäckel lebten in Frankreich im Mai 1940 etwa 330 000 Juden. 200 000 von ihnen waren Franzosen. Vgl. Hilberg (1982), 423f; Gilbert (1982), 23; Rosh/Jäckel (1991, 4. A.), 135.

427 Vgl. Freudenberg an Bodelschwingh (4.1.1939) und Bodelschwingh an Braune (6.1.1939). HBA: 2/38–150.

428 Vgl. Freudenberg (1985), 16–61; Ludwig (1994), 262–264.

429 Vgl. Die evangelische Kirche in Deutschland und die Judenfrage (1945), 181f.; Gollwitzer (1977); Freudenberg (1985), 16; Ludwig (1988), 239; Hermle (1989), 42–44.

430 So waren die Vortragenden Legationsräte im AA Ernst Kundt und Richard Kuenzer zu Kurierdiensten bereit. In der Schweiz hatte Freudenberg engen Kontakt zum deutschen Botschaftsrat Theo Kordt in Bern, wie auch zum deutschen Generalkonsul Krauel in Genf. Vgl. Boyens Bd. 2 (1973), 112, sowie Auskünfte des Sohnes, Direktor Hermann Freudenberg.
Als Beispiel: Im Oktober 1940 übergab Freudenberg Krauel ein dreiseitiges Memorandum über die »Beschaffung von Visen für Emigranten«, in dem er um Interventionen des Auswärtigen Amtes bei den Regierungen Frankreichs, Spaniens und der Schweiz bat zur Erleichterung der »Weiterwanderung« von Flüchtlingen. Kopien des Memorandums waren für Kundt und für Geheimrat Albrecht von der Rechtsabteilung des AA bestimmt. Vgl. Freudenberg an Legationsrat Kundt (28.10.1940). PAA Bonn: Kult E Nf, Bd. 373 (R 127880).

431 EZA: 50/490, Bl. 70; Ludwig (1993), 313; Thierfelder (1993), 300.

432 Vgl. Visser't Hooft an Bell (8.2.1939). AÖR: WCC Gen.Corr., Box 9.

433 Vgl. Bell an Visser't Hooft (10.2.1939) und Visser't Hooft an Bell (4.2.1939). AÖR: WCC Gen.Corr., Box 9.

434 Vgl. Bell an J.A.T. Baud (28.3.1939); Visser't Hooft an Bell (7.4.1939); Protokoll des Ökum. Hilfskomitees für nichtarische Christen, Genf (20.3.1939). AÖR: WCC Gen. Corr., Box 9.

435 Vgl. Rundschreiben (undatiert, vermutlich Anfang April 1939) des ÖRK an seine Mitgliedskirchen. AÖR: WCC in process of formation, Box IX, Akte 6.

436 Grüber an Visser't Hooft (30.5.1939). AÖR: WCC. Gen. Corr., Box 44.

437 Vgl. Protokoll der Sitzung des WCC-Administrative Committee, Zeist/Holland (21./22.7.1939), Ziff. 11. AÖR: WCC, Box VI. Ebenso, auch zum Folgenden, Adolf Freudenberg: The Churches and the Non-Aryan Christians, Manuskript (April 1940). AÖR: B2, Akte 2, bes. 28–30.

438 Vgl. Protokoll einer Besprechung Visser't Hooft, Henriod, Paton, Keller in Genf (20.3.1939). AÖR: 261.1.

439 Vgl. Die Evangelische Kirche in Deutschland und die Judenfrage (1945), 182.

440 Vgl. Grüber an Visser't Hooft (27.2.1939). AÖR: WCC Gen.Corr., Box 44.

441 Vgl. Memorandum der »Conference on the Coordination of Christian Refugee Work throughout the World« (26.5.1939). AÖR: WCC Gen. Corr., Box 9.

442 Vgl. Lowenthal (1986), 267–276.

443 Vgl. Briefauszug Hermann Maas an Tana [jüdischer Zwangsname statt Cläre] von Mettenheim (2.7.1939). LKA Karlsruhe: PA Hermann Maas.

444 Vgl. Freudenberg an Karl Barth (5.10.1939). AÖR: WCC, Box X, Akte 0.

445 Vgl. Barbara Murray an Bruno Benfey (15.12.1938). EZA: 7/1952. Der englische Text des Briefes wird zitiert in Schreiben Büro Grüber an EOK Berlin (21.12.1938). EZA: 1/A4/220.

446 Vgl. Report on Non-Aryan German Pastors, verfaßt von C. C. Griffiths (14.12.1939). AÖR: IMCA/26.12.01/Akte 10.

447 Vgl. Jasper (1967), 143f.; Winkler-Nehls (1991), 94f.

448 Vgl. Heinz Golzen an Generalsekretär Henriod/Genf, mit Anlagen (2.8.1938). AÖR: WAIFC/212.015.

449 Vgl. Keller an Henriod (15.8.1938). AÖR: WAIFC/212.015. – Zum International Christian Committee for Non-Aryan Christians vgl. Kap. 20.

450 Vgl. Aufruf des Weltbundes an die Nationalräte (August 1938). EZA: 5/81, Bl. 330–332 bzw. 51/D/XI/d/2. Vgl. auch Bd. 2/2, 208.

451 Vgl. Aide Memoire Geneva Oecumenical Committee on Aid to Non-Aryan Christians (6.12./8.12.1938/Henriod). AÖR: 261.1; Vertraulicher Bericht Schönfelds über Besprechung mit Pfarrer Maas/Heidelberg am 10.12.1938. AÖR: ÖRPC, Box 108; Vorlage für die Sitzung des Ökum. Hilfskomitees am 11.1.1939 und Aide Memoire der Sitzung (11.1.1939/Ehrenström). AÖR: ÖRPC, Box 108, dasselbe in: 261.1, The Jewish Question General.

452 Vgl. hierzu: Aide Memoire Ehrenström (9.12.1938) und Aide Memoire Ehrenström (11.1.1939). AÖR: 261.1, The Jewish Question, General.

453 Vgl. Vertraulicher Bericht Schönfelds über Besprechung mit Pfarrer Maas/Heidelberg am 10.12.1938. AÖR: ÖRPC, Box 108, Akte 1, Ziff. 6.

454 Grüber an Reichsminister Kerrl (16.12.1938). EZA: 5/141, Bl. 235.

455 Vgl. RKM an Pfarrer Grüber (7.1.1939). EZA: 1/A4/220 und 5/141, Bl. 234.

456 Vgl. EOK an RKM (16.6.1939). EZA: 1/A4/220.

457 Vgl. Eingaben des Büros Grüber an den EOK Berlin (17.12.1938 und 21.12.1938) EZA: 7/Gen V/312, Bd.1 und 1/A4/220.

458 Es waren dies Heinz Helmuth Arnold, Bruno Benfey, Helmuth Bergmann, Hans Ehrenberg [fälschlicherweise Vorname Philipp], Alfred Freund-Zinnbauer, Wilhelm Karle, Kurt Lehmann, Paul Leo, Willy Oelsner, Willi Süßbach, Otto Schwannecke, Carl Schweitzer, Werner Sylten, Ernst Flatow, Peter Katz und Hans Iwand. Vgl. Büro Grüber an EOK Berlin (21.12.1938). EZA: 1/A4/220.
Acht von diesen waren »Volljuden«. Freund-Zinnbauer, Lehmann, Süßbach, Schwannecke und Sylten waren »Mischlinge ersten Grades«, Bergmann, Karle und Iwand waren mit »nichtarischen« Ehefrauen verheiratet.

459 Vgl. 7. VO zum Reichsbürgergesetz. RGBl I, 1938, 1751.

460 Vgl. Finanzabt. EOK an Ehrenberg (5.5.1939). EZA: 7/1952.

461 Nach einer Aufstellung vom 2.6.1939 war von der Finanzabteilung beim EOK in Berlin fünf »nichtarischen Geistlichen die Genehmigung zur Verlegung des Wohnsitzes in das Ausland erteilt worden«, und zwar Heinz Helmuth Arnold, Willi Oelsner, Carl Schweitzer, Hans Ehrenberg und Peter Katz. Für Ernst Flatow und Kurt Meschke lagen noch keine genehmigten Anträge vor. Friedrich Forell sei schon 1934 ausgewandert. Vgl. Aufstellung »ausweislich der Akten ›Nichtarische Geistliche‹, Gen. 312« (22.6.1939). EZA: 7/1952.

462 Vgl. 5. VO zum Reichsbürgergesetz. RGBl I,1941, 722–724, Walk (1981), IV/272. Vgl. auch Runderlaß Finanzabt. EOK Berlin (20.1.1942). EZA: 7/1952.
Nach einer nichtdadierten Aufstellung des Konsistoriums Berlin [vermutlich Januar 1942] wurden bis dahin Zahlungen auf Sperrkonten für Carl Schweitzer (Woodford/England), Ernst Flatow (Berlin), Max Bielenstein (Stockholm), Friedrich Forell (Stockholm) und Hans Ehrenberg (Chichester/England) vorgenommen. Vgl. Aufstellung Konsistorium Berlin (o. Datum). EZA: 7/1952.

463 Vgl. VKL an Sup. Carl G. Schweitzer (10.1.1939). EZA: 50/124, Bl. 73f. – Ein wortgleiches Schreiben ging am selben Tag an Helmuth Arnold, Bruno Benfey, Paul Leo, Willy Oelsner, Otto Schwannecke und Willi Süßbach.

464 Vgl. Paul Leo an VKL (6.2.1939). EZA: 50/124, Bl. 24.

465 Vgl. Ordnung betr. Auswanderung nichtarischer Pfarrer. EZA: 50/124, Bl. 1; 50/180, Bl. 44 und 46.

466 Vgl. Minutes of the Meeting of the Administrative Committee WCC in Process of Formation (21./22.7.1939), Ziff. 11. AÖR: WCC in process of formation, Box VI.

467 Bell an Walter Adams, Society for the Protection of Science and Learning (3.4.1939). AÖR: WCC Gen. Corr., Box 9.

468 Vgl. Bell an Visser't Hooft (24.4.1939) und Visser't Hooft an Bell (29.4.1939). AÖR: WCC Gen. Corr., Box 9; Visser't Hooft an Paton (26.4.1939) und Paton an Visser't Hooft (2.5.1939). AÖR: WCC in process of formation, Box IX (The War Years 1), Akte 4 (Corr. re. German Church Situation, March-May 1939).

469 Vgl. zwei Namenslisten »A First List of German refugee christian scholars« und »Research posts under the World Council of the Churches – General Subject – Church, Comunity and State« (o. D., vermutlich Februar/April 1939), sowie Bell an Visser't Hooft (24.4.1939). AÖR: WCC Gen. Corr., Box 9.

470 Vgl. Visser't Hooft an Bell (29.4., 20.5.1939) und Bell an Visser't Hooft (1.5., 4.5.1939). AÖR: WCC Gen. Corr., Box 9.
In den Akten des ÖRK liegt ein nicht datiertes Arbeitspapier »Ökumenische Mitarbeit von nichtarischen Theologen«, das Überlegungen zur Wahl der vier vorgeschlagenen Herren, zur Organisation und zu Methoden und Aufgaben der Mitarbeit mit einem ausführlichen Themenvorschlag festhält. Es läßt erkennen, wie professionell man die Beauftragung geplant hatte. AÖR: 261,1 (The Jewish Question, General).

471 Vgl. Ehrenberg an Bell (14.6.1939), Ehrenberg an ÖRK (26.9.1939), Ehrenberg an Visser't Hooft (26.1.1940) und Visser't Hooft an Ehrenberg (22.2.1940). AÖR: WCC Gen. Corr., Box 34. Ebenso: Visser't Hooft an Leibholz (28.2.1940). AÖR: – WCC-Correspondence/Occasionaly, Akte Ke – Le, 1939–1960.
Visser't Hooft war vom 28.2. bis 14.3.1940 in London, Oxford und Schottland. Vgl. Boyens, Bd. 2 (1973), 330.

472 Vgl. Visser't Hooft an Ehrenberg (15.4.1940). AÖR: WCC Gen. Corr., Box 34.
Zu Schweitzer vgl. Ehrenberg an Visser't Hooft (7.6.1939 und 26.1.1940). AÖR: WCC Gen. Corr., Box 34.

473 Vgl. Ehrenberg an Visser't Hooft (26.1.1940). AÖR: WCC Gen. Corr., Box 34.

474 Vgl. Ehrenberg an Visser't Hooft (23.5.1940). AÖR: WCC Gen. Corr., Box 34.

475 Vgl. Rundbrief Ehrenberg »Einige Mitteilungen an die schweizerischen Freunde«. (18.7.1941) AÖR: WCC Gen. Corr., Box 34.

476 Vgl. Leibholz an Visser't Hooft (29.12.1939 und 20.4.1940). AÖR: WCC-Correspondence/Occasionaly, Akte K – Le, 1939–1960.
Frau Leibholz war die Zwillingsschwester von Dietrich Bonnhoeffer. Vgl. Bd. 1, 177.

477 Vgl. Bethge (1967), 713. 826.

478 Vgl. Weckbecker (1985), 153.
479 Vgl. Rev. C.C. Griffiths an Ernst Lewek (3.2.1939). Kopie im Besitz der Verf., aus Nachlaß Ernst Lewek, dankenswerter Weise über den Sohn Kurt Lewek. Vgl. Faksimile bei Kap. 23, S. 283.
480 Vgl., auch zum Folgenden, Kurt Lewek an die Verf.: »Die Vita meines Vaters« (3.5.1993).
481 Vgl. zum Folgenden Lebenslauf von Friedrich Ernst Lewek, Anlage eines Schreibens an Landesbischof Wurm (8.7.1939). LKA Stuttgart: Altreg. 365 III; ebenso handgeschriebener »Lebenslauf« (vermutlich 1945). Kopie im Bes. d. Verf.
482 Vgl. Röhm/Thierfelder (1990, 4. A.), 74f.
483 Vgl. Lebenserinnerungen Hugo Hahn, Ms., S. 235ff. LKA Dresden: 402235ff; Walther (1985); Klemm (1986), 248–250.
484 Vgl. handschriftliche Erklärung von Ernst Lewek im Konzentrationslager Sachsenburg (12.5.1935). Nachlaß Ernst Lewek. Vgl. ebenso Prater (1969), 101f.
485 Vgl. Polizeifunktelegramm RMdI Frick an Gauleiter Mutschmann (3.6.1935); Prater (1969), 283, Anm. 73.
486 Vgl. Meier, Bd. 2 (1976), 352f.
487 Vgl. Ernst Lewek an Sächs. Ministerium des Innern (1.2.1936). Nachlaß Ernst Lewek .
488 Vgl. Meier Bd. 2 (1976), 357f.
489 Vgl. Prater (1969), 153.
490 Vgl. Klemm (1986), 347.
491 Vgl. Landeskirchenamt Dresden an Ernst Lewek (2.2.1938). EZA: 1/A4/220.
492 Vgl. Ernst Lewek an Oskar Bruhns (28.11.1938). EZA: 1/A4/220.
493 Vgl. Oskar Bruhns an Präsdident Klotsche (29.11.1938). EZA: 1/A4/220.
494 Vgl. Prater (1969), 281.
495 Vgl. Oskar Bruhns an Landeskirchenausschuß Sachsens (16.7.1937). LKA Dresden: Kirchenkampfarchiv, Sammlung Schumann, 7336–7339. Zit. nach Kandler (1985), 97f.
496 Vgl. RKM an Landeskirchenamt Dresden (17.2.1939). EZA: 1/A4/220.
497 Vgl. Kirchl. GVBl. der Ev.-luth. Kirche Sachsens 1939, S. 59.
498 Vgl. Ernst Lewek an Landeskirchenamt Dresden (14.6.1939). LKA Stuttgart: Altreg. 365 III.
499 Vgl. Kirchenkanzlei an Landeskirchenamt Dresden und Landesbischof Schultz als Mitglied des Geistlichen Vertrauensrats (18.12.1939). Nachlaß Ernst Lewek.

500 Vgl. Landeskirchenamt Sachsens an Ernst Lewek (27.6.1939). LKA Stuttgart: Altreg. 365 III.
501 Vgl. Lebenslauf Ernst Lewek (1945). Im Besitz der Vf.
502 Vgl. Prater (1969), 201ff.
503 Vgl. Ernst Lewek an Landesbischof Wurm (8.7.1939). LKA Stuttgart: Altreg. 365 III.
504 Im November 1939 konnte Vikar Helmut Goetze aus Braunschweig für vier Monate in einer Gemeinde im Schwarzwald eine Pfarramtsvertretung übernehmen. Er wurde im Januar 1942 zum Pfarrer in Allmersbach im Tal ernannt. Sein Vater, Pfarrer Alfred Goetze, übernahm die Kriegsstellvertretung seines Sohnes ab 1. April 1942. Nach dem Soldatentod des Sohnes Anfang 1943 wurde dem Vater die Pfarstelle ständig übertragen (vgl. Kap. 25).
Dr. Wolfgang Schweitzer war von März bis November 1943 Stadtvikar in Stuttgart-West, anschließend Pfarrverweser in Böhringen, Dek. Urach; ab April 1944 bis zu seiner Flucht im September 1944 Landesjugendvikar (vgl. Bd. 4).
Pfarrer Hugo Wach aus Sachsen wurde 1942 von Landesbischof Wurm eine Pfarrstelle im Elsaß vermittelt.
Pfarrer Werner Sylten aus Thüringen wurde im Herbst 1935 als »Nichtarier« in Württemberg abgewiesen (vgl. Bd. 3/2, Kap. 48).
Während des Krieges fand eine größere Zahl verfolgter Theologen nichtjüdischer Abstammung Asyl in der württembergischen Landeskirche: Darunter Prof. Helmut Thieliecke (seit August 1940), Pfarrer Günther Dehn (seit April 1943), Prof. Friedrich Delekat (seit März 1943), Vikar Jakob Straub (seit Juli 1939), Pfarrer Dr. Herbert Werner (seit 1941), Pfarrer Hans Asmussen (seit 1943). Vgl. dazu Schäfer 6 (1986), 1183, 1187.
505 Vgl. OKR Stuttgart an Lewek (13.7.1939). LKA Stuttgart: Gen. 365 III, Altreg. Zit. nach Hermle/Lächele (1988), 206.
Zum ersten Fall vgl. Pfarrer Karl Hartenstein an Wurm (26.10.1935), Schäfer Bd. 4 (1977), 423f.
506 Vgl. Georg Walther: Meine Erinnerungen an den kirchlichen Kampf mit dem Nationalsozialismus in Leipzig (1933–1945)/Langfassung, S. 17. Abschrift im Besitz der Verf.
507 Vgl. Kurt Lewek an die Verfasser: »Die Vita meines Vaters« (3.5.1993).
508 Vgl. Landeskirchenamt der braunschweigischen Landeskirche an DEKK (5.9.1939). EZA: 1/A4/358, Bl. 3.
Am selben Tag wurde auch dem 67jährigen früheren Geschäftsführer der Evang. Frauenhilfe in Braunschweig, Dr. Albert Niemann, 1923

bis 1933 Mitglied der Kirchenregierung, als »Mischling ersten Grades« jegliche Betätigung als Pfarrer untersagt. Vgl. Vors. der Finanzabt. in Wolfenbüttel, Hoffmeister, an Landesbischof Johnsen (10.11.1938). EZA: 1/A4/220.
509 Vgl. Bd. 2/1, 240 und Röhm/Thierfelder (1990, 4. A.), 34f.
510 Vgl. Gesetz betr. die Rechtsverhältnisse der Pfarrer und Kirchenbeamte (12.9.1933). Landeskirchl. Amtsblatt der Braunschweigischen evangelisch-lutherischen Landeskirche (7.10.1933), Stück 11.
511 Vgl. Kurzlebenslauf Alfred Goetze (24.4.1956). In: Flohr (1981), 9.
512 Vgl., auch zum Folgenden, Kuessner (1981), bes. 67-105 und Kuessner (1982).
513 Vgl. Alfred Goetze an DEKK (3.3.1940). EZA: 1/A4/358, Bl. 16.
514 Die braunschweigische Landeskirche zählte 1933 etwa 450 000 Mitglieder. Vgl. Materialsammlung Braunschweig (1982), 6.
515 Vgl. Kuessner (1981), 88f.91–93 und Kuessner (1982), 55–57.
516 Vgl. Goetze an Finanzabteilung beim Landeskirchenamt (2.12.1938). EZA: 1/A4/220.
517 Vgl. Lebenslaufähnliche Verteidigungsschrift (o.J., abgefaßt nach September 1941). EZA: 1/A4/358, Bl. 94f.
Vgl. zum Folgenden auch Kurzlebenslauf »Für die Braunschweigische Pfarrerchronik« (24.4.1956). In: Flohr (1981), 9; sowie allgemein a. a. O., 7–8, 12–18.
518 Vgl. Flohr (1981), 40f.
519 Kirchenvorstandsmitglied XY an Staatsrat Kurt Bertram (17.4.1937). LKA Braunschweig, zit. nach Flohr (1981), 92.
520 Vgl., auch zum Folgenden, Flohr (1981), 40. 47f. 52. 54f wie auch Lebenslauf Helmut Goetze. LKA Stuttgart: G/114, Goetze H. Altreg.
521 Vgl. Landeskirchenamt Wolfenbüttel an RKA (21.9.1936) und Antwortschreiben als Randnotiz (23.9.1936). EZA: 1/A4/220.
522 Vgl. Lebenslauf Helmut Goetze. LKA Stuttgart: G/114, Goetze H. Altreg.
523 Vgl., auch zum Folgenden, Flohr (1981), 22. 36–40. 46f. 49. 88f. 91.
524 Vgl. A. Goetze an Rmdi (6.12.1936). In: Flohr (1981), 88f.
525 Vgl. A. Goetze an A. Löhnefinke (2.4.1937). Zit. nach Flohr (1981), 44.
526 Vgl. Landesbischof Johnsen an A. Goetze (25.4.1936). Zit. nach Flohr (1981), 91.
527 Vgl., auch zum Folgenden, Vermerk OKR Brunotte, DEKK (1.2.1939). EZA: 1/A4/220.
528 Vgl. diese Formulierung aus der Botschaft der 3. Bekenntnissynode der Evang. Kirche der altpreußischen Union vom 26. 9. 1935 in

Berlin-Steglitz als Reaktion auf die Einrichtung von Finanzabteilungen. KJB 1933–1944 (1976, 2.A.), 103.
Zur Botschaft von Dahlem, die hier sinngemäß aufgenommen ist, vgl. a. a. O., 94ff.

529 Vgl. Goetze an OKR Brunotte (18.1.1939). EZA: 1/A4/220.
530 Vgl. Rundschreiben DEKK an oberste Behörden der Landeskirchen und erläuterndes Begleitschreiben an RKM (abgesandt 16.5.1939). EZA: 1/A4/220.
531 Vgl. Kirchenvorstand St. Pauli Braunschweig an Landesbischof Johnsen (3.9.1939). EZA: 1/A4/358, Bl. 4.
532 Vgl. DEKK an Landeskirchenamt Wolfenbüttel (10.10.1939). EZA: 1/A4/358, Bl. 9.
533 Vgl. RKM an Finanzabteilung der braunschweigischen Landeskirche (24.10.1939). EZA: 1/A4/358, Bl. 103.
534 Vgl. Meier Bd. 3 (1984), 673, Anm. 1138. Umgekehrt war auch Hoffmeister stellvertretender Vorsitzender der Finanzabteilung in Hannover. – Cölle schrieb am 30.9.1939 unter deutlicher Anspielung auf die Affäre um Paul Leo (vgl. Kap. 26) als stellvertretender Vorsitzender der Finanzabteilung Wolfenbüttel an die DEKK:
»Es dürfte hinreichend bekannt sein, daß es schon erhebliche Schwierigkeiten gegeben hat um die Frage, ob ein jüdischer oder halbjüdischer Ruhestandsgeistlicher aus öffentlichen Mitteln besoldet werden könnte. Wenn heute aber der Bevölkerung bekannt wird, daß ein Halbjude nicht etwa Ruhegehalt, sondern das Gehalt eines aktiven Pfarrers erhält und mit Bewilligung der Kirchenbehörde auch noch als Pfarrer öffentlich tätig ist, wird das Volk zur Selbsthilfe greifen. Ich kann daher kein Verständnis dafür aufbringen, daß die oberste kirchliche Verwaltungsbehörde diesen unmöglichen Antrag des Kirchenvorstandes überhaupt weitergegeben hat.
Ich bin vielmehr der Auffassung, daß die Braunschweigische Kirchenregierung die vorhandene Lücke in der Gesetzgebung beschleunigt ausfüllen und ein Gesetz oder eine Verordnung über die Versetzung der Geistlichen in den Ruhestand im Interesse der Kirche unverzüglich erlassen muß.«
Vgl. Cölle an DEKK (30.9.1939). EZA: 1/A4/358, Bl. 7f. – Zu Cölle vgl. auch Thierfelder (1975), 135.
535 Vgl. Kirchengesetz über die Versetzung eines Geistlichen in den einstweiligen Ruhestand (8.12.1939). Landeskirchliches Amtsblatt der Braunschw. ev.-luth. Landeskirche vom 29.12.1939, S. 59.
536 Vgl. Kirchenvorstand von St. Pauli in Braunschweig an die Kirchenregierung in Wolfenbüttel (22.1.1940). EZA: 1/A4/358, Bl. 96.

537 Vgl. Goetze an DEKK (3.3.1940). EZA: 1/A4/358, Bl. 15–17.
538 Vgl. Merzyn an Goetze (20.3.1940). Mit ähnlichem Inhalt DEKK an RKM (26.3.1940). EZA: 1/A4/358, Bl. 89 und Bl. 19–21.
539 Vgl. Aenne Löhnefinke an Alfred Goetze (25.3.1939 und 30.3.1939). Zit. nach Flohr (1981), 53.
540 Vgl. Braunschweigischer Pfarrer-Verein an Stellvertreter des Landesbischofs Röpke (22.5.1940). EZA: 1/A4/358, Bl. 80; Amtsbrüderliche Mitteilungen des Braunschweigischen Pfarrer-Vereins Nr. 1/Juli 1940, zit. nach: Materialsammlung Braunschweig (1982), 186.
541 Vgl. Braunschw. Kirchenregierung an Pastor Goetze (24.2.1941 und 20.3.1941). EZA: 1/A4/358, Bl. 87 und 51 bzw. 75.
542 Vgl. Klageschrift von Alfred Goetze vor der 2. Zivilkammer des Landgerichts Braunschweig (23.9.1941). EZA: 1/A4/358, Bl. 61–74.
543 Die Beschlußstelle in Rechtsangelegenheiten der DEK war eine vom NS-Staat 1935 eingerichtete Rechtsinstanz, die über Klagen gegen DEK-Maßnahmen zu entscheiden hatte. Vgl. Meier Bd. 2 (1976), 67f.
544 Vgl. Beschluß der Beschlußstelle in Rechtsangelegenheiten beim RKM (17.4.1942). EZA: 1/A4/358, Bl. 111f.
545 Vgl. zum Folgenden Flohr (1981), 54–70.
546 Vgl. Aktennotiz zu Helmut Goetze (16.4.1942). LKA Stuttgart: G/114, Goetze, H., Altreg., Bl. 52.
Helmut Goetze war seit 20.11.1939 im württembergischen Kirchendienst, vor allem als Lehr- und Stadtvikar bzw. Pfarrverweser in Neuenbürg bis er am 16.4.1940 zum Heer eingezogen wurde.
547 Aenne Löhnefinke an Alfred Goetze (1.4.1942) und Alfred Goetze an Aenne Löhnefinke (2.4.1942). Zit. nach Flohr (1981), 63f.
548 Vgl. Alfred Goetze an Aenne Löhnefinke (2.8.1941). Zit. nach Flohr (1981), 61.
549 Vgl. Alfred Goetze an Finanzabteilung Wolfenbüttel (29.6.1941). LKA Stuttgart: G/114, Goetze H., Altreg., Bl. 51/8.
550 Vgl. Bestimmungen über den Vorbereitungsdienst (3.3.1937). Landeskirchl. Amtsblatt der Braunschw. evang.-luth. Landeskirche (6.3.1937).
551 Vgl., auch zum Folgenden, Aktennotiz OKR Stuttgart zu Helmut Goetze (16.4.1942). LKA Stuttgart: G/114, Goetze H., Altreg., Bl. 52.
552 Vgl. zur Kürzung der Staatsleistungen an die württ. evang. Landeskirche Schäfer/Fischer (1968), 225–254; Schäfer 6 (1986), 60–65.
Es gehört bis heute zum Dienstauftrag jedes württembergischen Pfarrers, wöchentlich mehrere Stunden Religionsunterricht an staatli-

chen Schulen zu erteilen. Die Zuschüsse des Staates an die Kirche stehen unter anderem in diesen Zusammenhang. Aufgrund des staatlichen Arierparagraphen wurde »nichtarischen« Pfarrern der Zutritt zur Schule verwehrt, was freilich für »Mischlinge zweiten Grades« wie Helmut Goetze nach dem Buchstaben des Gesetzes nicht hätte gelten dürfen. Vgl. dazu Bd. 2/1, Kap. 25.

553 Vgl. Alfred Goetze an Aenne Löhnefinke (12.2.1943). Abschrift im Bes. d. Verf.

554 Vgl. Goetze über seine Zwangsversetzung in den einstweiligen Ruhestand (Sommer 1942). Manuskriptauszug im Bes. d. Verf.

555 Vgl. Flohr (1981), 67.

556 Vgl. Flohr (1981), 6 und 9.

557 Vgl. Benfey an Nils Ehrenström/Genf (27.1.1939). AÖR: WCC Gen. Corr., Box 11.

558 Vgl. Namensliste »for Rev. Paton« (25.4.1939). AÖR: IMCA/26.11.43, Akte 5.

559 Vgl. Klügel (1964), 493f. Vgl. außerdem Gerlach (1987), 207ff. und Lindemann (1987), 22.44ff.135ff.

560 Vgl. Das Schwarze Korps Nr. 3/1939, 19.1.1939. EZA: 1/A4/220.

561 Vgl. Leiter der Finanzabteilung Hannover an RKM (8.2.1939). EZA: 1/A4/220.

562 Vgl. Leo an VKL (6.2.1939). EZA: 50/124, Bl. 24f.

563 Vgl. Aus Kirchensteuermitteln. In: Das Schwarze Korps, 5. Jg. 15. Folge (13.4.1939), S. 16.

564 Vgl. LKA Kiel an Pfarrer Fritz Majer-Leonhard, Auskunft aufgrund der Personalakten Walter Auerbach (23.7.1985), sowie Kinder (1966, 2.A.), 229; Knoke (1988), 315–317.

565 Vgl. Peter Katz an Bodelschwingh (5.9.1935). HBA Bethel: 2/38–149 und Peter Katz an EOK Berlin (28.12.1938). EZA: 7/1952.

566 Vgl. Kandler (1985), 98; Klemm (1986), 264f. 439f.

567 Vgl. Frank (1947).

568 Vgl. Kurzbiographie in »Der Verein der Freunde Israels«. Festschrift zum 150jährigen Jubiläum, Basel (1980), 65–67.

569 Vgl. Bericht Gurlands über die Vorgänge aus dem Jahr 1939. LKA Hannover. Zit. nach: Lindemann (1987), 143ff.

570 Vgl. Protokoll der Sitzung des Pfarrerausschusses im Landeskirchenamt Hannover (28.4.1939). EZA: 1/A4/220.

571 Vgl. Vermerk des DEKK-Referenten Brunotte auf Begleitschreiben des Pfarrerausschusses der Hannoverschen Landeskirche an DEKK (9.5.1939). EZA: 1/A4/220.

572 Vgl. A. Freudenberg an G. Oehlert (21.6.1939). EZA: 50/124, Bl. 42.

573 Vgl. Bestätigung des Landeskirchenamts Hannover für Pastor Oehlert (26.6.1939). EZA: 50/124, Bl. 43.
574 Vgl. Albertz (VKL) an Marahrens (6.7.1939). EZA: 50/124, Bl. 40.
575 Vgl. Albertz (VKL) an Landesbruderrat Frankfurt/Main (6.7.1939). EZA: 50/124, Bl. 41.
576 Vgl. Klügel (1964), 495.
577 Vgl. Marahrens an Albertz (7.7.1939). EZA: 50/124, Bl. 39.
578 Vgl. Klügel (1964), 495.
579 Vgl. Köhler (1982), 181f.
580 Vgl. LKA Nürnberg: Personalakte Julius Steinmetz; Evang. Pfarrhausarchiv (1988), 25.
581 Vgl. EZA Berlin an Fritz Majer-Leonhard (30.4.1987).
582 Vgl. Fritzche (1985), 401; Ottweiler (1988).
583 Vgl. LKA Darmstadt: Personalakte Hans von Lengerke, Ordner 50.
584 Vgl. Wörmann (1991), 141–149.
585 Bereits am 6. August 1935 hatte Pfarrer Wilhelm Thieme für die Berliner Stadtmission dem Völkischen Beobachter gegenüber erklärt: »Ich kann nur in aller Öffentlichkeit feststellen, daß die Stadtmission, eingedenk ihres Gründers Adolf Stoecker die Bereinigung des deutschen Volkslebens von jedem Einfluß jüdischen Geistes nach wie vor als eine der hauptsächlichsten Aufgaben der Staatsführung ansieht und diese von uns im Geiste des Christentums unterstützt wird.« Vgl. W. Thieme an VB (6.8.1935). Kopie im Bes. d. Verf. Vgl. auch Gerlach (1987), 142, wie zu Stoecker und seinem Einfluß Bd. 1, Kap. 3 und 5.
586 Vgl. Auszüge aus der Ansprache Jacobis bei der Stoecker-Feier (11.12.1935). EZA: 50/210, Bl. 102.
Gerhard Jacobi war »Mischling zweiten Grades«. Die Urgroßeltern mütterlicherseits waren zum Christentum übergetreten. Im Juni 1936 bat Jacobi den Bruderrat von Berlin aus Gesundheitsgründen um Entlastung vom Amt des Präses. Vgl. insgesamt EZA: 50/210.
587 Vgl. Rückleben (1978), 388–390.
588 Vgl. Gädeke (1988).
589 Vgl., auch zum Folgenden, Kurt Meschke an die Kirchenkanzlei der Evang. Kirche der altpreußischen Union (1.7.1952). EZA: 7/1952.
590 Vgl. Klepper (1956), 756; vgl. auch Tagebucheintrag v. 22.3.1939, S. 742.
591 Vgl. zum Folgenden Bethge (1967), 613.720.
592 Vgl. Büsing an Bell (3.3.1937) und Bell an Büsing (9.3.1937). Lambeth Palace Library, Archiv, London: Bell Papers Bd. 28, Bl. 235 und 260. Zit. nach: Winkler-Nehls/Nehls (1991), 111.

593 Vgl. Liste nichtarischer Pfarrer, zusammengestellt vom Büro Pfarrer Grüber (21.12.1938). EZA: 1/A4/220.
594 Vgl. Kindel (1988), 85f.
595 Vgl. zum Folgenden Reichrath (1989, 2.A.), 126–140; Meier Bd. 3 (1984), 431.
596 Vgl. Landesbischof Tügel an DEKK (8.7.1936) und RKA an Landesbischof Tügel (20.8.19936). EZA: 1/A4/220.
597 Den Hinweis verdanken die Verf. Joachim Schlör.
598 Vgl., auch zum Folgenden, Bethge (1987), 174.378.393.557.654–657.
599 Vgl. Nachruf auf Franz Hildebrandt in: Scotsmen, Edinburgh [Ende November 1985].
600 Vgl. zum Folgenden Tabellarischer Lebenslauf von Ernst Gordon (o.D.). LKA Stuttgart: Bestand Majer-Leonhard.
601 Vgl. Gordon an Bodelschwingh mit Lebenslauf (28.9.1937) und Antwort Bodelschwinghs (5.10.1937). HBA: 2/38–153.
602 Vgl. Toaspern (1982), 24–26. Zu Fritsche vgl. Meier Bd. 3 (1984), 246. 638.
603 Vgl. Bericht »Überfall auf Pastor Süßbach« und darauf bezogener Zeugenbericht von Carl Schmidt, Brandenburg. Archiv Ökumenisch-missionarisches Zentrum Berlin: Akte Bekennende Kirche 1934/36.
604 Vgl. Finanzabteilung Ev. Kons. Mark Brandeburg an EOK (13.1.1939 und 3.7.1939); EOK an Finanzabt. Kons. Mark Brandenburg (16.1.1939). EZA: 7/1952.
605 Vgl. Auskunft Konsistorium Berlin an Fritz Majer-Leonhard (14.2.1986).
606 Vgl. Niesel an Sup. Albertz (28.7.1938). EZA: 50/124, Bl. 66.
607 Vgl. Marahrens an Sup. Albertz (30.7.1938). EZA: 50/124, Bl. 64.
608 Vgl. Franz Hildebrandt an Marahrens (27.10.1938). Zit. nach Gerlach (1987), 215.
609 Vgl. Klügel (1964), 495. Schwannecke wurde noch vor seiner Ausreise nach England im Januar 1939 von Landessuperintendent Wolters ordiniert.
Der Name von Otto Schwannecke taucht in den Listen des ÖRK »Pastors from Germany«, die zur Emigration bestimmt waren, auf. AÖR: IMCA 26.11.43, Akte 5.
610 Vgl. Hermle/Lächele (1988), 207–211.
611 Vgl. zum Folgenden Hermle/Lächele (1988), 199–205.
612 Vgl. Arthur Schaller an CA (10.9.1940), CA an Schaller (18.9.1940) und CA an Büro Grüber (10.9.1940). ADW: CA 1947/91.
613 Vgl. zum Folgenden kommentierte Namenslisten: »Memorandum on the conversation with Rev. Griffiths about openings for German

Pastors«; »Pastors from Germany – Undertaken by Anglican Christian non-Aryan Relief Commitee«; Namensliste »for Rev. Paton« (25.4.1939). AÖR: IMCA/26.11.43/5.

614 Vgl. Scherffig Bd. 2 (1990), 136f.
615 Vgl. Kurt Emmerich an Wolfgang Gerlach (30.7.1968). Kopie des Schr. i. Bes. d. Verf.

Zeittafel

NS-Judenverfolgung und Selbsthilfe der Juden

Das Verhalten der Kirchen gegenüber Juden und Judenchristen

1938

1938

Februar: Pfarrer Ernst Lewek wird mit 44 Jahren in den Ruhestand versetzt (Kap. 24)

März: Jüdische Gemeinden verlieren den Status einer Körperschaft des öffentlichen Rechts und damit alle Steuervergünstigungen.

Die Landeskirche in Sachsen läßt auf Grabsteinen nur noch »dem deutschen Empfinden entsprechende Symbole und Inschriften« zu (Kap. 30).

13. März: Österreich mit 190 000 Juden unter deutscher Herrschaft

Juni: Alle jüdischen Gewerbebetriebe werden registriert und gekennzeichnet.
In Krankenanstalten müssen Juden und Nichtjuden getrennt werden.

Juli: Die noch etwa 3 000 jüdischen Ärzte verlieren zum 30. September ihre Approbation. 700 sind noch als »Krankenbehandler« zugelassen (4. VO RBüG).

17. August: Ab 1. Januar 1939 müssen Juden einen Zwangsnamen tragen.

August: Pfarrer Heinrich Grüber baut im Auftrag der BK eine Hilfsstelle für »nichtarische« evangelische Christen auf (Kap. 8).

24. August: Gründung des Hilfswerks beim Bischöflichen Ordinariat Berlin (Kap. 10).

September: Jüdische Rechtsanwälte verlieren Zulassung. 172 arbeiten als »Konsulenten« moch weiter (5. VO RBüG).

Juden dürfen nur noch an Juden berufsmäßig Krankenpflege ausüben.

29. September: Besetzung des Sudetenlandes

Oktober: Jüdische Reisepässe werden mit »J« gekennzeichnet.

Juden werden vom Beruf des Patentanwalts ausgeschlossen.

26. Oktober: Juden polnischer Staatsangehörigkeit müssen bis 29. Oktober Deutschland verlassen.

7. November: Attentat Herschel Grynszpans auf den deutschen Gesandtschaftssekretär Ernst vom Rath (Kap. 1).

9. November: »Reichspogromnacht«: Ermordung von 91 Menschen, Verhaftung von 26 000 Männern, Zerstörung und Schändung der Synagogen, Zerstörung von 7 000 Geschäften (Kap. 1).

10. November: Dompropst Bernhard Lichtenberg betet öffentlich für die verfolgten Juden (Kap. 3).

Pfarrer Alfred Goetze, Braunschweig, wird jegliche pfarramtliche Tätigkeit untersagt (Kap. 25).

12. November: Besprechung über die »Judenfrage« unter Vorsitz von Göring: 1. VO zur Ausschaltung der Juden aus dem Wirtschaftsleben.

Juden haben »das Straßenbild wiederherzustellen«. Sie werden aus dem Kulturleben ausgeschlossen. Sie haben eine Sühneleistung von einer Milliarde RM zu bezahlen (Kap. 2).

15. November: Juden aus deutschen Schulen ausgeschlossen (Kap. 36).

19. November: Juden haben nur noch auf eigene jüdische Wohlfahrtsunterstützung Anspruch (Kap. 18).

16. November: Thüringischer Landeskirchenrat ruft zum »Kampf gegen den volksverhetzenden Geist des Judentums« auf (Kap. 3).

16. November: Pfarrer Helmut Gollwitzer, Berlin-Dahlem, geht in einer Bußtagspredigt auf das Judenpogrom ein (Kap. 4).

Pfarrer Julius von Jan, Oberlenningen, prangert in seiner Bußtagspredigt unerschrocken das Geschehen der Pogromnacht an (Kap. 5).

21. November: Die Judenvermögensabgabe beträgt 20% des Vermögens. Freibetrag 5 000 RM.

25. November: Pfarrer Julius von Jan wird von auswärtigen SA- und SS-Schergen zusammengeschlagen und inhaftiert (Kap. 5).

3. Dezember: Führerscheine und Kraftfahrzeugzulassung von Juden eingezogen.

1. Dezember: Erste Liste der Vertrauensstellen des »Büros Pfarrer Grüber« (Kap. 8).

12. Dezember: Beschränkung der Ausfuhr von Wertsachen und Devisen für Auswanderer.

10.–12. Dezember: BK-Kirchentag in Berlin-Steglitz tritt für christliche »Nichtarier« ein.

Jüdische Schutzhäftlinge über 50 Jahre werden entlassen, bleiben jedoch unter Polizeiüberwachung.

21. Dezember: Weiterhin Schulpflicht für jüdische Kinder, aber nur noch der Besuch jüdischer Privatschulen erlaubt.

28. Dezember: »Judenbann« für bestimmte öffentliche Einrichtungen. Ausschluß von Juden aus Speise- und Schlafwagen.

31. Dezember: Jüdische Verlage und Buchhandlungen geschlossen. Jüdische Zeitungen schon seit 10. November verboten bis auf das zensierte offizielle »Jüdische Nachrichtenblatt«.

15. Dezember: Mehr als 30 »nichtarische« Pfarrer und ihre Familien erhalten Einladung und Visum zur Übersiedlung nach England durch Vermittlung von Bischof Bell, Chichester (Kap. 23).

Ende Dezember: Pfarrer Werner Sylten wird Mitarbeiter von Heinrich Grüber (Kap. 48).

1939

1939

1. Januar: Alle jüdischen politischen Organisationen einschließlich zionistischer aufgelöst.

17. Januar: Approbation von jüdischen Zahn- und Tierärzten sowie von Apothekern erlischt.

Aufhebung des Mieterschutzes für Juden.

24. Januar: Im RMdI wird unter der Leitung des Chefs der Sicherheitspolizei, Heydrich, die Reichszentrale für die jüdische Auswanderung gebildet. Geschäftsführer: Heinrich Müller (Kap. 2).

1. Januar: Pfarrer Willi Oelsner, Berlin, vorzeitig zur Ruhe gesetzt (Kap. 26).

30. Januar: Hitler droht in einer Reichstagsrede die »Vernichtung der jüdischen Rasse in Europa« an (Kap. 2).

31. Januar: Juden, die Auswanderungsnachweis haben, können aus dem KZ entlassen werden.

11. Februar: Heydrich informiert die obersten Reichsbehörden über die Bildung der Reichszentrale für jüdische Auswanderung. Die Durchführung der Auswanderung ist ausschließlich Sache der Reichsvereinigung der Juden (Kap. 12).

März: Erster illegaler Transport von 280 Juden aus Deutschland nach Palästina auf dem Weg über Donau, Schwarzes Meer, Mittelmeer (Alijah Beth).

1. März: Juden haben Juwelen und Edelmetalle mit Ausnahme von Trauringen, Tafelsilber und Zahnersatz abzuliefern. In Mischehe lebende Ehegatten ausgenommen.

4. März: Arbeitslose Juden werden zu Schwerstarbeit zwangsverpflichtet (Kap. 33).

15. März: Besetzung der Tschechoslowakei

24. März: Die jüdischen Kultusvereinigungen haben die Ruinen der zerstörten Synagogen zu beseitigen ohne Neuaufbau.

28.-30. Januar: Der Vorläufige Ausschuß des ÖRK beschließt in St. Germain-en-Laye die Erweiterung der Ökumenischen Flüchtlingshilfe sowie eine Personalstelle zur Koordination dieser Hilfe (Kap. 22).

2. Februar: Die Anhaltische Kirche wie vier weitere DC-Kirchen verweigern durch Gesetz den Juden Aufnahme in die Kirche (Kap. 27).

25./26. März: Vertreter der Deutschen Christen und der »Mitte« stellen in der Godesberger Erklärung einen »unüberbrückbaren religiösen Gegensatz zum Judentum« fest (Kap. 28).

Ende März: Pfarrer Hans Ehrenberg, Bochum, emigriert nach England (Kap. 23).

30. April: Gesetz über Mietverhältnisse mit Juden. Die Zusammenlegung jüdischer Familien in »Judenhäusern« wird vorbereitet.

4. April: Elf DC-Landeskirchenleiter fordern ein »Institut zur Erforschung des jüdischen Einflusses auf das deutsche kirchliche Leben«.

April: Adolf Freudenberg wird Sekretär des Ökumenischen Flüchtlingsdienstes in London (Kap. 22).

17. Mai: Bei der Volkszählung in Deutschland hat jeder Haushaltungsvorstand alle Juden einschließlich sog. »Mischlinge« unterschiedlichen Grades zu melden (Kap. 34).

2. Mai: Der Ökumenische Rat protestiert gegen die Godesberger Erklärung (Kap. 28).

6. Mai: Gründung des »Instituts zur Erforschung des jüdischen Einflusses auf das deutsche kirchliche Leben« (Kap. 29).

26. Mai: Vertreter evangelischer und katholischer Flüchtlingshilfsorganisationen zusammen mit Quäkern treffen sich bei Adolf Freudenberg in London (Kap. 22).

16. Juni: Heilbäder und Kurorte für Juden nur noch zugänglich mit Sondergenehmigung bei völliger Isolierung von den »Deutschen«.

1. Juni: Pfarrer Rudolf Gurland, Meine, wird in den vorzeitigen Ruhestand versetzt (Kap. 26).

4. Juli: Die Reichsvereinigung der Juden in Deutschland als Zwangsverband auch für evangelische und katholische »Nichtarier« errichtet (10. VO RBüG): Zuständig u. a. für das Schulwesen und die freie jüdische Wohlfahrt (Kap. 12).

5. Juli: Katholiken, Protestanten und Quäker gründen »Passagebewilligungsausschuß« für christliche »Nichtarier« (Kap. 15).

21./22. Juli: ÖRK-Sonderprogramm für vier emigrierte Wissenschaftler (Leibholz, Ehrenberg, Schweitzer, Frank) (Kap. 23).

1. September: Mit Beginn des Zweiten Weltkriegs kommen zwei Millionen Juden unter deutsche Herrschaft.

Ausgangsbeschränkung für Juden ab 20 Uhr, im Sommer ab 21 Uhr.

20. September: Juden müssen am Feiertag Jom Kippur ihre Rundfunkgeräte abgeben (Kap. 33).

Oktober: Judenreservat »Lublinland« in Polen beschlossen.
Erste Deportationen aus der »Ostmark« (Österreich) und dem »Protektorat Böhmen und Mähren« nach Polen.

19. Oktober: Sühneleistung der Juden von 20% auf 25% Vermögensabgabe erhöht.

23. November: Im Generalgouvernement wird der Judenstern eingeführt.

21. Dezember: Der Chef der Sicherheitspolizei und des SD ernennt Adolf Eichmann zum »Sonderreferenten« im RSHA für die »Räumung im Ostraum« (Kap. 32).

1940

Januar: Lebensmittelkarten von Juden werden mit »J« gekennzeichnet. Für Juden gibt es keine Spinnstoffe und Lederwaren mehr.

September: Adolf Freudenberg wird Flüchtlingssekretär in Genf (Kap. 38).

Gründung der französischen Flüchtlingshilfsorganisation CIMADE (Kap. 42).

Oktober: »Jüdische Winterhilfe« wird in Berlin für protestantische »Nichtarier« vom Büro Grüber organisiert (Kap. 18).

10. Oktober: Die Christliche Familienschule für evangelische und katholische »Nichtarier«-Kinder beginnt in Berlin, Oranienburger Straße 20, mit der Arbeit (Kap. 37).

15. November: Das Sondergericht Stuttgart verurteilt Julius von Jan zu einem Jahr und vier Monaten Gefängnishaft (Kap. 5).

1940

12./13. Februar: Erste Deportationen von Juden aus Deutschland (Schneidemühl, Stettin, Stralsund) nach Lublin (Kap. 32).

9. April: Dänemark besetzt.

30. April: Erstes Zwangs-Judenghetto in Lodz errichtet.

10. Mai: Beginn des Westfeldzuges. Nach dem Waffenstillstand werden die verhafteten Juden in Lager im unbesetzten Südfrankreich verbracht.

Juni: Juden ist das Einkaufen erst ab 15.30 Uhr erlaubt.

15. August: Eichmann legt den Madagaskarplan vor (Kap. 32).

3. August: Der Central-Ausschuß für die Innere Mission verweigert einen Zuschuß für die Arbeit des Büros Pfarrer Grüber (Kap. 19).

1. Oktober: Juden dürfen keine Fernsprechapparate mehr haben.

3. Oktober: Magdalene und Friedrich Forell überschreiten die rettende Grenze nach Spanien (Kap. 39).

15./16. Oktober: Letztes Treffen der Vertrauensleute des Büros Pfarrer Grüber (Kap. 8).

22./23. Oktober: Deportation der 6500 badischen und saarländisch-pfälzischen Juden nach Gurs (Kap. 40).

24. Oktober: Die holländischen Kirchen protestieren gegen die Einführung des Arierparagraphen in Holland (Kap. 44).

15. November: Abriegelung des Warschauer Ghettos.

19. Dezember: Verhaftung von Pfarrer Heinrich Grüber mit anschließender zweieinhalbjähriger Haft in den Konzentrationslagern Sachsenhausen und Dachau (Kap. 47).

4. Advent: Das Kirchenopfer von Basel-Stadt ist für den Flüchtlingsdienst der französischen Kirche bestimmt (Kap. 38).

24. Dezember: Juden haben zusätzlich zur regulären Einkommensteuer noch eine 15%ige Sozialausgleichsabgabe zu entrichten (Kap. 33).

24. Dezember: Die Lagergemeinde in Gurs feiert Weihnachten (Kap. 42).

1941

1941

7. Januar: Für jüdische Bürger wird eine Sondersteuer in Höhe von 15% eingeführt.

Januar: Jeanne Merle D'Aubigné für eineinhalb Jahre im Lager Gurs (Kap. 42).

30. Januar: Die Gestapo löst die Berliner Judenmission auf (Kap. 45).

Februar bis April: Deportation von 72 000 Juden in das Warschauer Ghetto.

17. Februar: Pfarrer Adolf Freudenberg schickt »apostolischen« Brief an die Lagergemeinde in Gurs (Kap. 43).

27. Februar: Pfarrer Werner Sylten verhaftet und in das Konzentrationslager Dachau überführt. Er wird im August 1942 auf einem »Krankentransport« nach Hartheim umgebracht (Kap. 48).

7. März: Einführung der Zwangsarbeit für Juden in Deutschland.

20. März: Prof. Robert Liefmann stirbt kurz nach seiner Befreiung aus dem Lager Gurs (Kap. 41).

31. März: Pfarrer Alfred Goetze, Braunschweig, wird endgültig in den vorzeitigen Ruhestand versetzt. Er zieht nach Württemberg und übernimmt die Kriegsstellvertretung auf der Pfarrstelle seines Sohnes Helmut in Allmersbach im Tal (Kap. 25).

10. April: Die Christliche Familienschule wird von der Gestapo aufgelöst. Die Unterrichtung einiger Schüler geht für kurze Zeit illegal weiter (Kap. 37).

14. Mai: Erste Massenverhaftungen von 3 600 Juden in Paris.

Mai: Bildung der vier SS-Einsatzgruppen für Massenmord beim geplanten Überfall auf die UdSSR.

Mai: Der gesamte jüdische Wohnraum wird erfaßt (Kap. 33).

22. Juni: Überfall auf die Sowjetunion. Beginn der Endphase der Judenvernichtung.

3. Oktober: VO über die Beschäftigung von Juden: Juden haben keinen Anspruch auf Sonderleistungen aus der Arbeit. Trennung am Arbeitsplatz von »Ariern« (Kap. 33).

24. November: Juden im Ausland verlieren deutsche Staatsbürgerschaft und Rentenansprüche.

Literatur

Adam, Uwe Dietrich: Judenpolitik im Dritten Reich, Königstein/Ts. 1979

Adler-Rudel, Salomon: Jüdische Selbsthilfe unter dem Naziregime 1933-1939, Tübingen 1974

Albertz, Martin: Die Vorläufige Kirchenleitung. In: Beckmann, Joachim/ Mochalski, Herbert (Hg.):Bekennende Kirche, München 1952, S. 164-172

Albertz, Martin: Die Synagoge am Nollendorfplatz. In: Weckerling, Rudolf (Hg.): Durchkreuzter Haß, Berlin 1961, 2. A.

Althausen, Oskar: Die Deportation und Camp de Gurs überlebt. In: Erhard R. Wiehn: Oktoberdeportation 1940, Konstanz 1990, S. 343-374

Akten deutscher Bischöfe über die Lage der Kirche 1933-1945, Band I, II und III bearbeitet von Bernhard Stasiewski, Band IV, V und VI bearbeitet von Ludwig Volk, Mainz 1968/1976/1979/1980/1983/1985 (Zit.: Stasiewski bzw. Volk)

Arendt, Hannah: Eichmann in Jerusalem, München 1964

Baier, Helmut: Kirche in Not. Die bayrische Landeskirche im Zweiten Weltkrieg, Neustadt a. d. Aisch 1979

Balzer, Roland: Das Büro Grüber und seine Vertrauensstellen in Nürnberg und München. Seminararbeit im Kirchengeschichtlichen und Diakoniewissenschaftlichen Hauptseminar der Universität Heidelberg 1990 (unveröffentlicht)

Barkai, Avraham: Vom Boykott zur »Entjudung«, Frankfurt/M. 1987

Barth, Karl: Eine Schweizer Stimme, Zürich 1985, 3.A.

Beckmann, Joachim (Hg.): Kirchliches Jahrbuch für die Evangelische Kirche in Deutschland 1933-1944, Gütersloh 1976, 2. A. (1948, 1. A.). Zit.: KJB 1933-1944

Benz, Wolfgang (Hg.): Die Juden in Deutschland 1933-1945, München 1988

Bergschicker, Heinz: Deutsche Chronik 1933-1945, Leipzig 1981

Bethge, Eberhard: Dietrich Bonhoeffer, München 1967

Bethge, Eberhard u.a.: Dietrich Bonhoeffer. Bilder aus seinem Leben, München 1986

Bethge, Eberhard: Der 9. November 1938 und Dietrich Bonhoeffer (6.11.1988). In: Mitteilungen des Internationalen Bonhoeffer-Komitees Nr. 29/April 1989, S. 1-7

Boberach, Heinz: Organe der nationalsozialistischen Kirchenpolitik. In: Bonhoeffer, Dietrich: Gesammelte Schriften, Band 2, München 1959

Bracher, Karl Dietrich u.a. (Hg.): Staat und Parteien. Festschrift für Rudolf Morsey, Berlin 1992, S. 305-331

Boyens, Armin: Kirchenkampf und Ökumene, 1933-1939 (Bd. 1), 1939-1945 (Bd. 2), München 1969. 1973

Brakelmann, Günter (Hg.): Kirche im Krieg, München 1979

Brandt, Wilhelm: Friedrich von Bodelschwingh 1877-1946, Bethel bei Bielefeld 1967

Braune, Berta: Hoffnung gegen die Not. Mein Leben mit Paul Braune 1932-1954, Wuppertal 1983

Broszat, Martin/Fröhlich, Elke/Wiesemann, Falk (Hg.): Bayern in der NS-Zeit. Soziale Lage und politisches Verhalten der Bevölkerung im Spiegel vertraulicher Berichte, München 1977

Brunotte, Heinz: Die Entwicklung der staatlichen Finanzaufsicht von 1935 bis 1945. In: Zeitschrift für evangelisches Kirchenrecht 3.1953/54, S. 29ff.

Busch, Eberhard: Karl Barth's Lebenslauf, München 1978

Der Prozeß gegen die Hauptkriegsverbrecher vor dem Internationalen Militärgerichtshof Nürnberg (IMT). Amtlicher Text. Deutsche Ausgabe. Urkunden und anderes Beweismaterial, Nürnberg 1948, Nachdruck Delphin-TB-Ausgabe, München 1989. (Abk.:IMT bzw. »Der Prozeß«)

Der Verein der Freunde Israels. Festschrift zum 150jährigen Jubiläum, Basel 1980

Deutschland-Berichte der Sozialdemokratischen Partei Deutschlands (Sopade), 1934-1940, Salzhausen und Frankfurt/M 1980

Die Evangelische Kirche in Deutschland und die Judenfrage. Ausgewählte Dokumente aus den Jahren des Kirchenkampfes 1933 bis 1943. Hg. auf Veranlassung des Flüchtlingsdienstes des Ökumenischen Rats der Kirchen, Genf 1945

Diem, Hermann: Ja oder Nein. 50 Jahre Theologie in Kirche und Staat. Stuttgart 1974

Dipper, Theodor: Die Evangelische Bekenntnisgemeinschaft in Württemberg 1933-1945, Göttingen 1966

Diestelkamp, A. Joachim: Das Tier aus dem Abgrund. Eine Untersuchung über apokalyptische Predigten aus der Zeit des Nationalsozialismus. Protest und Trost, Widerstand und Mißbrauch, Dessau 1993

Domarus, Max: Hitler - Reden und Proklamationen, Würzburg Bd. I (1962), Bd. II (1963)

Döscher, Hans-Jürgen: Reichskristallnacht, Frankfurt/M. 1988

Eckert, Brita (Hg.): Die jüdische Emigration aus Deutschland 1933-1941. Die Geschichte einer Austreibung. Eine Ausstellung der Deutschen Bibliothek, Frankfurt am Main, Frankfurt/M 1985

Edverdsson, L.: Kyrka och Judendom, mit einer deutschen Zusammenfassung, Lund 1976

Eggers, Christian: Die Reise der Kundt-Kommission durch die südfranzösischen Lager. In: Grandjonc, Jacques/Grundtner, Theresia (Hg.): Zone der Ungewißheit. Exil und Internierung in Südfrankreich 1933-1944, Reinbek bei Hamburg 1993, S. 235-245

Ehmer, Hermann: Hundert Jahre Württembergischer Pfarrverein. In: Mittendorf, Hermann (Hg.): »Gottes gesammelte Stückwerke«. Hundert Jahre evangelischer Pfarrverein in Württemberg, Stuttgart 1991, S. 37-105

Elias, Otto L.: Der evangelische Kirchenkampf und die Judenfrage. In: Informationsblatt für die Gemeinden in den niederdeutschen lutherischen Landeskirchen 10.1961, Nr. 14 (31.7.1961), S. 213-220

Erhart, Hannelore: Theologinnen in Kirche und Gemeinde im Zweiten Weltkrieg – das Beispiel Katharina Staritz. In: Norden, Günther van: Evang. Kirche im Zweiten Weltkrieg, Köln 1991, S. 167-189

Evangelische Hilfsstelle für ehemals Rassenverfolgte in Berlin (Hg.): An der Stechbahn. Erlebnisse und Berichte aus dem Büro Grüber in den Jahren der Verfolgung, Berlin 1960

Evangelisches Pfarrhausarchiv: Wider das Vergessen. Schicksale judenchristlicher Pfarrer in der Zeit von 1933-1945. Begleitheft zu einer Sonderausstellung im Lutherhaus, Eisenach 1988

Fabian, Hans-Erich: Zur Entstehung der »Reichsvereinigung der Juden in Deutschland«. In: Strauss, Herbert A. und Grossmann, Kurt R.: Gegenwart im Rückblick, Heidelberg 1970, S. 165-179

Feurich, Walter: Lebensbericht eines Dresdner Gemeindepfarrers, Berlin (Ost) 1982

Fliedner, Hans-Joachim: Die Judenverfolgung in Mannheim 1933-1945, Stuttgart 1971

Flohr, Beate/Flohr, Juliane: Das Leben und die Nöte des Pastors Alfred Goetze im Dritten Reich. Eine Dokumentation zum Thema: Alltag im Nationalsozialismus im Rahmen des Schülerwettbewerbs »Deutsche Geschichte 1980«. Maschinenschriftliches Manuskript, Bonn 1981

Flüchtlingsdienst des Ökumenischen Rats der Kirchen (Hg.): Die Evangelische Kirche in Deutschland und die Judenfrage. Ausgewählte Dokumente aus den Jahren des Kirchenkampfes 1933 bis 1943, Genf 1945

Frank, Arnold: What about the Jews? Belfast 1947

Freudenberg, Adolf (Hg.): Rettet sie doch! Franzosen und die Genfer Ökumene im Dienst der Verfolgten des Dritten Reiches, Zürich 1969

Freudenberg, Adolf (Hg.): Befreie, die zum Tode geschleppt werden. Ökumene durch geschlossene Grenzen 1939-1945, München 1985

Freudenberg, Adolf: Begrenzte Hilfe außerhalb deutscher Grenzen. Ökumenische Aktionen zur Errettung verfolgter Juden 1938 bis 1945. In: Fink, Heinrich: Stärker als die Angst, Berlin 1968, S. 113-124

Freudenberg-Hübner, Dorothee und Wiehn, Erhard Roy (Hg.): Abgeschoben. Jüdische Schicksale aus Freiburg 1940-1942. Briefe der Geschwister Liefmann aus Gurs und Morlaas an Adolf Freudenberg in Genf, Konstanz 1993

Fritzsche, Hans: Kirche im Dritten Reich. Ein Bericht vom Kirchenkampf im Kirchenkreis Altenkirchen (Westerwald). In: Norden, Günther van (Hg.): Zwischen Bekenntnis und Anpassung, Köln 1985, S. 382-409

Frömelt, Oskar: Ein Judenschicksal in der Nazizeit [Dr. Albert Blau], Görlitz 1967

Funke, Alex (Hg.): Paul Gerhard Braune ein Mann des kirchlichen Widerstands (Bethel. Beiträge aus der Arbeit der v. Bodelschwinghschen Anstalten, Heft 21), Bielefeld-Bethel 1979

Gädeke, Reinhard: Theodor Noa, 1891-1938. Pfarrer in Hagen und Siegen, Sonderdruck aus »Heimatbuch Hagen und Mark 1988«, Hagen 1988

Gerlach, Wolfgang: Als die Zeugen schwiegen, Berlin 1987

Gilbert, Martin: Endlösung. Die Vertreibung und Vernichtung der Juden. Ein Atlas, Reinbek bei Hamburg 1982

Ginzel, Günther B.: Martin Luther: »Kronzeuge des Antisemitismus«. In: Kremers, Heinz: Die Juden und Martin Luther - Martin Luther und die Juden, Neukirchen-Vluyn 1985, S. 189-210

Goldmann, Erwin: Zwischen zwei Völkern, Königswinter 1975

Gollwitzer, Helmut: Abschied von Adolf Freudenberg (4.4.1894-7.1.1977), Lebenslauf und Predigt, Privatdruck 1977

Gollwitzer, Helmut: Predigt über Lukas 3, 3-14. Bußtag, 16.11.1938. In: Evang. Theologie 1951/52, S. 147-151

Graff, Gerti u.a.(Hg.): Unterwegs zur mündigen Gemeinde, Stuttgart 1982

Graml, Hermann: Zur Stellung der Mischlinge 1. Grades. In: Gutachten des Instituts für Zeitgeschichte, Bd. II, Stuttgart 1966, S. 31-32

Graml, Hermann: Reichskristallnacht, München 1988

Grüber, Heinrich: Leben an der Todeslinie. Dachauer Predigten, Stuttgart 1965

Hahn, Joachim: Erinnerungen und Zeugnisse jüdischer Geschichte in Baden-Württemberg, Stuttgart 1988

Härter, Ilse: Vor politischen und kirchlichen Oberen schreckt sie nicht zurück. Ina Gschlössl wird 90 Jahre. In: Junge Kirche 49.1988, S. 606-609

Hermelink, Heinrich (Hg.): Kirche im Kampf. Dokumente des Widerstands und des Aufbaus in der Evangelischen Kirche Deutschlands von 1933 bis 1945, Tübingen 1950

Hermle, Siegfried/Lächele, Rainer: Die Evangelische Landeskirche in Württemberg und der »Arierparagraph«. In: Hermle, Siegfried/Lächele, Rainer/Nuding, Albert (Hg.): Im Dienst an Volk und Kirche! Stuttgart 1988, S. 179-214

Hermle, Siegfried: »Wo ist dein Bruder Israel?« Die Impulse Adolf Freudenbergs zur Neubestimmung des christlich-jüdischen Verhältnisses nach 1945. In: Kirche und Israel 4.1989, S. 42-59

Hilberg, Raul: Die Vernichtung der europäischen Juden. Die Gesamtgeschichte des Holocaust, Berlin 1982

Internationaler Militärgerichtshof Nürnberg (IMT): Der Nürnberger Prozeß gegen die Hauptkriegsverbrecher. Urkunden und anderes Beweismaterial, Nürnberg 1949. Zit. nach Delphin-TB-Ausgabe, München 1989 (Abk.: IMT bzw. »Der Prozeß«)

Jan, Julius von: Im Kampf gegen den Antisemitismus - Erlebnisse im Dritten Reich. In: Stuttgarter Evang. Sonntagsblatt 91.1957, Nr. 34 und 35

Jasper, Ronald C.D.: George Bell. Bishop of Chichester, London 1967

Jolles, Charlotte: Propst Grüber und die Flüchtlingshilfe in England. Erinnerungen aus den Jahren 1939 bis 1945. In: Standpunkt, Berlin (Ost), Februar 1989, Heft 2, S. 44-46

Kaiser, Jochen-Christoph: Protestantismus, Diakonie und Judenfrage 1933-1941. In: Vierteljahreshefte für Zeitgeschichte, 37.1989, S. 673-714. (Zit.: Kaiser 1989a)

Kaiser, Jochen-Christoph: Sozialer Protestantismus im 20. Jahrhundert. Beiträge zur Geschichte der Inneren Mission, München 1989. (Zit. Kaiser 1989b)

Kaiser, Jochen-Christoph: »Politische Diakonie« zwischen 1918 und 1941: Der Rechenschaftsbericht Horst Schirmachers über seinen »Dienst in der Inneren Mission der Deutschen Evangelischen Kirche«. In: Jahrbuch für Westfälische Kirchengeschichte, Bd. 80, 1987, S. 207-228. (Zit.: Kaiser 1987b)

Kandler, Hans-Joachim: Kirche und Juden während des deutsch-christlichen Kirchenregiments in Sachsen 1933-1945. In: Rogge, Joachim/Schille, Gottfried (Hg.): Theologische Versuche XIV, Berlin (Ost) 1985, S. 93-103

Katscher, Liselotte: Krankenpflege und »Drittes Reich«. Der Weg der Schwesternschaft des Evang. Diakonievereins 1933-1939, Stuttgart 1990

Kern, Wilhelm: Der evangelische Kirchenkampf im Kirchenbezirk Kirchheim/Teck unter besonderer Berücksichtigung der Pfarrer Otto Mörike und Julius von Jan. Häusliche Prüfungsarbeit zur II. evangelisch-theologischen Dienstprüfung. Evang. Oberkirchenrat, Stuttgart 1978

Kindel, Jutta: Geschehen im Nationalsozialismus, nachgedacht. Ein Versuch nicht nur zur Geschichte der Zwölf-Apostel-Gemeinde. In: Klemm, Peter (Hg.): Wahrnehmungen. Eine Festschrift zum 125jährigen Bestehen der Zwölf-Apostel-Gemeinde in Berlin-Schöneberg, Berlin 1988, S. 23-104

Kinder, Christian: Neue Beiträge zur Geschichte der evangelischen Kirche in Schleswig-Holstein und im Reich 1924-1945, Flensburg 1966, 2.A.

Kirchliches Jahrbuch für die Evangelische Kirche in Deutschland 1933-1944, herausgegeben von Joachim Beckmann, Gütersloh 1976, 2. A. (Zit.: KJB 1933-1944)

Klappert, Berthold/Starck, Helmut (Hg.): Umkehr und Erneuerung, Neukirchen-Vluyn 1980

Klappert, Berthold/Norden, Günther van (Hg.): Tut um Gottes willen etwas Tapferes! Karl Immer im Kirchenkampf, Neukirchen-Vluyn 1989

Klemm, Hermann: Im Dienst der Bekennenden Kirche. Das Leben des sächsischen Pfarrers Karl Fischer 1896-1941, Göttingen 1986

Klepper, Jochen: Unter dem Schatten deiner Flügel. Aus den Tagebüchern der Jahre 1932-1942. Hg. von Hildegard Klepper, Stuttgart 1956

Klügel, Eberhard: Die lutherische Landeskirche Hannovers und ihr Bischof 1933-1945, Berlin und Hamburg 1964

Knauft, Wolfgang: Unter Einsatz des Lebens. Das Hilfswerk beim Bischöflichen Ordinariat Berlin für katholische »Nichtarier« 1938-1945, Berlin (Bischöfl. Ordinariat), 1988

Knoke, Walther: Kirche in den ersten Jahren der nationalsozialistischen Herrschaft im Spiegel von Gemeindechroniken aus dem ländlichen Raum Ostholsteins. In: Reumann, Klauspeter (Hg.): Kirche und Nationalsozialismus. Beiträge zur Geschichte des Kirchenkampfes in den evangelischen Landeskirchen Schleswig-Holsteins, Neumünster 1988, S. 307-328

Koenigswald, Harald von: Birger Forell. Leben und Wirken in den Jahren 1933-1958, Witten und Berlin 1962

Köhler, Bruno: Werner Sylten - »Die Welt braucht viel, viel Liebe«, Eisenach (Evang. Pfarrhausarchiv/Lutherhaus Heft 1) 1978

Köhler, Bruno: Gotha, Berlin, Dachau: Werner Sylten; Stationen seines Widerstandes im Dritten Reich, Stuttgart 1980

Krausnick, Helmut: Judenverfolgung. In: Buchheim, Hans u.a. (Hg.): Anatomie des SS-Staates, Band 2, München 1979, 2.A., S. 233-366

Kuessner, Dietrich: Geschichte der Braunschweigischen Landeskirche 1930-1947 im Überblick, Offleben 1981

Kuessner, Dietrich: Juden und Christen in der Braunschweiger Landeskirche in der ersten Hälfte unseres Jahrhunderts. In: Friede über Israel 3/1985, S. 107-116

Kuessner, Dietrich: Landesbischof Dr. Helmuth Johnsen, Offleben 1982

(Arbeiten zur Geschichte der braunschweigischen evangelisch-lutherischen Landeskirche im 19. und 20. Jahrhundert)

Kwiet, Konrad: Nach dem Pogrom: Stufen der Ausgrenzung. In: Benz, Wolfgang: Die Juden in Deutschland 1933-1945, München 1988, S. 545-659

Landeskirchliches Archiv Nürnberg (Hg.): Wo ist dein Bruder Abel? 50 Jahre Novemberpogrom. Ausstellungskatalog, Nürnberg 1988

Lindemann, Gerhard: Die Stellung der evangelisch-lutherischen Landeskirche Hannovers zur Judenfrage im Dritten Reich, maschienschriftliche Seminararbeit, Heidelberg 1987

Livingstone, Laura: Aus Deutschlands dunklen Tagen. In: Weckerling, Rudolf (Hg.): Durchkreuzter Haß, Berlin 1961, S. 41-46

Lowenthal, Ernst G.: Bloomsbury House. Flüchtlingsarbeit in London 1939 bis 1946. Aus persönlichen Erinnerungen. In: Büttner, Ursula (Hg.): Das Unrechtsregime Band 2, Hamburg 1986

Ludwig, Hartmut: Was hat die Bekennende Kirche für Martin Niemöller getan? Würdigung von Pfarrer Adolf Kurtz. In: Standpunkt Jg. 1987, Heft 1/Januar, S. 9-11

Ludwig, Hartmut: Zur Geschichte des »Büros Pfarrer Grüber«. In: Wirth, Günter (Hg.): Beiträge zur Berliner Kirchengeschichte, Berlin 1987, S. 305-326

Ludwig, Hartmut: Die Opfer unter dem Rad verbinden. Vor- und Entstehungsgeschichte, Arbeit und Mitarbeiter des »Büro Pfarrer Grüber«. Maschinenschriftliche Dissertation (doctor scientiae theologiae) Humboldt-Universität Berlin 1988

Ludwig, Hartmut: Theologiestudium in Berlin: Die Relegierung von 29 Theologiestudierenden von der Berliner Universität. In: Siegele-Wenschkewitz, Leonore/Nicolaisen, Carsten (Hg.): Theologische Fakultäten im Nationalsozialismus, Göttingen 1993, S. 303-315. (Zit.: 1993 a)

Ludwig, Hartmut: Als Zivilcourage selten war. Die evangelische Hilfsstelle ›Büro Pfarrer Grüber‹, ihre Mitarbeiter und Helfer im Rheinland 1938 bis 1940. In: Ginzel, Günther B. (Hg.): Mut zur Mitmenschlichkeit. Hilfe für Verfolgte während der NS-Zeit, Bonn 1993, S. 29-57. (Zit.: 1993 b)

Ludwig, Hartmut: Christen dürfen zu diesem Verbrechen nicht schweigen. Zum 100. Geburtstag von Pfarrer Dr. Adolf Freudenberg. In: Ökumenische Rundschau 43.1994, 260-274

Materialsammlung zur Ausstellung: Die ev.-luth. Landeskirche in Braunschweig und der Nationalsozialismus, hg. von Werner Köhler im Auftrag der Einrichtungen der Konföderation ev. Kirchen in Niedersachsen für Erwachsenenbildung, Braunschweig 1982. [Zit.: Materialsammlung Braunschweig]

Mayer, Traugott: Kirche in der Schule. Evangelischer Religionsunterricht in Baden zwischen 1918 und 1945, Karlsruhe 1980

Meier, Kurt: Der evangelische Kirchenkampf, Bd. 1-3, Göttingen 1976/1976/1984

Meier, Kurt: Kirche und Judentum. Die Haltung der evangelischen Kirche zur Judenpolitik des Dritten Reiches, Göttingen 1968

Neß, Dietmar: Heinz Helmuth Arnold. Das Schicksal eines judenchristlichen evangelischen Pfarrers im Dritten Reich. In: Jahrbuch für Schlesische Kirchengeschichte 69.1990, S. 56-92

Niemöller, Wilhelm: Ein Gebet für den Frieden. In: Evangelische Theologie 1950/51, S. 175-189

Niemöller, Wilhelm: Die evangelische Kirche im Dritten Reich. Handbuch des Kirchenkampfs, Bielefeld 1956

Niesel, Wilhelm: Kirche unter dem Wort, Göttingen 1978

Nowak, Kurt: Sozialarbeit und Menschenwürde. Pastor Paul Gerhard Braune im »Dritten Reich«. In: Strohm, Theodor/Thierfelder, Jörg: Diakonie im »Dritten Reich«, Heidelberg 1990, S. 209-225

Ogiermann, Otto: Bis zum letzten Atemzug. Das Leben und Aufbegehren des Priesters Bernhard Lichtenberg, Leipzig 1983, 4. Aufl.

Ökumenischer Ausschuß für Flüchtlingshilfe (Hg.): Fünf Jahre ökumenischer Flüchtlingsdienst, April 1939-1944. Bericht des Sekretariats für Flüchtlingshilfe beim Vorläufigen Ökumenischen Rat der Kirchen. Genf 1944

Otto, Roland: Die Verfolgung der Juden in Görlitz unter der faschistischen Diktatur, Görlitz 1990

Ottweiler, Hildegard: Pfarrer Theodor Maas in Altenkirchen. In: Heimat-Jahrbuch des Kreises Altenkirchen (Westerwald) und der angrenzenden Gemeinden, Altenkirchen 1988

Pehle, Walter H.(Hg.): Der Judenpogrom 1938, Frankfurt/M. 1988

Plum, Günter: Deutsche Juden oder Juden in Deutschland? In: Benz (1988), S. 35-74

Prater, Georg: Kämpfer wider Willen. Erinnerungen des Landesbischofs von Sachsen D. Hugo Hahn, Metzingen 1969

Prozeß, Der: Siehe »Internationaler Militärgerichtshof Nürnberg (IMT)«

Reichrath, Hans L.: Walter G. Mannweiler (1901-1960). Versuch des Gedenkens an einen ehemaligen Pfarrer der Pfälzischen Landeskirche, der als »Nichtarier« seine Heimat verlassen mußte. In: Kuby, Alfred H. (Hg.): Juden in der Provinz, Neustadt a.d. Weinstraße 1989, 2.A.

Reutter, Luth-Eugen: Katholische Kirche als Fluchthelfer im Dritten Reich, Recklinghausen-Hamburg 1971

Röhm, Eberhard/Thierfelder, Jörg: Evangelische Kirche zwischen Kreuz und Hakenkreuz, Stuttgart 1990, 4. A.

Roon, Ger van: Zwischen Neutralismus und Solidarität. Die evangelischen Niederlande und der deutsche Kirchenkampf 1933-1944, Stuttgart 1983

Rosh, Lea/Jäckel, Eberhard: »Der Tod ist ein Meister aus Deutschland«. Deportation und Ermordung der Juden, Kollaboration und Verweigerung in Europa, Hamburg 1991, 4.A.

Rückleben, Hermann: Die Badische Landeskirche und ihre nichtarischen Mitarbeiter zur Zeit des Nationalsozialismus. In: Zeitschrift für die Geschichte des Oberrheins. 126. Bd., Stuttgart 1978, S. 371-407

Sauer, Paul: Die Schicksale der jüdischen Bürger Baden-Württembergs während der nationalsozialistischen Verfolgungszeit 1933-1945, Stuttgart 1969

Sauer, Paul: Dokumente über die Verfolgung der jüdischen Bürger in Baden-Württemberg durch das nationalsozialistische Regime 1933-1945, Bd. 1 und 2, Stuttgart 1966. (Zit.: Sauer 1966 b und c)

Sasse, Martin (Hg.): Martin Luther und die Juden: Weg mit ihnen! Freiburg 1938

Schäfer, Gerhard in Verbindung mit Richard Fischer: Landesbischof D. Wurm und der nationalsozialistische Staat 1940-1945, Stuttgart 1968. (Zit.: Schäfer/Fischer 1968)

Schäfer, Gerhard: Dokumentation zum Kirchenkampf. Die Evangelische Landeskirche in Württemberg und der Nationalsozialismus, Stuttgart, Bände 1-6, 1971ff. (Zit.: Schäfer 1, 1971; 2, 1972; 3, 1974; 4, 1977; 5, 1982; 6, 1986)

Scherffig, Wolfgang: Junge Theologen im »Dritten Reich«, Band 1 (1933-1935), Band 2 (1936-1937), Neukirchen-Vluyn 1989/1990

Schmid, Heinrich, Apokalyptisches Wetterleuchten, München 1947

Schneider, Thomas Martin: Kollaboration oder Vermittlung im Dienste des Evangeliums? Zum Verhältnis Friedrich von Bodelschwinghs zum Reichskirchenminister für die kirchlichen Angelegenheiten. In: Mehlhausen, Joachim (Hg.): ... und über Barmen hinaus. Festschrift für Carsten Nicolaisen, Manuskript (Ev. Arbeitsgemeinschaft für kirchliche Zeitgeschichte), Tübingen/München 1994

Scholder, Klaus: Politischer Widerstand oder Selbstbehauptung als Problem der Kirchenleitungen. In: Aretin, Karl Otto von/Besier, Gerhard (Hg.): Die Kirchen zwischen Republik und Gewaltherrschaft. Gesammelte Aufsätze von Klaus Scholder, Berlin 1988, S. 204-212

Schwöbel, Gerlinde: Ich aber vertraue. Katharina Staritz. Eine Theologin im Widerstand, Frankfurt/M 1990

Thalmann, Rita/Feinermann, Emmanuel: Die Kristallnacht, Frankfurt/M. 1988

Thierfelder, Jörg: Das Kirchliche Einigungswerk des württembergischen Landesbischofs Theophil Wurm, Göttingen 1975

Thierfelder, Jörg: Karsten Jaspersens Kampf gegen die NS-Krankenmorde. In: Strohm, Theodor/Thierfelder, Jörg: Diakonie im »Dritten Reich«, Heidelberg 1990, S. 226-239

Thierfelder, Jörg: Ersatzveranstaltungen der Bekennenden Kirche. In: Siegele-Wenschkewitz, Leonore/Nicolaisen, Carsten (Hg.): Theologische Fakultäten im Nationalsozialismus, Göttingen 1993, S. 291-301. (Zit.: Thierfelder 1993a)

Toaspern, Johannes: Die Stellung der Bekennenden Kirche in Berlin-Brandenburg zur »Judenfrage« und zur Rassengesetzgebung - dargestellt am Kirchenkampf in der Kirchengemeinde Alt-Pankow 1933-1945. Wissenschaftliche Hausarbeit zum 2. theologischen Examen, 1982. Archiv der Superintendentur Berlin-Pankow

Visser't Hooft, Willem A.: Die Welt war meine Gemeinde, München 1974, 2. A.

Visser't Hooft, Willem A.: Die Entstehung des Ökumenischen Rates der Kirchen. In: Rouse, Ruth/Neill, Stephen Charles (Hg.): Geschichte der Ökumenischen Bewegung 1517-1948, Zweiter Teil, Göttingen 1958

Volk, Ludwig (Bearb.): Akten deutscher Bischöfe über die Lage der Kirche 1933-1945, Bd. IV, V und VI, Mainz 1980/1983/1985 (Zit.: Volk)

Vollnhals, Clemens: Jüdische Selbsthilfe bis 1938. In: Benz, Wolfgang (Hg.): Die Juden in Deutschland 1933-1945, München 1988, S. 314-412

Walk, Joseph: Jüdische Schule und Erziehung im Dritten Reich, Frankfurt/M. 1991

Walk, Joseph: Das Sonderrecht für die Juden im NS-Staat, Karlsruhe 1981

Walther, Georg: Erinnerungen an den kirchlichen Kampf mit dem Nationalsozialismus in Leipzig. In: Rundschreiben des Landesbruderrats der Bekennenden Ev.-Luth. Kirche Sachsens, Dresden Juni bis November 1985

Weckerling, Rudolf: Ein Diakon. Heinrich Grüber zum 10. Todestag, 29.11.1975, maschinenschr. Manuskript, Berlin 1985

Wentorf, Rudolf (Hg.): Trotz der Höllen Toben. Dokumente berichten aus dem Leben Paul Schneiders, Berlin 1967

Wetzel, Juliane: Auswanderung aus Deutschland. In: Benz, Wolfgang (Hg.): Die Juden in Deutschland 1933-1945, München 1988, S. 413-498

Widmann, Martin: Die Geschichte der Kirchlich-theologischen Sozietät in Württemberg. In: Bauer, Karl-Adolf (Hg.): Predigtamt ohne Pfarramt? Die »Illegalen« im Kirchenkampf, Neukirchen-Vluyn 1993

Winkler, Dieter: Heinrich Grüber. Protestierender Christ. Berlin-Kaulsdorf (1934-1945), 1993

Winkler-Nehls, Annegret/ Nehls, Andreas: »They find themselves between the upper and the nether millstones«. Bischof Bells Nachlaß zum Problem nichtarischer Flüchtlinge 1933-1939. Eine Dokumentation. Seminararbeit Uni Heidelberg, SS 1991

Wörmann, Heinrich-Wilhelm: Widerstand in Charlottenburg. Heft 5 der Schriftenreihe über den Widerstand in Berlin von 1933 bis 1945, hg. von der Gedenkstätte Deutscher Widerstand, Berlin 1991

Wurm, Theophil: Erinnerungen, Stuttgart 1953

Zwanzger, Johannes: Jahre der Ummenschlichkeit - eine Rückbesinnung. In: Concordia, 73. Jahrgang, Nr. 4, Neuendettelsau Dezember 1988, S. 9-21

Abkürzungen

[ ]	Ergänzungen durch die Verfasser bei Zitaten und Quellenstücken
AA	Auswärtiges Amt
APU	Altpreußische Union
AVO	Ausführungsverordnung
BK	Bekennende Kirche
Bl	Blatt
CA	Central-Ausschuß für die Innere Mission
CdDP	Chef der deutschen Polizei
CIMADE	Comité Inter-Mouvement d' Aide aux Evacués
CoEC	Church of England Committee for Non-Aryan Christians
CVJM	Christlicher Verein Junger Männer
DAF	Deutsche Arbeitsfront
DC	Deutsche Christen
DCV	Deutscher Caritas Verband
DCSV	Deutsch-christliche Studentenvereinigung
DEK	Deutsche Evang. Kirche (1933–1945)
DEKA	Deutscher Evang. Kirchenausschuß
DEKK	Kirchenkanzlei der Deutschen Evang. Kirche
DNB	Deutsches Nachrichtenbüro
DVO	Durchführungsverordnung
ECCO	Emergency Commitee of Christian Organisations
EOCOICA	European Central Office for Inter-Church Aid
EO(K)	Evang. Oberkirchenrat
EREV	Evang. Reichserziehungsverband
GBl	Gesetzblatt
Gestapo	Geheime Staatspolizei
GWBB	Gesetz zur Wiederherstellung des Berufsbeamentums (7.4.1933)
HBOB	Hilfswerk beim Bischöflichen Ordinariat Berlin

ICC	Internationals Christian Commitee for German Refugees, ab November 1937: International Christian Churches Committee for Non-Aryans
IM	Innere Mission
IMCA	International Mission Christian Association
IMT	International Military Tribunal Nürnberg
JOINT	American Joint Distribution Committee
KA	Kirchliches Außenamt
KGVBl	Kirchliches Gesetz- und Verordnungsblatt
KJB	Kirchliches Jahrbuch für die Evang. Kirche in Deutschland
KK	Kirchenkanzlei
Kons.	Konsistorium
LKA	Landeskirchenausschuß oder Landeskirchl. Archiv
Ms.	Manuskript
NAC	Nichtarische Christen (Akte AHA Lobetal)
Nbg. Dok.	Nürnberger Dokumente
NSV	Nationalsozialistische Volkswohlfahrt
PA	Personalakte
Pg	Parteigenosse
ÖRK	Ökumenischer Rat der Kirchen
OKW	Oberkommando der Wehrmacht
ORK	Oberkirchenrat
OSE	Œuvre de secours aux enfants (Kinderhilfswerk)
RBüG	Reichsbürgergesetz
RFSS	Reichsführer SS
RGBl	Reichsgesetzblatt
RIOD	Rijksinstituut voor Oorlogsdocumentatie Amsterdam
RKA	Reichskirchenausschuß
RKM	Reichskirchenministerium
RLM	Reichsluftfahrtministerium
RMfVuP	Reichsministerium für Volksaufklärung und Propaganda
RMWiss	Reichsministerium für Wissenschaft, Erziehung und Volksbildung

RSHA	Reichssicherheitshauptamt
RWM	Reichswirtschaftsministerium
SA	Sturmabteilung der NSDAP
S.A.C.	Societas Apostolatus Catholici, Pallottiner-Orden
SCF	Student Christian Federation
SD	Sicherheitsdienst [= Nachrichtendienst] des Reichsführers SS
SS	Schutzstaffel der NSDAP
StdF	Stellvertreter des Führers
VKL	(Erste) bzw. (zweite) Vorläufige Kirchenleitung (Leitung) der Deutschen Evangelischen Kirche (Bekennende Kirche)
VL	(Zweite) Vorläufige Leitung der Deutschen Evangelischen Kirche (Bekennende Kirche)
VO	Verordnung
WHW	Winterhilfswerk des deutschen Volkes
WCC	World Council of Churches (Weltrat der Kirchen)
WSCF	World Student Christian Federation
YMCA	Young Men Christian Association
YWCA	Young Women Christian

Archivverzeichnis

ADC	Archiv des Deutschen Caritasverbandes, Freiburg/Br.
ADW	Archiv des Diakonischen Werks der EKD, Berlin
AHA Lobetal	Archiv der Hoffnungstaler Anstalten, Lobetal über Bernau
AKEK	Archiv des Konsistoriums der Evang. Kirche in Berlin-Brandenburg
AÖR	Archiv des Ökumenischen Rats der Kirchen, Genf
BA Koblenz	Bundesarchiv, Koblenz
BA Potsdam	Bundesarchiv, Potsdam
BA-MA	Bundesarchiv-Militärarchiv Freiburg/Br.
DAB	Diözesanarchiv Berlin
EBA Freiburg	Erzbischöfliches Archiv, Freiburg/Br.
EZA	Evangelisches Zentralarchiv in Berlin
HBA Bethel	Hauptarchiv der von Bodelschwinghschen Anstalten, Bethel/Bielefeld
IZG	Institut für Zeitgeschichte, München
LKA Bielefeld	Landeskirchliches Archiv der Evang. Kirche von Westfalen, Bielefeld
LKA Karlsruhe	Landeskirchliches Archiv der Evang. Kirche in Baden, Karlsruhe
LKA Nürnberg	Landeskirchliches Archiv der Evang. Kirche in Bayern, Nürnberg
LKA Stuttgart	Landeskirchliches Archiv der Evang. Kirche in Württemberg, Stuttgart
PAA Bonn	Polit. Archiv des Ausw. Amtes, Bonn
RIOD	Rijksinstituut voor Oorlogsdocumentatie, Amsterdam
ZEKHN	Zentralarchiv der Evang. Kirche in Hessen und Nassau, Darmstadt

Bildquellennachweis

Grundsätzlich stammen alle verwertbaren Fotografien und Dokumente, denen im Folgenden kein Nachweis zugeordnet ist, aus den Privatarchiven der Autoren, oder es sind private Leihgaben. Einige Rechtsinhaber konnten jedoch nicht ausfindig gemacht werden. Der Verlag bittet, gegen ihn bestehende Ansprüche mitzuteilen.
Der Verlag und die Autoren danken für die freundlich erteilten Abdruckgenehmigungen.

21: privat; *25:* Israelitische Kultusgemeinde Baden–Baden; *29:* Aus: Bodo Harenberg (Hg.): Chronik 1938, Harenberg Verlag, Dortmund 1987, S. 183; *39:* Archiv Thierfelder; *45:* Nachlaß Dietrich Bonhoeffer/Eberhard Bethge; *51:* EZA: 500/P 350; *53:* BA Potsdam 51.01/23707, Bl. 112; *57:* Archiv Kirchliche Hochschule Bethel; *65:* Nachlaß Helmut Gollwitzer; *70:* OKR Stuttgart: PA Julius von Jan (G); *87:* privat (Richard von Jan); *88/89:* OKR Stuttgart: PA Julius von Jan (G); *98/99:* GStA Berlin: Rep I/92 Grüber, Karton 45, Teil 5; *101:* Landesarchiv Berlin: Fotoslg., StA Inv.-Nr. 63/728; *103/104:* AHA Lobetal: Akte NAC (Bl. 321f); *113:* LKA Nürnberg: Bestand Diak. Werk, Rep. Nr. 24/1552; *117:* LKA Nürnberg; *123:* LKA Nürnberg: KKE Nr. 71; *129:* EZA: 7/3688; *137:* Dr. Gerhard Niemöller: Akte Martin Niemöller/Dahlem, T/Ke; *143:* HBA Bethel: 2/38–150; *149:* DAB: BN 265; *153:* St. Hedwigsblatt Berlin. Aus: Knauft (1962), S. 17; *157:* GStA Berlin: Rep. I/92 Grüber, Karton 21 bzw. 45; *162/163:* Aus: Wegweiser durch das jüdische Berlin. Nach einer Idee von Nicola Galliner, Nicolaische Verlagsbuchhandlung Beuermann GmbH, Berlin 1987, S. 238–239; *171:* Aus: Die jüdische Emigration aus Deutschland 1933–1941. Die Geschichte einer Austreibung. Ausstellungskatalog Deutsche Bibliothek, bearbeitet von Brita Eckert, Frankfurt/M. 1985, S. 295; *177:* Leo Baeck Institut, New York. Aus: Die jüdische Emigration aus Deutschland 1933–1941. Ausstellungskatalog Deutsche Bibliothek, bearbeitet von Brita Eckert, Frankfurt/M 1985, S. 250; *179:* privat (Eva Kurtz); *185:* Neueste Görlitzer Tageszeitung, 3. Jg., Nr. 251, 26.10.1927, S. 1; *187:* privat (Heino Merian); *189:* HBA Bethel: 2/38–152; *195:* privat (Sam Aurelius); *201:* DAB: I/1–95; *203:* Die jüdische Emigration aus Deutschland 1933–1941. Ausstellungskatalog Deutsche Bibliothek, bearbeitet von Brita Eckert, Frankfurt/M 1985, S. 294; *209:* DAB: I/87; *214:* LKA Nürnberg: Bestand Diak. Werk, Rep. Nr. 24/1552; *219:* Bildarchiv Abraham Pisarek, Berlin;

221: DAB: I/1–93; *223:* DAB: I/1–93; *232–233:* EZA: 1/C3/171, Bl. 218; *233:* ADW: CA 1947/91; *243:* EZA: 500/P 142; *244:* EZA: 14/7091; 245: EZA: 14/7091; 247: EZA: 500/P 701; *256:* privat (Jörg Thierfelder); *263:* ÖRK–Bildarchiv Genf: Historical Photos/General before 1948/D 3337; *264:* ÖRK–Bildarchiv Genf: Biofile Portraits; *271:* HBA Bethel: 2/38–150; *273:* ÖRK–Bildarchiv Genf: Biofile Portraits: D 68; *274:* AÖR: IMCA 26.12.01/10; *277:* privat (Albrecht Plag); *283:* privat (Kurt Lewek); *285:* privat (Albrecht Plag); *295:* ÖRK–Bildarchiv Genf: Biofile: B 11057; *297:* Nachlaß Willy Ölsner; *303:* privat (Kurt Lewek); *324, 335, 337:* privat (Helmut Flohr); *345:* EZA: 7/1952; *361:* AÖR: WCC Gen. Corr., Box 49.

Personenregister

Achtnich, Karl-Theodor 356
Achtnich, Max-Theodor 356
Adams, Walter 293
Albertz, Heinrich 47
Albertz, Martin 50, 96, 107, 169, 259, 288, 290, 292, 352, 363, 372, 395
Aranha, Oswaldo 210
Arnold, Friedrich Wilhelm 107, 166, 252, 253, 257–259, 287, 288, 400, 402, 406
Arnold, Heinz Helmuth 54, 342, 402, 406, 407
Asmussen, Hans 49, 314, 410
D'Aubigné, Jeanne Merle 17
Auerbach, Walter 346, 347
Aurelius, Julia 194
Baeck, Leo 143, 144
Baer, Ernst 90
Balke, Hans 130
Barot, Madeleine 17
Barth, Karl 46, 56, 58, 279, 367, 371, 373
Bärwald, Paul 398
Baud, Baron Jonkheer 272
Baumgarten, E. 275
Bell, George 16, 105, 178, 263, 267, 269, 272, 274, 275, 280–282, 293–295, 299, 300, 357, 358, 360, 362, 367, 379
Benfey, Bruno 17, 280, 311, 329, 342, 349, 406, 407

Benfey, Sophie 17
Bergmann, Helmuth 406
Berning, Wilhelm 148, 150, 152, 207, 386
Bertram, Gerda 106
Betram, Kurt 320
Beye, Wilhelm 316, 317
Bezzel, Pfarrer (München) 125
Bielenstein, Max 407
Biermann, Paul 127
Biermann, Theodor 130
Blau, Albert 183–195, 391–393
Blau, Minna 183, 186–189, 191, 194, 195, 393
Blessing, Karl 370
Blüthe, Philipp 23
Bodelschwingh, Friedrich d. Ä. 93, 95
Bodelschwingh, Friedrich d. J. 93, 96, 132, 134, 135, 138–140, 142–144, 155, 156, 183, 184, 188–194, 249, 252, 255–258, 271, 360, 384, 395
Boegner, Marc 262, 263, 269
Böhm, Hans 50
Böhme, Walter 127
Bonhoeffer, Dietrich 42, 45, 59, 262, 294, 295, 357, 359, 361
Borchardt, Moritz 96, 380
Bornkamm, Georg 393
Bornkamm, Günther 188, 190, 192–194, 393

Braune, Paul 93, 94, 96, 97, 106, 107, 132, 138–140, 145, 155, 156, 165, 234, 235, 237, 239, 242, 249, 252–256, 258, 259, 387
Bredow, Richard 31
Breit, Thomas 402
Brinkmann, Heinrich 47, 372
Bruhns, Oskar 308–310
Brunotte, Heinz 241, 243, 326, 327
Buch, Walter 24
Bürckel, Josef 370
Büsing, Wolfgang 357
Camillo (Berlin-Dahlem) 64
Canaris, Wilhelm 259
Carter, J. Roger 95, 112, 132, 178, 180, 181, 202, 389
Cassian, Archimandrit 269
Clapham, Joan 132
Cleeve, Miss R.E. 281
Coch, Friedrich 302, 306
Cohn, Conrad 169
Cölle, Georg 329, 344, 412
Cuhorst, Hermann 78, 85, 375
Daluege, Kurt 370
Dannecker, Theodor 208
Dehn, Günther 410
Delekat, Friedrich 410
Demus, Otto 293
Depuhl, Alfred 239, 240
Dibelius, Otto 333, 360
Diehl, Ludwig 359
Diem, Hermann 58, 371, 372, 374
Dietrich, Pastor (Bethel) 392
Dipper, Theodor 55, 56
Dohnanyi, Hans von 259

Draeger, Margarete 100, 105, 114, 118, 120, 178, 181
Drechsler, Adolf 52
Dreyfus (jüdisches Gemeindeglied, Baden-Baden) 25
Ehrenberg, Hans 54, 246, 252, 275, 284, 287, 288, 293, 294, 296, 298, 299, 342, 406, 407
Ehrenström, Nils 267, 268
Ehrhardt, Arnold 367
Eichele, Erich 82
Eichmann, Adolf 36, 249
Elfgen, Hans 217
Elsäßer, Friedrich 81, 82
Emerson, Sir Herbert 272
Emmerich, Kurt 368
Encke, Hans 127, 128
Engelhard, Konsist.rat 363
Engelhardt, Viktor 154, 181, 202, 389
Engelmann, Wilhelm 238, 239
Eppstein, Paul 169
Ercklentz, Prof. (Internist) 391
Fabian, Hans-Erich 172
Faulhaber, Michael Kardinal 152, 207
Feurich, Walter 383
Ficker, Johannes 347
Fischböck, (österr. Minister) 370
Fischer, Karl 304
Flatow, Ernst 342, 406, 407
Forck, Bernhard Heinrich 50
Forell, Birger 192, 394
Forell, Friedrich 17, 341
Forell, Magdalene 17
Frank, Arnold 347, 348
Frank, Simon 275, 293, 294

Freitas-Valle, Cyro de 208
Freudenberg 16, 63, 210, 351, 357, 361, 367, 391, 404
Freudenberg, Elsa 246, 268–279
Freund-Zinnbauer, Alfred 406
Frick, Wilhelm 305, 370
Friedenthal, Charlotte 17, 395
Friedler, Hanni 177
Fritsch, Paul 362
Fritz, Immanuel 81
Fürst, Paula 169
Furtwängler, Wilhelm 358
Füssel, Franz 148
Gabler, Friedrich 375
Gauger, Martin 246
Geissmar, Berta 358
Gelpke, Rhenus 361
Gerson, Martin 144
Goebbels, Joseph 19, 24, 26, 27, 32, 42, 370
Goetze, Alfred 306, 311, 316–340, 354, 409
Goetze, Elise 319
Goetze, Helmut 319, 321, 326, 332–336, 338, 339, 365, 409, 413
Goldmann, Erwin 126, 131, 158, 159, 227, 387, 399
Gollwitzer, Helmut 48, 62–67
Golzen, Heinz 281, 282
Gordon, Heinrich 360, 362
Göring, Hermann 20, 24, 28, 32, 33, 38, 40, 156
Gottlieb, Heinrich 347
Griffiths, Canon C. 300
Gross, Ruth geb. Pisarek 219
Größer, Max Joseph 146, 147, 149, 150, 159, 161, 165, 169, 202, 207–210, 385, 386, 389, 210
Grüber, Heinrich 17, 93–100, 102, 106, 107, 121, 122, 125–127, 130, 132, 140, 147, 155–159, 161, 165, 166, 169, 176, 179, 180, 190, 191, 194, 196, 206, 210, 224, 226–231, 233–235, 237–239, 241, 242, 244, 246, 249, 250, 252, 269, 272, 275, 286, 298, 342, 382, 387, 389, 395, 400, 402
Gruhl, Otto 299
Grynszpan, Herschel 19, 29
Gschlössl, Ina 128
Gurland, Rudolf 349, 350, 351, 353
Gürtner, Franz 79, 85, 378
Hahn, Hugo 304, 313, 314
Halbach, Kurt 379
Hansson, Judge 272
Happich, Friedrich 52
Harder, Günther 372
Haugg, Werner 241, 242
Hauth, Hansrudolf 366
Hecht, Franz Xaver 208
Heckel, Theodor 246, 247
Heinitz, Paul 97, 100, 105, 166, 169, 181, 258
Held, Heinrich 372
Henke, Wilhelm 52
Hennighausen, Diakonie-Pfarrer (München) 125
Henninger, Leonhard 125
Henriod, Henry 262, 266–268, 281, 282, 284, 403
Herdieckerhoff, Reinhard 127
Hermann, Johanna 83, 84, 375

Heß, Rudolf 358
Heydrich, Reinhard 20, 32, 33, 36, 38, 40, 50, 159, 161, 164, 165, 186, 370, 371
Heyne, Bodo 238
Hilberg, Raul 173
Hildebrandt, Franz 59, 237, 262, 274, 282, 284, 359–361, 364
Hildebrandt-Goldap 372
Hilgard, (Versicherungsrepräsentant) 370
Himmler, Heinrich 85, 89
Hirsch, Otto 166, 169
Hirsch, Ursula 106
Hirschwald, Werner 100, 105, 166
Hitler, Adolf 24, 26, 32, 34, 41, 235, 362, 394
Hoffmann, Conrad 260
Hoffmann, Konrad 82
Hoffmeister, Ludwig 316, 317, 338, 412
Hofmann, Friedrich 122, 125
Holmgren, Prof. 190, 192
Hötzel, Gottfried 128, 130
Hromádka, Josef 49, 373
Huber, Johannes 375
Hughes, W. 132
Hunsche, Klara 96
Huppenbauer, Wilhelm 81
Hylkema, T. 132
Immer, Karl 47
Israel, (Dr., Quäkervertreterin) 169
Iwand, Hans Joachim 358, 400
Jacobi, Gerhard 49, 355, 356, 360, 372, 415

Jacobson, Inge 97, 100, 202, 389
Jäger, August 379
Jan, Julius von 48, 69–73, 75–79, 81–85, 87–92, 375, 377, 378
Jannasch, Wilhelm 55
Johnsen, Helmut 52, 317, 325, 328
Jonas, (Lehrer) 23
Jordan, Werner 113, 117, 119, 120, 123, 124, 202, 213, 214, 226, 349
Karle, Wilhelm 406
Karow, Ernst 379
Katz, Peter 293, 347, 406
Kayser, Elisabeth 106
Keller, Adolf 262, 266–268, 282, 284
Kerrl, Hanns 50, 64, 95, 242, 257, 317
Keßler, Karl Anton 106
Kinder, Christian 347
Klepper, Jochen 47, 357
Klotsche, Johannes 300, 306, 307, 309, 311, 312
Kobrak, Richard 106, 132, 169, 178, 202, 252, 389
Kohlschmidt, Walter 130
Kordt, Theo 404
Kramer, Hans 84
Krauel, (Generalkonsul, Genf) 404
Kreutz, Benedikt 139, 385
Kritzinger, Friedrich W. 96
Krone, Heinrich 148
Kroner, R. 293
Krügel, S. (stud. theol.) 43, 44

Kuenzer, Richard 404
Kühlewein, Julius 50, 52, 374
Kullmann, G. 275
Kundt, Ernst 147, 404, 405
Kurtz, Adolf 97, 100, 122, 179, 358, 380
Kurtz, Eva 97, 380
Lammers, Hans-Heinrich 81, 96
Langenfaß, Dekan (München) 125, 140
Lasson, Martin 354
Lebrecht, Heinrich 355
Lehmann, Kurt 348, 406
Leibholz, Gerhard 275, 293, 294, 296, 298, 299
Leiper, Henry S. 261, 262, 267
Lengerke, Hans von 355
Leo, Paul 54, 284, 286, 290, 291, 329, 343, 349, 406f., 411
Lewek, Ernst 282, 300–309, 311–315, 332, 348
Lewek, Kurt 300
Lichtenberg, Bernhard 59, 60
Lieberknecht, Paul 130
Lilienthal, Arthur 169
Lindemeyer, Dr. 130
Lindenstädt, Georg 212–215, 224
Lindenstädt, Maria 212, 213
Lindner, Friedrich 108, 109, 110, 120
Lischka, Kurt 166, 231, 387
Livingstone, Laura 95, 105, 111, 114, 115, 132, 178
Loeben, Max von 127
Loewenberg, Barbara 63
Loewenberg, Harry Richard 63–64

Löhnefinke, Aenne 322, 323, 325, 333, 334, 337, 340
Lücke, Ingeborg geb. Goetze 319, 333
Lücke, Martin 340
Lücke, Ute 333
Luther, Martin 78
Maas, Hermann 121, 130, 252, 267, 270, 278, 284, 286, 361
Maas, Theodor 354
Maglione, Luigi 207
Majer-Leonhard, Fritz 366
Manasse, Paul 109
Mannweiler, Walter 358
Marahrens, August 50, 240, 352, 353, 363, 364, 402
Marx, Helene 187, 188, 194
Masella, Benedetto Aloisi 207
Meiser, Hans 50, 52, 85, 122, 248, 402
Mendelson, Ernst 355
Mendelson, Paul 106, 355, 362
Menningen, Alex 210
Mensing, Carl 127
Merzyn, Friedrich 229
Meschke, Kurt 357
Mettenheim, Cläre von 278
Meusel, Marga 16, 137, 141, 237, 395
Möller, Hermann 238
Mörike, Otto 73
Moser, Ernst 347
Müller, Beate 51
Müller, Eberhard 51
Müller, Heinrich 38
Müller(-Dahlem), Friedrich 49–51, 64
Murr, Wilhelm 378

Murray, Barbara 280, 403
Mutschmann, Martin 301, 302, 304, 305
Nägelsbach, (Fürsorgerin, Nürnberg) 110–112, 115, 116, 118, 119
Nathem, Wilhelm 202, 386, 389
Niemann, Albert 354, 410
Niemöller, Martin 62, 63, 65, 137, 270, 298, 359
Niemöller, Else 63
Niesel, Wilhelm 49
Noa, Theodor 356
Nothochsberger, Otto 273
Oehlert, Gustav 349, 350, 351, 353
Oeynhausen, Freiherr von 184, 392
Ohly, Emil 192, 193
Oelsner, Hedwig 297
Oelsner, Willy 100, 346, 406, 407
Osterloh, Edo 63
Ostmann, Hans 332
Pacelli, Eugenio (Pius XII) 150, 207, 210, 211, 386
Paton, William 261, 267, 274, 275, 293
Pawlowski, Karl Ludwig 130
Perwe, Erik 193, 394
Peter, Friedrich 43, 44
Pfundtner, Hans 218
Philippi, Frau 119
Pisarek, Abraham 219
Poms, Heinrich 348
Preysing, Konrad Graf von 148
Püschel, Erich 148, 150, 154, 169, 181, 202, 289

Rade, Martin 134, 135, 353
Rath, Ernst vom 19, 24, 26, 28, 42, 43, 90
Reese, Gertrud 131
Reichmann, Hans 204
Reidt, P.V.A. 391
Reisner, Erwin 106, 169, 230, 231
Reutzel, Chlothilde 125
Richter, Martin 127
Rieger, Julius 360
Röpke, Friedrich Wilhelm 317, 328, 331
Rosenheim, Käte 111, 112, 175
Rothschild, Ina 22
Ruppert, (Min.rat RMdI) 385
Rust, Bernhard 270
Rutgers, V. H. 132
Sachs, Johanna 106
Sailer, Gottlob 375
Samuel, Fritz 23
Samuel, Otto 348
Sandegren, Frau Dr. 192
Sasse, Martin 42–44
Schaal, Adolf 126, 382
Schacht, Hjalmar 156
Schako, Erich 107, 259
Schaller, Arthur 367
Schirmacher, Horst 135, 136, 142, 379
Schleuning, Supint. (Berlin) 244
Schmitz, Elisabeth 67, 68
Schmutzer, J. 275
Schnaufer, Adolf 86, 378
Schneider, Paul 85, 377
Schönfeld, Hans 267, 268, 284, 286

Schott, Gottlieb 375
Schumacher, Arnold 127, 130
Schwannecke, Otto 353, 363, 364, 365, 406, 407, 416
Schweitzer, Albert 184
Schweitzer, Carl Gunther 125, 275, 293, 294, 296, 299, 346, 406, 407
Schweitzer, Wolfgang 18, 314
Sell, v. (Bevollmächtigter Wilhelm II) 63
Siegmund-Schultze, Friedrich 262, 403
Sieveking, (preuß. Kultminister) 319
Slotemaker, M.C. de Bruine 272
Spiero, Heinrich 106, 107, 132, 178, 180, 181
Staritz, Katharina 122, 130, 133
Steinmetz, Julius 354
Stiller, SS-Obersturmführer 246
Stoecker, Adolf 94, 355
Straub, Jakob 410
Stuckart, Wilhelm 34, 358
Stutkowski, Dorothea 106
Süßbach, Willi 359, 362, 363, 406, 407
Swoboda, Erich 293
Sylten, Werner 17, 102, 130, 349, 352, 406, 410
Temple, William 261
Themel, Karl 379
Thieliecke, Helmut 410
Toureille, Pierre 17
Tügel, Franz 359
Turowski, Adalbert 211

Vargas, Getulio Dornelis 206f.
Vischer, Wilhelm 56, 58, 298, 371
Visser't, Willem A. 17, 261–268, 272, 274, 279, 282, 293, 294, 296, 298, 403
Wach, Hugo 410
Wagner, Kurt 374
Wagner, Johann Ludwig 359
Weber, Anton 210
Weisenstein, Moritz 122, 128, 131, 133, 170, 347
Weißler, Friedrich 362
Wendelin, Adolf 379
Werner, Friedrich 229
Werner, Herbert 410
Wienken, Heinrich 148, 201, 206, 389
Wiesner, Werner 293
Willer, Franziska 108–120, 176
Willer, Hans-Paul 108, 113, 176
Willer, Peter 108, 113, 116, 176
Wissing, J. C. 132
Wizinger, Paul 150, 151, 180
Woermann, (Unterstaatssekretär) 370
Wurm, Theophil 44, 50, 52, 54, 79, 80, 82, 89, 90, 248, 301, 314, 371, 372, 374, 402
Wurm, Marie 19
Xaveria, M. (Oberin) 391
Zilz, Walther 140
Zwanzger, Johannes 122, 124, 125, 226, 349

Dank an Einzelpersonen und Institutionen

Für freundliche Unterstützung bei der Erarbeitung des vorliegenden Bandes danken die Autoren im besonderen folgenden Einzelpersonen:

Bengt Gustav Aurelius, Sam Aurelius, Dr. Helmut Baier, Frau J. Baldauf, Prof. Eberhard Bethge, Waltraud Blätterlein, Dr. Elisabeth Bornkamm, Walter Dietz, Dr. Hartmut Dräger, Friedrich Elsäßer, Helmut Flohr, Hermann Freudenberg, Dr. Dorothee Freudenberg-Hübner, Jutta Frost, Dr. Wolfgang Gerlach, Dr. Ruth Gross, Hartmut Grüber, Dr. Hausmann, Ilse Härter, Richard von Jan, Wolf Kätzner M.A., Werner Keller, Wilhelm Kern, Gotthard Klein, Christa Lewek, Kurt Lewek, Gerhard Lindemann, Annelie Loerbroks, Dr. Hartmut Ludwig, Fritz Majer-Leonhard, Luise Marx, Heino Merian, Christian Müller, Dr. Gerhard Niemöller, Hermann Ott, Marie Luise Palm, Wolfgang Pöhlmann, Dr. Joachim Rogge, Gerhard Schäberle-Koenigs, Ingrid Scheuenstuhl, Joachim Schlör, Walter Sylten, Dr. Helmut Talazko, Hans Gustav Treblin, Fokkolina Volckmann, Gabriele Vuagniaux, Dr. Martin Widmann, Heinrich Wilhelm Wörmann.

Ganz herzlich danken Autoren und Verlag für großzügige Spenden zur Drucklegung des vorliegenden Bandes:

Denkendorfer Kreis für christlich-jüdische Begegnung, Evang. Kirche in Berlin-Brandenburg, Evang. Landeskirche in Württemberg, Evang.-Luth. Kirchengemeinde St. Marien Göttingen, Kreissparkasse Esslingen-Nürtingen, Landesgirokasse Stiftung Kunst und Kultur Stuttgart, Pädagogisch-Kulturelles Centrum Ehemalige Synagoge Freudental, Papierfabrik Scheufelen Lenningen, Paul-Lechler-Stiftung e.V. Fellbach, Württembergische Hypothekenbank Stiftung für Kunst und Wissenschaft Stuttgart.

Weitere Bücher aus der calwer taschenbibliothek

ctb 1
Claus Westermann
Die Joseph-Erzählung
Elf Bibelarbeiten zu Genesis 37–50
108 Seiten
ISBN 3-7668-3058-9

ctb 2
Roland Gradwohl
Was ist der Talmud?
Einführung in die
»Mündliche Tradition« Israels
80 Seiten, 8 Abbildungen
ISBN 3-7668-3038-4

ctb 8
Eberhard Röhm / Jörg Thierfelder
Juden – Christen – Deutsche
Band 1: 1933–1935. Ausgegrenzt
452 Seiten, 143 Abb. u. Faksimiles
ISBN 3-7668-3011-2

ctb 9
Eberhard Röhm / Jörg Thierfelder
Juden – Christen – Deutsche
Band 2/I: 1935–1938. Entrechtet
458 Seiten, zahlr. Abb./Faksimiles
ISBN 3-7668-3022-8

ctb 10
Eberhard Röhm / Jörg Thierfelder
Juden – Christen – Deutsche
Band 2/II: 1935–1938. Entrechtet
354 Seiten, zahlr. Abb. 1 Faksimile
ISBN 3-7668-3176-3

ctb 13
Peter Kliemann
Glauben ist menschlich
Argumente für die Torheit vom
gekreuzigten Gott
268 Seiten
ISBN 3-7668-3026-0

ctb 18
Martin Brecht
Luther als Schriftsteller
Zeugnisse seines dichterischen
Gestaltens
128 Seiten
ISBN 3-7668-3076-7

ctb 21
Roland Gradwohl
Hasse nicht in deinem Herzen
Grundgesetze des Judentums
158 Seiten
ISBN 3-7668-3126-7

ctb 33
Manfred Seitz
Ich hoffe auf dein Wort
Predigten und Ansprachen
Hg. v. Rudolf Landau
224 Seiten
ISBN 3-7668-3218-2

ctb 34
Roland Gradwohl
Frag den Rabbi
Streiflichter zum Judentum
130 Seiten
ISBN 3-7668-3292-1